이한우의 태종실록

재위 1년

새로운 해석, 예리한 통찰

이한우의 태종실록

재위 1년

이한우 옮김

삶과 세계에 대한 뿌리 깊은 지혜,
그 치밀한 기록

2001년부터 2007년까지 7년 동안 『조선왕조실록』을 완독했으니 올해가 바로 완독을 끝마친 지 10년이 되는 해다. 그동안 관심은 사서삼경을 거쳐 진덕수(眞德秀)의 『대학연의(大學衍義)』, 『심경부주(心經附註)』에 이어 지금은 『문장정종(文章正宗)』 그리고 반고(班固)의 『한서(漢書)』 번역으로 확장돼왔다.

원점인 2001년으로 돌아가보자. 나는 왜 『조선왕조실록』을 다 읽기로 결심한 것일까? 그것은 다름 아닌 선조들의 정신세계를 탐구해 우리의 정신적 뿌리를 확인해보려는 것이었다. 그런데 정작 7년간의 실록 읽기가 끝났을 때는 이룬 것보다 앞으로 해야 할 일이 많음을 깨달았다. 우리 선조들의 뛰어난 능력과 치열했던 삶의 태도를 확인했지만 그 뿌리를 제대로 알지 못했던 것이다. 그래서 완독을 끝내자마자 시작한 것이 한문(漢文) 공부다. 위에서 언급한 책들은 한문 공부를 마치고서 우리나라에 번역되지 않은 탁월한 한문책들을 엄선해 우리말로 옮긴 것이다. 이때 중요한 것은 '우리말'이다.

우리말이란 대한민국에서 일정한 교육을 받은 사람들이 편안하게 쓰는 말을 뜻한다. 과도한 한자 사용을 극복하고 지나친 순우리말 또한 일정하게 거리를 뒀다. 그리고 쉬운 말로 풀어쓸 수 있는 한자어는 가능한 다 풀어냈다. 그래서 나는 '덕(德)'이라는 말은 '은덕(恩

德)'이라고 할 때 외에는 쓰지 않는다. '다움'이 우리말이다. 부덕(不德)도 그래서 '부덕의 소치'라고 하지 않고 '임금답지 못한 때문'이라고 옮긴다.

특히 정치를 다룬 역사서에서 중요한 용어가 '의(議)'와 '논(論)'이다. 그런데 실록 원문에서는 분명히 이 둘을 엄밀하게 구분해 '의지(議之)', '논지(論之)'라고 표현했는데, 번역 과정에서 의(議)도 의논이라고 번역하고 논(論)도 의논이라 번역하면 이는 원문의 뜻을 크게 왜곡하는 것이다. 의(議)란 책임 있는 의견을 내는 것을 말한다. 의정부(議政府)를 논정부(論政府)라고 해서는 안 되는 것과 같다. 논(論)은 일반적으로 책임을 떠나 어떤 사안에 대한 논리적 진단을 하는 것이다. 오늘날 '논객(論客)'이 그런 경우다. 그러나 '의객(議客)'이란 말은 애당초 성립할 수가 없다. 다만 법률과 관련해서는 의(議)보다 논(論)이 중요하다. 그래서 '논죄(論罪)'나 '논핵(論劾)'이라는 말은 현실적 구속력을 갖는다. 재판은 의견을 내는 것이 아니라 기존 법률에 입각해 죄의 경중을 논리적으로 가려내는 일이라는 점에서 논(論)이지 의(議)가 아닌 것이다. 이처럼 기존의 실록 번역은 예나 지금이나 정치에서 대단히 중요한 역할을 할 수밖에 없는 의(議)와 논(論)을 전혀 구분하지 않아 의미를 제대로 전달하지 못한다. 사실

이런 예는 일일이 거론하기 힘들 만큼 많다.

　이런 우리말화(化)에 대한 생각을 직접 번역으로 구현해내면서 다시 실록을 읽어보았다. 기존의 공식 번역은 한자어가 너무 많고 문투도 1970년대 식이다. 이래가지고는 번역이 됐다고 할 수가 없다. 게다가 너무 불친절해서 역주가 거의 없다. 전문가도 주(註)가 없으면 정확히 읽을 수 없는 것이 실록이다. 진덕수의 『문장정종』 번역을 통해 한문 문장의 문체에 어느 정도 눈을 뜨게 된 것도 실록을 다시 번역해야겠다는 결심을 부추겼다. 특히 실록의 뛰어난 문체가 기존의 번역 과정에서 제대로 드러나지 못했다는 인식이 있었기 때문에 이 점을 개선하는 데 많은 노력을 쏟았다. 그리고 사소한 오역은 그냥 두더라도 심한 오역은 주를 통해 바로잡았다. 누구를 비판하려는 것이 아니라 미래를 향한 개선의 기대를 담은 것이다.

　물론 이런 언어상의 문제 때문에 실록 번역에 뛰어든 것은 아니다. 실은 삶에 대한, 그리고 세계에 대한 깊은 지혜를 얻고 싶어서다. 이런 기준 때문에 여러 왕의 실록 중에 『태종실록(太宗實錄)』을 번역하기로 결심했다. 일기를 포함한 모든 실록 중에서 『태종실록』이야말로 어쩌면 오늘날 우리에게 반드시 필요한 지혜를 담고 있는지 모른다고 생각했기 때문이다.

지난 10년간 사서삼경과 진덕수의 책들을 공부하고 옮기는 과정에서 공자의 주장에 대해 새롭게 눈뜰 수 있었다. 그것은 다름 아닌 '일[事]'의 중요성이다. 성리학이 아닌, 공자의 주장으로서의 유학은 리더가 일하는 태도를 가르치는 이론이다. 기존의 학계는 성리학의 부정적 영향 때문인지 유학을 철학의 하나로만 국한해서 가르치는 경향이 있다. 그러나 내가 공부한 바에 따르면 공자는 리더의 바람직한 모습 그리고 그런 리더가 되기 위한 수양 과정을 지독할 정도로 치밀하게 이야기하고 가르쳤던 인물이다.

　이런 깨우침에 기반을 두고서 이번에는 공자가 제시했던 지도자상을 태종이 얼마나 체화하고 구현했는지를 확인하고 싶었다. 이런 부분들을 주를 통해 드러낼 것이다. 그렇게 할 때 경학과 역사가 통합된 경사(經史) 통합적인 공부가 될 수 있다.

　그렇다면 '왜 세종이 아니고 태종인가?'라는 질문을 던질 수 있겠다. 물론 세종의 리더십을 탐구하는 것도 대단히 중요하다. 그러나 그의 아버지 태종의 리더십을 충분히 탐구하지 않으면 세종에 대한 탐구는 피상적인 데 그칠 우려가 있다. 따라서 이 작업은 추후 세종의 리더십을 제대로 탐구하기 위한 기초 작업이기도 하다는 점을 밝혀둔다.

이 책에는 새로운 시도가 담겨 있다. '실록으로 한문 읽기'라는 큰 틀에서 번역을 진행했다. 월 단위로 원문과 연결 독음을 붙인 것도 그 때문이다. 번역문 중에도 어떤 말을 번역했는지를 대부분 알 수 있게 표시했고 번역 단위도 원문 단위와 거의 일치하기 때문에 어떤 문장을 어떻게, 심지어 어떤 단어를 어떻게 옮겼는지를 남김 없이 알 수 있도록 했다. 물론 '착할 선(善)', '그 기(其)', '오를 등(登)' 수준의 뜻풀이는 생략했다. 아무런 의미가 없기 때문이다. 이러한 장치를 통해 조금이라도 살아 있는 한문을 익히고 우리 역사와 조상들의 사고방식을 가까이하는 데 도움이 되기를 바란다.

역주는 워낙 방대한 작업이기 때문에 앞에서 언급했다고 해서 다시 언급하지 않는 것이 아니라 그때그때 필요하면 중복되더라도 다시 달았다. 편집의 아름다운 완결성을 다소 희생하더라도 독자들의 읽는 재미와 속도를 감안했기 때문이다.

재위 1년 단위로 한 권씩 묶어 태종의 재위 기간 18년—18권을 기본으로 하고, 태조와 정종 때의 실록에 있는 기록과 세종 때의 실록에 담긴 상왕으로서의 기록을 묶은 2권을 별권으로 삼아 모두 20권으로 구성했다. 이를 통해 우리 사회에 태종의 리더십에 대한 제대로 된 탐구가 시작되기를 기대한다.

21세기북스 김영곤 대표의 결단이 없었다면 이 책은 세상에 나오지 못했을 것이다. 이 자리를 빌려 깊이 감사드린다. 더불어 계획 초기부터 함께 방향을 고민했던 정지은 팀장과 편집 실무자들에게도 고맙다는 말을 전한다. 해박한 지식과 한문 실력으로 이번 작업을 도와준 주태진 편집위원께도 감사드린다. 그리고 함께 공부하는 즐거움을 누리고 있는 우리 논어등반학교 대원들께 진심으로 고맙다는 말을 전하고 싶다. 마지막으로 내 글쓰기 작업의 원동력인 가족들에게도 깊은 감사를 올린다.

2017년 7월 서울 상도동 보심서실(普心書室)에서

탄주(灘舟) 이한우

| 일러두기 |

1. 실록은 무엇보다 인물과 역사적 배경이 중요하기 때문에 문맥에서 필요한 범위 내에서 충실하게 주(註)를 달았다.

2. 기존의 번역 중 미세한 오역이나 번역이 누락된 경우는 번역의 어려움을 감안해 지적하지 않았지만 중대한 오역이거나 향후 한문 번역에서 같은 잘못이 반복될 수 있다고 판단되는 경우에는 주를 통해 지적했다.

3. 간혹 역사적 흐름에 대한 설명이 필요한 경우 간략한 내용을 주로 달았다. 그러나 독자들의 해석과 평가에 영향을 미치지 않도록 최소한의 범위에서만 언급했다.

4. 『논어(論語)』를 비롯해 동양의 고전들을 인용한 경우가 많은데 기존의 번역에서는 출전을 거의 밝히지 않았다. 그러나 당시 우리 선조들이 실제 정치를 행사하는 데 고전의 도움을 얼마나 받았는지를 알려면 그들의 말과 글 속에 동양 고전들이 얼마나 자연스럽게 녹아 있는지를 살피는 것이 중요하다. 하여 확인 가능한 고전 인용의 경우 주를 통해 그 전거를 밝혔다.

5. 분량이 워낙 방대하기 때문에 설사 앞서 주를 통해 언급한 바 있더라도 다시 찾아보는 번거로움을 덜기 위해 중복이 되더라도 다시 주를 단 경우가 있음을 밝혀둔다.

6. '원문 읽기를 위한 도움말'의 경우 단조로운 문장은 그대로 두고 한문 문장의 독특한 구조를 보여주는 구문에 초점을 맞췄다.

7. 한자는 대부분 우리말로 풀어쓰고 대괄호([ ]) 안에 독음과 함께 한자를 표기했다. 그래서 '천명(天命)'이라고 표기한 경우도 있지만 대부분 '하늘의 명[天命]'이라는 방식으로 표기했다. 또한 한자 단어의 경우 독음을 붙여쓰기로 표기하여 한문 문장을 이해하는 데 도움이 되고자 했다.

8. 문단 맨 앞의 'ㅇ' 표시는 같은 날 다른 기사임을 구분한 것이다.

차례

총서

태종(太宗) 공정성덕신공문무광효(恭定聖德神功文武光孝)[1] 대왕의 이름[諱]은 방원(芳遠)이고 자(字)는 유덕(遺德)이며 태조의 다섯째 아들로 공정왕(恭靖王)[2]의 친동생[母弟=同母弟]이다. 돌아가신 어머니[妣]{비}[3]는 신의왕후(神懿王后) 한씨(韓氏, 1337~1391년)[4]이며 원나라 지정(至正) 27년,[5] 고려 공민왕 16년 정미년(丁未年-1367년) 5월 16일 신묘일(辛卯日)에 함흥부(咸興府) 귀주(歸州)의 사저[私第]{사제}에서 태어나셨다[誕生]{탄생}.

---

1 태종은 임금이 세상을 떠난 후에 조정에서 정한 묘호(廟號)다. 공정(恭定)은 명나라 황제가 사신을 보내 내려준 시호(諡號)다. 성덕(聖德)과 신공(神功)은 나란히 1418년 세종에게 왕위를 물려주고 상왕으로 물러났을 때 신하들로부터 받은 존호(尊號)다. 문무(文武)와 광효(光孝)는 태종이라는 묘호를 올릴 때 함께 올린 시호다. 따라서 태종 생전에는 '공정 성덕 신공'까지만 사용됐다.

2 조선의 두 번째 임금 정종(定宗) 이방과(李芳果)다. 정종이라는 묘호는 300년 후인 숙종 때 받게 된 것이고 그 전까지는 그의 사후에 명나라가 내려준 시호 공정(恭靖)이 전부였기 때문에 줄곧 공정왕이라 불렸다.

3 돌아가신 아버지는 고(考)라 한다.

4 이성계에게 시집와서 함흥 운전리(雲田里)에 세거했다. 1364년(공민왕 13년) 이성계가 동북면 병마사로서 삼선(三善)·삼개(三介)의 난을 토평한 공로로 봉익대부밀직부사(奉翊大夫密直副使)에 오르고, 단성양절익대공신호(端誠亮節翊戴功臣號)를 받자 원신택주(元信宅主)에 봉해졌다. 우왕대에는 포천의 재벽동(滓甓洞) 전장(田莊)에 거주했고 1388년(우왕 14년) 위화도회군(威化島回軍) 때 이방원을 따라 동북면으로 피난하기도 했다. 1391년 정국의 동요로 상심해 병을 얻어 9월 12일 55세로 죽자 해풍군(海豐郡) 치속촌(治栗村)에 장사를 지냈다.

5 당시에는 원나라 연호를 썼다.

한씨가 하루는 이에 대해 점쟁이 문성윤(文成允)에게 물어보자 그가 답하여 말했다. "이 명(命)은 귀하기가 말로 할 수 없으니 삼가 가벼이 점쟁이들에게 결코 물어보지 마소서." 남은(南誾, 1354~1398년)[6]은 태종을 만나볼 때마다 반드시 다른 사람들에게 "이 사람은 하늘의 영묘한 기운[英氣]으로 가득 찼다"고 말했다. 태종은 나면서부터 신령스럽고 기이했으며[神異] 점점[稍=漸] 자라면서 영명함과 슬기로움[英睿]이 출중했고 책읽기를 좋아해 배움이 날로 나아갔다. 황명(皇明)[7] 홍무(洪武) 15년(1382년-우왕 8년)인 임술년(壬戌年)에 고려 진사시에 올랐고[登] 이어 이듬해인 계해년(癸亥年)에 병과(丙科) 제7등으로 급제했다[越].[8]

---

6 1388년(우왕 14년) 이성계(李成桂)의 위화도회군에 동조하고 응양군상호군(鷹揚軍上護軍) 겸 군부판서(軍簿判書)를 거쳐 밀직부사에 올랐다. 조준(趙浚), 정도전(鄭道傳), 윤소종(尹紹宗), 조박(趙璞) 및 형 재(在)와 함께 이성계 일파로 활약했다. 1391년(공양왕 3년) 수시중(守侍中) 정몽주(鄭夢周)에 의해 원배(遠配)됐으나 이듬해 정몽주가 살해되자 밀직사동지사(密直司同知事)가 됐다. 이어 정도전 등 52인과 함께 이성계를 추대해 조선 개국에 협력하여 개국 1등공신에 책록되고 중추원 판사가 되어 의성군(宜城君)에 봉해졌으며 문하부 참찬사 겸 상서원 판사, 우군 절제사(右軍節制使)에 이르렀다. 1398년 1차 왕자의 난 때 정도전과 함께 방원에게 살해를 당했고, 태조의 묘정(廟庭)에 배향됐다.

7 앞서 원나라는 그냥 원(元)이라 했고 여기서는 명나라를 높여 이렇게 표기했다.

8 김한로가 수석, 심효생이 2등이었고 그 밖에 이래·성부·윤규·윤사수·박습·현맹인 등이 함께 합격한 동방(同榜)이었다. 김한로는 훗날 이방원이 왕위에 오르고 나서 딸을 세자 양녕에게 시집보냄으로써 이방원과 사돈을 맺게 된다. 이래는 신돈에게 거칠게 항의하다가 결국 유배를 가서 죽은 이존오의 아들이며 2차 왕자의 난 때 결정적인 공을 세운 뒤 세자 양녕의 스승이 된다. 윤규는 경승부윤에 오르게 되고 아들 윤형은 태종 때 관직에 나와 세종 때 형조판서, 예문관 대제학에까지 이른다. 성품이 강직했던 윤사수는 태조 시절에는 많은 고초를 겪다가 태종이 즉위한 후 제학과 강원도 관찰사에까지 오른다. 박습도 태종 시절 대사헌, 형조판서까지 지냈지만 불행하게도 태종이 왕위를 세종에게 물려주고 상왕으로 있으면서 세종의 장인인 심온 등을 제거할 때 함께 형장의 이슬로 사라졌다. 성부와 현맹인에 관해서는 이렇다 할 기록을 찾을 수 없다.

가짜 성씨[僞姓]⁹가 나라를 도적질한 이래[自~以來] 간사한 신하들이 나라의 명을 쥐자[執命=執權] 정사는 어지러워지고 백성들은 흩어지니 태종은 비분강개하여 세상을 구제할 뜻[濟世之志]을 품고서 능히 아래 선비들[下士]에게도 몸을 굽혔다.¹⁰ 태조는 그를 다른 아들들과는 다르게 대했고 현비(顯妃) 강씨(康氏)도 그를 기이하다 하여 아끼니[奇愛] 태종은 더욱[又] 효도와 정성을 다했다. 태조는 코가 높고 평평하며[隆準] 용의 얼굴을 하고 있었는데 태종의 외모도 이와 닮았다[類=似]. 하륜(河崙, 1347~1416년)¹¹과 여흥부원군(驪興府院君) 민제(閔霽, 1339~1408년)¹²는 뜻이 같은 벗[同志之友=朋友]이었다. 륜(崙)은 평소[素] 사람들의 관상을 보는 것[相人]을 좋아해 제(霽)에게 일러 말했다.

"내가 다른 사람의 관상을 많이 보았는데 공(公)의 두 번째 사위[二甥]와 같은 사람은 여태껏 없었소. 내가 만나보고 싶으니 청컨대 공이 그것을 말해주겠소[道]?"

제가 태종에게 일러 말하기를 "하륜이 그대[君]를 보고 싶어 하네"

---

9 신돈의 신씨(辛氏)를 가리킨다. 우왕과 창왕은 왕씨가 아니라 신씨라는 것이 조선 건국 세력의 기본 입장이었다.

10 겸손하게 처신했다는 말이다.

11 조선 초 이방원을 도와 왕위에 오르게 했고 왕권 강화의 기틀을 다지는 데 공헌했다. 6조 직계제(六曹直啓制)를 도입해 각 판서들의 권한을 강화하고 왕에게 업무를 보고하게 만들었으며 재상의 권한을 축소했다. 저화(楮貨)를 발행해 재정의 확충을 도모했고 신문고(申聞鼓)를 설치해 백성의 의견을 수렴할 수 있도록 했다.

12 고려 우왕, 창왕, 공양왕에 걸쳐 판서와 한양부윤 등을 지냈다. 조선 개국 후 태종 때 영례조사 문하우정승이 됐다. 태종 때 국구(國舅-임금의 장인)로서 여흥백에 봉해졌다. 그 후에 백은 부원군으로 명칭이 바뀌었다.

라고 하자 태종이 이에 그를 만나보았는데, 륜은 드디어 마음을 쏟아[傾心] 섬겼다[事].

경오년(庚午年-1390년)에 공양왕이 관직을 밀직사(密直司) 대언(代言)[13]으로 올려 늘 가까이 친밀한 곳에 두었다.[14] 신미년(辛未年-1391년)에 모후(母后)[15]의 상을 만나[遭=遇] 묘소 곁에서 시묘살이를 했다[廬]. 늘 태조를 만나 뵈러[覲] 도성에 들어올 때마다 길 위에서 비 오듯 눈물을 흘리는데 그치질 않았고 태조의 저택에서도 문득 슬픔이 있으면 곧바로 통곡을 하니 태조의 좌우에서 슬퍼하지 않는 자가 없어 태조는 늘 그의 효심을 칭찬했다.

임신년(壬申年-1392년) 가을 7월에 장군 및 재상[將相]들과 비밀리에 계책을 정하고서 (태조에게) 개국을 권하여 말씀드리자 조준(趙浚)은 기쁘고 경사스럽게 여겨 같은 반열에 있는 사람들에게 말했다.

"오늘의 일은 공로가 한 사람에게 있다."

태종을 가리키는 것이었다.

갑술년(甲戌年-1394년) 여름에 고황제(高皇帝)[16]가 명을 내려 친아들을 입조(入朝)시키라 하니 태조는 곧바로 태종을 보내 명에 응했다. 태조는 헤어짐을 앞두고 눈물을 뿌리며[揮淚] 말했다.

---

13 밀직사는 고려시대 왕명의 출납, 궁중의 숙위, 군기 등을 관장한 관청으로 조선시대 승정원에 해당하며 대언은 승지에 해당한다.

14 이는 공양왕의 뜻이라기보다는 이성계의 뜻이며 오히려 가까이에서 공양왕의 일거수일투족을 감시하는 역할을 맡았었다고 봐야 한다.

15 친어머니 한씨를 가리킨다.

16 명나라를 세운 주원장을 가리킨다.

"제(帝)[17]가 (개국 과정에 대해) 묻게 될 경우 네가 아니고서는 (아무도) 제대로 답할 수 없을 것이다."

그곳에 도착하기에 이르자 풀어서 아뢰는 것[敷奏]이 (제의) 뜻에 부응하니[稱=副] 제는 도탑게 예우하여 돌려보냈다.

기묘년(己卯年-1399년) 가을 9월에 태종은 송도(松都-개경) 추동(楸洞)의 잠저(潛邸)[18]에 있었는데 하루는 하늘이 밝아지려 하면서[19] 별이 드문드문한 가운데 하얀 용이 침실 위에 나타난 일이 있었다. 그 크기는 서까래[椽]만 하고 비늘이 있으며 광채가 휘황찬란하고 꼬리는 구불구불했으며[蜿蜒] 머리는 바로 어(御-태종)가 계신 곳을 향했다. 시녀 김씨가 처마 밑에 앉아 있다가 이를 다 보았는데 김씨는 경녕군(敬寧君) 비(裶)의 어머니다.[20] (김씨가) 달려가 집찬인(執饌人) 김소근(金小斤) 등 8인에게 알리니 소근 등도 나와서 그것을 보았다. 조금 있다가[俄] 짙은 안개가 자욱하게[翳塞] 끼더니 어디로 가버렸는지 알 수가 없었다.

공정왕에게는 왕위를 이을 아들이 없고 개국과 정사(定社)[21]의 계

---

17 원문에서 제(帝)라 한 것을 굳이 황제라고 옮길 필요는 없다. 상(上)도 그냥 상이라고 하면 되지 주상이나 임금이라고 옮길 필요는 없다.
18 임금에 오르기 전에 살았던 사저를 가리킨다.
19 날이 새려 한다는 뜻이다.
20 경녕군은 태종의 서자인 이비(李裶, 1395~1458년)를 가리키고 시녀 김씨는 훗날 태종이 왕위에 오르자 효빈(孝嬪)에 봉해진다. 경녕군은 학문에 밝아 양녕대군·효령대군·세종에게 글을 가르쳤으며, 태종·세종·문종·단종·세조의 5조에 걸쳐 왕실과 국정에 어려움이 있을 때 충성을 다했다. 1419년(세종 1년) 명의 사신 황엄(黃儼)이 오자 왕자를 대신해 접대하기도 했고 명에 사은사(謝恩使)로 다녀오기도 했다. 1430년 대광보국(大匡輔國)이 되었고 세조가 즉위하자 충주로 피해 여생을 마쳤다.
21 사직을 안정시켰다는 뜻으로 1차 왕자의 난을 가리킨다.

책이 모두 정안군(靖安君-이방원)에게서 나왔다 하여 도승지 이문화(李文和, 1358~1414년)²²를 보내 태조께 아뢰고[白] 책봉하여[冊=封] 왕세자로 삼았다. 애초에 태조가 현비 강씨에게서 난 방석(芳碩)을 봉해 세자로 삼았을 때 정희계(鄭熙啓, ?~1396년)²³의 아내가 현비에게 말했다.

"정안군이 세자가 되는 것이 사람들의 기대에 심히 부합합니다. 지금 방석을 세우는 것은 끝내 반드시 좋지 못할 것입니다."

희계의 처는 취산군(鷲山君) 신극례(辛克禮, ?~1407년)²⁴의 여동생으로 현비의 삼촌 조카딸[姪]이었다.

겨울 11월에 공정왕이 평소 풍질(風疾)을 앓아 별궁으로 물러나 거처하고 태종에게 선위(禪位)했다. 태종은 눈물을 흘리며 사양했으나 뜻을 이루지 못했고[不獲=不得] 마침내 수창궁(壽昌宮)²⁵에서 자

22 여말선초의 문신으로 하정사(賀正使)와 진헌사(進獻使)로 명나라에 다녀왔다. 사후 영의정으로 추증됐다.

23 여말선초의 문신으로 개성부 판사를 거쳐 응양위상호군을 겸임했고 이성계를 도와 조선 개국에 참여해 개국공신 1등으로 문하부 참찬사, 팔위상장군에 올라 계림군에 봉해졌다. 이어 팔위판사, 좌참찬, 한성부 판사를 지냈다.

24 2차 왕자의 난 때 상장군으로 있으면서 공을 세워 좌명공신(佐命功臣) 1등에 녹훈되고 취산군(鷲山君)에 봉해졌다. 1407년(태종 7년)에 민무구(閔無咎), 민무질(閔無疾) 등과 함께 종친 사이를 이간질했다 하여 이화(李和) 등의 탄핵을 받아 강원도 원주에 유배됐으나 태종의 지우를 받아 자원부처(自願付處-유배에 처한 죄인이 원하는 곳에 기거하던 제도)하게 됐다.

25 고려시대에 개성의 서소문 안에 있던 별궁(別宮)으로, 그 안에 관인전(寬仁殿)·화평전(和平殿)·만수정(萬壽亭) 등이 있었다. 몽골 침입 때 크게 훼손돼 공민왕 때 복원 사업이 시작됐으나 왕의 죽음으로 일시 중단되었다가 1381년(우왕 7년) 수창궁조성도감(壽昌宮造成都監)을 설치해 최영(崔瑩), 이성림(李成林) 등에게 공사를 계속 담당하게 해 1384년에 완성했다. 1388년(창왕 즉위년) 국왕의 이름을 피하여 수녕궁(壽寧宮)이라 불렸고 공양왕이 이곳에서 즉위했다. 조선에서는 이성계가 여기서 즉위했다.

리에 나아갔다[卽位].²⁶ 태조는 기뻐하며 말했다.

"굳세고 밝은[剛明] 임금이니 반드시 권력이 아래로 옮겨가지 않으리라."

영락(永樂) 16년 무술년(戊戌年-1418년) 8월 우리 전하(세종)에게 선위하고서 편안히 쉬면서 몸과 마음을 다스린 것[頤養=頤神養性]이 5년에 이르렀다. 임인년(壬寅年-1422년) 5월 10일 병인일(丙寅日)에 훙(薨)하니 향년(享年) 56세였고 자리에 있은 것은 19년이었다. 황제[영락제 성조(成祖)]께서 시호를 내려 공정(恭定)이라 했고 본국에서는 시호를 올려 성덕신공문무광효(聖德神功文武光孝) 대왕이라 했으며 묘호(廟號)는 태종(太宗)이다.

---

26 卽(즉)은 '가깝다', '나아가다'라는 뜻이다.

太宗恭定聖德神功文武光孝大王諱芳遠 字遺德 太祖第五
태종 공정 성덕 신공 문무 광효 대왕 휘 방원 자 유덕 태조 제오

子 恭靖王之母弟①也. 妣神懿王后韓氏 以元至正二十七年高麗
자 공정왕 지모제 야 비 신의 왕후 한씨 이 원 지정 이십 칠년 고려

恭愍王十六年丁未五月十六日辛卯 誕生于②咸興府歸州私第.
공민왕 십 육년 정미 오월 십육일 신묘 탄생 우 함흥부 귀주 사제

韓氏問諸卜者文成允 答曰:"此命③ 貴不可言 愼勿輕問卜人."
한씨 문 저 복자 문성윤 답왈 차명 귀불가언 신물 경문 복인

南誾每見太宗 必謂人曰:"斯人蓋天英氣." 太宗生而神異 稍長
남은 매견 태종 필위인왈 사인 개천 영기 태종 생이 신이 초장

英睿絶倫 好讀書學日進. 皇明洪武十五年壬戌 登高麗進士試 越
영예 절륜 호 독서 학 일진 황명 홍무 십오년 임술 등 고려 진사시 월

明年癸亥中 丙科第七人及第.
명년 계해 중 병과 제칠 인 급제

自僞姓竊國以來 姦臣執命 政散民離 太宗慨然有濟世之志而
자 위성 절국 이래 간신 집명 정산 민리 태종 개연 유 제세 지지 이

能折節下士. 太祖待之異於諸子 顯妃康氏亦奇愛之 太宗又盡
능 절절 하사 태조 대지 이어 제자 현비 강씨 역 기애 지 태종 우 진

孝誠. 太祖隆準龍顔而太宗貌類焉. 河崙與驪興府院君閔霽爲
효성 태조 융준 용안 이 태종 모유언 하륜 여 여흥 부원군 민제 위

同志之友. 崙素好相人 謂霽曰:"吾相人多矣 未有如公之二甥者.
동지 지우 윤소 호 상인 위제왈 오 상인 다의 미유 여공 지 이생 자

吾欲謁見 請公道之.④ 霽謂太宗曰:"河崙欲見⑤君." 太宗乃見之
오욕 알현 청공 도지 제위 태종왈 하륜 욕현 군 태종 내 견지

崙遂傾心事焉.
륜 수 경심 사언

庚午 恭讓王進官密直司代言 常置近密. 辛未 遭母后之喪 廬
경오 공양왕 진관 밀직사 대언 상치 근밀 신미 조 모후 지상 여

于陵側. 每爲覲太祖入京 於道上雨泣不絶 至太祖邸 遇有所感
우 능측 매위 근 태조 입경 어 도상 우읍 부절 지 태조 저 우유 소감

輒痛哭 太祖左右莫不感愴 太祖常稱其孝.
첩 통곡 태조 좌우 막불 감창 태조 상징 기효

壬申秋七月 密與將相定策 勸進開國 趙浚喜慶 謂同列曰:
임신 추 칠월 밀 여 장상 정책 권진 개국 조준 희경 위 동렬 왈

"今日之事 功在一人." 指太宗也. 甲戌夏 高皇帝命親男入朝 太祖
금일 지 사 공재 일인 지 태종 야 갑술 하 고황제 명 친남 입조 태조

卽遣太宗應命. 臨別揮淚曰: "帝如有問 非汝不能對." 及其至也
즉 견 태종 응명 임별 휘루 왈 제 여 유문 비 여 불능 대 급 기 지 야

敷奏稱旨 帝優禮遣還.
부주 칭 지 제 우례 견환

己卯秋九月 太宗在松都楸洞潛邸 一日 天欲曙而星稀 有白龍
기묘 추 구월 태종 재 송도 추동 잠저 일일 천 욕서 이 성희 유 백룡

于寢室之上 大如椽有鱗 光彩燦爛 尾蜿蜒 頭正向御在所. 侍女
우 침실 지상 대 여 연 유린 광채 찬란 미 완연 두 정향 어재소 시녀

金氏坐簷下(＝檐下)見之. 金氏敬寧君裶之母也. 走告執饌人
김씨 좌 첨하 첨하 견지 김씨 경녕군 비 지 모 야 주고 집찬인

金小斤等八人 小斤等亦出見之. 俄⑥而雲霧翳塞 不知所之.
김소근 등 팔인 소근 등 역출 견지 아 이 운무 예색 부지 소지

恭靖王無嗣 以謂開國定社之策 皆出於靖安君 遣都承旨
공정왕 무사 이위 개국 정사 지 책 개 출 어 정안군 견 도승지

李文和 白太祖册爲王世子. 初 太祖封顯妃康氏出芳碩爲世子
이문화 백 태조 책 위 왕세자 초 태조 봉 현비 강씨 출 방석 위 세자

鄭熙啓妻言於顯妃曰: "靖安君爲世子 甚合人望. 今立芳碩終必
정희계 처 언어 현비 왈 정안군 위 세자 심합 인망 금 입 방석 종 필

不好." 熙啓妻 鷲山君辛克禮之妹 顯妃三寸姪也.
불호 희계 처 취산군 신극례 지 매 현비 삼촌 질 야

冬十一月 恭靖王素患風疾 退居別宮 禪位于太宗. 太宗涕泣
동 십일월 공정왕 소환 풍질 퇴거 별궁 선위 우 태종 태종 체읍

辭之不獲 遂卽位于壽昌宮. 太祖喜曰: "剛明之君 權必不下移."
사지 불획 수 즉위 우 수창궁 태조 희왈 강명 지 군 권 필 불 하이

永樂十六年戊戌八月 禪位于我殿下 優游頤養 至于五年. 壬寅五
영락 십육 년 무술 팔월 선위 우 아 전하 우유 이양 지우 오년 임인 오

月十日丙寅薨 享年五十六 在位十有九年. 皇帝賜諡曰恭定 本國
월 십일 병인 훙 향년 오십육 재위 십유구 년 황제 사시 왈 공정 본국

上諡曰聖德神功文武光孝大王 廟號太宗.
상시 왈 성덕 신공 문무 광효 대왕 묘호 태종

① 同母弟, 즉 같은 어머니의 동생이라는 뜻이다.
   동모 제

② 于는 어조사로 '~에서', '~에게' 등을 뜻하며 於와 거의 비슷하게 쓰인다.
   우   어

③ 此命처럼 지시대명사가 앞에 있으면 가능한 한 붙였다. 이어지는 '이 사
   차명
   람'을 뜻하는 斯人도 그런 경우다. 그러나 지시대명사 뒤에 두 개 이상의
            사인
   글자로 된 명사가 올 때는 지시대명사를 분리했다.

④ 道之의 경우 道는 말하다[言]이고 之는 지시대명사다. '그것을 말하다'
   도지   도   언   지
   라는 뜻이다. 이처럼 동사 뒤에 之가 있을 경우 독음을 붙였다.
                            지

⑤ 欲見에서 欲은 일종의 조동사이므로 본동사 見과 붙여서 독음을 달
   욕현   욕   현
   았다. 이 경우에도 바로 앞에 있는 欲謁見처럼 조동사 뒤에 두 개 이상
                            욕 알현
   의 글자로 된 동사가 올 때는 조동사를 분리했다.

⑥ 俄는 '조금 있다가', '갑자기[遽]'라는 뜻이다. '기울다[傾]'라는 뜻도 있다.
   아   거   경

태종 1년 신사년
1월

一月

　신유일(辛酉日-1일) 초하루에 상(上)이 태상전(太上殿)에 조알하고
[朝=朝謁] 또 상왕전에 이르러 하례(賀禮-신년 축하 인사)를 행했다.
태상왕이 마침[適] 신암사(神巖寺)[1]에 행차했기[幸] 때문에 다만[但]
기견(綺絹)[2]과 겉감 및 안감[表裏]을 올리고[進=獻] 돌아왔다.

　○ 상이 강안전(康安殿)[3] 터에 행차해 면복(冕服) 차림으로[4] 여러
신하들을 이끌고 제의 정월 초하루[帝正]를 하례하고서 조알을 받고
여러 신하들에게 연회를 베풀었다[宴].[5] 제의 정월 초하루는 해마다
하는 행사다. 수창궁(壽昌宮)에 화재가 났기 때문에 강안전 터에서
연회를 베푼 것[設]이다. 상장군 이응(李膺, 1365~1414년)[6]이 반열에

1　개성 운학이동의 동북쪽 신암골에 있던 절인데 지금은 터만 남았다.

2　무늬 있는 얇은 비단과 무늬 없는 두꺼운 비단을 아울러 이르는 말이다.

3　고려시대 정궁(正宮)인 연경궁(延慶宮) 내에 있었던 전각으로 역대 국왕의 즉위식이 가
　장 많이 거행되고, 궁궐 내의 연등회(燃燈會)가 주로 개최되던 곳이다. 이 밖에도 군신과
　의 시회(詩會) 및 연회·격구(擊毬)·활쏘기 등의 무술 경연, 출정군에 대한 사열, 각종 책
　봉 예식, 여진인 및 귀화인의 접견, 소재도량(消災道場)을 비롯한 각종 도량의 개설, 태일
　신(太一神)에 대한 초제(醮祭) 등이 이곳에서 자주 행해졌다.

4　왕이 조상의 묘를 찾거나 제사를 지낼 때, 그리고 국가적인 큰 행사 때 이 옷을 차려입었다.

5　사사로운 연회는 연(燕)이라 한다.

6　1414년 7월 병조판서로 있다가 갑자기 그가 세상을 떠났을 때 『태종실록』 졸기는 이응
　에 대해 이렇게 기록하고 있다. "성질이 굳세고 사나우며 뜻이 높아 굽실거리지 않고[剛
　悍高抗] 이론(異論)을 세우기를 좋아하며 함부로 남을 따르지 않았으므로 임금에게 신임
　을 받았다." 이는 곧 민무구 형제에게 줄을 서지 않았다는 말이다.

있으면서 차례를 어기자[失次] 헌사(憲司-사헌부)가 이를 탄핵했다.
상이 이를 듣고서 말했다.

"이는 분명 민무구(閔無咎)가 헌사를 부추겨[嗾=使嗾] 그렇게 한
것이다."

애초에 응(膺)은 무구, 무질(無疾-민무질)과 서로 사귀어[納交] 그
때문에 상에게서 (총애를) 얻었는데 마침내 무구 등을 얽어[構] 말
하기를 "총애가 지극하시니 마땅히 저들을 눌러야 할 것입니다"라고
했다.

상은 무구 등을 불러 꾸짖었는데 그 때문에 이때에 이르러 이 같
은 말이 있었던 것이다.[7] 다음 날[翌日=明日] 여러 신하들은 중궁(中
宮)에게 하례를 행했다.

병인일(丙寅日-6일)에 시위(侍衛)하는 경패(京牌)[8] 중에서 늙고 가난
한 자들을 풀어주었다.

정묘일(丁卯日-7일)에 건성사(乾聖寺)[9]에서 제석(帝釋-하느님)에게
예를 올리고 참회하는 의식[禮懺]을 베풀고 진관사(津關寺)에서 수륙
재(水陸齋)[10]를 지냈다.

---

7 민무구가 앙갚음을 하려 했다는 것이다.
8 조선시대 때 서울에 순번대로 올라와서 궁궐의 숙위(宿衛)를 담당하던 부대의 하나로서
   그 대가로 전지(田地)를 지급받았다.
9 경기도 개성시 송악산(松嶽山)에 있었던 절이다.
10 수륙재(水陸齋)의 본래 명칭은 천지명양수륙무차평등대재(天地冥陽水陸無遮平等大齋)다.
   줄여서 수륙회(水陸會), 무차대회(無遮大會)라고도 한다. 온 천지와 수륙에 존재하는 모

무진일(戊辰日-8일)에 경상도 도관찰출척사(都觀察黜陟使) 전백영 (全伯英, ?~1412년)[11]이 사본 『상서(尙書)』[12]를 올렸다.

기사일(己巳日-9일)에 연복사(演福寺) 우물이 끓어[沸] 물고기가 우
비
물에 가득했는데 간혹 죽은 것들도 있었다.

경오일(庚午日-10일)에 정빈(貞嬪) 민씨(閔氏)를 봉해 정비(靜妃)로 삼았다. 상은 면류관을 쓰고 곤룡포를 입고 정전(正殿)에 나아가[御]
어
태위(太尉)[13] 문하부(門下府) 참찬사(參贊事)[14] 권근(權近)에게 명해 책 (冊)과 보(寶)를 하사했다. 책에서 이렇게 말했다.

'임금이 백성들을 교화시키는[王化] 기반은 반드시 집안[閨門]이
왕화   규문
바른 데서 시작하고, 집안 제사[宗祀]의 계통은 실로 배필의 존귀함
종사
에 달려 있다. 이에[爰=於是] 이장(彝章)[15]을 거행해 현책(顯冊)에 그
원   어시

_____

든 고혼(孤魂)의 천도를 위해 지내는 의례로 개인 천도의 성격을 띤 영산재에 비해 공익
성이 두드러지는 불교 의식이다.

11 1398년 풍해도 도관찰출척사(豊海道都觀察黜陟使)가 돼 부임했고 1400년(정종 2년) 경상
도 도관찰출척사가 돼 왕에게 궁시(弓矢)와 검갑(劍甲)을 받았다. 1404년(태종 4년) 승녕
부윤(承寧府尹)에 임명되고 1405년 의정부 지사(議政府知事)를 거쳐 예조판서에 올랐다.
이듬해 경기도 관찰사(京畿都觀察使)가 돼 선정을 베풀어 왕에게 칭찬을 들었다.

12 『서경(書經)』을 가리킨다.

13 원래 태위는 중국 한나라 때 사공(司空), 사도(司徒)와 더불어 삼공(三公)의 하나다. 그러
나 여기서는 정확히 어떤 직위로서 이런 명칭을 사용했는지는 불분명하다.

14 원래 표기법은 참찬문하부사(參贊門下府事)로 쓰는데 기관과 직위를 나눠 옮겨 문하부,
참찬사라고 했다. 이하에서도 마찬가지다. 문하부는 뒤에 의정부로 바뀌는데 영의정 부
사도 의정부 영사로 옮겼고 줄여서 읽을 때만 영의정이라고 했다.

15 상례(常禮), 즉 사람으로서 떳떳이 지켜야 할 예법을 말하지만 일반적으로는 왕비를 맞이
하는 예를 지칭한다.

내용을 실어 올린다.

아, 너 정빈 민씨는 그윽하고 여유로우며[幽閑] 곧고 고요하며
[貞靜] 열렬하고 한결같으며[誠一] 반듯하고 장엄하다[端莊]. 쪽을 찌
고[結髮] 함께 살게 된[同牢] 이래로 일찍이[夙=曾] 집안을 화목하게
하는 안주인다움[宜之德]을 훤히 드러냈고 능히 계책을 정해 갑옷
을 입혀줌으로써[提甲] 종묘사직의 공로를 도와 이루었다. 이에[茲=
爰] 큰 계책[조圖]을 잇게 된 것은 진실로 내조에 힘입은 바가 크다.
드디어[肆] 지게미와 쌀겨를 함께 먹었던 오랜 정[糟糠之舊]을 잊지
못해 유적(揄翟)[16]의 의례를 써서 높이는도다. 아아! 집안[室家]이 만
년이 갈 수 있도록 태평한 복을 널리 펴고 뿌리와 가지[本支]가 백세
(百世)가 이어지도록[17] 넉넉함을 드리울 수 있는 계책을 길이 남기도
록 하라[永貽].'

비[妃子][18]는 책과 보를 받자 권근 등에게 겉감과 안감[表裏]을 각
각 하나씩 내려주었고 상도 근에게 말 한 필을 내려주었다. 종친들과
더불어 양청(涼廳)[19]에서 잔치를 벌였는데 크게 즐겼고 비도 종실의
명부(命婦)[20]들과 중궁에서 잔치를 열었다.

비는 무인년(戊寅年) 급박한 때[倉卒之際]를 만나 미리 병장기를

---

16 꿩의 깃으로 장식한 오채(五彩) 찬란한 예복으로 황후나 왕후가 입는데 그 자체로 왕비
  를 가리키는 말로 쓰이기도 한다. 유적(揄狄)이나 휘적(褘翟)도 같은 뜻이다.
17 대대손손 이어진다는 말이다.
18 비자(妃子)란 중국에서는 황제의 첩을 이르는 말이었는데 여기서는 그냥 비를 가리킨다.
19 '서늘한 청사'라는 뜻으로 여름철에 거처하는 청사를 말한다.
20 작첩을 받은 여성을 가리키는데 명부에는 임금의 처첩들로 구성된 내명부의 여성과 관료
  들의 부인들로 구성된 외명부의 여성들이 있다.

갖추어 포진해놓았으니 변란에 대응하는 계책과 사직을 안정시킨 공로에 있어 안에서 도운 것이 많았다. 훗날 태종께서 고려(高麗)의 역사를 보시다가 우리 전하(세종)에게 말하기를 "너의 모후의 공은 (왕건의 부인) 유씨(柳氏)가 갑옷을 입혀준 것에 비하면 훨씬 더 크다"라고 했다. 우리 전하가 즉위하게 되자 조정 신하들은 창덕소열(彰德昭烈-다움이 뛰어나고 밝고 열렬하다)이라는 존호(尊號)를 올렸다.

달이 필성(畢星)을 범했다.[21]

신미일(辛未日-11일)에 정전에 나아가 하례를 받았다. 여러 신하들이 전(箋)[22]을 올렸는데 비를 봉한 일을 축하한 것이다.

계유일(癸酉日-13일)에 (경상도) 진양(晉陽)의 속현인 악양(岳陽-지금의 하동)의 장탄(麞灘)에서 큰 돌이 저절로 90여 척(尺-자)이나 이동했다.

○ 검교(檢校)[23] 문하부 참찬사 권균(權鈞)이 졸(卒)했다. 균은 안동(安東)의 권문세가로 (딱히) 헐뜯거나 기릴 만한 것이 없었다[無毀無譽].
<small>무훼</small>
<small>무예</small>

---

21 필성은 28개 별자리 중 하나이며 8개의 별로 이뤄져 있는데 고대 천문학에서는 달이 필성을 범하면 큰 비가 내린다고 했다.

22 전은 '나타내다[表]'라는 뜻으로 신하들의 뜻을 표현한 글을 말한다. 또 천자에게 올리는 글을 표(表), 황비나 황태자에게 올리는 글을 전(箋)이라고 하기도 한다.

23 고려 말기에 높은 벼슬자리를 정원 외에 임시로 늘리거나 실지로 사무는 맡기지 않고 이름만 가지게 할 때 그 관직명 앞에 붙인 말로 검교 각신(檢校閣臣), 검교 문하시중(檢校門下侍中) 등이 여기에 해당하며 검직(檢職)이라고도 했다.

갑술일(甲戌日-14일)에 청성백(靑城伯) 심덕부(沈德符, 1328~1401년)가 졸했다. 덕부는 자(字)가 득지(得之)로 청부현(靑鳧縣)[24] 사람이며 (고려 때) 전리정랑(典理正郎-이조정랑에 해당) 용(龍)의 아들이다. 문음(門蔭)으로 처음에 좌우위 녹사(左右衛錄事) 참군(參軍)을 받았고 여러 차례 올라[遷] 소부윤(少府尹)[25]이 됐다. (고려) 공민왕(恭愍王) 13년 갑진년(甲辰年-1364년)에 (외직으로) 나아가 수원부(水原府) 수령으로 있을 때 안렴사[廉使][26]가 부에 이르자 덕부가 알현하러 갔다가 사(使)가 옷을 제대로 갖춰 입지 않은 것[不裩]을 보고서 즉시 물러났다. 이에 사가 관리를 시켜 꾸짖으니[讓=責] 대답하기를 "복장이 의례와 같지 않다"라고 하자 사는 자신이 불민(不敏)했음을 사과했다. 그의 곧곧함과 단단함[端介]이 이와 같았다. 병오년(丙午年-1366년)에 어머니의 상[母憂]을 당해[丁=當] 슬퍼하느라 몸이 상할 지경[毀]이라는 소문이 났다. 가짜 임금[僞主][27] 원년 을묘년(乙卯年-1375년)에 예의판서(禮儀判書)로서 강계 도만호(江界都萬戶)에 채워졌다[充].[28] 재주가 장수를 맡을 만하다 하여 그 명성이 더욱 드러

---

24 지금의 경상북도 청송이다.

25 오늘날의 부시장에 해당한다.

26 고려시대 도(道)의 장관으로 충렬왕 2년(1276년)에 안찰사(按察使)를 안렴사로 개칭했다. 임무는 도내의 주현을 순안(巡按)하면서 첫째는 수령의 현부(賢否)를 살펴 출척하는 일, 둘째는 민생의 어려움을 살피는 일, 셋째는 형옥(刑獄)을 다스리는 일, 넷째는 조세의 수납, 다섯째는 군사적 기능에 관한 것이었다. 안렴사는 조선시대 관찰사와 달리 도에 상주하는 전임관이 아니라 사명지임(使命之任)으로 임기는 대체로 6개월이었다.

27 조선 개국 세력은 우왕은 왕씨(王氏)가 아니라 신돈(辛旽)의 신씨라는 입장이기 때문에 가짜 임금이라 부른 것이다.

28 겸직하여 변방 장수로 나갔다는 말이다. 충군(充軍)한다고 할 때의 그 충(充)이다.

나니 뽑히어[擢] 밀직부사(密直副使)와 의주 부원수(義州副元帥)[29]가

됐다. 정사년(丁巳年-1377년)에 서해도(西海道) 부원수가 됐고 무오년

(戊午年-1378년)에 밀직사에 제수돼[除] 사신을 모시고 명나라 서울

[京=京師]에 가서 그쪽의 물음에 답하는 바[專對][30]가 민첩하고 재빨

랐다[敏給]. 경신년(庚申年-1380년)에 왜적이 우리의 남쪽 변방[南鄙]

을 침략했는데 그 기세가 심히 컸다. 덕부가 누선(樓船) 40여 척[艘]

을 이끌고 가서 치자 적들은 두 번 다시 날뛰지[跳梁] 못했다. 을축

년(乙丑年-1385년)에 동북면(東北面-함경도 지역)에 도적의 위험이 있

게 되자 덕부에게 부절과 도끼[節鉞][31]를 주어 그들을 토벌했다. 병

인년(丙寅年-1386년)에 문하부 찬성사로서 경사(京師-명나라 수도)

에 조회하고서 이미 돌아오자 청성부원군(靑城府院君)에 봉했다. 무

진년(戊辰年-1388년)에 우리 태상왕(이성계)을 따라서 위화도(威化

島)에 이르러 의로움을 내걸고[唱義] 군대의 깃발을 돌렸다[旋旆=

回軍]. 공양왕(恭讓王) 원년 기사년(己巳年-1389년)에 관직이 올라

[陞] 문하 좌시중 겸 경기 좌우도 및 평양도(平壤道) 도통사가 됐다.[32]

경오년(庚午年-1390년)에 유언비어[飛語]에 걸려들어[中] (황해도) 토

산현(兎山縣)으로 유배됐다가[謫] 얼마 안 돼[未幾] 다시 불려왔다.

신미년(辛未年-1391년)에 다시 좌시중에 제배돼 공양왕의 세자 석

---

29 여기서도 내직과 외직을 겸하고 있다.

30 전권을 갖고서 응대했다는 말이다.

31 병권의 상징이다.

32 여기서도 내직으로 좌의정에 해당하는 문하 좌시중과 외직으로 경기 좌우도 및 평양도
를 총괄하는 도통사를 겸하고 있다.

(㮃, ?~?)³³을 따라 (명나라 수도인) 경사에 조회했다. 임신년(壬申年-1392년)에 문하부 판사(判事)로 옮겼다. 우리 태상왕이 즉위하게 되자[踐祚=卽位]³⁴ 회군의 공로를 추록(追錄)해 제1등으로 청성백(靑城伯)에 봉해졌고 상왕(上王-정종) 원년 기묘년(己卯年-1399년)에 다시 좌정승에 제배됐다.³⁵ 경진년(庚辰年-1400년)에 사직해 청성백으로서 사저에 나아갔는데 이때에 이르러 병으로 졸(卒)했으니 나이 74세였다. 부음이 전해지자 조회를 사흘 동안 그쳤고[輟] 중사(中使)³⁶를 보내 치제(致祭)했으며³⁷ 부의[賻]로 쌀과 콩 각 100석씩을 하사하고 정안(定安-정하고 안정시켰다는 뜻)이라는 시호를 내려주었다. 덕부는 (사람됨이) 따스하고 훌륭하며 청렴하고 매사 조심했으며[溫良廉謹] (일에 임해서는) 충성스럽고 부지런하여 좋은 일들을 쌓았으니[忠勤積善] 그가 졸하게 되자 나라 사람들이 그를 안타까워했다. 아들이 7명 있었으니 인봉(仁鳳), 의구(義龜), 도생(道生), 징(澄), 온(溫),³⁸ 종(淙), 정(涏)이다. 종(淙)은 태상왕의 제2녀 경선공주(慶善公主)³⁹에게

---

33 1389년(공양왕 1년)에 세자로 책봉됐다. 1391년 전 정당문학(政堂文學) 이원굉(李元紘)의 딸을 맞이해 세자비로 삼았다. 그해 겨울 명나라 서울에 가서 하정(賀正)할 때 시중 심덕부(沈德符)와 설장수(偰長壽), 밀직부사 민개(閔開) 등이 시종했는데, 하정표전(賀正表箋)의 주계(奏啓)에 모두 세자라는 칭호를 사용하지 않고 장남 정성군(定城君) 석으로 표기했다.

34 원래 천조(踐祚)는 천자의 즉위를 가리키는 말이다.

35 다시 제배됐다는 것은 앞서 좌시중에 올랐었기 때문에 이렇게 말한 것이다.

36 궁중(宮中)에서 왕의 명령(命令)을 전(傳)하던 내시(內侍)를 가리킨다.

37 국가에서 왕족(王族)이나 대신(大臣), 국가를 위해 죽은 사람에게 제문(祭文)과 제물(祭物)을 갖추어 지내주는 제사(祭祀)를 가리킨다.

38 훗날 세종의 장인이 되지만 태종의 외척 제거 구상에 따라 죽임을 당하게 된다.

39 어머니는 신의왕후(神懿王后) 한씨(韓氏)다.

장가들었다[尙].

○ 문하부 낭사(郎舍)가 소(疏)를 올렸다. 소는 다음과 같다.

'지난달 26일 특별히[特] 교서(敎書)를 내리시어 안팎의[中外] 신료들은 각자 생각하는 바[所見]를 진술해 봉서에 넣어 조목조목 올리라고 하셨습니다. 신 등은 삼가 어리석은 마음[愚衷]이나마 우러러 하늘과도 같은 (전하의) 귀 밝음[天聰]을 어지럽히겠습니다[瀆].

하나, 모든 종친과 크고 작은 신료들은 명소(命召)⁴⁰가 없으면 (대궐에) 마음대로 들어올 수 없게 해야 합니다. 그 부름을 입어 들어오는 자와 중관(中官) 및 내수(內豎)⁴¹처럼 궐 안에 있는 자는 모두 예복(禮服)을 입도록 해야 합니다.

하나, 사대부들이 모여 실컷 술을 마시고[崇飮] 드디어 쓸데없는 말들을 하다가 옳고 그름[是非]을 제 마음대로 어지럽히는 자들이 간혹 있습니다. 지금부터는 헌사(憲司)에 영을 내려 엄하게[痛=嚴] 규찰하고 다스리게 하여[糾理] 붕당을 이루는 폐단[朋比之弊]을 막아야 합니다[杜=塞].

하나, 얼마 전에[頃者] 전하께서는 특별히 양부(兩府) 백사(百司)⁴² 에 영을 내려 각자 자신들이 아는 사람[所知]을 천거하라고 하셨습니다. 이는 인재를 한 사람이라도 내버려지지 않게[不遺] 하기 위

---

40 부름을 받은 중신들이 궁궐에 들어가기 위해 발급받은 증명패(證明牌)를 가리킨다.

41 둘 다 내시를 가리킨다.

42 양부란 고려 때는 문하부와 밀직사를 함께 칭하는 것이고 조선에 이르러서는 의정부와 중추원을 함께 칭하는 것이다. 아직 육조 체계가 생기기 전이라 백사, 각종 관아들은 다 양부에 소속돼 있었다.

함이었는데 (정작) 지금은 그때 천거된 사람들이 다 쓰이지 못하고 있다 보니 수령(守令)으로서 정사를 가장 잘 베푼 자[政最者]가 임기를 다 채우면[考滿] 뽑아 올려 쓰도록[擢用] 이미 분명한 법령이 있건만 오늘날 간혹 아무런 이유 없이 파면을 당합니다. 빌건대[乞=求] 상서사(尙瑞司)[43]에 영을 내려 장차 각사(各司-각 해당 부서)에서 천거한 이들과 정최자(政最者)로서 임기를 다 채운 자가 내버려지는 일이 없도록[無遺] 해야 합니다. 또 각군(各郡)의 교수관들 중에 가르치고 일깨우는 일에 부지런하여 인재로서 성취를 이루게 할 경우에는 수령의 예(例)에 의기해 조정의 관직[朝官]을 제수함으로써 배움을 장려하는 뜻[勸學之意]을 보이도록 해야 합니다.

하나, 국가(國家)[44]에서 다시 변정도감(辨定都監)[45]을 둔 것은 시한을 정해 판결함으로써[決折=處決] 다툼의 실마리를 끊어버리고자 함이었습니다. (그런데) 지금 보면 세월만 질질 끌어[淹延] 시한이 지났는데도 사안을 끝내지 못하고 각 해당 부서[司=有司]에 나눠 주고 각 해당 부서는 맡은 업무[職]는 내버려둔 채 오로지 청단(聽斷)만 하다 보니 그 일의 기강이 (허물어져) 끝이 없습니다. 청컨대 도감은

---

43 태조 원년(1392년) 7월에 설치돼 부인(符印)과 제배(除拜) 등의 일을 맡아본 관청으로 이조(吏曹)가 생기기 전에 관리의 인사를 담당하던 관아다.

44 원문에서도 국(國)이 아니라 국가(國家)라는 말을 쓰고 있다. 원래 국(國)은 제후들의 봉지(封地)를 말하고 가(家)는 대부(大夫)들의 식읍(食邑)을 말한다.

45 노비변정도감(奴婢辨定都監)을 말하는 것으로 노비의 호적(戶籍)에 따라 시비(是非)를 판정하는 임시 관청이다. 도감은 오늘날의 위원회와 같은 것이며 변정도감은 억울하게 노비가 된 사람들을 찾아내 양민의 수를 늘리기 위해 조선 초에 간헐적으로 설치됐던 기관이다.

없애고 장차 아직 끝내지 못한 일은 모두 도관(都官)⁴⁶으로 보내 여러 관원[庶官]들로 하여금 각각 그 업무에 헌신하게 해야 합니다.

　하나, 주관(周官)⁴⁷에 따르면 사구(司寇)란 나라의 금법[邦禁]⁴⁸을 담당해 간사하고 사특한 일들을 파헤치는 자리인데 우리 조정의 형조가 그 직(職-직무)을 맡고 있습니다. (그런데) 지금은 이미 형조가 있는데 또 순군(巡軍)⁴⁹이 있으니 이는 하나의 직무에 두 개의 관직이 있는 것[一職而二官]입니다. 순군에 속한 나장(螺匠)⁵⁰과 도부외(都府外)⁵¹는 그 수가 거의 1,500명인데 모두 경기[圻甸=畿甸]의 백성으로 그것을 채우다 보니 (해당 지역의) 수령들이 (그 사람들에게는) 부역을 시킬[差役] 수가 없어 그 나머지 민호(民戶)들은 노고를 감당할 수가 없습니다. 지금 형조가 이미 형벌을 맡고 있고 부병(府兵)⁵²들이

---

46 형조도관(刑曹都官)을 말하는 것으로 노비의 부적(付籍)과 소송에 관한 일을 맡아보았으며 종3품관인 지사(知事)가 주관했다. 태조 원년(1392년)에 설치했다.

47 주(周) 왕실의 관직 제도와 전국시대(戰國時代) 각국의 제도를 기록한 책을 가리키는데 전하지는 않고 때로는 그냥 주나라 관직을 가리키기도 한다.

48 주로 형법을 가리킨다.

49 순군만호부(巡軍萬戶府)를 말하는 것으로 포도(捕盜-도둑 잡기)나 금란(禁亂-질서 유지) 등의 일을 맡아보는 관청이다. 고려 충렬왕 때 설치하여 공민왕 18년에 사평순위부(司平巡衛府)로 이름을 바꿨다가 우왕(禑王) 때 다시 원래 이름으로 돌아갔다. 태조 원년에 설치해 이때의 건의를 계기로 태종 2년에 순위부(巡衛府)로, 동 3년에 의용순금사(義勇巡禁司)로, 동 14년에 의금부(義禁府)로 바뀌게 된다.

50 사령(使令)이라고도 하는데 조선시대 칠반천역(七般賤役)의 하나로 죄인을 잡아들이거나 문초할 때 매를 때리는 일을 맡아보았으며 유배 가는 죄인을 압송하는 일도 했다.

51 순군부(巡軍府)에 속한 군대(軍隊)의 하나다.

52 당(唐)나라 부병(府兵)을 모방한 것이긴 하지만 당은 균전제(均田制)를 기반으로 하는 병농일치(兵農一致)의 성격을 가진 반면에 고려의 부병은 국가로부터 받은 토지를 양민에게 경작시켜 거기서 나오는 전조(田租)를 받아 생활하는 대신 전적으로 병역(兵役)을 담당한 직업적 군인이라는 점에서 차이가 있다.

순찰하여 살필 수[巡綽] 있으니 청컨대 순군을 없애고[革=罷] 장차
그 백호(百戶), 영사(令史), 나장을 각 해당 부서로 나눠 보내고 그 도
부외 1,000여 명은 각각 자신들의 주(州)로 돌려보내 호역(戶役-민호
의 부역)을 맡아서 할 수 있게 해야 합니다.

하나, 경기(京畿)는 임금의 교화[王化]가 가장 먼저 미치는 곳이니
돌보아주심[存恤]을 마땅히 더 함으로써 백성들의 삶을 편안하게 해
주어야 합니다. (그런데) 지금 말풀, 섶, 탄 등 여러 가지 잡다한 공물
이 외방(外方)[53]보다 배나 됩니다. 바라건대 지금부터 말풀, 섶, 탄의
수량을 줄여 아껴 쓰고[節用] 그 밖의 다른 잡다한 공물들 중에서
없애도 될 만한 것과 외방으로 넘겨줄 만한 것에 대해서는 의정부에
내려 잘 헤아려 의견을 내게 해[擬議] 자세하게 정하도록[詳定] 해야
합니다.

하나, 주(州)와 현(縣)의 기인(其人)[54]은 실로 지난 왕조[前朝-고려]
의 폐단이 됐던 법[弊法=惡法]인데 국가(조선)에서 그대로 이어받아
아직 없애지 못하고 있습니다. 각 전(殿)의 사옹방(司饔房)[55]에 소속

---

53 경기도를 제외한 다른 지방이다.

54 고려 초기에 향리(鄕吏)의 자제(子弟)를 뽑아 서울에 데려와서 볼모로 삼는 한편 그 출
신 지방의 사정에 관한 고문에 응하게 하던 것으로 신라 때의 상수리(上守吏)에서 유래
한 것이다. 충렬왕과 충선왕 때에 이르러서는 궁실(宮室)이나 창고(倉庫)를 짓는 데 동원
하는 등 노예 비슷한 지위로 격하됐다. 조선에 들어서도 궁중(宮中)에서 노예와 같이 여
러 가지 고역(苦役)에 역사(役使)되다가 태종 9년 이후에는 주로 땔감을 바치는 역(役)을
지게 됐다.

55 조선 개국 후 한양에 새 궁궐이 완성되었을 때 사옹방(司饔房)이 설치됐고 태종 때 관
제 개혁에 따라 이조(吏曹)에 소속됐다가 세조 13년(1467년)에 사옹원으로 이름이 바뀌
었다.

돼 기물들[器皿]을 담당한 자가 혹 잃어버리거나 혹 깨트리거나 할
경우 독촉하여 채워 넣게[充納] 하니 가난한 지방 관리[外吏]로서는
돈과 물건을 크게 꾸게 되어 그로 인해 파산을 하게 돼 그 폐단이
작지 않습니다. 궁사(宮司)와 창고의 노비 같은 이들처럼 궐내에서 임
시 업무[差備]에 채워져 있는 이들이 모두 다 그런 부류[族類]들이니
(바른 조치를 취한다면) 반드시 능히 의지하여[資=賴] 잃어버리고 깨
트리는 걱정이 없을 것입니다. 바라건대 지금부터 창고, 궁사, 봉서국
(奉書局)[56]의 노비들로 하여금 그 일을 대신하게 해 여러 해를 쌓아
온 폐단을 없앰으로써 기인들은 모두 선공(繕工)에 소속시켜 그 일
들을 맡도록 하고 또 창고, 궁사, 봉서국 제조(提調) 관원들의 추종
(騶從)[57]은 한두 사람을 넘지 못하게 하여 나머지는 모두 없애야 합
니다.

하나, 지난 왕조의 부병(府兵)은 오로지[專] 시위(侍衛-경호)와 우
환 대비를 위한 것인데 나라가 망해가던 시절[衰季]에 이르러 그 법
이 낡고 느슨해져 중랑장(中郎將)[58]에서 대부(隊副)[59]에 이르기까지
그 자리가 정한 일[職事]에는 헌신하는 바가 없이 그저 나라의 녹봉
만 쓰고 있습니다. 우리 국가에서는 그 폐단을 철저하게 없애[痛革]
거의 본래의 취지에 가까워지기는 했지만 여전히 원래의 제도를 되

---

56 조선 초에 임금에게 지필연묵(紙筆硯墨)을 올리는 일을 맡아보던 관아로 태종 16년
   (1416년)에 상의원(尙衣院)에 통폐합됐다.
57 상전을 따르는 아랫사람이란 뜻으로 노비나 종과는 구별된다.
58 고려 및 조선 초기의 정5품의 무관직이며 2군 6위 중에서 10곳에 각각 배치됐다.
59 무반의 종9품 잡직이다.

찾지는 못하고 있습니다. 상장군, 대장군이 자신들의 오원십장(五員十將)[60]을 거느리면서 사사로이 보내어 방목을 하게 하고 또 대부를 추종(騶從)으로 삼아 그들을 부리기를 마치 노비처럼 하니 군대를 두어 우환에 대비하는 뜻에 어긋남[乖]이 있습니다. 지금부터는 모두 다 금하도록 하고 숙위(宿衛)하는 임무에 전념하게 해야 합니다. 또 십사(十司)[61]가 온갖 말들을 방목해 벼와 곡식들을 밟아 손실을 끼침으로써 그 폐단이 진실로 작지 않으니 청컨대 그 관행도 아울러 없애 백성들의 생업을 편안케 해주어야 합니다.

하나, 무기들을 갖추는 일[武備]은 사전에[預] 하지 않으면 안 되는 것이지만 군기감(軍器監)이 인근 고을들에 둔전(屯田)[62]을 두어 여러 공인(工人)들에게 제공할 비용으로 삼기 위해 백성들의 밭을 빼앗고 백성들의 소를 차지하며 백성들을 모아 경작하게 해 그 비용을 거둬들이니[穫=收] 인근 고을들의 폐해가 이보다 심할 수가 없습니다. 바라건대 지금부터는 (군기감에) 밭을 주어 조세를 걷도록 해 그 비용을 충당하고 둔전은 폐지해 모두 본래의 주인에게 돌려주도록 해야 합니다.

하나, 지난 왕조의 왕씨(王氏)는 삼한(三韓)을 통일해 다움을 쌓고 어짊을 쌓아[積德累仁] 500년을 드리웠으니 백성들이 그 혜택[賜=恩德]을 받았습니다. 신 등이 엎드려 살펴보건대 상왕께서 즉위하실

---

60 십위(十衛) 각 영(領)의 산원(散員) 5명을 오원(五員), 낭장(郞將) 5명과 별장(別將) 5명을 십장(十將)이라 한다.

61 조선 초기 중앙군을 구성하던 10개의 단위 사(司-부대) 조직이다.

62 변경 지역이나 군사 요충지에 주둔한 군대의 경비를 마련하기 위해 경작하는 토지다.

때의 교서(敎書)에 이르기를 "기자(箕子)와 왕태조(王太祖-왕건)는 모두 동방의 백성들[東民]에게 공로가 있으니 땅과 밭을 붙여주어 때에 맞게 제사를 올리라"고 하셨으니 실로 빼어난 조정의 충후한 뜻이라 하겠습니다. (그런데) 지금 사람들은 혹 부모의 시신을 옛 임금들이나 왕후의 능이 있는 곳[陵塋]에 장사를 지내니 도리에 어긋나는 바가 너무도 심합니다. 바라건대 지금부터는 왕태조의 현릉(顯陵)에 속호(屬戶)를 정해 그것을 지키게 하되 땔감과 땅을 주고 부역을 면제해[復] 땔나무 베기나 방목을 금하게 하고 그 밖의 다른 능실도 무릇 신하된 자로서 같은 곳에 장사를 지낸 경우 모두 다 파내도록 해 옛날과 지금에 모두 통하는 임금과 신하의 의리를 밝혀야 합니다.

하나, 불씨(석가모니)의 가르침은 깨끗하고 맑은 마음으로 욕심을 줄이는 것[淸淨寡慾]을 으뜸으로 하여 부모를 떠나 애정을 끊어내고 세상[方] 밖에서 노니는 것입니다. (그런데) 지금의 중 무리들은 그 스승의 가르침에 등을 돌리고 이익과 욕심에 끌리고 절간[寺社]을 얻기에 힘써 요란스럽게 다투며 (이익을) 바라고 있습니다. 바라건대 오교(五敎) 양종(兩宗)[63]을 없애 그 절간과 땅, 밭, 노비 등을 모두 공공기관에 소속시킴으로써 비구와 비구니들[僧尼]이 이익을 다투는 마음을 막아야[杜] 합니다.'

소가 올라가자 인재를 쓰고 변정을 없애고 경기의 잡공(雜貢)을

---

63 여말선초의 오교(五敎)란 자은교(慈恩敎), 화엄교(華嚴敎), 시흥교(始興敎), 중도교(中道敎), 남산종(南山宗)을 가리키며 양종(兩宗)이란 조계종(曹溪宗)과 천태종(天台宗)을 가리킨다.

옮기고 기인을 대체하고 군기감의 둔전을 없애는 등의 일을 윤허했다[允=同意].

○ 문하부 참찬사 권근이 글을 올렸다[上書]. 글은 다음과 같다.

'지난달 26일에 공개적으로 읽으신[開讀] 교지를 엎드려 살펴보니[伏覩] 수창궁에서 일어난 잘못된 화재[失火]로 인해 여덟 가지 일[八事]⁶⁴로써 스스로를 꾸짖으시고 곧은 말[讜言=直言]을 들어 재앙과 변고[災變]를 없애고자 하셨습니다. 무릇 재앙과 이변이 일어나는 것은 늘 사람으로 말미암는 것인지라 (하늘이) 혹 일에 앞서 경계를 보이거나 혹 일이 일어난 뒤에 빌을 내리는 것입니다. 하늘의 뜻은 그윽하고 멀어서[幽遠] 진실로 살펴 알아내기가 어렵지만 그러나 사람의 일은 잘 들여다보면 얼마든지 미루어 알 수가 있습니다[推知]. 예로부터 하늘의 마음은 임금을 사랑하고 아껴주어[仁愛] 하늘이 꾸짖어 알려주려는 바[譴告]를 뚜렷하게 보임으로써 반드시 임금을 지키고 도와주며[保佑] 온전하게 보살펴[全安]줍니다. 이에[其=於是] 특출나고 밝은 자질[英明之資]이 있어 어떤 일이건 할 수 있는 임금일지라도 옛날의 상례[故常]를 순순히 따라서 기꺼이 진작하고 분발하게 하고, 어떤 일을 하지 못할 경우 하늘은 반드시 비상한 재앙이나 조짐[孽]을 내림으로써 임금에게 경고해 임금으로 하여금 두려워

---

64 여덟 가지 일이란 다음과 같다. "동작(動作)이 마땅함을 잃어서 나의 덕이 이지러졌는가? 폐총(嬖寵)이 나와서 사알(私謁-사사로운 청탁)이 행해지는가? 형벌이 믿음을 잃어서 사람이 권하고 징계함이 없는가? 정치에 마땅함을 잃어서 인재가 막혀 있는가? 또는 향사(享祀)가 정결하지 못해 백신(百神)이 흠향하지 못하는가? 부역이 고르지 못해 서민들이 원망하는가? 간사한 사람이 법을 흔들어서 옥에 원통한 송사가 지체되어 있는가? 호활(豪猾)한 자가 흉악함을 부려 마을에 근심하고 탄식하는 것이 있는가?"

하고 스스로를 닦고 살피게 하여 일을 행함이 있도록[有爲] 하는 것
입니다. 그래서 뽕나무와 닥나무[桑穀]가 아침에 돋아났지만 (중국의
은나라) 고종(高宗)은 중흥했고[65] 큰 나무가 뽑히는 일이 있었는데 주
나라 성왕(成王)은 잘 다스렸으며 (춘추시대) 정(鄭)나라에는 화재가
있었지만 자산(子産)[66]이 정사를 잘 다스리니 재이(災異)는 더 이상
일어나지 않았습니다. 근래에는 대명(大明-명나라)에서 근신전(謹身
殿)[67]에 벼락이 치고 그 변고가 극에 이르렀지만 제(帝)[68]가 부지런하
고 조심스럽게 법도를 지켜 그 마음을 바꾸지 않았기에 30여 년간
제왕의 자리에 있었고 70여 세의 수(壽)를 누렸습니다. 이는 다움을
닦아[修德] 재앙을 그치게 하고[弭=止] 요상한 일을 바꾸어 길한 효
험을 이끌어낸 경우들입니다.

생각건대[惟] 우리 주상 전하께서는 천성이 특출나고 밝으시며 학
문이 정교하고 치밀하시어[精敏] 근고(近古-가까운 과거) 이래 오늘날

---

65 상곡(桑穀)이란 뽕나무와 닥나무를 가리키는데 이는 사마천의 『사기(史記)』 「은기(殷紀)」
에 나오는 것으로 중국 은(殷)나라 고종(高宗) 때 뽕나무와 닥나무가 대궐 뜰에 나서 하
룻저녁에 두 손아귀에 차도록 크므로 임금이 두려워해 신하 이척(伊陟)의 말을 듣고 임
금다움을 닦자 나무가 저절로 말라 죽었다는 고사(故事)를 가리킨다. 이하의 이야기는
다 비슷한 문맥이다.

66 성은 국(國) 씨며 이름은 교(僑)다. 공손교(公孫僑) 또는 공손성자(公孫成子)로도 불린다.
자국(子國)의 아들이다. 정나라 목공(穆公)의 후손으로 태어나 기원전 543년 내란을 진
압하고 재상이 됐다. 정(鄭)나라 간공(簡公) 23년 정경(正卿)이 돼 집정(執政)했다. 정치와
경제 개혁을 실시하고 북쪽의 진(晉)나라와 남쪽의 초(楚)나라 등 대국 사이에 끼어 어려
운 처지에 있던 정나라에서 외교적으로 성공을 거두었다. 내정에서도 중국 최초의 성문
법을 정해 인습적인 귀족정치를 배격했고 농지를 정리해 전부(田賦)를 설정, 국가재정을
강화했다.

67 자금성의 정전(正殿)으로 우리의 경복궁 근정전에 해당한다.

68 명나라를 세운 태조 주원장을 가리킨다.

까지 임금들 중에서 필적할 만한 분이 거의 보이지 않습니다. 그러나 큰일을 행할 수 있는[大有爲] 자질을 갖고서 큰일을 행할 수 있는 임무를 맡으셨으나 그 베풀고 조치하는 바[施措]가 기존의 상례에 안주해 여전히 근세의 궤적을 답습하시기만 하고 비상한 효험을 보지 못하고 있습니다. 하늘이 깨우쳐주고 도와주는 바[啓佑]와 백성들이 전하를 바라보며 기대하는 것이 어찌 여기에 그치기를 기약했을 뿐이겠습니까? 즉위하시고서 겨우[甫] 한 달이 지나[閱] 아직 아무런 잘못도 하지 않았을 때에 먼저 재이와 꾸지람[災咎]을 내렸으니 이는 반드시 큰일을 행할 수 있다는 것으로 경고한 것이므로[69] 하늘의 마음이 어디에 있는지를 훤하게 알 수 있습니다.

전하께서는 스스로에게 엄격하시어 아주 심하게 자책하심으로써 곧은 말을 구하시니 이는 하늘에 응답하는 도리[應天之道]를 얻은 것이라 하겠습니다. (그러니) 신 근(近)이 (어찌) 감히 이 한 마음[一心]을 맑고 깨끗하게 하여 마음 깊숙이 간직한 바[底蘊]를 남김없이 드러내어 방향도 없이 어두운 말씀[狂瞽之言]이나마 진달하지 않겠습니까? 신이 보건대 여덟 가지 일[八事] 중에서 이른바 움직임을 취함에 있어[動作] 마땅함을 잃어 자신의 다움이 이지러졌는가 하는 것은 나 스스로를 꾸짖기를 더욱 통절하게 하는 말입니다. 만일 능히 이와 같이 자신을 닦고 살펴서[修省] 움직임을 취함에 있어 모두 마땅하게 하여[70] 그 다움에 조금도 이지러짐이 없게 한다면 그 나

---

69 (하늘이 태종에 대해) 큰일을 해낼 수 있다는 기대를 갖고서 이런 경고를 내렸다는 말이다.
70 일거수일투족을 도리에 맞춰 행한다는 말이다.

머지 일곱 가지 일의 병들은 모두 약을 쓰지 않아도 절로 나을 것입니다. 그 때문에 신은 아직 다른 일들은 내버려두고서 오직 이 한 가지 절목을 첫 머리에 두고서 부연하여 진술하오니 엎드려 생각건대 상감(上鑑)께서는 잘 챙겨 깊이 살피시옵소서[裁察].
　　　　　　　　　　　　　　　재찰

　무릇 임금이 움직임을 취한다는 것은 단순히 한 몸의 말과 행동에만 그칠 뿐이 아니고 모든 명령의 출납과 정치의 시행 조처들이 다 움직임을 취하는 것입니다.[71] 전하께서는 처음부터 경학(經學-유학)에 뜻을 두시고[留神=留意] 말과 행동을 삼가 닦으셨으니 한 몸의
　　　　　　　　　　　　유신　유의
동작(動作)에 어찌 다음을 잃는 일이 있겠습니까? (하지만) 예를 들어 정령(政令)의 경우를 말씀드리자면 하루에 만 가지 사안[萬機]을
　　　　　　　　　　　　　　　　　　　　　　　만기
살피셔야 하는데 어찌 마땅함을 얻지 못함이 있을 수 있는지를 다 알겠습니까? 정치가 기존의 상례를 답습하여 마땅함에 다 이르지를 못해 전하께서 마땅히 힘을 쏟아 챙겨야 할[修擧] 한두 가지 일들을
　　　　　　　　　　　　　　　　　　　　　수거
말씀드리고 뒤에 조목조목 열거하겠사오니 엎드려 바라옵건대 굽어 살피소서[垂察].
　　　　　수찰

　첫째, 효도를 독실하고 열렬하게 하셔야 합니다. 신이 듣건대 옛날에 (주나라) 문왕(文王)은 세자가 되자 왕계(王季)[72]를 하루에 세 차례 찾아뵈었다[朝]고 합니다. 전하께서는 일찍이 동궁(東宮)에 계실
　　　　　　　　　조

71　동작(動作)이라 하여 단순히 한 몸의 움직임만 가르치는 것이 아니라 임금이 행하는 모든 말과 행동으로 인해 이뤄지는 전체적인 결과 또한 임금의 동작에 포함된다는 말이다.
72　문왕의 아버지로 이름은 계력(季歷)이다. 중국 상(商)나라 시대의 제후국이던 주(周)의 군주였으므로 공계(公季)나 주공계(周公季)라고 하며 뒷날 손자인 주나라 무왕(武王)에 의해 왕으로 추존돼 왕계(王季)나 주왕계(周王季) 등으로도 불린다.

때 태상(太上)을 받들어 섬기면서 열렬함과 삼감[誠敬]을 지극히 갖추셨으니 효자라고 할 수 있을 것입니다. 그러나 문왕이 하루에 세 번씩 찾아뵌온 일을 돌아볼 때 미치지 못함[不逮=不及]이 있습니다. (그런데) 지금 이미 지존에 오르시어[卽尊] 만 가지 사안이 지극히 번잡하여 날마다 몸소 뵙기[親朝]는 진실로 어려우실 것입니다. (그러나) 마땅히 매일 세 차례 신하를 보내어 수라[膳]를 올리며 안부를 여쭙고[存安] 열흘마다 한 번씩 몸소 나아가 뵈오시되 법가(法駕-임금의 공식 수레)를 갖추지 마시고 다만 금위(禁衛)만 거느리시어 간편함을 따르소서. 일마다 열렬함과 삼감을 다하시어 태상의 마음을 기쁘게 해드리는 데 힘쓰시고 설사 날마다 정성을 다 쏟았다 하더라도 감히 스스로 다 했다고 여기지 마시고 반드시 순(舜)임금[73]이나 문왕이 어버이를 섬긴 듯이 하려고 하소서. 이어 상왕(上王-정종)을 섬김에 있어서도 이러한 도리를 그대로 따르소서.

둘째, 부지런히 정사를 들으셔야[聽政][74] 합니다. (중국에서는) 아주 옛날에 임금[人君]은 매일 새벽부터[昧爽] 조정에 앉아 정사를 들었는데 진(秦)나라 2세 황제부터 깊숙이 궁중에 머물며 환관으로 하여금 명을 전하게 했고 수(隋)나라 양제(煬帝)는 또 닷새에 한 번씩 조회를 보았으니 이는 모두 나라를 망하게 하는 정치입니다. 지난 조정의 말기에[季=末年] 이런 법도를 좇아 써서[遵用] 닷새에 한 번 조회

---

73 순임금은 아버지의 횡포에도 불구하고 효도를 다해 공자는 그를 대효(大孝)라고 불렀다.

74 조선시대 때는 정치라는 말보다는 청정(聽政)이나 청단(聽斷)이라는 말을 더 많이 사용했다.

를 하면서 이를 아일(衙日)[75]이라고 했습니다. (그런데) 혹 궁중에 머물며 나오지 아니하고 멀리 놀러 나가 조례(朝禮)를 받고 혹 예만 받고 정사는 듣지 않으며 혹 그 예마저 아울러 없애버려 헛되이 (아일이라는) 이름만 있고 그 실상은 없어 날로 미미해지다가[陵夷] 나라를 잃는 지경에 이르렀으니 이는 [주(紂)로 인해 비참하게 멸망한] 은나라를 거울로 삼아야 할 일[殷鑑]입니다. 성대한 조정[盛朝-조선]이 나라를 열어 세 분의 빼어난 임금[三聖]이 잇달아 일어났으나 이 낡아빠진 법도는 여전히 낡은 흔적[舊轍=前轍]을 그대로 밟고 있으니 진실로 한탄스럽습니다.

전하께서 자리에 오르시던 처음에 그 폐단을 없애고자 하여 특별히 아일에 정사를 듣겠다는 명을 내리셨는데 각 관서[百司]의 신하들이 예전에 그런 규정이 없다는 이유로 제대로 나아와 보고하는[稟] 이가 없어 결국은 아름다운 뜻[美意]을 끝내 시행하지 못하게 됐으니 참으로 한스러운 일이 아닐 수 없습니다. 무릇 임금[人主]이 궁중 깊은 곳에 머물면서 환관이 명을 전하게 되면 이는 장차 안과 밖이 막히고 가려져[擁蔽] 간특한 일들이 마구 행해지게 될 단서[漸][76]입니다. 멀리는 진나라와 수나라가 망하게 된 것이나 가까이는 지난 조정이 쇠퇴한 것이나 수레가 뒤집힌 자취[覆車之轍]는 영원한 경계[永戒]가 될 수 있을 것입니다. 신은 일찍이 명나라 수도[京師]

---

75 조회를 열어 문무백관들로부터 정사(政事)를 듣는 날을 가리킨다.

76 처음에는 작고 미묘한 일이 점점[漸] 자라나 결국 큰 재앙을 불러온다는 말이다. 이런 문맥을 녹여 점[漸]을 여기서는 단서로 풀이했다.

에 입조하여 여러 달 동안 머물면서[淹留] 문연각(文淵閣) 안에서 조
회에 참석해 반열에 서 있으면서[隨班] 황제께서 매일 새벽에 조정
에 앉아 정사를 듣고 백관들이 일을 아뢰는 예를 몸소 본 적이 있습
니다. 신이 지금 그때의 법도에 입각해 의주(儀注-예식 절차)를 지어
올리오니 엎드려 바라옵건대 전하께서는 그것을 들어 시행하소서.

아일 새벽마다 상께서 정전(正殿)에 앉으시면 백관들이 차례대로
반열을 짓는 것을 일정한 의례[常儀]로 하고 네 번 절하는 것을 마치
고[訖] 동과 서로 나뉘어 서로 마주 보며 섭니다.[77] 판각(判閣)[78]이 뜰
가운데로 나아가 북쪽을 보고[北面][79] 서서 외치기를 "각 관서에서
일을 아룁니다[啓事]"라고 하면 차례에 따라 정승 이하 양부(兩府)
의 관원으로서 마땅히 전(殿)에 올라야 할 사람을 이끌어 전상(殿
上-임금 앞)으로 나아가 일을 아뢰게 하고 마치면 전상에 나눠 앉게
합니다. 각 관서가 차례에 따라 각각 보고서[啓本]를 가지고 앞으로
나아가서 꿇어앉아[跪] 보고할 내용[啓聞]을 읽은 다음에 보고서를
도승지에게 주어 어안(御案-임금의 책상)에 받들어 올립니다[進呈].
각 관서가 아뢰는 일이 끝나면 판각은 꿇어앉아 "일이 끝났습니다
[事畢]"라고 사뢰고[白][80] 도승지가 상 앞에 나아가 아뢰면 상께서는
일어나시어 내전으로 들어가시고 정승 이하는 차례대로 인도를 받

---

77 문관은 동쪽에 서고 무관은 서쪽에 선다. 그래서 문관을 동반, 무관을 서반이라고도 한다.
78 조선 전기 조회와 의례에 관한 사무를 관장하던 통례문(通禮門) 소속의 최고위 관직인
   정3품 판통례문사(判通禮門事-통례문 판사)의 별칭이다.
79 임금은 남쪽을 보고 앉기 때문에 남면(南面)한다고 말한다.
80 건의(建議)를 건백(建白)이라고도 하는데 그때의 백(白)이 '아뢰다, 사뢰다'라는 뜻이다.

아 나갑니다. 이에 각 관서가 아뢴 일은 단지 이미 결정이 이뤄진 사안[事目]만을 기록하지 말고 반드시 아직 결정이 이뤄지지 않아 잘 헤아려 의견을 내게 할[擬議] 일도 그 뿌리와 곁가지[本末]를 갖춰 기록했다가 상의 뜻[上旨]을 아뢰어 혹 즉시 결정하고 혹 궁중에 머물러두어 잘 헤아려 의견을 내게 하여 다섯 승지가 『육전(六典)』[81]에 따라 나눠 맡아 명을 받아 시행하도록 하소서. 설사 아일이 아니더라도 상께서 또한 정전에 나와 앉으시고 일을 아뢰는 자들은 모두 직접 아뢰게 하고 중관(中官·환관)으로 하여금 명을 전하게 하지 마시어 막고 가리는 것[壅蔽]을 방지해야 합니다. 모든 숙배(肅拜)[82]하는 자들은 이른 조회[早朝] 때에는 전날 저녁에 각각 각문(閣門)[83]에 보고해 성과 이름을 갖추어 기록하고 보고서를 그대로 베껴 전정(殿庭)으로 인도하여 데리고 나와서 꿇어앉아 읽어 아뢰게 하고 그것을 받들어 올린 다음에는 숙배하는 자들이 한꺼번에 예를 행하게 하소서. 정오 조회[午朝]나 저녁 조회[晚朝]의 경우에는 그날에 각문에 보고해 모든 의례를 위와 같이 하여 하루에 세 차례를 넘지 말게 하고 감히 전과 같이 산만하게 절차도 없이 홀로 나와 중관에게 부탁해 사사로이 숙배를 하여 보고를 번거롭게 함으로써 조정의 의례를 문란하게 하지 못하도록 하시고 이를 어기는 자는 죄를 주어야 합니다.

---

81 『경제원육전(經濟元六典)』 또는 『원육전(元六典)』이라고도 한다. 1397년(태조 6년) 12월 26일 공포, 시행됐다.

82 벼슬을 제수(除授) 받은 자가 서울을 떠나 임지(任地)로 가기 전에 임금에게 작별을 아뢰는 일을 가리킨다.

83 고려 때 조회와 의례를 맡아보던 관서를 가리키는데 아직 조선 초라 이런 용어가 그대로 사용됐다.

셋째, 조정에 몸담고 있는 신하들[朝士=朝臣]을 직접 만나보셔야
합니다[接見]. 임금과 신하가 나눠지는 것은 그 예(禮)가 비록 엄격
하지만 그 정(情)은 마땅히 서로를 제 몸과 같이 여기는 데[親] 있습
니다. 옛날에[古者][84] 임금은 대신을 제 몸처럼 가까이하고 조정 신하
들을 직접 만나보았기 때문에 하루 동안에도 경(卿), 사(士), 대부(大
夫)를 만나보는 때가 많았고 환관, 궁첩(宮妾-후궁)을 가까이하는 때
는 적었기 때문에 중상모략과 간특함[讒邪]이 나올 수가 없었고 속
이고 옭아넣는 것[欺罔]이 생겨날 수가 없어 임금과 신하의 도리는
시로 미더웠고[孚=信] 위와 아래의 정은 가려지지 않게 되어 임금
은 충성스러운 마음과 간사스러운 마음[忠邪之心]을 깊이 살필 수가
있었으며, 신하는 충성스러운 마음을 있는 그대로 털어놓는 유익함
[啓沃之益][85]을 다할 수가 있었습니다. (그런데) 후세의 임금들은 깊
숙이 궁중에 머물다 보니 조현(朝見)하는 신하들은 허배(虛拜)[86]하
고 물러가기 때문에 임금과 신하 사이의 정과 뜻이 아득히 멀어[邈
=遠] 서로 합치되지 못해 음흉하고 간사한 자들[憸邪]이 위를 옭아
넣기[罔]에 이르러 우롱하고 가리게 되어 외정(外庭-조정)의 잘잘못
과 백성들 사이의 이로움과 해로움에 대해 캄캄하여[懜] 아무것도

---

84 고대 중국에서 바람직한 정치가 이뤄지던 시절을 가리킨다.
85 『서경(書經)』 상서(商書) 「열명(說命)」에 나오는 말이다. 은나라 고종(高宗)이 부열(傅說)
에게 "너의 마음을 열어서 내 마음에 물을 대어다오[啓乃心 沃朕心]"라고 한 데서 비롯
됐다. 그 후 계옥(啓沃)이라 하면 신하가 임금에게 흉허물 없이 있는 그대로 다 털어놓는
것을 뜻하게 됐다.
86 제사 때 신위(神位)에 하는 절을 가리킨다. 즉 임금은 보지도 못한 채 그냥 절만 한다는
뜻이다.

들어 알지 못하고 어지러이 망하는 데에 이르렀으니 이것은 옛날이나 지금이나 두루 통하는 근심거리입니다. 바라건대 지금부터는 늘 정전에 앉으시어 종일토록 경사(卿士)들을 불러 만나보시고 외직(外職-지방 관직)을 맡아 나아가게 되어 하직 인사를 하는 자나 외직에서 들어와 조회하는 자가 있으면 관품(官品)의 높고 낮음을 논하지 말고 모두 접견을 허락하시어[賜=許] 따뜻한 말로 위로하고 맑은 물음[淸問]으로 들으신다면 여러 신하들은 모두 감격하는 마음이 있게 되고 전하께서는 백성들 사이의 일을 두루 아시게 될 터이니 그 유익함이 어찌 크다 하지 않겠습니까?

넷째, 경연(經筵)을 부지런히 하셔야 합니다. 제왕(帝王)의 도리는 배움으로 말미암아 밝아지고 제왕의 다스림은 배움으로 말미암아 넓어집니다. 예로부터 임금다운 임금[王者][87]은 반드시 경연을 베풀어 제왕의 배움[聖學]을 강구했던 것도 진실로[良=誠] 이런 때문이었습니다. 전하께서 즉위하신 이래로 비록 경연을 베풀기는 했지만 강하는 것을 미루는[停講] 날이 대개는 참으로 많았습니다. 전하께서는 타고난 성품이 특출나고 밝으시며[英明] 배우고 묻는 바가 정밀하면서 넓으시니[精博] 유학을 공부한 신하[儒臣]가 진강(進講)하는 것이 어찌 능히 제대로 더 일깨워주고 밝혀주는[發揮] 바가 있겠습니까? 그렇지만[然而] 경연에 나오시어[御] 정신을 한데 모아[凝神] (옛 경전들을) 깊이 읽고 끝까지 파고드신다면[講究] 마음속

---

87 왕자(王者)를 그냥 임금된 자라고 옮기기도 하는데 그보다는 훨씬 임금의 도리를 잘 알고 실행하는 임금을 뜻하기 때문에 이렇게 옮겼다.

[方寸之天=方寸之間]에 의로움과 이치[義理]가 밝게 드러나 반드시 편안히 거처하시면서[燕居] 아무것도 하지 않으실 때와 정사를 듣느라 바쁜 일이 많으실 때에는 반드시 다른 바가 있을 것입니다. (그렇다면) 제왕의 배움이 어찌 이로 말미암아 더욱 나아가지 않겠습니까? 또 진강하는 신하들이 비록 모두 용렬한 유자[庸儒]이지만 전하께서 배움이 있다고 일컫는 자들이니 윤번(輪番)으로 교대하여 나아와 (전하께서) 나아와 머무시는 것[進止]을 기다리다가 아무런 반응이 없으시어 물러간 것이 여러 번이오니 유자를 높이고 배움을 향하는 뜻이 너무[已] 가볍지 않겠습니까? 옛닐에 부열(傅說)[88]은 고종(高宗)에게 아뢰기를 "생각건대 배움은 뜻을 공손히 하는 것입니다[遜志]"라고 했습니다. 엎드려 바라옵건대 하늘이 내려준 자질의 밝음[天資之明]만 믿지 마시고 유신(儒臣)들이 고루하다고 말하지 마시고 날마다 경연에 나오시어 마음을 비우고 뜻을 공손히 하여 힘써[孜孜] 깊이 읽고 밝히시어[講明] 감히 하루라도 혹 빠트리지[輟=停] 마시고 혹시 다른 연유가 있어 정강해야 하는 날에도 마땅히 강관(講官)을 불러 보시고 얼굴을 마주하여 일깨워주신[面諭] 다음에 끝내도록 하소서.

다섯째, 절조와 의리[節義]를 기려야 합니다. 예로부터 국가를 가진 자는 반드시 절조와 의리의 선비를 기렸으니 이는 만세의 벼리와 상도[綱常]를 굳건히 하기 위함이었습니다. 임금다운 임금이 의로움을 내걸고 창업할 때에는 사람들 중에서 자신에게 붙좇는[附]

---

88 은나라 고종 때의 뛰어난 재상이다.

자에게 상을 주고 붙좇지 않는 자에게 죄를 주는 것은 진실로 마땅한 일입니다. (그러고 나서) 대업이 이미 정해져 수성할 때에는 반드시 전대(前代)에 절조를 다한 신하에게 상을 주어 죽은 자에게는 (벼슬을) 추증(追贈)하고 살아 있는 자는 불러 써서 아울러 정표(旌表)와 상을 내려 후세의 신하들의 절조를 격려해야 하니 이는 옛날이나 지금이나 두루 통하는 의리입니다. 우리 국가가 천운에 응답해 나라를 열어서 세 분의 빼어난 임금이 서로 이어받아 문(文)으로 태평성세를 이루었으나 절조와 의리를 기리고 상을 주는 법도[典]는 아직 거행하지 않고 있으니 어찌[庸][89] [전례(典禮)의] 누락[闕]이 아니겠습니까?

　가만히 살펴보건대[竊見] 지난 왕조의 시중(侍中-정승) 정몽주(鄭夢周)는 본래 한미한 유자[寒儒]로 오로지 태상왕께서 천거하고 뽑아준[薦拔] 은혜를 입어 정승에 제배됐으니[大拜] 그 마음이 어찌 태상께 두터이 갚으려 하지 않았겠습니까! 또 재주와 식견의 밝음이 있는데 어찌 천명과 인심이 돌아가는 곳을 알지 못했으며 어찌 왕씨의 위태로워 망해가는 형세를 알지 못했으며 어찌 자신의 몸이 보전되지 못하리라는 것을 알지 못했겠습니까! 그런데도 오히려 섬기던 곳에 마음을 오로지하고 그 절조를 바꾸지 않아[不貳=不變] 목숨을 잃는 데 이르렀으니 이것이 이른바 '큰 절조에 임하여 그것을 빼앗을 수 없다[臨大節而不可奪]'[90]라는 것입니다.

89　주로 부정적인 맥락에서 '어찌'라는 뜻으로 쓰인다.
90　『논어(論語)』「태백(泰伯)」편에 나오는 증자(曾子)의 말이다. "육척의 어린 임금을 부탁할

한통(韓通)[91]은 주(周)나라를 위해[於=爲] 죽었지만 송(宋)나라 태조(太祖)가 그를 추증(追贈)했고 문천상(文天祥)[92]은 송나라를 위해 죽었지만 원(元)나라 세조가 또한 추증했습니다. 몽주는 고려를 위해 죽었는데 홀로 오늘날에 와서 추증할 수가 없겠습니까? 광산군(光山君) 김약항(金若恒, ?~1397년)[93]은 지난 왕조 때 사헌 집의(執義)[94]였습니다. 태조께서 나라를 열던 처음에 (태조를) 추대했던 신하들 중에 그와 친한 벗들이 많았으므로 건의하는 형식으로 꾀었으나 끝내 (고려의) 신하의 절조를 지키며 고집스럽게 응하지 않았습니다. 저 명나라에서 (우리가 올린) 표문의 글[表辭]이 공손하지 못하다 하여 장차 우리나라를 죄주려 하자 태상왕의 명을 받고 경사(京師)에 들어가 조현했는데 국문을 당해 몽둥이질로 인한 고통이 몹시 힘들었으나 끝내 굴복하지 않자 제(帝)는 그를 아름답게 여겨 그 죄를 풀어 주었습니다. 그 후에 다른 연유로 해서 결국 돌아올 수 없었지만 그 절조와 의로움은 진실로 높일 만합니다[可尚]. 이 두 사람은 마땅히

만하고, 백리 되는 제후국의 흥망을 맡길 만하며, 국가의 위기상황에 임해서는 (그 절개를) 빼앗을 수 없다면 군자다운 사람일까요? 군자다운 사람입니다[可以託六尺之孤 可以寄百里之命 臨大節而不可奪也 君子人與 君子人也]."

91 후주(後周)의 무인이다.

92 남송(南宋) 말의 충신이다.

93 고려 말에 관직을 지내다가 조선이 건국되자 대사성이 되었다. 태조 5년에 명나라에 보낸 표전(表箋)의 내용이 불공했다 하여 명나라에 불려가 억류된 적이 있었으며, 뒤에 다시 다른 일로 양자강으로 유배 가서 유배지에서 죽었다.

94 사헌부 종3품 관직이다. 사헌부 내에서 최고 관직인 대사헌 다음의 직급으로 정원은 1명이다. 아장(亞長) 혹은 대장(臺長)으로 불리기도 했다. 고려 충렬왕 때 중승을 집의로 개칭한 뒤 여러 차례의 변화를 거듭한 끝에 조선 태종 때 집의라는 명칭으로 정리되어 조선 말까지 지속되었다.

봉작을 더해서 내려주고 그 자손을 들어 써서[錄=錄用] 후세의 사람들을 권면해야[勵=勸] 합니다. 전 주서(注書) 길재(吉再)는 어려움이 닥쳐도 굽히지 않는 절조가 있는 선비[苦節之士]입니다. 전하께서 동궁에 계실 때 옛날의 친분[舊要]을 잊지 않으시고 또 도타운 효심을 아름답게 여기시어 상왕께 건의하여 벼슬[爵命]을 내려주셨는데 재(再)가 마침내 스스로 일찍이 가짜 조정[僞朝]⁹⁵에서 벼슬을 했다 하여 오늘날에는 신하 노릇을 하지 않으려 했기에 전하께서는 향리로 돌아가겠다는 뜻을 들어주시어 그의 뜻을 이루어주셨습니다. 재가 지키는 바가 비록 적중된 도리를 지나쳐 바른 도리를 잃었다[過中失正]고 하지만 그러나 혁명(革命)을 한 뒤에 오히려 옛 임금을 위해 절조를 지키며 능히 작록을 사양한 이는 오직 이 한 사람뿐이니 어찌 절의가 높은 선비[高士]라 아니하겠습니까? 마땅히 다시 예로써 불러 벼슬을 더해주시고 만약에 예전의 뜻을 지켜 올 수가 없다면 곧 그 고을에 영을 내려 정문(旌門)을 세우고 부역을 면제해주어[復戶] 성대한 조정이 절조와 의로움을 기리고 상을 내리는 법도를 빛나게 하소서.

여섯째, 여제(厲祭)⁹⁶를 지내셔야 합니다. 예로부터 무릇 백성들에게 공로가 있거나 목숨을 걸고 부지런히 일한 사람의 경우에는 제사를 지내지 않는 법이 없고 사당이 없는 귀신의 경우에도 태려(泰厲)

---

95 고려 우왕과 창왕 때를 가리킨다.
96 후손이 없어 제사를 받지 못하는 외로운 영혼이 사람들에게 해를 끼칠 것을 염려하여 지내는 제사다.

나 국려(國厲)[97]의 법이 있었습니다. 지금 『홍무예제(洪武禮制)』[98]는 그 법이 잘 갖춰져 있습니다. 우리 국가의 조례(朝禮)와 제례(祭禮)는 모두 저 명나라의 법을 따르고 있는데 오직 이 여제의 일 한 가지만 거행되지 않고 있으니 저 아득한 저승에서 어찌 혹 원통함과 억울함을 안고서 혹 분노와 한스러움을 품고서 가슴에 맺혀 흩어지지 않고 (제사 음식을 얻어 먹지 못해) 배가 주려 먹기를 구하는 자가 없겠습니까? 이것이 바로 원망하는 기운을 쌓아 질병과 전염병이 생겨나게 하고 조화로운 기운[和氣]을 상하게 해 변괴(變怪)를 이르게 하는 것
화기
입니다.

또 예조에 영을 내려 지난 왕조 이래 지금의 건국 초까지 공로가 있어 제사를 지내줄 만한 사람들을 뒤늦게라도 기록하여 제사를 지내주는 법을 자세하게 정하도록 하고[詳定] 주와 군의 수령들 중에
상정
백성들에게 사랑을 남긴 자 또한 그 고을에서 사당을 세우고 제사를 지내는 것을 들어주며 그 밖에 제사를 지내지 않는 모든 귀신에 대해 여제(厲祭)를 지내는 법도는 일절 『홍무예제(洪武禮制)』에 입각하도록 해야 합니다.

이상의 몇 가지 일들은 고원(高遠)하여 시행하기가 어려운 일이 아니건만 그런데도 전하께서는 영명과단(英明果斷)한 불세출의 임금이면서도 도리어 전 시대의 인습에 따른 폐단을 그대로 답습하시어 이

---

97 둘 다 고대(古代)의 제왕(帝王)으로서 무후(無後), 즉 후손이 없는 귀신에게 지내는 제사다.
98 이 책은 1381년에 명(明)나라 태조가 종래의 예제(禮制)를 새롭게 하기 위해 유신들을 시켜 편찬한 국가의 예식집으로 고려 말 이후 조선 세종대에 『국조오례의(國朝五禮儀)』가 만들어질 때까지 국가 예제를 거기에 준용했다.

를 손보시어 없애지 못해서야 되겠습니까? 만일 지금 전하가 계신데도 단행할 수 없다면 이는 영원히 시행할 때를 찾지 못하게 될 것입니다. 어찌 심히 애석한 일이 아닐 수 있겠습니까? 또 이 몇 가지 일들은 심히 어려운 일이 아니나 행하기만 한다면 심히 큰 유익함이 있을 것입니다. 여덟 가지 일의 병통과 만 가지 사안의 정령이 어느 하나도 그 도리를 얻지 못하는 바가 없어 사람들의 마음을 감화시킬 수 있고 조화로운 기운을 불러올 수 있으며 재변을 없앨 수 있고 지극한 다스림[至治]을 일으킬 수 있고 큰 복[景祚]을 더 늘릴 수 있습
지치
경조
니다. 엎드려 바라옵건대 전하께서는 단호하게[斷然] 이를 시행하시
단연
어 만세를 다행스럽게 해주소서.'

○ 남양군(南陽君) 홍길민(洪吉旼, 1353~1407년)⁹⁹이 글을 올렸다
[上言].
상언

'옛날에는 언관(言官)이 따로 없었고 공경(公卿)에서 일반 백성[庶人]에 이르기까지 말을 내어 올리지[進言] 않는 사람이 없었습
서인
진언
니다. 하물며 지금 내리신 교서에 이르기를 "과인의 몸[寡躬]의 잘못
과궁
과 좌우 신하들의 충성스러움과 간사스러움, 정령의 옳고 그름, 민생에 이익이 되는 것과 병통이 되는 것을 다 말하여 꺼리는 바가 없도

---

99 1376년(우왕 2년) 문과에 급제하여 강릉도 안렴사(江陵道按廉使)가 되어 지방의 호강(豪強)한 무리를 억제함으로써 장령이 되었다. 1390년(공양왕 2년) 우사의대부(右司議大夫)가 되었으나 정몽주(鄭夢周)가 우상에 임명되자 한미한 가문의 출신으로서 언관을 축출하고 전제(田制)를 문란케 한 장본인이라 하여 고신(告身)에 서경(署經)을 거부하다가 파직되었다. 1392년 이성계(李成桂)를 추대해 조선 개국에 공을 세워 좌부승지에 임명되고 개국공신 2등에 책훈되어 추성협찬 개국공신(推誠協贊開國功臣)의 훈호를 받았다. 이어 중추원 상의사(中樞院商議事)로 임명되고 남양군(南陽君)에 봉해졌다.

록 하라[無諱]"고 하셨습니다. 이에 통렬하게 느끼는 바가 지극히 커서 감히 입을 닫고 있을 수가 없어 우러러 (전하의) 하늘과도 같은 귀 밝음[天聰]을 더럽힙니다.

하나, 도읍(都邑)이란 종묘와 사직이 있는 곳이고 사방의 공물과 세금이 몰려드는 곳이니 중하게 여기지 않을 수 없습니다. 삼가 생각건대[恭惟] 태상 전하께서 개국하시던 초에 한양을 도읍으로 정하시고 이를 경영한 지 여러 해 만에 종묘사직과 궁궐, 성과 시장, 일반 주택가[閭閻]가 성대하게 이루어졌건만 몇 년도 되지 않아 조시(朝市)는 황폐화되고 주택가[閭巷]는 쇠락하는 바람에 이를 보는 자들 중에 심히 슬퍼하지 않는 이가 없습니다. 또 종묘에 제향하는 때가 되면 두 도읍[兩都]을 오가야 하는 폐단 또한 작지 않으니 이것이 어찌 효도를 행하는 도리이겠습니까! 엎드려 바라옵건대 전하께서는 태상황께서 나라를 열고 도읍을 세운 뜻을 잘 이으시어 만세에 이어질 대업을 정하셔야 합니다.

하나, 대소 신료들이 비록 정사[事]에 관해 말을 하고 싶은 뜻이 있더라도 하늘과도 같은 위엄[天威]이 엄중하여 언론을 책임진 자리에 있는 사람이 아니고서는 감히 말을 내어 올리지 못합니다. 바라건대 지금부터는 사명(使命)을 받들어 들고 나는 신하들로부터 향을 받들고서 복명하는 자에 이르기까지 몸소 불러 만나시어[引見] 나라의 이익됨과 손해됨, 백성들의 편안함과 근심걱정[休戚], 제사를 모심[祀奠]에 있어 정결한지 여부 등에 대해 그 사안이 크고 작음[鉅細=巨細]을 가리지 마시고 따뜻한 말씀으로 친히 물으시어 그 말이 사안에 적중하는 바[中]가 있으면 곧바로 시행하시고 비록 적중하지 못하더라도[不中] 또한 죄주지 않으신다면 뜻을 가진 이들은 모두 반드시 (해야 할) 말을 다 할 수 있을 것입니다.'

을해일(乙亥日-15일)에 비가 오고 나무에 얼음이 얼었다[木氷].[100]

○ 명을 도운[佐命] 공로를 기록하여[101] 4등으로 하고 교서를 내려[敎] 말했다.

'지난번에 역신(逆臣) 박포(朴苞, ?~1400년)[102]가 화란(禍亂)을 일으킬 마음[禍心]을 품고서 몰래 회안(懷安) 부자[103]를 끼고[挾] 내 골육을 해치려고 모의해 마침내 병사를 일으켜 대궐로 향하기에 이르러 흉악스러운 역모를 마구 행함으로써 종묘사직의 안위(安危)가 간발의 차이였다. 상당후(上黨侯) 이저(李佇), 문하 좌정승(門下左政丞) 이거이(李居易), 우정승 하륜(河崙), 삼군부 판사(三軍府判事) 이무(李茂), 문하시랑 찬성사(門下侍郞贊成事) 조영무(趙英茂), 좌군 총제(左軍摠制) 이숙번(李叔蕃), 중군 총제(中軍摠制) 민무구(閔無咎), 좌군 동지총제(左軍同知摠制) 신극례(辛克禮), 여성군(驪城君) 민무질(閔無疾) 등 아홉 사람은 마음을 합해 의로움을 따르고 사리에 응하여 계책

---

100 비나 눈이 나뭇가지에 그대로 얼어붙는 현상으로 목개(木介) 혹은 목가(木稼)라고도 한다.

101 2차 왕자의 난에 공로를 세운 사람들을 좌명공신(佐命功臣)이라 한다.

102 조선 초기의 무신으로 1392년 조선을 건국하는 데 공을 세워 개국공신 2등에 책봉됐고 1393년에 사헌중승과 황주목사가 됐다. 1398년에는 1차 왕자의 난 때 이방원을 도운 공으로 죽성군에 봉해지고 지중추부사가 됐다. 그러나 박포는 1등 공신에 책봉되지 못한 것을 불평하다가 1400년 이방간을 도와 2차 왕자의 난을 일으켰으나 패배해 붙잡혔고 죽주(지금의 충북 영동)로 유배를 가 이산으로 다시 유배 갔다가 처형됐다.

103 이방간 부자를 가리킨다.

을 결단해 화란을 평정하고[戡定=平定] 종묘와 사직을 안정시켰다.
감정   평정
충성을 다해 명을 도왔으니[盡忠佐命] 1등의 칭호를 내려주고 부모와
진충 좌명
처는 3등을 뛰어 봉작을 내려주고 직계 아들[直子]은 3등을 뛰어 음
직자
직(蔭職)을 주며 직계 아들이 없을 경우 조카와 사위에게 2등을 뛰
어 밭 150결(結), 노비 13구(口), 백은(白銀) 50냥(兩), 표리(表裏-안
팎 옷감) 1단(段), 구마(廐馬) 1필, 구사(丘史)¹⁰⁴ 7명, 진배파령(眞拜把
領)¹⁰⁵ 10명을 주고 처음 벼슬길에 들어서는 것을 허락한다.

예문춘추관 학사(藝文春秋館學士) 이래(李來)는 의로움을 따르고
사사로움을 잊어 변고를 듣고서 가상 먼저 아뢰어 충성을 다해 명을
도왔다[盡忠佐命]. 의안공(義安公) 이화(李和)와 완산후(完山侯) (이)
진충 좌명
천우(天祐)는 변고를 듣고서 서둘러 달려와 화란을 구제했다. 보좌하
고 받들어 명을 도왔으니[翊戴佐命] 2등의 칭호를 내려주고 부모와
익대 좌명
처는 2등을 뛰어 봉작을 내려주고 직계 아들은 2등을 뛰어 음직을
주며 직계 아들이 없을 경우 조카와 사위에게 등급을 뛰어 밭 100결,
노비 10구(口), 백은(白銀) 25냥, 표리(表裏) 1단, 구마(廐馬) 1필, 구사
(丘史) 5명, 진배파령(眞拜把領) 8명을 주고 처음 벼슬길에 들어서는
것을 허락한다.

창녕백(昌寧伯) 성석린(成石璘), 완천군(完川君) (이)숙(淑), 문하 찬
성사(門下贊成事) 이지란(李之蘭), 개성유후(開城留後) 황거정(黃居正),
삼군부 지사(三軍府知事) 윤저(尹柢)·김영렬(金英烈), 우군 동지총제

---

104 종친(宗親)과 공신(功臣)에게 준 구종(驅從-하인)을 가리킨다.
105 임금이 공신에게 특별히 딸려준 군사를 가리킨다.

(右軍同知摠制) 윤곤(尹坤), 형조전서(刑曹典書) 박은(朴訔), 도승지 박석명(朴錫命), 상장군 마천목(馬天牧), 전중시 판사(殿中寺判事) 조희민(趙希閔), 봉상경(奉常卿) 유기(劉沂) 등 열두 사람은 열렬함과 죽을 힘을 다해 여러 차례에 걸쳐 충성을 드러냈다. 보좌하고 받들어 명을 도왔으니 3등의 칭호를 내려주고 부모와 처는 1등을 뛰어 봉작을 내려주고 직계 아들은 1등을 뛰어 음직을 주며 직계 아들이 없을 경우 조카와 사위에게 등급을 뛰어 밭 80결, 노비 8구(口), 2품 이상은 백은(白銀) 25냥, 3품 이하는 은대(銀帶) 1요(腰), 표리(表裏) 1단, 구마(廏馬) 1필, 구사(丘史) 3명, 진배파령(眞拜把領) 6명을 주고 처음 벼슬길에 들어서는 것을 허락한다.

문하부 참찬사 조박(趙璞), 삼사 좌사(三司左使) 조온(趙溫), 문하부 참찬사 권근(權近), 삼사 우사(右使) 이직(李稷), 삼군부 참지사(三軍府參知事) 유량(柳亮), 중군 총제 조경(趙卿), 좌군 총제 김승주(金承霔), 우군 동지총제 서익(徐益), 전(前) 동지총제 홍서(洪恕), 병조전서 윤자당(尹子當), 좌승지 이원(李原), 우승지 이승상(李升商), 한성윤(尹) 김정경(金鼎卿), 우부승지 서유(徐愈), 상장군 이종무(李從茂)·이응(李膺)·심구령(沈龜齡), 대장군 연사종(延嗣宗)·한규(韓珪)·김우(金宇)·문빈(文彬), 전 중군 장군 윤목(尹穆) 등 스물두 사람은 열렬함을 다해 힘 모아 (왕실을) 돕고 오래토록 부지런히 보호하는 데 힘써 보좌하고 받들어 명을 도왔으며 군자소감(軍資少監) 송거신(宋居信)은 (과인이) 위태로움을 당했을 때 환란으로부터 구제했다. 보좌하고 받들어 명을 도왔으니 4등의 칭호를 내려주고 부모와 처는 봉작을 내려주며 직계 아들은 음직을 주고 밭 60결, 노비 6구(口), 2품 이상은 백은(白銀) 25냥, 3품 이하는 은대(銀帶) 1요(腰), 표리(表裏) 1단, 구마(廏馬) 1필, 구사(丘史) 1명, 진배파령(眞拜把領) 4명을 주고 처음 벼슬길에 들어서는 것을 허락한다.

아울러 모두 각(閣)[106]을 세워 형상을 그리고 비(碑)를 세워 공로를 기록하며 적장자가 대대로 이어받아 그 복록이 끊어지지 않게 하고 자손은 정안(政案)[107]에 기록하기를 좌명(佐命) 몇[某] 등 공신 아무 개[某]의 후손이라고 하여 비록 죄를 범하더라도 사면[宥]이 영원토록 미치도록 하라.'

상이 잠저에 있을 때 한산(漢山) 서쪽에서 사냥을 하다가 성난 표범을 만나 말에서 떨어졌는데 거신이 말을 달려 지나가니 표범이 그를 쫓아갔으므로 상은 벗어날 수 있었다. 이때에 이르러 더하여[俾] 좌명공신의 반열에 참여시켰다. 문하 좌정승 이거이 등이 글[箋]을 올려 좌명공신들에게 상으로 내려준[賞賜] 물건들을 사양하기를 청했다.

'신 등은 일찍이 무인년(戊寅年) 정사(定社)[108] 때 주상 전하께서 크게 베푸신 은혜를 입었사온데 이번에 또 전하께서 특별히 좌명공신으로 칭하심을 입어 의정부로 하여금 큰 상을 정성껏 갖추도록 명하

---

106 공신각을 말한다.

107 고려 때 이부(吏部)와 병부(兵部), 조선의 이조(吏曹)와 병조(兵曹)에서 각각 문관 및 무관의 출신, 내력, 나이, 전력(前歷) 4조(四祖-부·조부·증조부·외조부), 그리고 처부모의 직명, 거주지 등을 기록했다. 또는 벼슬자리의 일이 힘들고 편한 것을 구분한 것과 재직 중에 잘하고 못한 것을 표시하고 또 직책에 대한 적부(適否)를 자세히 기록, 작성한 장부이다.

108 1차 왕자의 난이 끝난 후에 공신들에게 사직을 안정시켰다는 뜻에서 정사(定社)공신의 칭호를 내린 바 있다.

셨으니 신 등은 감히 중첩하여 받을 수 없습니다.'

윤허하지 않았다[不允].
불윤

○ 노비변정도감(奴婢辨定都監)[109]을 폐지하고 도감에 명하여 장차 아직 끝내지 못한 일은 그 숫자를 세어 보고하도록 했다.

정축일(丁丑日-17일)에 나무에 성에가 꼈다[木稼].
목가

○ 관음굴(觀音窟)에서 수륙재(水陸齋)를 베풀었다. 상이 시독관 김과(金科)에게 (사사로이) 말했다.

"나라에서 행하는 불교 행사[佛事]는 내가 이미 다 폐지시켰으나
불사
궁중의 부녀자들이 그 자식들의 장수[延壽]를 기원하여 사재를 써서
연수
혹 예참(禮懺)[110]을 베풀거나 혹 수륙을 행하고 있으니 금지하고자 해도 아직 그럴 수가 없구나."

경진일(庚辰日-20일)에 원단(圓壇)[111]에 (나아가) 곡식이 잘되기를 빌었다.

신사일(辛巳日-21일)에 최윤(崔潤)에게 말 1필을 내려주었다. 윤은

---

109 1361년(공민왕 10년) 노비도감(奴婢都監)을 설치해 노비의 천적(賤籍)을 개정했다. 조선
    시대에는 1395년(태조 4년)에 노비도감을 부활시켜 노비의 구적(舊籍)을 없애고 새로
    운 것으로 정비했으며 1400년(정종 2년)에 이 관청을 설치하여 노비의 쟁송을 담당하게
    했다. 이때 그것을 폐지한 것이다.
110 몸과 마음과 입으로 지은 모든 악업을 참회하는 의식을 말한다.
111 기우(祈雨) 등 하늘에 제사를 지내는 곳이다.

성절사(聖節使)[112] 이지(李至, ?~1414년)[113]의 서장관이었는데 (명나라를 방문하고) 돌아와 아뢰었다.

"황제께서 대우하고 위로하기를 크게 두텁게 하셨고 또 무진년(戊辰年)에 회군한 공로[114]가 그보다 클 수 없다 하여 예부 주사(禮部主事) 육옹(陸顒)과 홍려행인(鴻臚行人)[115] 임사영(林士英) 등을 시켜 조서(詔書)와 상사(賞賜)를 싸 가지고 가게 하여 이미 압록강을 건넜습니다."

상이 기뻐했기 때문에 이 같은 내려줌이 있었다.

임오일(壬午日-22일) 밤에 사방에 붉은 기운이 있었다.

계미일(癸未日-23일)에 햇무리가 있었다.

갑신일(甲申日-24일)에 다양한 모양의 햇무리[日珥·日直·日包·
일이   일직   일포

---

112 조선시대에 명나라의 황제와 황후의 생일을 축하하기 위해 보내던 사절로서 성단사(聖旦使)라고도 했고 정조사(正朝使), 동지사(冬至使)와 함께 삼절사(三節使)라고도 일컬었다.

113 일찍이 고려 공민왕 때 과거에 급제하고 춘추관에 들어가 사관(史官)으로 일했다. 1383년(우왕 9년) 좌사의대부(左司議大夫)에 올랐으며 한학과 문장에 능해 성절사(聖節使)로 명나라에 다녀왔다. 위화도회군에 참여해 밀직사에 오르고, 이듬해 밀직제학에 승진, 하정사(賀正使)로서 다시 명나라에 다녀왔다. 이어 강릉교주도 도관찰사를 역임하고 1392년 공양왕의 세자 석(奭)의 사부가 되었다. 같은 해 이성계(李成桂)가 조선을 창업하는 데 참여해 개국공신 3등에 책록되었다. 1396년 중추원 상의사(中樞院商議事)로서 충청·전라·경상도 도찰리사(都察理使)가 되어 민정을 시찰했고 1398년 경상도 도관찰사가 돼 영농과 양병, 특히 빈민 구제에 힘썼다. 1407년 형조판서가 되어서는 공신들의 횡포를 제거하고자 했으며 그 뒤 예조판서와 한성부 판사를 지냈다. 직무에 충실했으며 성품이 강직했다고 한다.

114 위화도회군을 가리킨다.

115 외빈 접대를 담당하는 외교관이다.

日暈]¹¹⁶가 있었다. 밤에 동남쪽에 붉은 기운이 있었다.

○ 각 도(道)의 도관찰출척사(都觀察黜陟士)를 고쳐 안렴사(按廉使)
라 하고 안노생(安魯生)을 경상도, 조휴(趙休)를 전라도, 이은(李垠)
을 충청도, 이지직(李之直)을 강원도, 정혼(鄭渾)을 경기좌도(京畿左
道), 유향(柳珦)을 경기우도(京畿右道), 이양(李揚)을 풍해도(豊海道-황
해도) 안렴사로 삼았다.

을유일(乙酉日-25일)에 연복사(演福寺)의 우물물이 끓어 좌승지 이
원(李原)을 보내 그곳에 제사를 지냈다.

○ 조준(趙浚)을 문하부 판사(門下府判事), 이서(李舒)를 찬성사(贊
成事), 곽추(郭樞)를 예문관 태학사(藝文館太學士), 정구(鄭矩)를 예문
관 학사, 이지(李至)를 정당문학(政堂文學)¹¹⁷으로 삼았다. 대사헌(大
司憲) 김약채(金若采, ?~?),¹¹⁸ 중승(中丞) 전순(全順)은 그대로 본래 직

---

116 일이(日珥), 일직(日直), 일포(日包), 일운(日暈)은 모두 해 주위에 테두리 모양의 햇무리를
　　가리킨다.

117 고려시대에는 내사문하성(內史門下省)과 이를 개칭한 중서문하성(中書門下省)의 종2품
　　문관 벼슬로 정원은 1명을 두었다. 1275년(충렬왕 1년) 중서문하성이 첨의부(僉議府)로
　　개편되면서 참문학사(參文學事)로 개칭됐으나 1290년에 다시 정당문학으로 고쳤다. 충
　　선왕 때 잠시 폐지했다가 뒤에 중서문하성과 문하부(門下府)에 이 관직을 두어 조선에
　　계승됐다. 조선시대에는 개국 초 백관(百官)을 통솔하고 서정(庶政)을 총괄하던 문하부
　　의 정2품관으로 정원 2명을 두었는데 1401년(태종 1년) 문하부를 의정부로 개편하면서
　　의정부 문학(議政府文學)으로 개칭됐다.

118 광산 김씨다. 고려 공민왕 때 문과에 급제하고 우왕 때 문하부의 종3품 좌사의(左司議)
　　에 올랐다. 지신사(知申事)로 있던 1388년(우왕 14년)에는 이성계가 위화도에서 회군하
　　자 이에 항거했다가 외방에 유배됐다. 그 뒤 조선 건국에 참여하여 문하부 좌산기(門下
　　府左散騎)에 이르렀으며 1400년(정종 2년) 사병혁파(私兵革罷)를 주장해 이를 단행하게
　　했다. 이때 대사헌이 되고 1404년 충청도 관찰사로 나갔다.

책에 제수하고 그 나머지 대관(臺官-사헌부 관리)들은 모두 외직에 보임(補任)했다. (그래서) 유두명(柳斗明)은 밀양부사(密陽府使), 이관(李灌)은 양주지사(襄州知事), 안종약(安從約)은 황주판관(黃州判官), 허조(許稠)는 완산판관(完山判官)으로 삼았다. 애초에 조(稠)가 사헌잡단(司憲雜端)이 돼 업무[仕]를 끝내고 밤에 집으로 돌아가는데 응방인(鷹坊人) 10여 명이 팔뚝에 매를 단 채 지나가자 조가 소유(所由)[119]를 시켜 그들의 종을 잡아 전옥(典獄)에 가두었다. 응인(鷹人)이 이를 (임금에게) 보고하니 명하여 조를 불렀다. 조가 아전[吏=小吏]
이   소리
7명을 거느리고 궐문을 들어서려는데 문을 지키던 갑사(甲士)가 그들을 가로막고서 단지 한 명의 아전만 따라 들어가게 했다. 상이 조에게 물었다.

"응인의 종을 잡아 가두고서 오랫동안 풀어주지 않는 것은 어째서인가?"

조가 대답했다.

"저희의 맡은 바[所司]가 늘 (전하의) 명을 받들어 행하는 것인데
소사
이 무리들이 우리의 일을 능멸했기[埋沒] 때문에 그들의 종을 잡아
매몰
가둔 것입니다. 근래에 제좌(齊坐)[120]가 없었고 신이 때마침[適] 병이
적
있어 일을 보지 못했기 때문에 풀어주지 못했습니다."

조는 또 문자(門者)[121]의 종들을 잡아 가둬 여러 날 동안 풀어주지

119 사헌부의 이속(吏屬)을 가리킨다.
120 대관(臺官)들이 모여 앉아 일을 의논하는 것을 말한다.
121 대궐 문을 지키는 사람을 가리킨다.

않았는데 상이 이를 듣고서 순군(巡軍)에 명해 조의 종 10명[口]을 잡아 가뒀다. 중승 전순이 아뢰어 말했다.

"헌부의 관원들[臺員]은 늘 왕명을 받들기 때문에 길에서 벽제(辟除)[122]를 하며 다니는데 이는 왕명을 높이는 까닭입니다. 지금 응인들이 말을 탄 채 그대로 지나갔고 문자가 저희를 따르는 아전을 잡아 물러나게 했으니 어찌 왕명을 높이는 도리이겠습니까? 조가 기강을 떨친 것[振綱]은 왕명을 높이기 위함이었으니 청컨대 조의 종을 석방하셔야 합니다."

상이 말했다.

"응인은 무릇[將=大抵] 내가 준 패(牌)를 가진 자이고 문자는 그 들고 나는 번잡함을 금하는 것이 곧 그 직무다. 또 내가 중국의 제도를 보건대 비록 공경(公卿)이라 하더라도 많은 사람을 거느리고 궐문에 들어갈 수는 없다. 경들은 응인과 문자가 그대들의 맡은 바를 능멸했다고 여기는데 나는 경들이 과인을 능멸했다고 여긴다. 또 옛 법에 대성(臺省-사헌부)의 관원들이 잘못이 있으면 설사 동료라 하더라도 곧장[輒] 그를 탄핵했는데 지금은 그렇게 하지 않고 도리어 내가 잘못했다고 하니 이럴 수 있는 것인가? 잡아 가둔 조의 종은 한 달이 다 끝나도 석방치 않을 것이다."

순이 물러가자 시사(侍史) 유두명·이관, 잡단 안종약 등이 대사헌

---

122 지위가 높은 사람이 행차할 때 선도하는 군졸들이 큰 소리를 질러서 다른 사람의 통행을 막고 길에서 비키도록 한 일이다. 원래는 개벽(開闢) 혹은 소제(掃除)의 뜻으로 길을 열고 더러운 것들을 치우게 하는 것이었으나 점차 귀인이나 관리들의 위엄을 과시하는 의례로 변질됐다.

김약채, 중승 전순을 탄핵했다. 소(疏)가 올라갔는데 대략 이러했다.

'상께서 조를 불러 죄를 들어 말씀하시고[數罪]¹²³ 그의 종 10명을 가두셨는데도 약채는 한 번도 간언하여 다투지 않았으니 조금도 사헌부를 맡은 신하[憲臣]의 의리가 없다고 할 것입니다. 삭탈관직(削奪官職)하여 외방으로 유배 보내[竄外] 뒤에 오는 사람들[後來]을 권면하시기를 바라옵니다. 중승 전순은 이에 맞서는 말을 하며[抗言] 홀로 아뢰었으나 아직 윤허하는 말씀[兪允]을 받지 못했으니 집으로 돌아가 자리에 나아오지 말아야[不仕] 할 터인데 자기 맘대로[任然] 공무를 행하고 있는 것은 헌사의 직책에 어긋나는 바가 있습니다. 파직하여 서용(敍用)하지 말기를 청합니다[乞=請]. 잡단 허조는 많은 근수(根隨)¹²⁴를 거느려 정해진 규정에 어긋남이 있어 문자에게 모욕을 당했는데도 자기 마음대로 출근하고 있으니 아울러 파직할 것을 청합니다. 헌관은 의관이나 (거느리는) 구사(丘史)에 있어 일반 관원[常員]들과 차이가 있고 길 가는 사람들이 길을 피하는 것은 그들을 두려워해서가 아니라 주상의 명을 두려워해서입니다. 잡단 허조가 업무를 끝내고 집으로 돌아가는데 이비(李조), 문천봉(文天奉) 등 10여 명이 자기 맘대로 말에서 내리지 않았기에[犯馬] 조가

---

123 일일이 죄목을 들어 말한다는 뜻이다.

124 근수(跟隨)라고도 한다. 지방에서 서울로 선상 입역(選上立役)하는 공노(公奴) 중에서 종친(宗親)이나 각사(各司) 소속의 관원에게 사령(使令)의 명목으로 배당되어 관원이 대궐을 출입할 때 또는 지방에 출장 갈 때 수종(隨從)하며 시중드는 일을 담당했던 노자(奴子-종)다. 근수는 관원 개인에게 지급됐기 때문에 사노(私奴)와 같이 취급되어 흔히 사역(私役)에 동원되기도 했으며 당상관이나 사헌부나 사간원의 관원이 군율 등을 어겼을 때 이들 관원 대신 수감되기도 했다. 근수노자(根隨奴子) 혹은 근수노(根隨奴)의 준말이며 구종(驅從) 혹은 별배(別陪)라고도 했다.

그들의 종들을 붙잡게 했다가 도리어 능욕을 당했으니 이는 단순히 저희의 맡은 바[所司]를 능멸한 것일 뿐만 아니라 상의 명을 두려워 하지 않은 것인즉 그 광포(狂暴)함이 너무나도 심합니다. (그런데도) 전하께서는 도리어 헌사의 신하들을 꾸짖으시니 신들은 붓을 쥔 선비[秉筆之士=史官]가 역사[策=史策]에 곧게 써서[直書] 후세에 (전하의) 빼어난 다움[聖德]에 누를 끼치게 될까[貽=遺] 두렵습니다. 좌우에서 간언을 맡은 신하들은 모두 다 그것이 잘못임을 알면서도 우물쭈물[囁嚅]하기만 하고 말을 하지 않으니 이는 다 임금을 사랑하는 것[愛君]이 아닙니다. 엎드려 바라옵건대 전하께서는 곧은 말[讜直=直言]을 아름다이 여겨 받아주시고 특히 해당 부서[攸司=有司]에 명하시어 저 이비, 문천봉 등의 직첩(職牒)을 거두고 외방으로 내쫓으심으로써[竄逐] 후세 사람들이 광포해지는 단서를 막으셔야[杜] 합니다.'

소가 올라가자 상의 뜻에 거슬려[忤旨] (이들은) 폄출(貶黜=좌천)을 당했다[坐貶].

○ 대마도(對馬島) 사미승[125] 영감(靈鑑)이 사람을 보내 말 6필을 바쳤다.

○ 공(公)·후(侯)·백(伯)의 작호(爵號)를 없앴는데, 이는 중국을 참람되게[僭=犯] 본뜰 수 없기 때문이었다. 의안공(義安公) (이)화(和), 익안공(益安公) (이)방의(芳毅), 회안공(懷安公) (이)방간(芳幹)은 모

---

125 출가하여 행자생활을 마치고 열 가지 계율을 받은 남자 승려를 말한다. 여자 승려는 사미니라 한다.

두 봉호를 고쳐[改封] 부원대군(府院大君)으로, 봉녕후(奉寧侯) (이) 복근(福根), 영안후(寧安侯) (이)양우(良祐), 완산후(完山侯) (이)천우(天祐)[126] 및 상당후(上黨侯) 이저(李佇), 청원후(靑原侯) 심종(沈淙)은 모두 봉호를 고쳐 군(君)으로, 평양백(平壤伯) 조준(趙浚), 상락백(上洛伯) 김사형(金士衡), 예천백(醴川伯) 권중화(權仲和), 창녕백(昌寧伯) 성석린(成石璘), 여흥백(驪興伯) 민제(閔霽), 서원백(西原伯) 이거이(李居易), 진산백(晋山伯) 하륜(河崙)은 모두 봉호를 고쳐 부원군(府院君)으로, 단산백(丹山伯) 이무(李茂)는 고쳐 단산군으로 삼았다.[127]

○ 순군(巡軍)에 명을 내려 투항한 왜인들[降倭]을 주와 현에 나누어 두도록 했다.

병술일(丙戌日-26일)에 문하부 낭사(郎舍)의 좌산기 상시(左散騎常侍)[128] 이복시(李復始) 등이 김약채와 전순을 탄핵했다. 올린 상소는 이러했다.

'상과 벌은 정치를 함에 있어 큰 근본이니 신중하지 않으면 안 될 것입니다. 상과 벌에 법도[章]가 없다면 무엇으로 권면하고 징벌하겠습니까! 지금 밀양부사 유두명, 지양주사 이관, 황주판관 안종약 등

---

126 양우와 천우는 이원계(李元桂)의 아들로 이성계의 조카다.

127 왕실 사람의 경우 대체로 안녕을 바라는 추상적 의미를 담은 작호인 데 반해 다른 성의 공신들은 주로 본관을 기본으로 하는 작호를 사용했다. 예를 들어 단산백 이무는 단양 이씨다.

128 고려 때 중서문하성의 낭사(郎舍)를 구성하는 간관 가운데 최고위직으로 다른 간관들과 함께 간쟁(諫諍) 및 봉박(封駁) 등을 주된 직임으로 했다. 좌상시라 약칭되는 것이 보통이었다. 조선시대에는 건국 직후인 1392년(태조 1년)에 문하부의 정3품 관직으로 설치되었으며 1401년(태종 1년) 낭사가 사간원으로 독립할 때 폐지됐다.

은 헌관(憲官)으로 있으면서 저 대사헌 김약채, 중승 전순이 맡은 바 일[掌務]을 돌아보지 않아 죄를 얻고서도 공공연하게 일을 보고 있는 상황, 완산판관 허조가 잡단으로 있으면서 두 차례나 임금의 명을 욕보이고서도 자기 마음대로 출근하는 까닭, 이비와 문천봉이 헌부를 능멸한[凌犯=埋沒] 죄 등을 갖춰 소(疏)로써 아뢰었습니다. 그 말은 곧디곧고[讜直] 실상은 이치와 부합합니다. (그런데) 전하께서는 그 즉시 윤허하지 않으시고 도리어 좌천시켜[貶黜] 그들 모두에게 지방 관직[外官]을 내리셨으니 이는 신하들의 곧은 기개를 꺾어버려 (앞으로는) 설사 말을 해야 할 일[可言之事][129]이 있다 하더라도 장차 머뭇거리며 감히 말씀을 올릴 수 없게 될 것입니다. 신 등이 엎드려 전하께서 말씀을 구하셨던 교지[求言之敎]를 살펴보니 이런 말이 있었습니다. "재앙을 없애는 도리를 닦고자 하니 마땅히 곧디곧은 말을 구할 것이다." (그런데) 얼마 안 가서[未幾] 두명 등이 곧은 말을 했다고 해서 좌천을 당했으니[見貶=坐貶] 집권 초기의 정치에서 사람들에게 믿음을 보여주는 의리가 어찌 될 것이며 좋은 일은 상을 주고 나쁜 일에 벌을 주는 도리는 어찌 되겠습니까? 엎드려 바라옵건대 전하께서는 유두명, 이관, 안종약 등을 요직[顯秩]에 두시어 장차 아뢴 일들을 윤허하고 시행하심으로써 상과 벌을 분명하게 하신다면 공적인 도리[公道]에 큰 다행일 것입니다.'

　상은 윤허하지 않았다[不允]. 낭사가 물러가서 헌사의 소(疏)를 보니 그 말이 간관(諫官)과 관련된 것을 보고는 모두 사직했다. 상이

---

129 이때 말이란 간언(諫言)을 가리킨다.

복시 등을 불러 그 까닭을 물어보니 이렇게 답했다.

"헌사(憲司)에서 신 등이 제대로 직무를 다하지 못했다 했기 때문일 뿐입니다."

정해일(丁亥日-27일)에 화성(火星)이 방성(房星)[130] 중에서 상상(上相)[131]의 서쪽에 있었는데 간격이 1촌가량[許] 됐다.

○ 다시 김약채를 사헌부 대사헌으로 삼고 김자수(金自粹)·전순을 좌우 산기상시로 삼았으며 최암(崔咸)을 좌간의대부(左諫議大夫), 박순(朴淳)을 사헌승승, 이반(李蟠)을 내사사인(內史舍人),[132] 정안지(鄭安止)·최직지(崔直之)를 좌우 습유(左右拾遺)로 삼았다.

기축일(己丑日-29일)에 달이 필성(畢星)을 범했고[133] 형혹성(熒惑星)[134]은 방성(房星)의 상상(上相)을 범했다.

○ 대사헌 김약채가 사임했으나 윤허하지 않았다. 여러 차례 탄핵을 당하자 사임을 표한 것이다[呈辭].

---

130 28수(宿)의 하나로 마신(馬神)을 맡았다. 창룡 7수(宿) 가운데 네 번째에 있으며 네 개의 별로 이루어져 있다. 일반적으로 방(房)이라고만 표기하는데 방수(房宿)라고도 한다.

131 방성의 네 별은 각각 왕을 보필하는 네 명의 신하를 나타내는데 상장(上將), 차장(次將), 차상(次相), 상상(上相)이라 한다.

132 1401년(태종 1년) 7월 문하부가 의정부에 병합되면서 낭사의 기능을 독립시켜 사간원을 설치할 때 내서사인(內書舍人)으로 바뀌었다. 간관(諫官)의 임무인 봉박(封駁)과 간쟁(諫諍)을 담당했다.

133 필성이 달에 가리어 그 빛을 잃게 되면 나라가 힘이 약해져서 난이 일어난다는 해석이 있었다.

134 화성이다.

辛酉朔 上朝太上殿又至上王殿行賀禮. 太上王適幸神巖寺 故
신유 삭 상조 태상전 우지 상왕전 행 하례 태상왕 적행 신암사 고

但進綺絹表裏而還.
단진 기견 표리 이환

上幸康安殿基 冕服率群臣賀帝正受朝宴群臣. 賀帝正年例也.
상 행 강안전 기 면복 솔 군신 하제정 수조 연 군신 하 제정 연례 야

以壽昌宮災 故設宴於康安殿基. 上將軍李膺在班失次 憲司劾之.
이 수창궁 재 고 설연 어 강안전 기 상장군 이응 재 반 실차 헌사 핵지

上聞之曰: "此必閔無咎嗾憲司爲之也." 初 膺納交無咎無疾因
상 문지 왈 차필 민무구 추 헌사 위지 야 초 응 납교 무구 무질 인

獲於上 乃構無咎等曰: "寵極矣 宜抑之." 上召無咎等而責之 故
획어상 내구 무구 등왈 총 극의 의억지 상소 무구 등이 책지 고

至是有是言. 翌日 群臣乃行賀禮于中宮.
지시 유 시언 익일 군신 내행 하례 우 중궁

丙寅 放侍衛京牌老與貧者.
병인 방 시위 경패 노여빈자

丁卯 設帝釋禮懺于乾聖寺 水陸齋于津關寺
정묘 설 제석 예참 우 건성사 수륙재 우 진관사

戊辰 慶尙道都觀察黜陟使全伯英進寫本尙書
무진 경상도 도관찰출척사 전백영 진 사본 상서

己巳 演福寺井沸 有魚滿井 或有死者
기사 연복사 정비 유어 만정 혹유 사자

庚午 封貞嬪閔氏爲靜妃. 上服冠袍御正殿 命太尉參贊門下府
경오 봉 정빈 민씨 위 정비 상복 관포 어 정전 명 태위 참찬 문하부

事權近 賜冊寶 冊曰:
사 권근 사 책보 책왈

'王化之基 必始閨門之正 宗祀之統 實關配匹之尊. 爰擧彝章
왕화 지기 필시 규문 지정 종사 지통 실관 배필 지존 원거 이장

載揚顯冊. 惟爾貞嬪閔氏 幽閑貞靜誠一端莊. 自結髮而同牢 夙
재양 현책 유이 정빈 민씨 유한 정정 성일 단장 자 결발 이 동뢰 숙

著宜家之德 能決策而提甲 弼成宗社之功. 茲獲紹於丕圖 亦多
저 의가 지덕 능 결책 이 제갑 필성 종사 지공 자 획소 어 비도 역다

資於內助. 肆不忘糟糠之舊 用以崇褕翟之儀. 於戲! 室家萬年
자 어 내조　사 불망 조강 지구　용이 숭 유적 지의　오희　실가 만년

式衍昇平之祚 本支百世 永貽垂裕之謀.
식연 승평 지조　본지 백세　영이 수유 지모

妃子受冊寶 賜表裏各一於權近等 上亦賜近馬一匹. 與宗親宴
비자 수책보　사 표리 각일 어 권근 등　상역사근마일필　여종친연

于涼廳極歡 妃子亦與宗室命婦宴于中宮 妃當戊寅倉卒之際 先
우 양청 극환　비자 역여 종실 명부 연우 중궁　비당 무인 창졸 지제　선

備兵仗布置 應變之策 定社之功 內助居多. 後太宗覽高麗史 謂
비 병장 포치　응변 지책　정사 지공　내조 거다　후 태종 람 고려사　위

我殿下曰: "汝母后之功 比之柳氏提甲 尤重矣." 及我殿下卽位
아 전하 왈　여 모후 지공　비지 유씨 제갑　우중의　급 아 전하 즉위

廷臣獻尊號曰彰德昭烈.
정신 헌 존호 왈 창덕 소열

月犯畢星.
월 범 필성

辛未 御正殿受賀. 群臣上箋賀封妃也.
신미　어 정전 수하　군신 상전 하 봉비 야

癸酉 晉陽屬縣岳陽麞灘大石自移九十餘尺.
계유　진양 속현 악양 장탄 대석 자이 구십여척

檢校參贊門下府事權鈞卒. 均安東世家 無毀無譽.
검교 참찬 문하부 사 권균 졸　균 안동 세가　무훼 무예

甲戌 青城伯沈德符卒. 德符字得之 青鳧縣人 典理正郎龍之
갑술　청성백 심덕부 졸　덕부 자 득지　청부현인　전리 정랑 용지

子也. 以門蔭 始受左右衛錄事參軍 累遷少府尹. 恭愍王十三
자야　이 문음　시수 좌우위 녹사 참군　누천 소부윤　공민왕 십삼

年甲辰 出守水原府 廉使至府 德符納謁 見使不裾便退 使命吏
년 갑진　출수 수원부　염사 지부　덕부 납알　견사 불곤 편퇴　사명리

讓之 對以服不如儀 使謝不敏. 其端介如此. 丙午 丁母憂 以哀
양지　대이복 불여의　사사 불민　기 단개 여차　병오　정모우　이애

毀聞. 僞主元年乙卯 以禮儀判書 充江界都萬戶. 才堪將帥 名聲
훼문　위주 원년 을묘　이 예의 판서　충 강계 도만호　재감 장수　명성

益彰 擢爲密直副使 義州副元帥. 丁巳 爲西海道副元帥 戊午 除
익창　탁위 밀직부사　의주 부원수　정사　위 서해도 부원수　무오　제

密直司 奉使如京 專對敏給. 庚申倭寇我南鄙 其勢甚張. 德符
밀직사　봉사 여경　전대 민급　경신 왜구 아 남비　기세 심장　덕부

將樓船四十艘往討之 寇不復跳梁. 乙丑 東北面有寇警 授德符
장 누선 사십소 왕토지　구 불부 도량　을축　동북면 유 구경　수 덕부

節鉞討之. 丙寅 以門下贊成事朝京師 既還 封青城府院君. 戊辰
절월 토지　병인　이 문하 찬성사 조 경사　기환　봉 청성 부원군　무진

從我太上王至威化島 唱義旋旆. 恭讓王元年己巳 陞爲門下
종 아 태상왕 지 위화도 창의 선패 공양왕 원년 기사 승 위 문하

左侍中 京畿左右道 平壤道都統使. 庚午 中飛語 謫兎山縣
좌시중 경기 좌우도 평양도 도통사 경오 중 비어 적 토산현

未幾徵還. 辛未 復拜左侍中 從恭讓王世子奭朝京師. 壬申 遷判
미기 징환 신미 부배 좌시중 종 공양왕 세자 석 조 경사 임신 천 판

門下府事. 及我太上王踐祚 追錄回軍功爲第一 封青城伯 上王
문하부 사 급 아 태상왕 천조 추록 회군 공 위 제일 봉 청성백 상왕

元年己卯 復拜左政丞. 庚辰辭 以青城伯就第 至是病卒 年
원년 기묘 부배 좌정승 경진 사 이 청성백 취제 지 시 병졸 연

七十四. 訃聞 輟朝三日 遣中使致祭 賜賻米豆各白石 贈謚定安.
칠 십 사 부문 철조 삼 일 견 중사 치제 사 부 미두 각 백석 증시 정안

德符溫良廉謹 忠勤積善 及卒 國人惜之. 有子七人: 仁鳳 義龜
덕부 온 량 염 근 충근 적선 급 졸 국인 석지 유 자 칠 인 인봉 의구

道生 澄 溫 淙 泟. 淙尙太上王第二女慶善公主.
도생 징 온 종 정 종 상 태상왕 제이 녀 경선 공주

門下府郎舍上疏. 疏曰:
문하부 낭사 상소 소왈

‘前月二十六日 特下教書 中外臣僚各陳所見實封條上. 臣等謹
전월 이 십 육 일 특 하 교서 중외 신료 각 진 소견 실봉 조상 신등 근

以愚衷 仰瀆天聰. 一, 凡宗親大小臣僚 非有命召 不得擅入. 其
이 우충 양 독 천총 일 범 종친 대소 신료 비유 명소 부득 천 입 기

被召而進者及中官內竪凡在闕內者 皆着禮服.
피소 이 진 자 급 중관 내수 범 재 궐내 자 개 착 예복

一 士大夫聚會崇飮 遂構閑話 變亂是非者 或有之. 自今令
일 사대부 취회 숭음 수 구 한화 변란 시비 자 혹 유지 자금 영

憲司 痛行糾理 以杜朋比之弊.
헌사 통행 규리 이 두 붕비 지 폐

一 頃者① 殿下特令兩府百司 各擧所知. 是欲使人才不遺也
일 경자 전하 특령 양부 백사 각 거 소지 시 욕사 인재 불유 야

今其所擧 皆不見用 守令政最者 考滿擢用 已有著令 今或無故
금 기 소거 개 불견용 수령 정최자 고만 탁용 이 유 저령 금 혹 무고

見罷. 乞令尙瑞司 將各司所擧及政最考滿者 敍用無遺. 且各郡
견파 걸 영 상서사 장 각사 소거 급 정최 고만 자 서용 무유 차 각군

教授官勤於教訓 人才有成者 依守令例 除拜朝官 以示勸學之意.
교수관 근 어 교훈 인재 유 성자 의 수령 례 제배 조관 이 시 권학 지 의

一 國家更設辨定都監 定限決折 欲絶爭端. 今淹延歲月 過限
일 국가 갱설 변정도감 정한 결절 욕절 쟁단 금 엄연 세월 과한

未罷 分于各司 各司廢職 專爲聽斷 無有紀極. 請罷都監 將其
미파 분 우 각사 각사 폐직 전 위 청단 무유 기 극 청 파 도감 장 기

未畢事 悉送都官 使庶官各供其職.
미필사 실송도관 사서관 각공 기직

一 周官 司寇 掌邦禁詰姦慝 我朝刑曹 卽其職也. 今也旣有
일 주관 사구 장방금힐간특 아조형조 즉기직 야 금야기유

刑曹 又有巡軍 是一職而二官也. 巡軍所屬螺匠都府外 其數幾於
형조 우유 순군 시일직이이관 야 순군 소속 나장 도부외 기수 기어

千五百 皆以圻甸之民充之 守令不能差役 其餘民戶 不堪勞苦.
천오백 개이 기전 지민 충지 수령 불능 차역 기여 민호 불감 노고

今刑曹旣以掌刑而府兵足以巡綽 請革巡軍 將其百戶令史螺匠
금 형조 기이장영이부병 족이 순작 청혁 순군 장기 백호 영사 나장

分送各司 其都府外千餘人 各還其州 以供戶役.
분송 각사 기 도부외 천여인 각환 기주 이공 호역

一 京畿 王化所先 宜加存恤 以安民生. 今馬草柴炭 多般雜貢
일 경기 왕화 소선 의가 존휼 이안 민생 금 마초 시탄 다반 잡공

倍於外方. 願自今馬草柴炭 量減節用 其餘雜貢可除者及可移
배어 외방 원 자금 마초 시탄 양감 절용 기여 잡공 가제 자급 가이

外方者 下議政府擬議②詳定.
외방 자 하 의정부 의의 상정

一 州縣其人 實是前朝之弊法 國家因循未革. 其屬各殿司饔房
일 주현 기인 실시 전조 지폐법 국가 인순 미혁 기속 각전 사옹방

掌器皿者 或失或破 督令充納 貧寒外吏 多貸錢物 因以破産
장 기명 자 혹실혹파 독령 충납 빈한 외리 다대 전물 인이 파산

其弊不小. 如宮司倉庫之奴 則充闕內差備者 皆其族類 必能相資
기폐 부소 여 궁사 창고 지노 즉충 궐내 차비 자 개기 족류 필능 상자

無失破之患矣. 願自今以倉庫宮司奉書局奴代之 以革積年之弊
무 실파 지환 의 원 자금 이 창고 궁사 봉서국 노 대지 이혁 적년 지폐

其人皆屬繕工 以供其役 其倉庫宮司奉書局提調官員騶從 不過
기인 개속 선공 이공 기역 기 창고 궁사 봉서국 제조 관원 추종 불과

一二 餘皆除之.
일이 여개 제지

一 前朝府兵 專爲侍衛備患 及其衰季 其法廢弛 自中郞將
일 전조 부병 전위 시위 비환 급기 쇠계 기법 폐이 자 중랑장

至于隊副 不供職事 徒費其祿. 我國家痛革其弊 庶幾近之而猶未
지우 대부 불공 직사 도비 기록 아 국가 통혁 기폐 서기 근지 이유 미

復古. 上, 大將軍領其五員十將 私遣放牧 且以隊副爲騶從 使之
복고 상 대장군 영기 오원 십장 사견 방목 차 이 대부 위 추종 사지

如奴隸 有乖設兵備患之意. 自今悉皆禁斷 俾專宿衛之任. 且
여 노예 유괴 설병 비환 지의 자금 실개 금단 비전 숙위 지임 차

十司放牧群馬 踏損禾穀 弊固不小 請幷罷之 以便民業.
십사 방목 군마 답손 화곡 폐고 부소 청병 파지 이편 민업

一 武備不可不預 然軍器監置屯田於近州 以爲③供億衆工之費
奪民之田 取民之牛 聚民而耕穫之 近州之弊 莫甚於此. 願自今
給田收租 以充其用 罷屯田悉還本主.

一 前朝王氏統一三韓 積德累仁 垂五百年 民受其賜. 臣等
伏見上王卽位教旨 以箕子 王太祖俱有功於東民 屬之土田 以時
祭享 實聖朝忠厚之意也. 今之人 或以父母之屍 葬于先王先后
陵塋 甚爲非道. 願自今王太祖顯陵 定屬戶以守之 給柴地復賦役
使之禁樵牧 其餘陵室 凡人臣同穴而葬者 悉皆拔去 以明古今
君臣之義.

一 佛氏之敎 以淸淨寡慾爲宗 辭親割愛 遊方之外. 今之僧徒
背其師敎 牽於利欲 務得寺社 紛紜爭望. 願革五敎兩宗 各其
寺社土田奴婢 悉屬於公 以杜僧尼爭利之心.'

疏上 用人材 罷辨定 移京畿雜貢 代其人 罷軍器監屯田等事
允之.

參贊門下府事權近上書. 書曰:

'伏覩去月二十六日開讀教旨 爲因壽昌宮失火 以八事自責
欲聞讜言 以消災變. 夫災異之興 恒由人作 或先事而示警 或後
事而降罰. 天意幽遠 固難窺測 然觀人事 可以推知. 自古天心
仁愛人君 彰示譴告 必欲保佑而全安之. 其有英明之資 可以有爲
之主 循襲故常 不肯振奮有爲 則天必降以非常之孼以警告之 使

之恐懼修省以有爲也. 故桑穀生朝而高宗中興; 大木斯拔而周成
지 공구 수성 이유위 야 고 상곡 생 조이 고종 중흥 대목 사 발 이 주성

以治; 鄭有火災 子産修政 災不復生. 近日大明雷震謹身殿 其變
이치 정유 화재 자산 수정 재 불부 생 근일 대명 뇌진 근신전 기변

極矣 而帝勤謹守法 不貳其心 故能在位三十餘年 享壽七十餘歲.
극의 이제 근근 수법 불이 기심 고능 재위 삼십 여년 향수 칠십 여세

此修德弭災 變妖爲吉之效也.
차 수덕 미재 변요 위 길지효 야

　惟我主上殿下 天性之英明 學問之精敏 近古以來時君世主 罕
유아 주상 전하 천성 지 영명 학문 지 정민 근고 이래 시군 세주 한

見其匹. 以大有爲之資 當大有爲之任 然其施措安於故常 尙循
견기필 이대 유위 지자 당대 유위 지임 연기 시조 안어 고상 상순

近世之轍 未見非常之效. 天之啓佑 民之注望於殿下者 豈期止此
근세 지철 미견 비상 지효 천지 계우 민지 주망 어 전하 자 기기 지차

而已④哉! 當卽位甫閱一月 未有過擧之時 先降災咎 此必所以
이이 재 당 즉위 보열 일월 미유 과거 지시 선강 재구 차 필 소이

警告殿下以大有爲 天心所在 昭然可知. 殿下痛自刻責 以求直言
경고 전하 이대 유위 천심 소재 소연 가지 전하 통자 각책 이구 직언

應天之道 可謂得矣. 臣近敢不精白一心 罄竭底蘊 以陳狂瞽之
응천 지도 가위 득의 신근 감불 정백 일심 경갈 저온 이진 광고 지

言! 臣觀八事 所謂動作失當而己德虧者 尤吾自責痛切之辭. 苟
언 신관 팔사 소위 동작 실당 이기 덕휴 자 우오 자책 통절 지사 구

能如此修省 使動作皆當而厥德無虧 則其餘七事之病 皆勿藥而
능 여차 수성 사 동작 개당 이궐 덕 무휴 즉 기여 칠사 지병 개 물약 이

自愈矣. 故臣姑置他事 唯卽此首一節而敷陳之 伏惟上鑑裁察焉.
자유 의 고신 고치 타사 유즉 차수 일절 이 부진 지 복유 상감 재찰 언

夫人君動作 非止一身言行而已 凡命令之出納 政治之施措 皆
부인군 동작 비지 일신 언행 이이 범 명령 지 출납 정치 지 시조 개

動作也. 殿下自初留神經學 愼修言行 一身動作 豈有失德? 若
동작 야 전하 자초 유신 경학 신수 언행 일신 동작 기유 실덕 약

以政令言之 則一日萬機 安知其有未盡得宜者乎? 謹陳政治因循
이 정령 언지 즉 일일 만기 안지 기유 미진 득의 자호 근진 정치 인순

故常 未盡合宜 殿下所當勉力修擧者一二事件 條列于後 伏望
고상 미진 합의 전하 소당 면력 수거 자 일이 사건 조열 우후 복망

垂察焉.
수찰 언

　一曰 篤誠孝. 臣聞昔者文王之爲世子 朝於王季日三. 殿下嘗在
일왈 독성효 신문 석자 문왕 지위 세자 조어 왕계 일삼 전하 상재

東宮 奉事太上 誠敬備至 可謂孝矣. 然視文王三朝之事 有不逮
동궁 봉사 태상 성경 비지 가위 효의 연 시 문왕 삼조 지사 유 불체

焉. 今旣卽尊 萬機至繁 日日親朝 誠所難爲. 宜於每日 三次遣臣
致膳問安 每旬一次親詣覲省 不須備法駕 但率禁衛 以從簡便.
每事必竭誠敬 務悅其心 雖日盡誠 不敢自以爲至 必欲如舜文王
之事親. 其事上王 亦循是道.

　二曰 勤聽政. 古者人君 每日昧爽 坐朝聽政 自秦二世 深居
宮中 令宦者傳命 隋煬帝又爲五日一視朝 此皆亡國之政也. 前朝
之季 遵用是法 五日一朝 謂之衙日. 或居中不出 遙受朝禮 或
受禮而不聽政 或幷與其禮而廢之 徒有其名而無其實 日就陵夷
以至失國 此殷鑑也. 盛朝開國 三聖繼作 而此弊法尙循舊轍 誠
可恨也. 殿下卽位之初 欲革其弊 特下衙日聽朝之命 百司之
臣 以無舊規 莫能進稟 遂使美意 竟以不行 亦可恨也. 夫人主
深居宮中 宦侍傳命 是將內外擁蔽 姦慝肆行之漸也. 遠則秦隋之
亡 近則前朝之季 覆車之轍 可爲永戒. 臣嘗入朝京師 淹留數月
隨班文淵閣中 親見皇帝每日昧爽 坐朝聽政 百官奏事之禮. 臣今
請依其法 撰進儀注 伏望殿下舉而行之. 每衙日昧爽 上出坐正殿
百官以次排班如常儀 四拜訖 東西相向分立 判閣就庭中心 北面
立曰: "各司啓事." 次引政丞以下兩府應陞殿者 就殿上啓事訖
殿上分坐. 各司以次 各將啓本就前 跪讀啓聞 以啓本授都承旨
進呈御案. 各司啓訖 判閣跪白啓事畢 都承旨進啓上前 上起
入內. 政丞以下 以次引出. 其各司所啓之事 毋令只錄已決事目

必將未決擬議之事 備錄本末 進稟上旨 或卽斷 或留中擬議 五
承旨以六典分掌 稟受施行 雖非衙日 上亦出坐正殿 凡啓事者
皆令親稟 毋使中官傳命 以防壅蔽. 凡肅拜者 早朝則前夕 各報
閣門 具錄姓名 開寫啓本 引就殿庭 跪讀啓訖 進呈然後 肅拜者
一時行禮. 午朝晚朝則其日報閣門 竝如上儀 一日不過三次. 毋
敢似前漫無節次 私自獨進 依附中官 私通肅拜 以煩啓聞 以紊
朝儀 違者罪之.

　三曰 接朝士. 君臣之分 其禮雖嚴 其情當親. 古者人君 親近
大臣 接見朝士 一日之內 見卿士大夫之時多 而親宦官宮妾之時
少 故讒邪無自而進 欺罔無自而生 君臣之道交孚 上下之情不蔽
人主得察忠邪之心 人臣得盡啓沃之益. 後世人主 深居宮中
朝見之臣 虛拜而退 君臣情意 邈不相接 以致憸邪罔上 愚弄
蒙蔽 外庭得失 民間利害 懍不聞知 以至亂亡 此古今之通患也.
願自今 常坐正殿 終日接見卿士 其有出外辭行者 自外來朝者
無論官品貴賤 皆賜接見 溫言以慰 淸問以聽 則君臣皆有感激之
心 殿下周知民間之事 其益豈不弘哉!

　四曰 勤經筵. 帝王之道 由學而明 帝王之治 由學而廣. 自古
王者 必設經筵 以講聖學 良以此也. 殿下卽位以來 雖設經筵
停講之日 蓋亦多矣. 殿下天性英明 學問精博 儒臣進講 豈能有
所發揮者哉? 然而殿下御於經筵 凝神講究 方寸之天 義理昭著

必有異於燕居無爲之時 聽政多務之際者矣. 聖學豈不由是而益進
필유이어 연거 무위 지시 청정 다무 지제자의 성학 기불유시이익진

哉! 且進講之臣 雖皆庸儒 然殿下所號學焉者也 輪日更進 以候
재 차 진강 지신 수개용유 연전하 소호 학언자 야 윤일갱진 이후

進止 不報而退者屢矣 崇儒嚮學之意 不已輕乎? 昔傅說告高宗
진지 불보이퇴자누의 숭유 향학지의 불이경호 석부열 고 고종

曰:"惟學遜志." 伏望殿下 毋恃天資之明 毋謂儒臣之陋 日御
왈 유학손지 복망전하 무시천자지명 무위유신지루 일어

經筵 虛心遜志 孜孜講明 毋敢一日或輟 其有他故停講之日 亦
경연 허심손지 자자강명 무감일일혹철 기유타고정강지일 역

宜引見講官 面諭而罷.
의 인견강관 면유이파

　五曰 襃節義. 自古有國家者 必襃節義之士 所以固萬世之綱常
오왈 포절의 자고유국가자 필포절의지사 소이고만세지강상

也. 王者擧義創業之時 人之附我者賞之 不附者罪之 固其宜也.
야 왕자거의창업지시 인지부아자상지 불부자죄지 고기의야

及大業旣定 守成之時 則必賞盡節前代之臣 亡者追贈 存者徵用
급 대업기정 수성지시 즉필상진절전대지신 망자추증 존자징용

竝加旌賞 以勵後代人臣之節 此古今之通義也. 惟我國家 應運
병가정상 이려후대인신지절 차고금지통의야 유아국가 응운

開國 三聖相承 文致太平 而襃賞節義之典 尙未擧行 庸非闕歟!
개국 삼성 상승 문치태평 이포상절의지전 상미거행 용비궐여

竊見前朝侍中鄭夢周 本以寒儒 專蒙太上王薦拔之恩 以至大拜
절견 전조 시중 정몽주 본이한유 전몽 태상왕 천발지은 이지대배

其心豈不欲厚報於太上! 且以才識之明 豈不知天命人心之所歸
기심 기불욕 후보 어태상 차이재식지명 기부지천명 인심 지소귀

豈不知王氏危亡之勢 豈不知其身之不保! 然猶專心所事 不貳
기부지 왕씨 위망 지세 기부지 기신지불보 연유전심 소사 불이

其操 以至殞命 是所謂臨大節而不可奪者也.
기조 이지운명 시소위임대절이불가탈자야

　韓通死於周 而宋太祖追贈之 文天祥死於宋 而元世祖亦追贈
한통 사어주 이송 태조 추증지 문천상 사어종 이원세조 역추증

之. 夢周死於高麗 獨不可追贈於今日乎? 光山君金若恒 在前朝
지 몽주 사어고려 독불가 추증어금일호 광산군 김약항 재전조

爲司憲執義. 當太祖開國之初 推戴之臣 多其親友 誘以建義之謀
위 사헌 집의 당태조개국지초 추대지신 다기천우 유이건의지모

乃守臣節 固執不應. 及皇明假以表辭不恭 將罪我國 受太上王
내 수신절 고집불응 급황명가이표사불공 장죄아국 수 태상왕

命 入朝京師 被其鞫問 榜掠甚苦 終不屈服 帝用嘉之 以釋其罪.
명 입조 경사 피기국문 방략 심고 종불굴복 제용가지 이석기죄

後以他故 竟不得還 是其節義 亦可尙也. 此二人者 宜加封贈 錄
후 이 타고 경부득환 시기 절의 역가상야 차이인자 의가 봉증 녹

其子孫 以勵後人. 前注書吉再 苦節之士. 殿下在東宮 不忘舊要
기 자손 이려 후인 전 주서 길재 고절 지사 전하 재 동궁 불망 구요

且嘉篤孝 白於上王 授以爵命 再乃自以嘗仕僞朝 不欲臣於今日
차 가 독효 백어 상왕 수이 작명 재내자이상사 위조 불욕 신어 금일

殿下聽還鄕里 使遂其志 再之所守 雖曰過中失正 然在革命之後
전하 청환 향리 사수 기지 재지 소수 수왈 과중 실정 연재 혁명 지후

尙爲舊君守節 能辭爵祿者 惟此一人而已 豈非高士哉! 宜更禮召
상위 구군 수절 능사 작록 자유 차일인 이이 기비 고사 재 의갱 예소

以加爵命 苟⑤守前志 尙不克來 卽令其州 旌門復戶 以光盛朝
이가 작명 구 수 전지 상 불극 래 즉령 기주 정문 복호 이광 성조

襃賞節義之典.
포상 절의 지전

六曰 行厲祭. 自古凡有功於民及以死勤事之人 無不致祭 無
육왈 행 여제 자고 범 유공 어민 급 이사 근사 지인 무불 치제 무

祀之鬼 亦有泰厲國厲之法. 今洪武禮制 其法甚備. 我國家朝祭
사 지귀 역유 태려 국려 지법 금 홍무 예제 기법 심비 아 국가 조제

之禮 皆遵皇明之法 惟此厲祭一事 獨不擧行 冥冥之中 豈無或
지례 개준 황명 지법 유차 여제 일사 독불 거행 명명 지중 기무 혹

抱冤抑 或懷憤恨 結而不散 餒而求食者乎? 此足以積怨氣而生
포 원억 혹회 분한 결이 불산 뇌이 구식 자호 차 족이 적 원기 이생

疾疫 傷和氣而致變怪者也. 且令禮曹 追錄前朝以後至于國初
질역 상 화기 이치 변괴 자야 차령 예조 추록 전조 이후 니우 국초

有功可祀之人 詳定致祭之法 州郡守令有遺愛者 亦聽其州立祀
유공 가사 지인 상정 치제 지법 주군 수령 유 유애 자 역청 기주 입사

以祭 凡無祀之鬼 厲祭之法 一依洪武禮制施行.
이제 범 무사 지귀 여제 지법 일의 홍무 예제 시행

右件數事 非有高遠難行之事 乃以殿下英明果斷不世出之主
우건 수사 비유 고원 난행 지사 내이 전하 영명 파단 불세출 지주

而反循前代因襲之弊 不能修擧而行之可乎? 苟在殿下而不爲 是
이 반순 전대 인습 지폐 불능 수거 이행 지가호 구재 전하 이불위 시

永無可爲之時矣. 豈不甚可惜哉! 且此數事 爲之非甚難 而行之
영 무 가위 지시 의 기 불심 가석 재 차 차 수사 위지 비 심난 이 행지

甚有益. 八事之病 萬機之政 無一不得其道 可以感人心 可以格
심 유익 팔사 지병 만기 지정 무일 부득 기도 가이 감 인심 가이 격

天意 可以召和氣 可以消災變 可以興至治 可以⑥延景祚. 伏望
천의 가이 소 화기 가이 소 재변 가이 흥 지치 가이 연 경조 복망

殿下斷然行之 以幸萬世.'
전하 단연 행지 이행 만세

南陽君洪吉旼上言:
남양군 홍길민 상언

‘古者言無官 自公卿至於庶人 莫不進言. 況今降敎書曰: "寡躬
고자 언무관 자공경 지어 서인 막불 진언 황금 강교서 왈 과궁

之闕失 左右之忠邪 政令之臧否 民生之利病 指陳無諱." 痛感之
지 궐실 좌우 지충사 정령 지장부 민생 지이병 지진 무휘 통감 지

至 不敢黙黙 仰瀆天聰.
지 불감 묵묵 앙독 천총

一 都邑者 宗廟社稷之所在 四方貢賦之所湊 不可不重也.
일 도읍 자 종묘 사직 지소재 사방 공부 지소주 불가 부중 야

恭惟太上殿下 開國之初 定都漢陽 經營數載 宗社宮闕城市閭閻
공유 태상 전하 개국 지초 정도 한양 경영 수재 종사 궁궐 성시 여염

赫然⑦有成 不數年間 朝市荒蕪 閭巷凋廢 觀者莫不慘慼. 且當
혁연 유성 불수년간 조시 황무 여항 조폐 관자 막불 참척 차당

宗廟祭享之時 兩都往來之弊 亦不爲小 是豈爲孝之道乎! 伏惟
종묘 제향 지시 양도 왕래 지폐 역 불위 소 시기 위효 지도 호 복유

殿下 善繼太上王開國建都之志 以定萬世無疆之業.
전하 선계 태상왕 개국 건도 지지 이정 만세 무강 지업

一 大小臣僚 雖有志於言事 天威嚴重 非在言責者 不敢進言.
일 대소 신료 수유지 어언사 천위 엄중 비재 언책 자 불감 진언

願自今奉使出入之臣 以至奉香復命者 親自引見 邦國之利害
원자금 봉사 출입 지신 이지 봉향 복명 자 친자 인견 방국 지이해

民生之休戚 祀奠之潔否 事無鉅細 溫言親問 其言有中 卽以
민생 지휴척 사전 지결부 사무 거세 온언 친문 기언 유중 즉이

施行 雖或不中 亦不罪之 則凡有志者 必得進言.’
시행 수혹 부중 역 부죄 지 즉범 유지 자 필득 진언

乙亥 雨 木氷
을해 우 목빙

錄佐命功爲四等. 敎曰:
녹 좌명 공 위 사등 교왈

‘往者逆臣朴苞 包藏禍心 陰挾懷安父子 謀害我骨肉 遂至
왕자 역신 박포 포장 화심 음협 회안 부자 모해 아 골육 수지

稱兵向闕 肆爲兇逆 宗社安危 間不容髮. 上黨侯李佇 門下
칭병 향궐 사위 흉역 종사 안위 간 불용 발 상당후 이저 문하

左政丞李居易 右政丞河崙 判三軍府事李茂 門下侍郞贊成事
좌정승 이거이 우정승 하륜 판 삼군부 사 이무 문하시랑 찬성사

趙英茂 左軍摠制李叔蕃 中軍摠制閔無咎 左軍同知摠制辛克禮
조영무 좌군 총제 이숙번 중군 총제 민무구 좌군 동지 총제 신극례

驪城君閔無疾等九人 協心徇義 應機決策 戡定禍亂 載安宗社.
여성군 민무질 등 구인 협심 순의 응기 결책 감정 화란 재안 종사

盡忠佐命一等稱下 父母妻超三等封贈 直子超三等蔭職 無直子
진충 좌명 일등 칭하 부모 처 초 삼등 봉증 직자 초 삼등 음직 무 직자

甥姪女壻超二等 田一百五十結 奴婢十三口 白銀五十兩 表裏一
생질 여서 초 이등 전일백 오십 결 노비 십삼구 백은 오십 량 표리 일

段 廐馬一匹 丘史七名 眞拜把領十名 許初入仕.
단 구마 일필 구사 칠명 진배파령 십명 허초 입사

　藝文春秋館學士李來 徇義忘私 聞變首告 盡忠佐命 義安公和
　예문 춘추관 학사 이래 순위 망사 문변 수고 진충 좌명 의안공 화

完山侯天祐 聞變赴急 以濟禍亂. 翊戴佐命二等稱下 父母妻超
완산후 천우 문변 부급 이제 화란 익대 좌명 이등 칭하 부모 처 초

二等封贈 直子超二等蔭職 無直子 甥姪女壻超等 田百結 奴婢
이등 봉증 직자 초 이등 음직 무 직자 생질 여서 초 등 전백결 노비

十口 白銀二十五兩 表裏一段 廐馬一匹 丘史五名 眞拜把領八
십구 백은 이십오냥 표리 일단 구마 일필 구사 오명 진배파령 팔

名 許初入仕.
명 허초 입사

　昌寧伯成石璘 完川君淑 門下贊成事李之蘭 開城留後黃居正
　창녕백 성석린 완천군 숙 문하 찬성사 이지란 개성 유후 황거정

知三軍府事尹柢 金英烈 右軍同知摠制尹坤 刑曹典書朴訔
지 삼군부 사 윤저 김영렬 우군 동지 총제 윤곤 형조 전서 박은

都承旨朴錫命 上將軍馬天牧 判殿中寺事趙希閔 奉常卿劉沂等
도승지 박석명 상장군 마천목 판 전중시 사 조희민 봉상경 유기 등

十二人 推誠戮力 累曾效忠. 翊戴佐命三等稱下 父母妻超一等
십이인 추성 육력 누증 효충 익대 좌명 삼등 칭하 부모 처 초 일등

封贈 直子超一等蔭職 無直子者⑧ 甥姪女壻蔭職 田八十結 奴婢
봉증 직자 초 일등 음직 무 직자 자 생질 여서 음직 전 팔십결 노비

八口. 二品以上 白銀二十五兩 三品以下銀帶一腰 表裏一段
팔구 이품 이상 백은 이십 오냥 삼품 이하 은대 일요 표리 일단

廐馬一匹 丘史三名 眞拜把領六名 許初入仕.
구마 일 구사 삼명 진배파령 육명 허초 입사

　參贊門下府事趙璞 三司左使趙溫 參贊門下府事權近 三司
　참찬 문하부 사 조박 삼사 좌사 조온 참찬 문하부 사 권근 삼사

右使李稷 參知三軍府事柳亮 中軍摠制趙卿 左軍摠制金承霍
우사 이직 참지 삼군부 사 유량 중군 총제 조경 좌군 총제 김승주

右軍同知摠制徐益 前同知摠制洪恕 兵曹典書尹子當 左承旨
우군 동지 총제 서익 전 동지 총제 홍서 병조 전서 윤자당 좌승지

李原 右承旨李升商 漢城尹金鼎卿 右副承旨徐愈 上將軍
이원 우승지 이승상 한성 윤 김정경 우부승지 서유 상장군

李從茂 李膺 沈龜齡 大將軍延嗣宗 韓珪 金宇 文彬 前中軍
이종무 이응 심구령 대장군 연사종 한규 김우 문빈 전 중군

將軍尹穆等二十二人 輸誠協贊 久勤調護 翊戴佐命 軍資少監
宋居信 當危救患. 翊戴佐命四等稱下 父母妻封贈 直子蔭職 田
六十結 奴婢六名. 二品以上 白銀二十五兩 三品以下銀帶一腰
表裏一段 廐馬一匹 丘史一名 眞拜把領四名 許初入仕.
　竝皆立閣圖形 樹碑紀功 嫡長世襲 不絶其祿 子孫則記于政案
曰 佐命某等功臣某之後 雖有犯罪 宥及永世.'
　上之在潛邸也 田於漢山之西 遇怒豹墜馬 居信躍馬而過 豹
逐之 上得脫. 至是 俾參佐命之列. 門下左政丞李居易等上箋 請
辭佐命功臣賞賜物件云: '臣等嘗於戊寅定社之時 伏蒙主上殿下
推獎之恩 濫受賞賜 今又伏蒙殿下特稱佐命功臣 令議政府備辦
賞賜 臣等不敢疊受.'
　不允.
　革奴婢辨定都監 命都監將未畢事 計數以聞.
　丁丑 木稼.
　設水陸齋於觀音窟. 上謂侍讀金科曰:"國行佛事 予已罷之
宮中婦女 冀其子延壽 用私財 或設禮懺 或行水陸 欲禁而未能
耳."
　庚辰 祈穀于圓壇.
　辛巳 賜崔潤馬一匹. 潤爲聖節使李至書狀官 還啓:"皇帝待慰
甚厚 且謂戊辰年振旅之功莫大 使禮部主事陸顒 鴻臚行人

林士英等 齎捧詔書賞賜 已過鴨綠江." 上喜 有是賜.
임사영 등 재봉 조서 상사 이과 압록강 상희 유시사

壬午夜 四方有赤氣.
임오 야 사방 유 적기

癸未 日珥.
계미 일이

甲申 日珥日直日包日暈. 夜東南有赤氣.
갑신 일이 일직 일포 일운 야 동남 유 적기

改各道都觀察黜陟使爲按廉使: 安魯生慶尙道 趙休全羅道
개 각도 도관찰출척사 위 안렴사 안노생 경상도 조휴 전라도

李垠忠淸道 李之直江原道 鄭渾京畿左道 柳珦京畿右道 李揚
이은 충청도 이지직 강원도 정혼 경기좌도 유향 경기우도 이양

豊海道.
풍해도

乙酉 演福寺井水沸 遣左承旨李原祭之
을유 연복사 정수 비 견 좌승지 이원 제지

以趙浚爲判門下府事 李舒贊成事 郭樞藝文館太學士 鄭矩
이 조준 위 판 문하부 사 이서 찬성사 곽추 예문관 태학사 정구

藝文館學士 李至政堂文學. 大司憲金若釆 中丞全順 仍除本職
예문관 학사 이지 정당 문학 대사헌 김약채 중승 전순 잉제 본직

其餘臺官皆補外. 柳斗明密陽府使 李灌知襄州事 安從約黃州
기여 대관 개 보외 유두명 밀양 부사 이관 지 양주 사 안종약 황주

判官 許稠完山判官. 初 稠爲司憲雜端 罷仕夜歸 有鷹坊人十數
판관 허조 완산 판관 초 조위 사헌 잡단 파사 야귀 유 응방인 십수

騎 臂鷹過行 稠令所由 執其奴 囚于典獄. 鷹人以聞 命召稠. 稠
기 비응 과행 조령 소유 집 기노 수우 전옥 응인 이문 명소 조 조

率吏七人入闕門 把門甲士止之 只令一吏隨入.
솔 이 칠인 입 궐문 파문 갑사 지지 지령 일리 수입

上問稠曰: "囚鷹人奴 久不放 何也?" 稠對曰: "所司常奉命而
상 문 조 왈 수 응인 노 구 불방 하야 조 대왈 소사 상 봉명 이

行 此輩埋沒所司 故囚其奴. 近無齊坐 臣適有疾不仕 故未放."
행 차배 매몰 소사 고 수 기노 근무 계좌 신적 유질 불사 고 미방

稠又囚門者奴 累日不放 上聞之 命巡軍囚稠奴十口. 中丞全順
조 우 수 문자 노 누일 불방 상 문지 명 순군 수 조노 십구 중승 전순

啓曰: "臺員常奉王命 故辟道而行 所以尊王命也. 今鷹人騎馬
계왈 대원 상 봉 왕명 고 벽도 이행 소이 존 왕명 야 금 응인 기마

過行 門者執退從吏 豈尊王命之道乎? 稠之振綱 所以尊王命也
과행 문자 집퇴 종리 기존 왕명 지 도호 조지 진강 소이 존 왕명 야

請放稠奴." 上曰: "鷹人 將予所授牌者也. 門者禁其出入之煩 乃
청방 조노 상왈 응인 장여 소수 패자 야 문자 금 기 출입 지 번 내

其職也. 且予見中國之制 雖公卿不得多率人入闕門. 卿等以爲
기직 야 차 여견 중국 지제 수 공경 부득 다 솔인 입궐문 경등 이위

鷹人 門者埋沒所司 予以爲卿等埋沒寡人也. 又古法 臺省員有失
응인 문자 매몰 소사 여 이위 경등 매몰 과인 야 우 고법 대성 원유실

則雖同僚輒劾之 今則不然 反以予爲非可乎? 所囚稠之奴 當
즉수 동료 첩핵지 금즉 불연 반이 여위비 가호 소수 조지노 당

終月不放矣." 順退 侍史柳斗明 李灌, 雜端安從約等 劾大司憲
종월 불방 의 순퇴 시사 유두명 이관 집단 안종약 등 핵 대사헌

金若采, 中丞全順. 上疏 略曰:
김약채 중승 전순 상소 약 왈

'上召稠數罪 囚其奴十名 若采一不諫諍 殊無憲臣之義. 乞
상소 조 수죄 수 기노 십명 약채 일불 간쟁 수무 헌신 지의 걸

削職竄外 以勵後來. 中丞全順 抗言獨啓 未蒙兪允 則還家不仕
삭직 찬외 이려 후래 중승 전순 항언 독계 미몽 유윤 즉 환가 불사

可也. 任然行公 有乖憲司之職. 乞罷職不敍. 雜端許稠多率根隨
가야 임연 행공 유괴 헌사 지직 걸 파직 불서 집단 허조 다솔 근수

有違定制 受辱門者 任然出仕 乞幷罷職. 獻官 衣冠丘史 異於
유위 정제 수욕 문자 임연 출사 걸병 파직 헌관 의관 구사 이어

常員 行路易避 非畏其人 畏上命也. 雜端許稠 罷仕還家 李丕
상원 행로 역피 비외 기인 외 상명 야 집단 허조 파사 환가 이비

文天奉等十餘人 任然犯馬 稠使執從人 反見凌辱 非唯埋沒所司
문천봉 등 십여인 임연 범마 조사 집종인 반견 능욕 비유 매몰 소사

不畏上命 狂暴太甚. 殿下反責憲司之臣 臣等恐秉筆之士直書于
불외 상명 광포 태심 전하 반 책 헌사 지신 신등 공 병필 지사 직서 우

策 以貽後世聖德之累. 左右諫臣悉知其非 囁嚅不言 皆非愛君
책 이이 후세 성덕 지누 좌우 간신 실지 기비 섭유 불언 개비 애군

也. 伏望殿下 優容讜直 特命攸司 將李丕文天奉等 收其職牒
야 복망 전하 우용 당직 특명 유사 장 이비 문천봉 등 수 기 직첩

竄逐外方 以杜後人狂暴之端.'
찬축 외방 이두 후인 광포 지단

疏上 忤旨坐貶.
소 상 오지 좌폄

對馬島沙彌靈鑑 使人獻馬六匹.
대마도 사미 영감 사인 헌마 육필

革公侯伯之號. 以不可僭擬中國故也. 義安公和, 益安公芳毅,
혁 공후백 지호 이 불가 참의 중국 고야 의안공 화 익안공 방의

懷安公芳幹 皆改封府院大君, 奉寧侯福根, 寧安侯良祐, 完山侯
회안공 방간 개 개봉 부원대군 봉녕후 복근 영안후 양우 완산후

天祐及上黨侯李佇, 靑原侯沈淙 皆改封君, 平壤伯趙浚, 上洛伯
천후 급 상당후 이저 청원후 심종 개 개봉군 평안백 조준 상락백

金士衡, 醴川伯權仲和, 昌寧伯成石璘, 驪興伯閔霽, 西原伯
김사형　　예천백 권중화　　　창녕백 성석린　　여흥백 민제　　서원백

李居易, 晋山伯河崙 皆改封府院君, 丹山伯李茂 改爲丹山君.
이거이　　진산백 하륜 개 개봉 부원군　　단산백 이무 개 위 단산군

命巡軍分置降倭于州縣.
명 순군 분치 항왜 우 주현

丙戌 門下府郎舍左散騎常侍李復始等 劾金若采, 全順 上疏曰:
병술 문하부 낭사 좌산기상시 이복시 등 핵 김약채　전순 상소 왈

'賞罰 爲政之大本 不可不愼. 賞罰無章 何以勸懲! 今密陽
상벌 위정지 대본 불가 불신　상벌무장 하이 권징　금 밀양

府使柳斗明, 知襄州事李灌, 黃州判官安從約等 爲憲官 將
부사 유두명　지 양주 사 이관　황주 판관 안종약 등 위 헌관 장

大司憲金若采, 中丞全順不顧掌務得罪 公然視事之狀, 完山判官
대사헌 김약채　중승 전순 불고 장무 득죄 공연 시사 지상　완산 판관

許稠 爲雜端 再辱君命 任然出仕之故, 與李丕, 文天奉凌犯所司
허조 위 잡단 재욕 군명 임연 출사 지고　여 이비　문천봉 능범 소사

之罪 具疏以聞. 其言讜直 實合於理. 殿下不卽兪允 反加貶黜 皆
지죄 구소 이문　기언 당직 실합어리　전하 부즉 유윤 반가 폄출 개

授外官 是使人臣直氣摧折 雖有可言之事 將囁嚅而莫敢進言也.
수 외관 시사 인신 직기 최절 수유 가언 지사 장 섭유 이 막감 진언 야

臣等伏覩殿下求言之敎, 有曰: "欲修弭災之道 宜求讜直之言."
신등 복도 전하 구언 지교　유왈　욕수 미재 지도 의구 당직 지언

未幾而斗明等以讜言見貶, 其於初政示信於人之義如何, 賞善
미기 이 두명 등이 당언 견폄　기 어 초정 시신 어인 지의 여하　상선

罰惡之道如何? 伏望殿下 以柳斗明, 李灌, 安從約等 置之顯秩
벌악 지도 여하　복망 전하 이 유두명　이관　안종약 등 치지 현질

將其所啓之事 兪允施行 以明賞罰 公道幸甚.'
장 기 소계 지사 유윤 시행 이명 상벌 공도 행심

上不允. 郎舍退取憲司疏 觀其辭連諫官 皆辭職. 上召復始等
상 불윤　낭사 퇴 취 헌사 소 관 기사 연 간관 개 사직　상소 복시 등

問其故, 對曰: "憲司以臣等爲不能盡職故耳."
문 기고　대왈　헌사 이 신등 위 불능 진직 고이

丁亥 火在房上相西 隔一寸許.
정해 화재방 상상 서 격 일촌 호

復以金若采爲司憲府大司憲. 以金自粹 全順爲左右散騎常侍,
부 이 김약채 위 사헌부 대사헌　이 김자수 전순 위 좌우 산기 상시

崔咸左諫議大夫, 朴淳司憲中丞, 李蟠內史舍人, 鄭安止, 崔直之
최함 좌간의대부　박순 사헌 중승　이반 내사사인　정안지　최직지

左右拾遺.
좌우 습유

88

己丑月犯畢. 熒惑犯房星上相.
기축 월 범 필　형혹 범 방성 상상

大司憲金若采辭 不允. 以屢被彈劾呈辭也.
대사헌 김약채 사 불윤　이 루 피 탄핵 정사 야

| 원문 읽기를 위한 도움말 |

① 頃者의 경우처럼 과거를 말할 때 者를 붙여쓰는 경우가 많다. 近者가 대
경자　자　　　　　　　　　　　　　　　　　　　　　근자
표적인 경우다. 昔 혹은 昔者는 '옛날에'라는 뜻이다.
석　　석자

② 擬議는 그냥 '의논하다'로 옮겨서는 안 된다. 깊이 헤아려 의견을 내다는
의의
뜻이다.

③ 以爲는 경우에 따라 以爲로 독음을 붙이기도 한다. 여기서는 앞의 내
이 위　　　　　　이위
용을 以로 받았기 때문에 以爲를 분리했다. 以爲~는 '~라고 생각한다'
이　　　　　　　　이 위　　　　이위
라는 뜻이다. 또 以A爲B는 'A를 B라고 간주하다' 혹은 'A를 B로 삼다'
이 위
로 옮기는데 후자의 경우는 주로 관직에 임명할 때 자주 보게 되는 표현
이다. '~라고 생각한다'일 때는 以爲라는 표현도 함께 쓴다.
이위

④ 而已는 '뿐'이라는 강조의 표현이다. 也而已, 爾已, 耳 등도 모두 같은 뜻
이이　　　　　　　　　　　　　　　　　　　　야이이　　이이　이
이다.

⑤ 苟는 여기서처럼 주로 '만약'이라는 가정의 뜻으로 자주 쓰이고 그 밖에
구
'진실로', '구차하게' 등의 뜻으로 쓰인다.

⑥ 可以는 '할 수 있다'는 조동사다. 여기서는 이를 여섯 차례 반복하며 호
가이
소의 절절함을 잘 드러내고 있다.

⑦ 일반적으로 의태어의 경우 같은 글자를 두 번 반복해 赫赫이라고 하는
혁혁
데 이때 그중 한 글자에 然을 붙이면 赫然이 돼 비슷한 표현이 된다.
연　　　　혁연

⑧ 앞의 두 경우에는 者가 없고 여기에만 있다. 문법적으로는 者가 있어야
'~인 경우'라는 뜻이 된다.

태종 1년 신사년
2월

二月

경인일(庚寅日-1일) 초하루에 상이 태상전에 조알했다.

신묘일(辛卯日-2일)에 검교(檢校) 공조전서(工曹典書) 김보(金寶)를 청주(青州)¹로 유배 보냈다[流]. 헌부가 소를 올렸다.

'군자감(軍資監) 송희정(宋希靖)이 사명(使命)을 받들고 (명나라) 조정에 들어갔는데 검교 전서 김보(金寶)가 희정의 처를 범하고자[奸] 하여 종으로 하여금 그 문을 잡아 지키게 하고서 곧장 안방으로 들어가니 희정의 처는 달아나 자신의 남동생인 전 중랑장 최계(崔桂)의 집으로 갔습니다. 보(寶)가 버젓이[任然] (그 집에) 머물러 지내며 마음대로 재물을 썼으니 강도와 아무런 차이가 없고 또 왕의 뜻[王旨]을 사칭했습니다. 청컨대 그의 직첩을 거두고 국문하여 그에 맞는 죄를 주어야 합니다[科斷=科罪].'

상은 보가 태상왕의 원종공신(元從功臣)²이고 또 정사(定社)의 공

---

1 함경도 지방이며 태종 17년에 충청도 청주(淸州)와 발음이 같다 하여 북청(北青)으로 고치게 된다.

2 조선시대 국가나 왕실의 안정에 공훈이 있는 정공신(正功臣) 외에 수종유로자(隨從有勞者)에게 주던 칭호 또는 그 칭호를 받은 사람을 가리킨다. 원래는 원종(元從)공신이라 했으나 명나라 태조의 휘(諱-이름)인 원(元)자를 피해 뒤에는 원(原)으로 고쳤다. 공신은 크게 임금이 죽은 뒤 위패를 모실 때 함께 종묘에 배향하던 배향공신과 훈공을 나타내는 명호를 포상해주던 훈봉공신(勳封功臣)으로 나누며, 훈봉공신은 다시 정공신과 원종공신으로 나뉜다. 원종공신은 태조 원년(1392년) 개국공신을 훈봉할 때, 태조의 잠저(潛邸)

(功)³에 참여했다 하여 다만 직첩만 거두고 유배를 보냈다.

○ 검교 문하부 참찬사 김인귀(金仁貴)⁴ 등 26인을 외방(外方-지방)에 자원안치(自願安置)⁵토록 명했다. 사헌부에서 소를 올렸는데 대략 다음과 같았다.

'상왕 전하께서 천성이 효심이 깊고 형제에 대한 우애가 두터워 사직(社稷)의 장구한 계책을 깊이 생각하시고서 공로와 뛰어남을 척도로 삼아[以功以賢] 전하를 봉하여 세자(世子)로 삼아 국본(國本-후계
이 공 이 현
자)을 정하셨고 본래 작은 병이 있으시어 마침내 (임금으로서) 만기(萬機)를 살펴야 하는 수고로움을 싫어하시어 드디어 전하께 선위(禪位)하셨습니다. 전하께서 두세 번 사양하시다가 천명과 민심을 결국은 어길 수 없으시어 왕위[조緖]를 이어받으셨으니 일국(一國)의 신
비서
민(臣民)들 중에 기뻐하고 경사롭게 여기지 않는 이가 없었습니다. (그런데) 상왕의 구신(舊臣) 공안부 판사(恭安府判事) 정남진(鄭南晉), 검교 문하부 참찬사 김인귀(金仁貴), 공안부윤(恭安府尹) 조진(趙珍), 전 밀직제학 노귀산(盧龜山), 호조전서(戶曹典書) 배중륜(裵仲倫), 예조전서(禮曹典書) 노필(盧弼), 전 전서 이신언(李臣彦), 사복시 판사(司僕寺判事) 정점(鄭漸), 수녕부사윤(壽寧府司尹) 황간(黃侃)·윤사례(尹思禮), 전 판사 지청(池淸) 박유손(朴有孫)·박의(朴倚), 전 대장군 노

에서 일을 보았거나 공신의 자제로서 공이 있는 사람 1,000여 명에게 개국원종공신의 칭호를 준 것이 시초다.

3 1차 왕자의 난을 가리킨다.

4 1차 왕자의 난 때 상왕 이방과는 대궐 안에 있다가 김인귀의 집으로 숨어들어 갔는데 이방원에 의해 불려 나와 왕위에 올랐다.

5 본인이 원하는 곳에 가서 편하게 지내는 것으로 유배형 중에서는 가벼운 형벌이다.

원식(盧元湜), 사농경(司農卿) 이지실(李之實), 전 감(監) 엄유온(嚴有溫)·최수안(崔邃安), 전 소감(少監) 황상(黃象), 전 장군 장인열(張仁悅)·최석(崔石), 전 판사 박원부(朴元富), 공안부소윤(恭安府少尹) 이원상(李原常), 장군(將軍) 차승하(車承遐)·박득년(朴得年), 전 장군 함식(咸湜)·조현(趙賢)·이중량(李仲亮)·원윤(元胤)·정륜(鄭倫)·손흡(孫洽)·박인찬(朴仁贊)이 대체(大體)에 어두워 대부분 사사로운 뜻에 따르며 속으로 분하고 원통한 마음[憤惋]을 품고서 말을 만들어[造言] 이간질을 했습니다. 신 등이 생각건대 천지의 변괴(變怪)가 참으로 여기서 연유된 듯합니다. 예로부터 일을 만들어내는 것[生事]이 대개 무뢰배(無賴輩)로 말미암으니 바라건대 전하께서는 그들의 직첩을 거두고 먼 지방에 유배 보내 난(亂)의 싹을 막아야 합니다.'

상이 명해 정남진, 조진, 노필, 지청, 이지실 등은 다시 들어 논죄하지[擧論] 말고 그 나머지는 자원안치토록 했다.[6]

○ 정남진(鄭南晉)을 원주목사(原州牧師) 판사, 조진(趙珍)을 진양대도호부사(晉陽大都護府使), 노필(盧弼)을 해주목사(海州牧師), 이지실(李之實)을 남포진 병마사(藍浦鎭兵馬使)로 삼았다.

○ 응인 김종남(金從南)을 청주(靑州)로 내쫓았다[放]. 문하부에서 소를 올려 허조를 능욕한 죄를 청했기 때문이다.

을미일(乙未日-6일)에 (명나라) 조정 사신인 예부주사(禮部主事) 육

---

6 이를 보면 정종에서 태종으로의 권력 승계가 순조롭지만은 않았음을 확인하게 된다.

옹(陸顒)과 홍려행인(鴻臚行人)[7] 임사영(林士英)이 조서(詔書)를 받들고서 오니 산붕(山棚),[8] 결채(結綵),[9] 나례(儺禮)[10]를 베풀었다. 상은 백관을 거느리고 조복(朝服) 차림으로 교외에서 (사신을) 맞이해[迎=逆] 의정부에 이르렀다. 수창궁의 화재로 인해 당시 상이 거처하던 전(殿)이 비좁았기 때문이다. 조서를 공포했다. 봉천승운(奉天承運) 황제[11]는 조서에서 이렇게 말했다.

'중국 밖, 육합(六合)[12] 안에 모름지기 땅덩어리[壤地]를 가진 나라에는 반드시 인민(人民)이 있고 인민이 있으면 반드시 임금이 있어 인민을 다스린다[統]. 땅을 가진 나라는 대개 그 수를 다 헤아릴 수 없지만 오직 시서(詩書)[13]를 익혀 예와 의로움[禮義]을 알아서 능히 중국의 교화[化]를 흠모한 다음에야 중국에 조공(朝貢)을 하고 후세에도 칭송을 받게 되는 것이다. 그렇지 않다면[否則] 설사 땅을 가진 나라가 있다 하더라도 사람들은 그런 나라를 알지 못하고 또 큰 나라를 제대로 섬기지[事大] 못해 좋지 못한 일들로 인해 사방에 널리 알려지게 되는 일 또한 있는 것이다. 생각건대 너희 조선은 기자

7　홍려란 명나라 조정에서 주변 나라들을 담당하는 기관이고 행인은 말단 외교관이다.

8　산대(山臺)놀음을 하기 위해 큰 길가나 산기슭에 차려놓았던 임시 무대다.

9　임금이 행차하거나 중국의 칙사가 지나갈 때 이를 환영하는 뜻으로 여러 빛깔이 있는 실, 종이, 헝겊 따위를 문이나 지붕, 다리, 길에 내다 걸어 장식하던 일을 말한다.

10　가면을 쓴 사람들이 일정한 도구를 가지고 주문(呪文)을 외면서 귀신을 쫓는 동작을 해 묵은 해의 잡귀를 몰아내던 의식을 말한다.

11　이때는 명나라 제2대 황제 혜제(惠帝)의 시절이다. 봉천승운(奉天承運)은 하늘을 받들어 대운을 이어받았다는 뜻으로 주원장이 자기 앞에 붙인 호칭이다.

12　하늘과 땅과 사방을 가리킨다.

13　『시경(詩經)』과 『서경(書經)』을 약칭한 것이지만 유학 전반을 말한다.

(箕子)의 가르침을 익혀 평소에도 배우기를 좋아하고 의로움을 사모한다고 중국은 들어서 알고 있다. 우리 태조 고황제(太祖高皇帝-주원장)께서 만방을 쓰다듬어 다스리신[撫臨] 이래로 스스로 신하임을 칭하며 공물을 바치면서 혹시라도 게을리하는 일이 없었고 짐이 삼가 유언 조서[遺詔]를 받아 황제의 자리[丕緖=大統]를 처음[肇=初] 잇게 되기에 이르자[曁=及] 즉각 사신을 보내 조하(弔賀)했다. 그때에 (짐은) 양음(諒陰)[14] 중이라 살펴 답할[省答] 겨를이 없었고 또 상복을 벗게 됐을 때는 마침[會] 북번(北藩)의 종실(宗室)이 불안정해[不靖] 전쟁이 그치질 않는 바람에 (황제로서 그대들을) 품어주고 어루만져주는 도리[懷綏之道]가 지금까지 결여되기에 이르렀다[迨=及]. 생각건대 너 권지국사(權知國事)[15] 이경(李曔)[16]은 능히 사대(事大)의 예를 두터이 하여 짐의 생신을 맞아 다시 공비(貢篚)를 닦았으니[17] 온 마음으로 아름답게 여기노라.

　(이에) 지금 사신을 보내「건문(建文) 3년(1401년) 대통력(大統曆)」 1권과 문기(文綺), 사라(紗羅)[18] 40필을 내려 (너희의) 지극한 뜻에 답

14　고대 중국의 은(殷)나라 고종(高宗)이 3년상을 지내며 머물렀던 곳을 가리키는데 그 후에는 천자의 상중(喪中)이라는 뜻으로 사용됐다. 양암(亮闇), 양암(涼闇), 양암(梁闇), 양암(樑闇), 양암(諒闇), 양음(涼陰) 등도 다 같은 뜻이다.

15　이성계는 조선을 세우고서도 명나라로부터 공식 책봉을 받지 못해 임시로 나라 일을 맡아보고 있다는 뜻의 권지국사로 불렸다. 그래서 이때에도 아직 조선 국왕이 아니라 권지국사라는 호칭을 쓰고 있다.

16　조선의 두 번째 임금 정종(定宗) 이방과(李芳果)를 가리킨다. 정종이라는 묘호는 먼 훗날 숙종 때 비로소 받게 된다.

17　공물을 정성으로 바쳤다는 말이다.

18　둘 다 화려한 비단의 이름이다.

하노라. 너는 늘 하늘과도 같은 도리[天道]를 고분고분 받들고 번국으로서의 예의[藩儀]를 공손히 지켜[恪守] 간사한 것에 현혹되지 말고 거짓된 것에 휘둘리지[怵] 말아 더욱더 충순함을 지킴으로써 아름다운 이름을 오래도록 간직하여 후세로 하여금[俾=使] "어질고 뛰어난 가르침[仁賢之敎]이 오래도록 빛나는구나!"라고 말하게 한다면 참으로 아름답지 않겠는가? 그래서 이에 조서를 통해 보여주는 바이니 마땅히 (짐이 그대들을) 돌보고 품어주는 바[眷懷]를 잘 깨달아야[體] 할 것이다.'

읽는 것이 끝나자[訖=止] 상은 상사(賞賜-선물)를 받고서 잔치를 열어 사신들을 위로했다. 사신들은 태평관(太平館)으로 나아갔고 상은 그곳까지 가서 (다시) 위안하고서 궁으로 돌아왔다.

○ 하성절사(賀聖節使) 예문춘추관 태학사 이지(李至)가 명나라 서울[京師]로부터 돌아왔다.

병신일(丙申日-7일)에 태상왕이 태평관에 가서[如=往] 사신을 만나보고 돌아왔다.

○ 상이 의정부에 가서 사신에게 잔치를 베풀었다. 상이 말했다.

"지난번에는 맞이하여 위로만 하고[迓勞] 감히 머물기를 청하지 못했는데 오늘은 그런대로 맘껏 즐기기를 바라오."

옹(顒)이 말했다.

"참으로 뛰어나시고 참으로 다움을 갖추셨으니 백성(들의 마음)을 얻으실 수 있을 것입니다. 명이 있으니 어찌 감히 따르지 않겠습니까?"

사영이 말했다.

"맘껏 밤늦도록 마시다가 취하지 않으면 돌아가지 않겠습니다."

드디어 실컷 즐기고 밤늦게야 술자리가 끝났다.

○ 이조(李朝, ?~1408년)[19]와 이백온(李伯溫, ?~1419)[20]을 개인 농장 [私莊]에 안치(安置)했다.[21] 사헌부가 소를 올려 말했다.

'완평군(完平君) 이조는 상기(上妓)[22] 숙진(淑眞)을 숨겨두고서 심지어 (명나라 황제의) 조서를 맞이할 때와 사신을 위한 예연(禮宴)에도 내놓지 않았고 지금에 와서는 도리어[反] 관습도감(慣習都鑑)[23]에서 보낸 심부름꾼[差人]을 채찍질하고[捶] 징수한 포를 마음대로 [擅] 빼앗았습니다. 예전 경진년(庚辰年)에 방간(芳幹)이 군사를 발동했을 때 그 동생 백온(伯溫) 또한 그 일에 참여했는데도 다행히 너그러운 용서[寬宥]를 입어 머리를 보전할 수 있었습니다. (그러면) 진실로 마땅히 조심하며[小心] 죄를 뉘우치고 스스로 새로워져야 할 것인데 마침내는 양주(楊州)의 농장에서 양민들(의 땅)을 마음대로 점유하고서 버젓이 돌아다니고 있습니다. 조와 백온은 자신들의 적(籍)이 종실과 연결돼 있다 하여 불법을 마음대로 행하는 바가 이런 지

---

19 이성계의 이복형 완산군(完山君) 원계(元桂)의 아들이다. 1392년 이성계가 조선을 창업하자 그 조카로서 완평군에 봉해졌다. 그러나 종친의 권세를 빙자해 불법을 마음대로 자행해 태조에게 미움을 받았다. 이때 양주에 있는 농장에 안치됐다가 1403년 다시 옹진으로 유배됐다.

20 이조의 친동생이다.

21 일정한 장소에 죄인을 격리시키는 것으로서 왕족이나 고관(高官) 등이 그 적용 대상이었다.

22 나라의 정재(呈才) 때 춤을 추는 기생인데 무녀(舞女)라고도 한다.

23 태조 때부터 두어 향악과 당악(唐樂) 및 여기의 노래와 춤의 훈련, 무동과 관현을 맡은 소경 등을 다스리던 관아다.

경에 이르렀으니 바라건대 직첩을 거두고 먼 곳[遐方=遠方]으로 유
배를 보내야 합니다.'

정유일(丁酉日-8일)에 사신이 왕궁에 왔다. 전날의 잔치에 감사하기
위함이었다.

무술일(戊戌日-9일)에 태상왕이 덕수궁(德壽宮)에서 사신을 불러
[邀] 잔치를 베풀었다.

○ 검교 한성윤(漢城尹) 변남룡(卞南龍)과 아들 혼(渾)을 기시(棄
市)하고[24] 그 가산을 적몰(籍沒)했다.[25] 남룡은 하륜의 외가쪽 친척
이고 봉유지(奉由智)는 남룡의 사위이며 완천군(完川君) 이숙(李淑
1373~1406년)[26]의 큰처남이다. 숙이 영안군(寧安君) (이)양우(良祐),
완산군(完山君) (이)천우(天祐)[27]와 함께 집에서 술을 마셨는데 이미
술이 취하자 양우가 말했다.

"하늘의 재변이 여러 차례 나타난 것은 어째서인가? 사직의 역년
(歷年)이 과연 장구할 수 있을까? 우정승 하륜은 삼군부 판사 이무
(李茂)와 사이가 좋다. 또 무에게는 아들이 많은데 그중에서 한 아들
은 예사롭지 않은 운명[非常之命]을 갖고 있다."

유지(由智)와 아우 유도(由道)가 그것을 들었다. 유지가 남룡에게

---

24 저잣거리에서 목을 베는 사형의 한 종류다.
25 중죄인(重罪人)의 재산을 몰수하고 가족까지 처벌한다는 뜻이다.
26 태조의 이복동생 의안대군 이화(李和)의 아들이다.
27 두 사람은 태조의 이복형 이원계의 아들로 이조와 이백온의 친형이다.

말하니 남룡은 아들 혼을 데리고 류에게 가서 고하여 말했다.

"양우와 천우가 숙의 집에 가서 말하기를 '공과 이무가 한마음이라 예측 못 할 변고가 있을까 두렵다. 허나 우리들이 태상왕을 끼고서 나선다면 누가 감히 당하겠는가'라고 했다고 합니다."

류이 상에게 아뢰자 상은 남룡 부자를 불러 자세히 묻고서는 [細問] 마침내 말했다.
세문

"양우와 천우가 비록 태상왕을 끼고 싶어 하겠지만 태상왕께서 어찌 그것을 따르시겠는가? 이는 분명 남룡이 유언비어를 지어내[構] 공을 구해[要=求] 부귀를 얻고자 함일 뿐이다." 이들을 순군(巡軍)에 내려 삼성(三省)²⁸으로 하여금 합동으로 심문토록 하니[雜治] 과 잡치 연 상의 말과 같았다. 이에 남룡 부자는 주살하고 유지는 남포진(藍浦鎭)으로, 유도는 이산진(伊山鎭)으로 유배를 보내면서 각각 장(杖) 100대를 때렸다.²⁹

기해일(己亥日-10일)에 태상왕이 태평관으로 가서 잔치를 열어주었다. 태상왕의 풍채[神彩]가 특출나고 굳세어[英毅] 육옹 등은 몸둘 신채 영의

---

28 아직 관제 개혁 전이라 고려의 제도를 쓰고 있을 때이므로 문하성, 중서성, 상서성을 가리킨다.

29 이 사건은 여기에 기록된 것 이상의 큰 의미를 갖는다. 이는 1차 왕자의 난 직후 처형된 변중량(卞仲良)의 일과도 직간접적으로 연결돼 있기 때문이다. 변중량은 변계량(卞季良)의 형으로 이원계의 사위다. 즉 변중량은 양우, 천우 형제와는 처남 매부 사이다. 그리고 그의 외할머니는 충주 지씨(池氏)로 고려 말 재상 지윤(池奫)과 사촌인데 이성계의 장남 이방우와 차남으로 왕위에 올랐던 이방과 모두 지윤의 딸을 아내나 후궁으로 삼았다. 그리고 변남룡의 부인 또한 충주 지씨다. 이 같은 복합적인 세력 관계 속에서 태종은 이 문제를 풀어가는 방향을 정한 것으로 보인다. 그러나 단 하루 만에 본인의 순간적 결정으로 검교 한성윤을 죽였다는 것은 누가 보아도 무리한 일처리였음을 알 수 있다.

바를 모르며[竦然] 예를 다해 공경했다.
_{송연}

○ 영흥부(永興府)³⁰의 냇물이 말랐다가 다시 흘렀다. 산 사이의 큰

내는 경진년(庚辰年-1400년) 정월에 물이 말랐고 금년에도 그러했으며

또한 산성리(山城里)부터 영흥부에 이르기까지 흘러오는 내 60리가 물

이 말랐는데 모두 오랜 시간이 지난 뒤에야 다시 흘렀다. 판사 박문숭

(朴文崇)을 보내 제사를 지냄으로써 재앙이 그치기를 빌었다[禳].
_양

○ 대사헌 김약채, 형조전서 이황(李滉), 산기 전순, 중승 박순(朴

淳) 등을 파직했다. 처음에 대간(臺諫)과 형조가 순군에서 함께 죄를

다스리게 돼[交坐] 남룡을 국문한 다음 형법[律]에 따라 마땅히 참
_{교좌}   _률

형(斬刑-목을 베는 형벌)에 처해야 한다고 보고하고[啓聞] 또 남룡 부
_{계문}

자를 따로 수범과 종범[首從]으로 가려서 그 죄의 가볍고 무거움을
_{수종}

아뢰었는데 문하부 낭사가 글[章]을 올려 (저들을) 파직하여 지방으
_장

로 유배 보낼 것[竄外]을 청했다.³¹
_{찬외}

○ 문하부 낭사가 소를 올렸다. 소는 이러했다.

'형벌이란 빼어난 이들이 무겁게 여긴 바라 형벌을 쓸 경우에는 신

중하지 않으면 안 될 것이니 그 때문에 옛날에는 사형[大辟]³²에 해
_{대벽}

당하는 죄는 반드시 모름지기[必須] 세 번 뒤집어 살펴[三覆] 아뢰고
_{필수}   _{삼복}

다섯 번 뒤집어 살펴 아뢰어 결단했는데 그 법이 형전(刑典)에 실려

---

30 함경도에 속하며 이성계의 본거지다.

31 하루 만에 변남룡 부자 처리에 문제가 있었음을 간접적으로 보여주는 조치다. 그 이유는
   이어지는 낭사의 상소에서 보다 명확하게 드러난다.

32 중국 주(周)나라 때의 형벌제도에 묵벽(墨辟), 의벽(劓辟), 비벽(剕辟), 궁벽(宮辟), 대벽(大
   辟) 등 오형(五刑)이 있었는데 이 중에서 가장 큰 형벌이 사형인 대벽(大辟)이다. 이때 벽
   (辟)은 형벌(刑罰)을 뜻한다.

있어 나라 안팎에[中外] 반포됐던 것은[頒示=頒布] 대개 사람의 생명을 무겁게 여긴 때문입니다. 당(唐)나라 태종은 말하기를 "사람의 생명은 한 번 잃으면 진실로 다시 살릴 수가 없는 것이다"라고 했으니 그 살리기를 좋아하는 다움[好生之德]은 곧바로 하늘과 땅이 만물을 창조해낸 마음[生物之心]과 더불어 위아래가 되어 함께 흐르니 진실로 고금에 통하는 격언이라 하겠습니다. 근일에 변남룡 부자가 망령되이 엄청난 말[大言]을 해 여러 사람들의 귀를 현혹시켰습니다. 그 실상을 신문하고 죄명을 찾아내어 극형에 처하도록 하는 것에는 의심할 바가 없습니다. 그러나 그들을 국문하고 처결하는 일이 다 하루 사이에 있었으니 옛날에 뒤집어 살펴 아뢰던[覆奏] 전례와 어긋남[乖]이 있습니다. 바라건대 지금부터는 안팎에서 아뢰는 사형의 죄는 반드시 의정부에 내려 다시 토의하도록[議] 하여 지극히 마땅한 논[至當之論]을 찾아내야 합니다. 전하께서도 마땅히 마음을 비우시고 생각을 정밀하게 하시어[虛心精思] 반찬 가짓수를 줄이시고[減膳] 풍악을 물리치신[徹樂=撤樂] 연후에 마침내 형을 집행하게 하시어 대소 인민들로 하여금 그 사람의 죄가 결코 용서할 수 없는 것임을 훤하게 알게 하신다면 삼가며 불쌍해하는 뜻[欽恤之意]이 그사이에 행해지고 뒤집어 살펴 아뢰는 법[覆奏之典]이 헛된 법조문[虛文]이 되지 않아 형벌을 남용하는 잘못이 없게 될 것입니다.'

상은 뉘우치면서 그것을 윤허했다.

경자일(庚子日-11일)에 문하부 판사 조준, 좌정승 이거이 등이 태평관에 나아가 사신들을 접대했다[享].

신축일(辛丑日-12일)에 상이 마암(馬巖)[33]의 단(壇) 아래에 가서 좌명(佐命)공신들과 함께 삽혈동맹(歃血同盟)했는데 제복(祭服)을 입었다. 그 맹서문[載書]은 이러했다.

'아[維]! 건문(建文) 3년의 해의 차례[歲次][34]를 보니 신사년(辛巳年-1401년) 2월 삭(朔)[35] 12일 신축일(辛丑日)에 조선 국왕 이(李) 휘(諱)[36]는 공훈이 있는 신하[勳臣] 의안대군 (이)화, 상당군 이저, 완산군 (이)천우, 문하 좌정승 이거이, 우정승 하륜, 삼군부 판사 이무 등을 삼가 거느리고서 감히 황천 상제와 종묘사직 그리고 산천의 온갖 신들의 혼령들께 감히 아뢰나이다. 엎드려 살피건대 주(周)나라 제도에는 맹서[盟載]하는 법이 있었고 한(漢)나라가 일어났을 때는 대려(帶礪)[37]의 맹서가 있었으니 이는 신명께 다짐하여[要質][38] 충성과 신의를 군건히 하기 위함이었습니다. 아! 우리 태상왕께서는 신무(神武)하신 다음으로 천운에 응하여 나라를 열어[應運開國] 끝이 없

---

33 우리말로는 말바위다. 개성시 방직동 성균관 남쪽에 있는 바위로 달리는 말의 모양이다. 고려 말 공민왕이 노국공주의 영전을 설치했다고 전해지고 있다.

34 유세차(維歲次)에서 유(維)는 감탄사이고 세차(歲次)는 그해의 차례를 뜻한다. 관용적으로 제문의 첫머리에 유세차라고 한다.

35 이때는 초하루라는 뜻이 아니라 초하루부터 제사일까지 정성을 다하며 삼가라는 뜻이다.

36 이름을 피하여 쓰지 않는다는 뜻이다.

37 나라에서 공신의 집안을 자손 대대로 변하지 않고 대접하는 일을 뜻한다. 한(漢)나라 고조(高祖) 유방(劉邦)이 중국을 통일한 뒤 공신들을 봉작(封爵)하면서 "황하가 띠[帶]와 같이 가늘어지고, 태산이 숫돌[礪]과 같이 작아질 때까지 나라에서 영구히 보존하여 후대에까지 이어지리라[使黃河如帶 泰山若礪 國以永寧 爰及苗裔]"고 한 데서 유래한 말이다.

38 요질(要質)이란 신하가 임금에게 굳게 약속을 지켜 충성을 다한다는 말이다. 『춘추공양전(春秋公羊傳)』 「장왕(莊王)」 13년 주(注)에 "신하가 그 임금에게 약속하는 것을 요(要)라고 한다[臣約其君曰要]"고 했고 『국어(國語)』 「초어(楚語)」 주(注)에 "질은 충성이다[質誠也]"라고 했다.

는 대업을 세우셨습니다. (그런데) 불행하게도 권간(權奸)들이 총애를 탐하여 어린아이를 끼고서 우리 형제들을 미워해[憝=惡] 변고가 언제 일어날지 알 수가 없었는데 다행히 상천이 마음을 달래주고 종친과 훈신들이 협력한 데 힘입어 능히 저들을 평정하고 적자이면서 장자이신 우리 상왕을 끼고서 명을 받아 대통을 이으니 하늘의 질서[天倫]가 펴지고 종묘사직이 안정됐습니다.

생각지 않게[不圖] 또 교활한 자가 있어³⁹ 간사한 마음을 품고 역모를 꾸며 우리 골육을 도모하고자 병사를 일으켜[稱兵] 대궐로 향하는 바람에 화(禍)가 한 번 숨쉬는 사이[呼吸之間]에 있었는데 또 종친과 훈신이 충성을 떨치고 힘을 다함에 힘입어 곧장 나아가 토벌하여 평정했습니다.

상왕께서는 마침내 국본(國本-세자)이 정해지지 않아 인심이 흔들리기 쉬운 것을 염려하시어 저를 불곡(不穀)⁴⁰이라 이르고 같은 어머니의 동생이고 또 개국(開國)과 정사(定社) 때에도 작은 공이 있다 하여 명하시어 저부(儲副)로 삼고 정치를 살피는[監撫] 권한을 넘기시니⁴¹ 아침저녁으로 경계하고 두려워하여도[兢惕] 오히려 감당하지 못할까 두려워했는데 갑자기[遽] 상왕께서 신기(神器-왕권)를 넘겨주시니 사양하고 명을 받지 않다가 마침내 이 자리에 나아왔습니다.

---

39 박포(朴苞)를 가리킨다.

40 임금이나 제후(諸侯)의 자칭(自稱)이다. 곡식은 사람을 기르는 물건인데 임금이나 제후는 백성을 잘 기르지 못하니 곡식보다 못하다는 뜻으로 곧 임금이 잘하지 못함[不善]을 뜻한다. 과인(寡人)은 덕이 모자란다는 뜻이고 고(孤)는 고아와 같아 외롭다는 뜻인데 불곡과 함께 임금이 자신을 낮추는 말들이다.

41 대리청정을 맡겼다는 말이다.

가만히 생각해보니 불곡이 오늘에 이를 수 있었던 것은 실로 종친과 훈신처럼 충성스럽고 의리 있는 신하들이 힘을 합쳐 난을 평정하고 (나를) 도와 추대해[翊戴] 명을 도와준[佐命] 것에 힘입은 바입니다. 이에 으뜸으로 큰 공적[丕績=大功]을 아름다이 여겨 영원토록 잊기 어려울 것이니 이에[爰=於是] 유사(有司-해당 부서)에 명해 상전(賞典)[42]을 거행하겠습니다. 이에 길한 날[吉辰=吉日]을 점쳐 신명께 제사하고 동맹의 우호를 맺고자 합니다. 이미 맹서한 후에는 영원토록 한마음으로 결속해 지극한 열렬함으로 서로를 도와 환난을 서로 구원하고 과실을 서로 잡아주어 처음부터 끝까지[終始] 일관된 의리로써 왕업[조기=大業]을 함께 보존해 자손 만대에 이르기까지 오늘을 잊지 않도록 해야 할 것입니다. 만일 혹시라도 이익을 꾀하여 어려움을 피하고 사사로움을 끼고서 공적인 의리를 배반하며 동맹을 어기고 우호를 범하며 기망하고 사특함을 빚어내 몰래 헐뜯고 해치기를 꾀한다면 신명께서는 반드시 주벌하여[殛] 재앙이 자손에게까지 미칠 것입니다. 그 어긴 바가 사직에 관계되는 자는 마땅히 법으로써 논죄할 것입니다. 이는 내가 감히 (맹서를) 어기는 것이 아니라 그들이 스스로 초래한 것이니 각자 맹서의 말을 삼가 받들어 영원토록 이 정성스러움[時忱=是忱]을 지켜야 할 것입니다.'

○ 상이 드디어 성균관에 이르러 문묘(文廟)[43]에 아뢰었다[謁=告]. 공신들에게 잔치를 베풀었다. 상이 공신들에게 말했다.

---

42 공로의 크고 작음에 따라 상을 주는 규정이나 격식으로 상격(賞格)이라고도 한다.
43 공자를 모신 사당이다.

"내가 몸소 맹서에 참여한 것이 어찌 공연한[徒然] 일이겠는가?"
                                        도연

이에 맹서의 글의 뜻을 상세하게 풀어주니 공신들이 감복했다. 총제(摠制) 서익(徐益)이 술자리가 무르익자 일어나 춤을 추니 상이 웃으면서 말했다.

"이는 곧 번쾌(樊噲, ?~기원전 189년)[44]의 춤이로다."

조박(趙璞)에게 명하여 시를 짓도록 하니 여러 신하들이 모두 화답했다. 성석린(成石璘)은 모친상 때문에 오지 않았기에 명하여 불렀더니 석린은 명을 받들어 길복(吉服) 차림으로 이르렀는데 기뻐하는 기운이 얼굴에 떠올랐다. 상이 말했다.

"공신들이 어찌 능히 맹서의 글을 두루 외울 수 있겠는가?"

공신도감(功臣都鑑-공신 위원회)에 명해 김첨(金瞻) 등을 시켜 전사(傳寫)하여 모두에게 나눠 주도록 했다.

○ 사신 육옹이 시 3편을 지어 올렸다.

멀리 은혜로운 명을 받들어 조선에 사신으로 와

나 홀로 이름난 임금들이 대대로 뛰어남을 부러워하는도다.

풍속은 천리 땅에 오래토록 순박하고

훌륭한 명성[聲華]은 멀리 구중(九重)의 하늘에 이르렀도다.
      성화

---

44 젊어서는 도살업으로 생활했다. 유방(劉邦)을 섬겨 병사를 일으켜 진(秦)나라를 공격했는데, 여러 차례 전공을 올렸다. 함양(咸陽)에 들어갔을 때 홍문(鴻門)의 잔치에서 유방을 위기에서 구해 탈출하게 했다. 이때 번쾌는 춤을 추었다. 그 후 낭중(郎中)이 되고 임무후(臨武侯)에 봉해졌다. 기장(騎將)과 장군(將軍)을 역임했다. 유방이 즉위한 뒤 장도(臧茶)와 진희(陳豨), 한신(韓信)을 공격했고 좌승상(左丞相)과 상국(相國)이 되었다. 그 뒤 여러 반란을 평정하여 무양후(舞陽侯)에 봉해졌다.

밝은 때에 배움을 강구하여 구름 속 궁궐을 열었고

맑은 낮에 높이 모시어 예연(醴筵-주연)을 베풀었도다.

돌아가 아뢰면 용안은 마땅히 기쁜 뜻 있으시어

공훈을 칙명으로 정하시어 사서(史書)에 전하리다.

【이상은 덕음(德音)을 그리워한 것이다.】

토원(兎園)[45]의 갈고(羯鼓)[46]가 이미 꽃을 재촉하여

상일(上日)[47]에 먼저 사자의 집에 나누었도다.

묵은 잎은 오히려 섣달을 지낸 푸르름을 머금었고

새로운 꽃봉오리는 처음으로 이른 봄꽃으로 터졌도다.

자리에 나아가 상을 주실 때는 그저 수놓은 것인가 의심했는데

촛불을 쥐고서 잘 들여다보니 꼭 비단실 같구나.

빈관에서 홀로 함께 즐기는 뜻을 입었으니

숲 밖의 산다(山茶)를 따로 찾을 필요가 없겠구나.

【이상은 꽃을 사례한 것이다.】

공관에 봄은 차가웁고 새벽빛은 열렸는데

멀리 왕명을 번거롭게 하여 사람을 보내왔도다.

---

45 서한(西漢) 경제(景帝) 때 양효왕(梁孝王)이 만든 정원인데 양원(梁園)이라고도 한다. 거기에서 술에 취해 춤추고 즐기며 사부(辭賦)에 능한 사람을 좋아했는데, 매승(枚乘)과 추양(鄒陽)이 제일 걸출했다 한다.

46 타악기의 일종으로 장구와 거의 같은 모양이며 다만 축수가 양쪽으로 죄게 되고 열채를 양손에 쥐고 친다.

47 초하루 날이다.

은청(銀靑)⁴⁸은 밝게 비치어 허리에 드리워 무겁고

궁금(宮錦)은 늘어져 몸에 맞게 재었도다.

입어보니 이미 기자의 나라에서 영광스러우니

싸 가지고 봉황대에 이르리라.

붓을 당기어 임금에게 갚는 뜻을 다하지 못하니

상여(相如)⁴⁹의 부(賦) 짓는 재주 없음이 부끄럽구나.

【이상은 의대(衣帶)를 내려준 것을 사례한 것이다.】

계묘일(癸卯日-14일)에 상이 태평관에 가서 사신들과 함께 다례 (茶禮)를 행했다. 설미수(偰眉壽, 1359~1415년)⁵⁰를 시켜 사신에게 말했다.

"나는 자주 뵙고 싶으나 (그대들의) 일정을 방해할까 두렵소."

사신이 대답했다.

"우리도 자주 왕궁을 찾아뵙고 싶지만 눈병이 아직 낫지 않으셨다고 들었기에 감히 못 했습니다."

상이 사신들에게 말했다.

"괜찮다면 내일 왕림해주기를 청하오."

사신은 명대로 하겠다고 대답했다. 육옹이 '강풍조수도(江楓釣叟圖-

---

48 은인(銀印)과 청수(靑綬)로 둘 다 관직의 상징물이다.

49 사마상여(司馬相如, 기원전 179~117년)를 가리킨다. 그는 부에 있어 가장 아름답고 뛰어나 초사(楚辭)를 조술(祖述)한 송옥(宋玉), 가의(賈誼), 매승(枚乘) 등에 이어 '이소재변(離騷再變)의 부(賦)'라고도 일컬어진다.

50 원래 원나라의 고창(高昌) 사람으로서 고려에 귀화했다. 아버지는 숭문감승(崇文監丞) 손(遜)이며 장수(長壽)의 아우다.

강변 단풍나무 주변에서 낚시하는 늙은이 그림)'를 그리고 절구 하나를
썼다.

강바람에 나뭇잎 떨어져 그림자 앙상하니
산이 가을빛을 띠고서 그림 속에 들어 있구나.
객이 물고기를 낚아도 사람들이 알지 못하니
한가(漢家)는 어느 곳에서 광노(狂奴-미치광이)를 찾을꼬?

갑진일(甲辰日-15일)에 상이 후원 임정(林亭)에서 사신들에게 잔치
를 베풀었다. 애초에 옹이 (황해도) 황주(黃州)에 이르러 기생 위생
(委生)을 좋아해 한양에 이르러서도 잊지 못하자 예조가 공문을 보
내[移文] 그를 부르니 역마를 타고 와서 이날 때마침[適] 도착하니
옹이 매우 기뻐하여 지극히 즐기고서 자리를 끝냈다.

○ 유관(柳觀 1346~1433년)[51]을 사헌부 대사헌으로 삼았다.

정미일(丁未日-18일)에 중군총제 민무구가 병이 많고 권세가 성대

---

51 뒤에 이름을 관(寬)으로 바꿨다. 고려 말 관직에 올라 이때 대사헌이 되어 불교를 적극
배척했고, 이어 간관을 탄핵했다는 이유로 파직됐다가 곧 다시 서용되어 계림부윤(鷄
林府尹)이 됐다. 1409년 예문관 대제학으로 춘추관지사(春秋館知事)를 겸했으며 이듬해
『태조실록』 편찬을 주관했다. 1418년(세종 즉위년) 다시 대제학으로 지경연사(知經筵事)
를 겸하고 이어 중군도총제판부사(中軍都摠制判府事) 등을 거쳐 1421년 다시 대제학으로
궤장(几杖)을 하사받았다. 1423년 춘추관지사로 『고려사』 개수의 명을 받고 이듬해 우의
정에 승진, 『고려사』를 수교(讎校-다른 것과 비교해 교정)해 올렸다. 1425년 벼슬을 사직했
으나 허락받지 못하고 81세가 된 이듬해 우의정으로 치사(致仕)했다. 세종 때 청백리에
녹선됐다. 학문과 문장이 뛰어났다. 성품이 매우 청렴하고 청빈했다.

해짐을 꺼려 사직하자 윤허했다.

무신일(戊申日-19일)에 상이 태상전에 조알했다.

기유일(己酉日-20일)에 사헌부가 사금(司禁)⁵² 심구령(沈龜齡)을 탄핵했다. 사관 홍여강(洪汝剛)이 공신의 연청(宴廳)에 들어가자 구령이 그를 때려서 내쫓았다. 춘추관에서 헌부에 관문(關文)을 보냈기[移關] 때문이다.
이관

임자일(壬子日-23일)에 술을 사용하는 것을 금지했다. 지방에서 토목사업[營繕]을 일절 금지했으니 이는 백성들의 힘을 쉬게 하려는 것
영선
이었다.

갑인일(甲寅日-25일)에 북정(北亭)에서 좌명(佐命)공신들에게 잔치를 베풀었다. 의안대군 화(和) 등 47인을 불러 손수[手] 교서(敎書),
수
녹권(錄券)⁵³ 및 사패(賜牌)를 주었다.

정사일(丁巳日-27일)에 태상왕이 덕수궁에서 사신들에게 잔치를 베풀었다.

---

52 임금의 어가(御駕)를 수종하면서 일반인들의 범접을 막던 군사다. 태종 18년에 사엄(司嚴)으로 이름을 바꿨다.
53 고려 및 조선 시대 공신에 책봉된 사람에게 지급한 문서다. 공신으로 책봉된 사람의 직함과 이름, 공신으로 책봉된 경위 및 이에 따른 제반 특권이 기록돼 있다.

무오일(戊午日-29일)에 상이 화원(花園)에서 사신들에게 잔치를 베풀었다.

기미일(己未日-30일)에 사신 육옹, 임사영이 돌아가니 상이 백관을 이끌고 영빈관에서 송별했다[餞]. 옹은 떠나기에 앞서 왕에게 말했다.

"지성으로 사대하시니 내가 장차 (천자에게) 아뢰면 반드시 고명(誥命)을 내려줄 것입니다."

태상왕이 승녕부(承寧府)[54] 판사 오사충(吳思忠)에게 명하여 사신들을 전송하게 했다.

상이 옹의 시에서 차운(次韻)하여 시를 지었다.

봄이 오니 풀과 나무가 바야흐로 향기롭고 곱건만
만리 길 내달려 홀로 수고로움이 많도다.
크게 성은(聖恩) 펴려 이 해국(海國-조선)에 이르렀고
다시 사절을 거느리고 저 먼 길[雲天]에 오르는구나.
운천
서로 만나 여러 날 가까워진 것[傾蓋][55]이 기뻤는데
경개
오늘 아침 송별 자리[別筵] 열리니 한스럽도다.
별연
귀하고 중한 말씀 모름지기 다 기억해

---

54 태조가 정종에게 양위하고 태상왕으로 있을 때 세운 관서다. 1400년(정종 2년) 6월 왕세제 방원의 간청으로 태상궁(실제는 상왕궁)을 세워 궁호를 덕수궁, 부호를 승녕부라 했다.
55 경개(傾蓋)란 수레를 멈추고 덮개를 기울인다는 뜻으로, 우연히 한 번 보고 서로 친해짐을 이르는 말이다.

윤명(綸命-천자의 명)을 반포하여 다시 와서 전해주면 다행이로다.

무늬 아름다운 각종 비단들 곱고도 선명해

영광스럽게 내려주시니 근신의 뛰어남을 보았도다.

넓고 큰 성군의 은택은 그 깊이가 바다와 같고

감격의 성심(誠心)은 위로 하늘에 이르리라.

봄이 하늘과 땅에 가득할 때 보력(寶曆)을 받았고

해는 준조(樽俎-연회석)에 임하여 처음 자리[初筵]가 차례를 갖췄
도다.

그대 돌아가거든 나의 절절한 정성을 잘 주달하여

바라건대 동번(東藩)을 지키어 영세에 전하게 해주기를.

옹이 시로써 사례했다.

감히 사명을 받아 멀리 내달려와서

역관(驛館)에서 봉함을 열어 보고 기쁨이 눈썹을 떨게 했네.

그 서법은 전진첩(全晉帖)에 거의 비슷하고

아름다운 음율은 성당(盛唐)의 시와 어깨를 나란히 하도다.

날이 요전(堯殿)에 임했으니 돌아가면 응당 아뢸 것이요

봄이 진회(秦淮)에 가득하니 볼 때마다 생각나리라.

모두 동평국(東平國)의 좋은 일 하는 즐거움을 말하니

아름다운 이름 넉넉히 한청(汗靑)에 전할 것이로다.

옹은 평양(平壤)에 이르러 절구 2수를 지었다.

장정(長亭)에 술이 다해 옥소(玉簫) 불어 파(罷)하니

동풍은 이별 재촉하고 말은 교만하게 우는구나.

떠나는 사람 한 번 가면 어느 날에 돌아올꼬

춘강(春江)의 변함없는 조수(潮水)만 못하구나.

하수(河水) 둑 위의 버들은 장차 푸르려 하는데

기우는 해에 말을 연(連)하여 단정(短亭)을 지나도다.

취중에 사람이 멀리 간 것을 알지 못하였는데

반 바위[半巖] 개인 눈[雪]에 술이 처음 깨었도다.
반암

○ 삼사(三司) 우사(右使) 이직(李稷)과 우군 총제 윤곤(尹坤)을 경사(京師-명나라 서울)에 보냈다. 은혜에 감사하기 위함이었다.[56]

○ 통사(通事-통역관) 매원저(梅原渚)를 보내 먼저 말 500필을 끌고서 요동(遼東)으로 갔다. 삼군 판사 조영무, 총제 유용생(柳龍生)이 관마색(官馬色)[57] 제조가 됐다. (이들은) 전라와 경상에서 바친 말들은 모두 좋았기 때문에 친한 사람들의 나쁜 말[駑馬]과 그것들을 바꿨다.
노마

○ 지난겨울부터 이번 달에 이르기까지 동해에 큰 바람이 불어 소금 굽는 가마[鹽盆]가 많이 떠내려가거나 내려앉았다.
염분

---

56 이런 목적으로 가는 사신단을 사은사(謝恩使)라 했다. 이직이 정사, 윤곤이 부사로 간 것이다.

57 조선시대 명나라에 진헌할 말을 모으기 위해 임시로 두었던 관청으로 진헌관마색이라고도 했다.

원문

庚寅朔 上朝太上殿
경인 삭 상조 태상전

辛卯 流檢校工曹典書金寶于靑州. 憲府上疏:
신묘 유 검교 공조 전서 김보 우 청주 헌부 상소

'軍資監宋希靖奉使入朝 檢校典書金寶 欲奸希靖之妻 令從者
군자감 송희정 봉사 입조 검교 전서 김보 욕간 희정 지처 영 종자

把截其戶 直入閨內 希靖妻逃歸于其弟前中郎將崔桂之家. 寶
파절 기호 직입 규내 희정 처 도귀 우 기제 전 중랑장 최계 지가 보

任然留居 擅用財物 無異强盜 且詐稱王旨. 請收職牒 鞫問科斷.'
임연 유거 천용 재물 무이 강도 차 사칭 왕지 청수 직첩 국문 과단

上以寶太上王元從功臣 又與定社之功 只收職牒流之.
상 이보 태상왕 원종 공신 우 여 정사 지공 지수 직첩 유지

命檢校參贊門下府事金仁貴等二十六人 外方自願安置. 司憲府
명 검교 참찬 문하부 사 김인귀 등 이십 육 인 외방 자원 안치 사헌부

上疏 略曰:
상소 약왈

'上王殿下 天性孝友 深念社稷長久之計 以功以賢 封殿下爲
상왕 전하 천성 효우 심념 사직 장구 지계 이공 이현 봉 전하 위

世子 以定國本 夙有微痾 乃厭萬機之勞 遂禪位于殿下. 殿下
세자 이정 국본 숙유 미아 내 염 만기 지로 수 선위 우 전하 전하

辭至再三 天命民心 固不可違 纘承丕緖 一國臣民 莫不歡慶.
사 지 재삼 천명 민심 고 불가 위 찬승 비서 일국 신민 막불 환경

上王舊臣判恭安府事鄭南晋 檢校參贊門下府事金仁貴 恭安府
상왕 구신 판 공안부 사 정남진 검교 참찬 문하부 사 김인귀 공안부

尹趙珍 前密直提學盧龜山 戶曹典書裵仲倫 禮曹典書盧弼 前
윤 조진 전 밀직제학 노구산 호조 전서 배중륜 예조 전서 노필 전

典書李臣彥 判司僕寺事鄭漸 壽寧府司尹黃侃 尹思禮 前判事
전서 이신언 판 사복시 사 정점 수녕부 사윤 황간 윤사례 전 판사

池淸 朴有孫 朴倚 前大將軍盧元湜 司農卿李之實 前監嚴有溫
지청 박유손 박의 전 대장군 노원식 사농 경 이지실 전 감 엄유온

崔遂安 前少監黃象 前將軍張仁悅 崔石 前判事朴元富 恭安府
최수안 전 소감 황상 전 장군 장인열 최석 전 판사 박원부 공안부

少尹李原常 將軍車承湜 朴得年 前將軍咸湜 趙賢 李仲亮 元胤

鄭倫 孫洽 朴仁贊 昧於大體 多徇私意 陰懷憤惋 造言離間

臣等以爲 天地變怪 亦由於此. 自古生事 多由無賴之徒. 願殿下

收其職牒 竄于遐方 以杜亂萌.'

　上命鄭南晋 趙珍 盧弼 池淸 李之實等更勿擧論 其餘自願

安置.

　以鄭南晋判原州牧使事, 趙珍晉陽大都護府使, 盧弼海州牧使,

李之實藍浦鎭兵馬使.

　放鷹人金從南于靑州. 以門下府上疏請凌辱許稠之罪也.

　乙未 朝廷使臣禮部主事陸顒, 鴻臚行人林士英 奉詔書來 設

山棚結綵儺禮. 上率百官 以朝服迎于郊 至議政府. 以壽昌宮災

而時坐殿隘故也.① 宣詔. 奉天承運皇帝詔曰:

　'中國之外 六合之內 凡有壤地之國 必有人民 有人民 必有君

以統之. 有土之國 蓋不可以數計 然唯習詩書知禮義 能慕中國

之化者 然後朝貢于中國 而後世稱焉. 否則雖有其國 人不之知②

又或不能事大 而以不善聞于四方者 亦有矣. 惟爾朝鮮 習箕子之

敎 素以好學慕義 聞中國. 自我太祖高皇帝撫臨萬邦 稱臣奉貢

罔或怠肆 曁朕祗受遺詔 肇承丕緖 卽遣使弔賀. 時在諒陰 不遑

省答 及玆除服 會北藩宗室不靖 軍旅未息 懷綏之道 迨今缺然.

惟爾權知國事李【曔】 能敦事大之禮 以朕生辰 復修貢篚 心用

嘉之. 今遣使齎賜建文三年大統曆一券 文綺紗羅四十匹 以答
가지　금견사 재사 건문 삼년 대통력 일권　문기 사라 사십필　이답

至意. 爾尚順奉天道 恪守藩儀 毋惑于邪 毋怵于僞 益堅忠順
지의　이 상 순봉 천도　각수 번의　무혹 우사　무출 우위　익견 충순

以永令名 俾後世謂仁賢之敎 久而有光 不亦休乎!③ 故玆詔示
이영 영명　비 후세 위 인현 지교　구이 유광　불역 휴호　고 자 조시

宜體眷懷.'
의 체 권회

讀訖 上受賜 設宴慰使臣 使臣就太平館 上至館慰安 還宮.
독흘 상 수사　설연 위 사신　사신 취 태평관　상 지 관 위안　환궁

賀聖節使藝文春秋館太學士李至回自京師,
하성절사 예문 춘추관 태학사 이지 회자 경사

丙申 太上王如太平館 見使臣而還.
병신 태상왕 여 태평관　견 사신 이 환

上宴使臣于議政府. 上曰:"前日迓勞 不敢請留 今日庶幾奉歡."
상 연 사신 우 의정부　상 왈　전일 아로　불감 청류　금일 서기 봉환

顒曰:"惟賢惟德 可以得民. 有命 安敢不從!"士英曰:"厭厭夜飮
옹 왈　유현 유덕　가이 득민　유명　안감 부종　사영 왈　염염 야음

不醉無歸." 遂歡甚夜罷.
불취 무귀　수 환심 야 파

安置李朝 李伯溫于私莊. 司憲府上疏曰:
안치 이조　이백온 우 사장　사헌부 상소 왈

'完平君李朝 匿上妓淑眞 雖於迎詔及使臣禮宴 亦不出焉
완평군 이조　닉 상기 숙진　수 어 영조 급 사신 예연　역 불출 언

今也反捶慣習都監之差人 擅奪所徵之布. 昔在庚辰芳幹動兵之
금야 반 추 관습도감 지 차인　천탈 소징 지 포　석재 경진 방간 동병 지

時 其弟伯溫亦與其事 幸蒙寬宥 得保首領. 誠宜小心 悔罪自新
시　기제 백온 역 여 기사　행몽 관유　득보 수령　성의 소심　회죄 자신

乃於楊州農舍 影占良人 任然率行. 朝與伯溫 自以籍連宗室
내 어 양주 농사　영점 양인　임연 솔행　조 여 백온　자이 적연 종실

恣行不法 至於如此 願收職牒 竄于遐方.'
자행 불법 지어 여차　원수 직첩　찬 우 하방

丁酉 使臣至王宮. 謝前日之宴也.
정유 사신 지 왕궁　사 전일 지 연 야

戊戌 太上王邀使臣于德壽宮 設宴.
무술 태상왕 요 사신 우 덕수궁　설연

檢校漢城尹卞南龍及子渾棄市 籍沒家産. 南龍 河崙之外親.
검교 한성윤 변남룡 급 자 혼 기시　적몰 가산　남룡　하륜 지 외친

奉由智 南龍之婿 完川君淑之妻兄. 淑與寧安君良祐 完山君
봉유지　남룡 지 서　완천군 숙 지 처형　숙 여 영안군 양우　완산군

天祐飮于家 旣醉 良祐曰:"天變屢彰 何哉? 社稷歷年 其久長
乎? 右政丞河崙與判三軍府事李茂善. 且茂多子 而一子有非常
之命." 由智與弟由道聞之. 由智言於南龍 南龍率子渾告于崙曰:
"良祐 天祐到淑家言:'公與李茂同心 恐有不測之變. 然吾等挾
太上王以出 誰敢當也!'" 崙啓於上 上召南龍父子細問 乃曰:
"良祐 天祐 雖欲挾太上王 太上王豈從之哉? 此必南龍搆飛語
欲要功以取富貴耳. 下巡軍 令三省雜治 果如上言 乃誅南龍父子
流由智于藍浦鎭 由道于伊山鎭 各杖一百.

己亥 太上王如太平館設宴. 太上王神彩英毅 陸顒等竦然禮敬.

永興府川竭復流. 山間大川 於庚辰正月水竭 今年亦如之 又自
山城里至永興府 川流六十里水竭 皆久之復流. 遣判事朴文崇 祭
以禳之

大司憲金若采 刑曹典書李滉 散騎全順 中丞朴淳等罷. 初
臺諫刑曹交坐巡軍 鞫問南龍以律當處斬啓聞 又分南龍父子爲
首從 輕重其罪以聞 門下府郎舍上章 請罷職竄外.

門下府郎舍上疏. 疏曰:

'刑者 聖人之所重 用刑之際 不可不愼 故古者大辟之罪 必須
三覆奏五覆奏以決之 其法載在刑典 頒示中外 蓋所以重人命也.
唐太宗言:"人命一失 亦無再生." 其好生之德 直與天地生物之
心 上下同流 誠古今之格言也. 近日卞南龍父子 妄發大言 眩惑

衆聽. 訊其情狀 究其罪名 置之極刑無疑矣. 然其鞫問處決 皆在
一日之間 有乖古者覆奏之例. 願自今 中外所奏大辟之罪 必下
議政府更議 以求至當之論. 殿下亦宜虛心精思 減膳徹樂 然後乃
令行刑 使大小人民 曉然知其人之罪決不可宥 則欽恤之意 行乎
其間 覆奏之典 不爲虛文 而無濫刑之失矣.'

上悔而允之.

庚子 判門下府事趙浚 左政丞李居易等 就太平館 享使臣.

辛丑 上如馬巖壇下 與佐命功臣 歃血同盟 用祭服. 其載書曰:

'維建文三年歲次辛巳二月朔庚寅十二日辛丑 朝鮮國王李【諱】

謹率勳臣 義安大君和 上黨君李佇 完山君天祐 門下左政丞

李居易 右政丞河崙 判三軍府事李茂等 敢昭告于皇天上帝宗廟

社稷山川百神之靈. 伏以周制有盟載之法 漢興有帶礪之誓 所以

要質神明 而固忠信也. 惟我太上王 以神武之德 應運開國 以建

無疆之業. 不幸權奸貪寵挾幼 惎我兄弟 變在不測 尙賴上天誘衷

親勳協力 克底平定 以嫡以長 挾我上王 受命繼統 天倫以敍

宗社以定. 不圖又有狡猾懷姦構逆 謀我骨肉 稱兵向闕 禍在呼吸

之間 又緣親勳奮忠效力 旋卽討平. 上王乃慮國本未定 人心易搖

謂予不穀 爲同母弟 且於開國定社之際 又有微效 命爲儲副 委

以監撫之權 夙夜兢惕 尙懼不堪 遽承上王傳付神器 辭不獲

命 乃卽于位. 載念不穀 得至今日 實惟親勳忠義之臣 協力靖亂

翊戴佐命之力是賴. 嘉乃丕績 永世難忘 爰命有司 擧行賞典. 玆
익대 좌명 지 력 시 뢰　가 내 비적　영세 난망　원명 유사　거행 상전　자

卜吉辰 祀于明神 用結盟好. 旣盟之後 永肩一心 至誠相與 患難
복 길진　사 우 명신　용 결맹 호　기맹 지 후　영 견 일심　지성 상여　환난

相救 過失常規 終始一義 共保丕基 子孫萬世 無忘今日. 苟或
상구　과실 상규　종시 일의　공 보 비기　자손 만세　무망 금일　구 혹

規利避害 挾私背公 干盟犯好 欺罔變詐 陰謀讒害 神明必殛. 殃
규리 피해　협사 배공　간맹 범호　기망 변사　음모 참해　신명 필극　앙

及子孫, 有犯關係社稷者 當以法論. 非予敢違 惟其自取 各欽
급 자손　유범 관계 사직 자　당 이법 논　비여 감위　유기 자취　각 흠

誓言 永克時忱.'
서언 영극 시침

上遂至成均館 謁文廟.
상 수 지 성균관　알 문묘

宴功臣. 上謂功臣曰: "予之親與於盟者 豈徒然哉!" 於是 詳說
연 공신　상 위 공신 왈　여 지 친여 어맹 자　기 도연 재　어시 상설

盟書之意 功臣感服. 摠制徐益 酒酣起舞 上笑曰"此乃樊噲之
맹서 지 의　공신 감복　총제 서익　주감 기무　상 소왈　차 내 번쾌 지

舞也." 命趙璞賦詩 群臣皆和. 成石璘以母喪不至 命召 石璘承命
무 야　명 조박 부시　군신 개화　성석린 이 모상 부지　명소　석린 승명

以吉服至 喜氣浮面. 上曰: "功臣焉能遍誦盟書乎?" 命功臣都鑑
이 길복 지　희기 부면　상 왈　공신 언능 편송 맹서 호　명 공신 도감

使金瞻等傳寫 悉頒之.
사 김첨 등 전사　실 반지

使臣陸顒進詩三篇:
사신 육옹 진시 삼편

'遠銜恩命使朝鮮 獨羨名王世代賢.
원 함 은명 사 조선　독 선 명왕 세대 현

風俗久淳千里地 聲華遙達九重天.
풍속 구순 천리 지　성화 요 달 구중 천

明時講學開雲闕 淸晝崇陪設醴筵.
명시 강학 개 운궐　청주 숭배 설 예연

歸奏龍顔應有喜 功勳定勅史書傳.'【右懷德音】
귀주 용안 응 유희　공훈 정칙 사서 전　우 회덕 음

'兎園羯鼓已催花 上日先分使者家.
토원 갈고 이 최화　상일 선분 사자 가

舊葉尙含經臘翠 新苞初拆早春華.
구엽 상 함 경랍 취　신포 초 탁 조춘 화

當筵賞處渾疑繡 秉燭看來秖似紗.
당연 상처 혼 의수　병촉 간 래 지 사 사

120

賓館獨承同樂意 不須林外覓山茶.【右謝花】
빈관 독 승 동락 의 불수 림외 멱 산다 우 사 화

'公館春寒曙色開 遠煩王命遣人來.
공관 춘 한 서색 개 원번 왕명 견 인래

銀靑照耀垂腰重 宮錦葳蕤着體裁.
은청 조요 수요중 궁금 위유 착체재

被服已榮箕子國 封緘須到鳳凰臺.
피복 이 영 기자 국 봉함 수 도 봉황대

援毫不盡酬君意 愧乏相如作賦才.【右謝贈衣帶】
원호 부진 수군 의 괴핍 상여 작부 재 우 사 증 의대

癸卯 上如④太平館 與使臣行茶禮. 使傔眉壽語使臣曰: "予欲
계묘 상여 태평관 여 사신 행 다례 사 겸미수 어 사신 왈 여욕

數見 恐煩動止." 使臣對曰: "我等亦欲數詣王宮 聞眼疾未愈 故
삭 견 공번 동지 사신 대왈 아등 역욕 삭 예 왕궁 문 안질 미유 고

不敢." 上謂使臣曰: "幸請明日枉駕." 使臣對以依命. 陸顒畵 江楓
불감 상위 사신 왈 행청 명일 왕가 사신 대이 의명 육옹 화 강풍

釣叟圖 因書一絶云:
조수도 인 서 일절 운

江風木落影蕭疎 山帶秋容入畵圖.
강풍 목락 영 소소 산대 추용 입 화도

有客釣魚人不識 漢家何處覓狂奴?
유 객 조어 인 불식 한가 하처 멱 광노

甲辰 上宴使臣於後園林亭. 初 顒到黃州 愛妓委生 至京不忘
갑진 상 연 사신 어 후원 임정 초 옹 도 황주 애기 위생 지경 불망

禮曹移文召之 乘馹而來. 是日適至 顒喜甚 極歡而罷.
예조 이문 소지 승일 이래 시일 적지 옹 희심 극환 이 파

以柳觀爲司憲府大司憲.
이 유관 위 사헌부 대사헌

丁未 中軍摠制閔無咎 以多病忌滿辭職 允之.
정미 중군 총제 민무구 이 다병 기 만 사직 윤지

戊申 上朝太上殿
무신 상 조 태상전

己酉 司憲府劾司禁沈龜齡. 史官洪汝剛 入功臣宴廳 龜齡擊
기유 사헌부 핵 사금 심구령 사관 홍여강 입 공신 연청 구령 격

逐之. 春秋館移關憲府故也.
축지 춘추관 이관 헌부 고야

壬子 禁用酒. 外方營繕 一皆禁斷 休民力也.
임자 금 용주 외방 영선 일개 금단 휴 민력 야

甲寅 宴佐命功臣于北亭. 召義安大君和等四十七人 手授敎書
갑인 연 좌명 공신 우 북정 소 의안 대군 화 등 사십칠 인 수수 교서

錄券及賜牌.
<small>녹권 급 사패</small>

丁巳 太上王宴使臣于德壽宮.
<small>정사 태상왕 연 사신 우 덕수궁</small>

戊午 上宴使臣于花園.
<small>무오 상연 사신 우 화원</small>

己未 使臣陸顒 林士英還 上率百官餞于迎賓館. 顒臨別 謂王:
<small>기미 사신 육옹 임사영 환 상솔 백관 전우 영빈관 옹 임별 위왕</small>

"至誠事大 吾將奏聞 必賜誥命矣." 太上王命判承寧府事吳思忠
<small>지성 사대 오 장 주문 필사 고명 의 태상왕 명 판 승녕부 사 오사충</small>

餞使臣.
<small>전 사신</small>

上次顒詩韻曰:
<small>상 차 옹 시 운 왈</small>

'春來草木正芳鮮 萬里驅馳賦獨賢.
<small>춘래 초목 정 방선 만리 구치 부 독현</small>

誕播聖恩臨海國 還持使節上雲天.
<small>탄 파 성은 임 해국 환 지 사절 상 운천</small>

相逢數日欣傾蓋 可恨今朝敞別筵.
<small>상봉 수일 흔 경개 가한 금조 창 별연</small>

珍重贈言須記取 幸頒綸命更來傳.
<small>진중 증 언 수 기취 행반 윤명 갱 래전</small>

文綺香羅麗且鮮 榮頒得見近臣賢.
<small>문기 향라 여 차 선 영반 득견 근신 현</small>

汪洋聖澤深如海 感激誠心上格天.
<small>왕양 성택 심 여해 감격 성심 상 격천</small>

春滿乾坤承寶曆 日臨樽俎秩初筵.
<small>춘 만 건곤 승 보력 일 임 준조 질 초연</small>

君歸達我蘄傾懇 願守東藩永世傳.'
<small>군 귀 달 아 기 경간 원 수 동번 영세 전</small>

顒以詩謝云:
<small>옹 이 시 사 운</small>

敢勞使命遠馳驅 驛館開緘喜動眉.
<small>감로 사명 원 치구 역관 개 함 희 동미</small>

書法逼眞全晉帖 雅音方駕盛唐詩.
<small>서법 핍진 전 진첩 아음 방 가 성당 시</small>

日臨堯殿回應奏 春滿秦淮見卽思.
<small>일 임 요전 회 응주 춘만 진회 견 즉사</small>

總道東平爲善樂 美名贏得汗青垂.
<small>총 도 동평 위선 락 미명 영득 한청 수</small>

顧至平壤 作詩二絶:
<small>옹 지 평양 　 작시 이절</small>

'酒盡長亭罷玉簫 東風催別馬嘶驕.
<small>주 진 장정 파 옥소 　 동풍 최별마시교</small>

離人一去來何日? 不及春江有信潮.'
<small>이인 일거 래하일 　 불급 춘강 유신조</small>

'長河堤上柳將靑 斜日連鑣過短亭.
<small>장하 제상유장청 　 사일 연표 과 단정</small>

醉裏不知人去遠 半嚴晴雪酒初醒.'
<small>취리 부지 인 거원 　 반암 청설 주초성</small>

遣三司右使李稷 右軍摠制尹坤如京師. 謝恩也.
<small>견 삼사 우사 이직 　 우군 총제 윤곤 여 경사 　 사은 야</small>

遣通事梅原渚 押先運馬五百匹如遼東. 判三軍趙英茂 摠制
<small>견 통사 매원저 　 압 선 운마 오백 필 여 요동 　 판 삼군 조영무 　 총제</small>

柳龍生爲官馬色提調. 全羅 慶尙所貢馬⑤皆善 以所交人駑馬
<small>유용생 위 관마색 제조 　 전라 경상 소공 마 개 선 이 소교 인 노마</small>

換之.
<small>환지</small>

自去冬至是月 東海大風 鹽盆多漂沒.
<small>자 거동 지 시월 　 동해 대풍 　 염분 다 표몰</small>

| 원문 읽기를 위한 도움말 |

① 以~故也. 여기서 以는 '~로써'가 아니라 '왜냐하면'이라는 뜻이다. 故也
<small>이 　 고야</small>　<small>이</small>　<small>고야</small>
는 '~때문이다'라는 뜻이다.

② 人不之知는 人不知之가 도치된 것이다.
<small>인 부 지 지 　 인 부 지 지</small>

③ 不亦休乎에서 不亦~乎라는 표현은 『논어(論語)』 첫머리에 등장하는데
<small>불역 휴 호 　 불역 　 호</small>
그때 흔히 亦을 '또한'이라고 옮기는데 이는 잘못이다. '역시', '참으로'의
<small>역</small>
강조하는 표현이다. 그래서 여기서도 '참으로 아름답지 않겠는가?'라고
옮기는 것이 적절하다.

④ 여기서 如는 '가다'라는 뜻이다. 如는 그 밖에 '만일', '만약'의 뜻이 있고
<small>여</small>　<small>여</small>
'~처럼'으로도 자주 쓰인다. 임금이 '가다'라는 표현은 그 밖에도 御, 幸
<small>어 행</small>

등이 있다.

⑤ 慶尙所貢馬. 여기서 所貢의 용법에 주목해야 한다. 이런 경우는 '경상도
경상 소공 마   소공
에서 바치는'이 모두 말(馬)을 수식하게 된다.

태종 1년 신사년
3월

三月

경신일(庚申日-1일) 초하루에 흐리고 비가 내렸다. 서운관(書雲觀)에서 일찍이 일식을 보고했는데 이때에 이르러 나타나지 않았다.

명하여 의인(醫人) 양홍달(楊弘達)[1]과 평원해(平原海)[2]는 매일 대궐에 이르도록 하고 그 나머지 의원들은 모두 제생원(濟生院)에 출근하게 하여 만약에 병이 있다고 하는 사람은 벼슬의 높고 낮음을 논하지 말고 곧장 가서 치료해주고 혹시 곧장 가서 구원해주지 않는 자는 헌사가 엄하게 징벌하도록 했다.

계해일(癸亥日-4일)에 상이 태상전에 조알했다.

을축일(乙丑日-6일)에 삼사판사 우인렬(禹仁烈), 의흥삼군부(義興三軍府) 첨서사(簽書事) 이문화(李文和) 등이 (명나라) 예부(禮部)의 자문(咨文)[3]을 싸 가지고[齎] 경사(京師)에서 돌아왔다. 자문은 이러했다.

'건문(建文) 3년 정월 초8일에 삼가 받든[欽奉] 칙지(勅旨)에 "짐

---

1 태조에서 세종에 이르는 약 35년간 전의(典醫)를 지냈다. 함께 전의를 역임한 양홍적(楊弘迪)의 형이며 양제남(楊濟南)의 아버지다.
2 일본에서 귀화한 의원이다.
3 조선 국왕과 명나라의 육부(六部) 관아 사이에서 오고간 외교문서다.

이 생각건대 하늘과 땅의 오래가는 도리[常道]란 열렬함[誠]에 지나지 않고 임금의 다스림은 믿음[信]에 지나지 않는다. 만일 아랫사람 된 자가 믿음에 있어 부족한 바가 있다고 해서 임금도 어찌 불신으로 그를 대할 수 있으랴! 근래에 너희 예부에서 아뢰기를 '조선 권지국사 이(李)【경(曔)】이 그의 동생 이(李)【방원(芳遠)】으로 하여금 그 뒤를 잇고 싶어 하고 또 고명(誥命), 인신(印信), 책력(冊曆)을 청한다'고 했다. 짐이 조선의 사신을 만나보니 찾아온 뜻이 간절하기에 곧바로 그 청을 들어주어 사신을 보내 인신과 고명을 싸 가지고 가서 그 이름을 바르게 하고 또 그 동생을 후사(後嗣)로 삼을 것을 허락하였다.

사자가 간 지 열흘도 안 돼 갑자기 요동(遼東)에서 아뢰기를 '이【경】이 또 보고하기를 갑자기 풍질을 얻어 (정사를) 보고 듣는 것이 어둡다고 합니다'라고 하여 이미 건문 2년 11월 11일에 영을 내려 그 동생으로 하여금 지국사(知國事-나라 일을 맡아서 보는 것)를 대신하도록 했다. 짐은 심히 이상하게 생각한다. 아! 이【경】이 병 때문에 동생에게 자리를 양보한 것이 과연 진실한 마음에서 나온 것인가? 아니면[抑] 그 아비 이(李)【단(旦)-이성계】이 작은아들을 총애하여 자리를 바꾼 것인가? 혹시 그 동생이 남몰래[陰] 의롭지 못한 일을 한 것은 아닌가? 혹은 우리 조정을 간보고 시험하면서 얕보고서 희롱하려는 뜻인가? 혹시 그 나라 안에 내란이 있어 그런 것인가? 공자(孔子)는 나를 속이리라 하여 거슬러 생각지 않았고 나를 믿지 않으리라 하여 억측도 하지 않았다. 그러면서도 미리 깨닫는 것[先覺]을 뛰어난 것[賢]이라 여겼다. 이미 뒤쫓아 사자를 보내고서 다시 생각해보니 그가 기다리고 바라는 것[佇望]이 이미 오래됐을 것이다.

짐이 비록 열렬함과 믿음을 갖고서 사람을 대하기는 하지만 인신과 고명은 그 자리에 설 사람이 아직 정해지지 않았으니 가벼이 내려줄 수가 없다. 생각건대 지난번에 보낸 사신이 이미 그 나라에 이르렀을 것이니 그들이 돌아오는 날을 기다려 다시 조처를 취하겠다[區處]. 너희 예부는 사자를 보내 돌아가서 짐의 뜻을 일깨워주어 칙지대로 받들어 행하도록 하라[奉行]"고 했으니 이를 받들어 삼가 준행(遵行)한 것 이외에 지금 삼가 받든 지의(旨意)를 지난번 것과 함께 갖춰 써서 이자(移咨)하니 모두 그리 아시오[知會].'

정묘일(丁卯日-8일)에 상이 태상전에 조알했으나 태상왕이 몸이 편찮아[未寧] 뵙지 못하고 드디어 상왕전에 이르렀다가 해가 저물고서 궁으로 돌아왔다.

무진일(戊辰日-9일)에 문하부 낭사(郎舍)⁴가 소를 올려 종묘에 고하는 예를 맹월(孟月)⁵에 구애됨이 없기를 청했으나 윤허하지 않았다. 소는 이러했다.

---

4 고려시대 중서문하성(中書門下省) 또는 문하부(門下府)에 속한 정3품 이하의 관원에 대한 총칭이다. 좌우간의대부(左右諫議大夫)로부터 정언(正言)까지를 포함하며 간쟁(諫諍)과 봉박(封駁)을 임무로 했다. 어사대(御史臺)의 관원과 합하여 대간(臺諫)이라고도 불렀다. 조선 초기 태종 2년(1402)에 문하부가 혁파되고 의정부(議政府)로 개편되면서 사간원(司諫院)으로 독립할 때까지 존속했다.

5 사계절이 각각 처음 시작하는 달로 곧 맹춘(孟春)은 음력 1월, 맹하(孟夏)는 음력 4월, 맹추(孟秋)는 음력 7월, 맹동(孟冬)은 음력 10월이다.

'옛날에는 (임금이) 자리에 나아가면[卽位] 종묘에 고하는 예를 반드시 그 첫달[首月=孟月]에 썼기 때문에 순(舜)임금이 문조(文祖)에 나아갈[格] 때⁶와 태갑(太甲)⁷이 그 할아버지를 삼가 찾아뵈었을 때 모두 세수(歲首)의 달을 썼고 아래로 내려와 송(宋)나라에 이르러서도 또한 맹삭(孟朔-맹월)을 썼으니 이는 고금에 통하는 의리입니다. 지금 전하께서 자리에 나아가시어 해를 넘겼으니 세수의 달에 마땅히 종묘에 고해야 하는데 지금에 이르도록 머뭇거리며 그 예를 거행하지 않고 있습니다. 근래에 듣건대 예관이 여러 고전들을 상고하여[稽] 종묘에 고하는 예는 마땅히 (음력) 4월을 써야 한다고 했습니다. 신들은 자리에 나아오고서 종묘에 고할 때 반드시 맹월을 쓰는 것은 옛 제도라고 가만히 말씀드립니다. 그러나 예는 인정을 순리대로 따르는 것을 귀하게 여기고 의리는 때에 맞도록[時宜] 하는 것을 가장 중하게 여기니 그 때문에 빼어난 이들[聖人]은 때에 따라 변역(變易)하여 그 적중함[中]을 잃지 않는 것입니다. 또 우리 두 도읍 사이는 서로의 거리가 거의 200리입니다. 대가(大駕-임금의 수레)의 행차가 이제 만일 옛 도리에 집착해[泥古] 반드시 4월을 쓰게 되면 성대한 예를 행하는 일이 너무 늦어지는 잘못이 있을 뿐만 아니라 이른 곡식이 싹이 나고 보리에 이삭이 팰 것이니 반드시 이를 밟아 상하게 하는 폐단이 있게 된다는 것을 걱정하지 않을 수 없습니다. 엎드려 바라옵건대 전하께서는 빼어난 이들의 때에 적중하는 도리[時中

---

6 여기서 문조란 요(堯)임금을 가리킨다.
7 상(商)나라 제3대 임금인 태종(太宗)의 이름이다.

之道]를 취하고 본받으시어 거듭 유사에 명해 이달 중순 안에 날을 점쳐 거행하소서.'

상이 말했다.

"경들이 아뢴 바가 비록 때에 적중하는 도리에 부합하나 지금부터 마땅히 재계(齋戒)를 해야 하니 중순 안에는 거행할 수가 없다."

○ 태상전의 여관(女官)에게 월봉(月俸)을 주었다. 가까이서 모시는 [所御] 여관에게 3품부터 9품에 이르기까지 작(爵)을 내려주었는데 3품은 찬덕(贊德), 4품은 순성(順成), 5품은 상궁(尙宮), 6품은 상관(尙官), 7품은 가령(家令), 8품은 사급(司給), 9품은 사식(司飾)이라 칭했다. (이는) 각각 그 품등에 따라 조반(朝班-조정반열)에 준하여 녹(祿)을 받게 하자는 것이었으나 여관으로서 녹을 받는 것은 문제가 있었으므로 이에 월봉을 차등 있게[有差] 주었다.

경오일(庚午日-11일)에 우박이 내렸다.

○ 문하부 낭사에서 청하기를 경연(經筵)에 납시어[御=臨御] 대신들과 강론해야 한다고 하니 상이 시독관 김과(金科)에게 말했다.

"내가 경연청 수리가 끝나지 않은 데다가 안질이 있어 나아갈 수가 없고 (대신) 날마다 너와 함께 책을 읽고 또 올라오는 말들도 보고 있는데 지금 간관들의 (이런) 말이 있으니 나는 심히 그것을 부끄럽게 여긴다. 나를 보고 깊은 궁궐에 들어 있으면서 성색(聲色-음악과 여색)만 가까이하느라 경연에 나아가지 않는다고 하는 것 아니겠는가?"

신미일(辛未日-12일)에 명하여 상복을 입는[服喪] 3년 동안에는 과
거에 응시할 수 없도록 했다. (그에 앞서) 성균관 정록소(正錄所)[8]에서
소를 올려 말했다.

'신들이 듣건대 3년상은 천하에 통하는 상례여서 천자로부터 서인
(庶人)[9]에 이르기까지 똑같다고 했습니다. 생각건대 우리 태상왕께서
근본을 세우고 기강을 펼쳐 상제(喪制)를 거듭 밝히시어 전조(前朝-
고려)의 날[日]로 달[月]을 바꾸는 제도[10]를 개혁하셨으니 참으로 풍
속을 두터이 하는 아름다운 뜻이라 할 텐데 지금은 마침내 3년 안
에 임시변통[權=權道]에 따라 과거를 허락하고 있습니다. 신들은 가
만히 말씀드리건대 부모 섬기기를 효로써 하기 때문에 충성스러운
마음을 임금에게 옮겨갈 수 있는 것입니다. (그러니) 어찌 사람의 자
식된 도리를 알지 못하면서 신하된 의리를 능히 다할 수 있겠습니
까? 또 예란 부득이할 경우에만 변경하는 것입니다. 부득이한 것이
아닌데 옛 뛰어난 임금들의 제도[先王之制]를 변경하는 것은 심히
불가합니다.'

이 때문에 그런 명이 있었다.

임신일(壬申日-13일)에 도승지 박석명(朴錫命)이 생원시(生員試)를

---

8   성균관의 부속기관으로 문서 보관을 맡았던 곳이다.

9   벼슬이나 특권을 갖지 않은 일반 백성을 가리킨다.

10 상례(喪禮)를 빨리 끝내기 위해 달수를 날수로 바꾸어 계산하여 상례를 치르던 제도로,
    예컨대 3년상인 경우 한 달을 하루로 환산하여 25일 동안 복(服)을 입는 것을 말한다.
    역월제(易月制) 혹은 일역월지제(日易月之制)라고 한다.

맡아[掌=主] 조종생(趙從生, 1375~1436년)[11] 등 100명을 뽑았다.

○ 상이 태상전에 이르러 장수를 기원했다[獻壽].[12] 상이 전(殿)[13]에
이르러 문안하고 이어 잔치를 베풀었다[設享].[14]

갑술일(甲戌日-15일)에 3, 4품 무관 행직(行職)[15]은 본직(本職)을 살
펴서 주의(注擬)[16]하는 법을 세웠다. (그에 앞서) 문하부에서 소를 올
렸는데 이러했다.

'벼슬과 녹봉[爵祿]은 임금이 세상을 다스리는 큰 칼자루[大柄]입
니다. 그것을 군자에게 주면 사람들은 그것을 귀하게 여기고 소인에
게 주면 사람들은 그것을 천하게 여깁니다. (그런데) 지금 가선(嘉善),

---

11 여기서 조종생의 이름을 언급했다는 것은 그가 장원이었다는 뜻이다. 조말생(趙末生,
   1370~1447년)의 동생인 그는 같은 해 다시 증광문과에 동진사(同進士)로 급제해 우부대
   언(세종 4년), 좌부대언(左副代言)(세종 5년), 1427년(세종 9년) 강원도 관찰사, 예조참판
   (禮曹參判), 좌군 동지총제(세종 10년), 병조참판(세종 11년), 충청감사(세종 15년), 호조참
   판(세종 15년) 한성부윤(漢城府尹)(1434년), 곧이어 전주부윤 등을 역임했다.

12 술을 올렸다는 말이다.

13 어떤 전인지는 알 수가 없다.

14 궁중의 잔치를 총괄해서 연향(宴享)이라 한다. 연향은 그 규모와 성격에 따라 진연(進宴),
   진찬(進饌), 진작(進爵), 풍정(豊呈) 등으로 불렸다.

15 고려시대와 조선시대에는 관제에 행수법(行守法)이 있었다. 관직이 품계보다 낮은 경우를
   행(行), 관직이 품계보다 높은 경우를 수(守)라 했다. 품계와 관직을 일치시키는 것을 대
   품(對品)이라 했는데 품계는 관직 세계의 위계(位階)로서 모든 관리들에게 광범하게 주어
   졌다. 이와 달리 관직은 일정한 수로 제한되어 있고 관리들의 능력에도 차이가 있기 때문
   에 관직 제수에서 빠짐없이 대품을 시킨다는 것은 실제로 어려운 일이었다. 따라서 이러
   한 품관과 관직의 불일치를 보완하고자 하는 것이 행수법 실시의 중요한 이유 중의 하나
   였다. 행수법은 고려 초기부터 이미 중국 관제를 본떠 널리 사용됐다. 즉 수태보(守太保),
   수태사(守太師), 수사공(守司空) 등이 그것이다.

16 관리를 임명할 때 사전에 문관은 이조에서, 무관은 병조에서 후보자 세 사람을 정해 임
   금에게 올리던 것을 말한다.

통훈(通訓), 조산(朝散), 조봉(朝奉)[17]으로서 중랑장(中郞將)이나 낭장 (郞將)을 행하는 자가 고신(告身)에 서경(署經)할[署謝][18] 때 간혹 본 _{서사} 직의 고신에는 없는 자가 있으니 이는 망령되이 거짓 직함[虛銜]을 _{허함} 사칭해 차례를 건너뛰어 직위를 받는 것이 틀림없습니다. 바라건대 지금부터는 3, 4품 산관(散官)[19]으로서 무관직을 수행하는 자는 반 드시 그 본직을 살펴서 그다음에야 감히 주의할 수 있게 하여 조정 관직[名器]을 무겁게 여기셔야 합니다.' _{명기}

이를 윤허했다.

을해일(乙亥日-16일)에 상은 태상왕의 본명(本命)이라 하여 별전(別殿)에서 초재(醮齋)[20]를 지냈다.

병자일(丙子日-17일)에 우박이 내렸다.

○ 태상왕이 보개산(寶蓋山)에 행차하니 상이 이를 따라가서 마이 천(麻伊川)에 이르러 악차(幄次-천막)에서 만나뵈었다. 상은 (그에 앞서) 백관을 거느리고 숭인문(崇仁門) 밖에서 전송하려고 했으나 태상 왕이 밤을 틈타 나갔기 때문에 미처 전송하지 못해 마침내 갑사(甲士)

---

17 이는 문반 대부의 명칭으로 가선대부는 종2품, 통훈대부는 정3품 당상, 조산대부와 조봉 대부는 종4품이다.

18 임명장에 서명을 한다는 뜻이다.

19 산직(散職)이라고도 하는데 일정한 직무가 없는 벼슬을 가리킨다. 반대가 실직(實職)이다.

20 이는 도가(道家)의 풍습으로 밤하늘에 북두칠성 등을 향해 제사를 지내는 것이다. 본명 (本命)이란 태상왕이 태어난 해와 간지가 같다는 뜻이다. 초재는 고려 때부터 조선 초까 지 행해졌다.

와 대성(臺省-사헌부와 사간원) 각 한 사람씩을 거느리고 마이천에 이르렀다.[21]

정축일(丁丑日-18일)에 우박이 내렸다. 상이 무신들을 거느리고 마이천 남쪽에서 사냥을 했는데[獵=田] 활과 화살을 차고서[佩] 말을 달리고 매를 놓으며 늦도록 신경(新京)[22]의 남쪽에 머물렀다. 상왕이 내관을 보내 술자리를 베푸니 좌정승 이거이, 삼군부 판사 이무 등이 술시중을 들었다[侍宴]. 술자리가 끝나자 도승지 박석명이 아뢰었다.

"질퍽거리고 험난한 곳에서 몸소 활과 화살을 찬 채 매를 팔에 매고[臂鷹] 말을 달리시니 신은 감히 그래서는 안 된다고 여깁니다. 신 등이 성품이 본래 아둔하고 겁이 많아[篤怯=魯怯] 애초에 감히 청하지 못했으나 (지금이라도) 바라건대 다시는 이러하지 마소서."

상은 이를 듣고서 놀라 움찔했다[竦然].

○ 문하부 판사 조준, 좌정승 이거이, 우정승 하륜 등이 들판의 악차에서 잔치를 베풀었다. 상이 무신 10여 명을 거느리고 강변에서 매를 놓았고 날이 저물어 궁으로 돌아왔는데 사관(史官) 민인생(閔麟生)이 따라와 이르렀다. 상이 그를 보고서 내시[內竪=內豎]를 쳐다보며 "어째서 왔는가?"라고 물으니 (민인생이) 대답했다.

---

21 이 기사는 태상왕이 태종에게 분노를 표출하는 장면으로 읽어도 지나치지 않다. 앞으로도 이런 기사는 종종 나온다. 분명치는 않으나 문맥상으로 보면 보개산은 경기도 연천과 포천 사이에 있는 산이고 마이천은 그 중간에 있는 장단의 마천(麻川)일 가능성이 크다.

22 한양을 가리킨다.

"신은 사관으로서 감히 직무를 내팽개칠 수 없었기에 왔을 뿐입니다."

총제 이숙번이 아뢰어 말했다.

"사관의 직무는 심히 무거우니 그를 문제삼지[問] 마시기를 바랍니다."[23]
_문

○ 문하부 낭사가 글을 올렸는데 대략 이러했다.

'전하께서는 천승(千乘)[24]의 지존이신데 낮게도 필부의 용맹을 흉내 내시어 몸소 활과 화살을 찬 채 숲속[林莽]을 드나드시니 신들은
_{임망}
진실로 전하를 위해 그것을 위태롭게 여깁니다.'

기묘일(己卯日-20일)에 평대(平臺)에 나아가[臨軒] 생원시의 방(榜)
_{임헌}
을 붙이게 했다. 삼관(三館)이 말씀을 올려[上言] 말했다.
_{상언}

"선비를 뽑는 것은 장차 쓰기 위함인데 전삼덕(全三德)은 지방 아전[外吏]의 자식입니다. (그런데) 그 (지방) 관아에 고하지 않고 곧장
_{외리}
와서 시험을 보았으니 그 이름을 삭제해주시기 바랍니다."

상이 말했다.

"이 사람의 행동은 비록 법을 어겼으나 재주는 취할 만하다. 지금 방에 붙이는 것을 허락했으나 합격시킨 뒤에 죄를 토의하라."

○ 군기소감(軍器少監) 송거신을 파직했다. 거신은 사사로이 관갑

---

23 이때까지 아직 사관의 업무 범위가 정해지지 않아 강한 왕권주의자 태종은 사관이 밀착 취재하는 것을 이처럼 꺼렸다.
24 천자국은 만승(萬乘)의 나라, 제후국은 천승의 나라라고 한다.

(貫甲)용 사슴 가죽 2장(張)을 취한 적이 있어 헌사에서 이를 듣고서는 고신에 서경하지 않았다[不署]. 거신은 두렵고 부끄러워 헌사에 빌었으나 여러 달이 지나도 서경하지 않으니 거신은 마침내 스스로 녹봉을 받았다. 헌사는 글을 올려 말했다.

'거신은 서사[謝=署謝]하기 전에 공공연하게 녹을 받았으니 빌건대 그의 직첩(職牒)을 거두고 멀리 외방으로 유배 보내야 합니다.'

상은 그가 공신이라 하여 다만[只] 그 직만 거두었다[罷職].

경진일(庚辰日-21일)에 우정승 하륜을 불러 서운관(書雲觀)[25]의 고서들을 열람했다. 임금이 영흥부(永興府)의 냇물이 마르는 것을 염려하기를 그치지 않다가 서운관 고서들을 가져오게 해 륜으로 하여금 보게 하였다. 륜이 책을 받들어 몸소 아뢰니 상이 말했다.

"큰 변란은 피할 수가 없다."

오직 륜과 아주 오랫동안 이야기를 나누며 눈물을 흘리다가 끝냈다.[26]

---

25 고려시대에는 천문(天文), 역수(曆數), 측후(測候), 각루(刻漏)의 일을 맡아보았다. 조선시대에도 고려의 제도를 계승하여 1392년(태조 1년) 설치한 것으로 천문, 재상(災祥), 역일(曆日), 추택(推擇)의 일을 맡았다. 관원으로는 판관(判官-정3품)을 비롯하여 정(正), 부정(副正), 승(丞), 겸승(兼丞), 주부, 겸주부(兼注簿), 장루, 시일, 사력, 감후, 사신 등을 두었다. 국초의 서운관은 한양(漢陽)으로의 천도(遷都) 작업에 큰 몫을 했는데 세조 때 관상감(觀象監)으로 개칭됐다.

26 정확한 내용은 밝히고 있지 않지만 영흥부 냇물 고갈과 관련해 책을 가져다 보고서 눈물을 흘린 것으로 볼 때 아버지 태조의 남은 세력과의 한판 대결이 불가피함을 생각하며 이렇게 한 것으로 보인다.

신사일(辛巳日-22일)에 태상왕이 보개산에서 돌아왔다.

임오일(壬午日-23일)에 문하부 낭사가 소를 올려 사냥을 멈추고 놀이와 잔치를 그만하고 날마다 태상전을 찾아뵙고 경연에 나아갈 것을 청하니 그것을 무거이[深=重] 받아들였다. 대성(臺省)의 책임자[掌務]들을 불러서 명하여 말했다.

"오늘 간관이 말한 바는 이미 윤허했다. 지금 이후로 부득이한 큰 일은 장(狀-보고서의 일종)으로 아뢰고 작은 일은 직접 아뢰어 몸소 올리도록 하라."

○ 상이 다섯 승지와 시독관 김과에게 말했다.

"지난번에 사냥하는 곳까지 사관이 따라온 것은 어째서인가?"

모두 대답했다.

"사관의 맡은 바는 시사(時事)의 기록을 담당하는 것인데 하물며 임금의 거둥이야 당연하지 않겠습니까?"

과가 나아가 말했다.

"임금은 구중궁궐에 머물다 보니 경계하는 뜻이 날로 느슨해지고 날로 게을러지는 마음이 생겨날 텐데 누가 능히 그것을 그치게 하겠습니까? 그 때문에 임금은 오직 저 하늘[皇天]과 사필(史筆)만을 두려워할 뿐입니다."

상이 말했다.

"어째서인가?"

과가 대답했다.

"하늘은 형체[形]는 없으나 좋은 일에 복을 주고 음란한 일에 재앙

138

을 내리며 사필은 그때마다의 정사[時政]의 좋고 나쁨, 임금의 행실
의 잘잘못을 곧게 쓰지 않는 바가 없고 그것을 만세에 내려주어 효
심 깊은 자식과 손자들도 그것을 고칠 수가 없으니 두려워하지 않을
수 있겠습니까?"

상이 말했다.

"그렇다."

과가 또 말했다.

"설사 사관으로 하여금 입시(入侍)하지 못하게 한다 해도 다섯 승
지가 모두 춘추관(관직)을 겸하여 한 가지 움직임, 한 가지 고요함
[一動一靜]마저 다 기록합니다."

상은 처음에 그런 줄도 모르고 (승지들을) 늘 가까이하기 때문에
자못 가벼이 여겼는데[狎之] 이때부터 말과 행동을 더욱더 공손히
하고 조심했다. 상이 또 말했다.

"내가 비록 매일 경연에 나아가 여러 대신들과 함께 강론하지는 않
지만 늘 너와 함께 독서를 하니 배움을 좋아한다[好學]는 면에서는
한가지다."

과가 대답했다.

"그렇기는 하지만 해서는 안 되는 것이 있습니다."

상이 말했다.

"뭔가?"

(과가) 대답했다.

"신의 경우에는 전하께서 배우기를 좋아하심을 알고 있습니다만
여러 뛰어난 신하[賢臣]들과 함께 강론하지 않으시고 오직 소신하고

만 책을 읽는다면 경연의 법은 장차 폐지될 것이고 후세의 자손들 중에서 반드시 그것을 본받는 자가 나올 것입니다. (이리 되면) 혹시 [儻=或] 어둡고 용렬한 임금이 있어 아첨하는 신하가 날마다 깊은 궁중에 들어와 못 하는 짓이 없고 밖에 나와서는 사람들에게 말하기를 '상께서는 글읽기를 좋아하신다'고 한다면 안 되는 일이 아니겠습니까? 이는 가르침으로 삼을 수 없는 것입니다. 그러니 전하께서 배우기를 좋아하심과 같이해서는 어려운 것입니다."[27]

상이 말했다.

"그렇구나! 가까운 날짜 안에 (경연청의) 수리가 끝나는 대로 마땅히 경연에 나아갈 것이다."

○ 금주령을 내렸다. 의정부에서 좌도 안렴사(左道按廉使)[28] 정혼(鄭渾)의 보고에 의거해[因] 아뢰어 청했다[申請].

"근년에 황충(蝗蟲)과 가뭄이 서로 겹쳐 앞으로 일이 걱정스럽습니다. 중앙과 지방에 영을 내려 술을 쓰는 일을 금하시고 역사(役事)를 그쳐야 합니다."

상이 말했다.

"공과 사의 술 잔치와 민간에서 술을 쓰는 것을 금지하고 또 서울과 지방의 백성들이 혹 이사를 하거나 혹 화재로 인해 부득이하여 수리하는 것 이외에 토목[營繕]의 역사를 일절 금지하여 오로지 농

---

27 김과는 두 번 다 후손을 끌어들여 사관의 입시를 허용하고 경연에 나아가야 함을 간곡하게 설득하고 있다.

28 경기좌도를 가리킨다.

사를 권면하는 데 힘쓰고 이를 어기는 자에게는 죄를 주도록 하라."

○ (경상도) 동래진(東萊鎭) 병마사 김을권(金乙權)을 파직했다. 경상도 안렴사 안노생(安魯生)이 보고했다.

"을권이 아버지의 상을 당해 장례도 지내지 않고 스스로 상복[衰絰]을 벗어버리고 임지에 나아갔으니[赴任] 이는 어버이를 잊고예를 훼손한 것입니다."
<small>최질   부임</small>

계미일(癸未日-24일)에 상이 태상전에 조알하고 장수를 빌었다. 종친과 대신들이 잔치의 시중을 들면서 번갈아 일어나 장수를 빌었으며 지극히 즐기고서 마쳤다.

병술일(丙戌日-27일)에 영흥부의 냇물 10여 리가 말랐다가[涸=枯=渴] 하루 만에 다시 흘렀다.
<small>학 고 / 갈</small>

정해일(丁亥日-28일)에 우정승 하륜이 사직을 청하자[乞] 그것을허락했다. 륜이 아뢰어 말했다.
<small>걸</small>

"신이 재주도 없이 외람되게 재상의 자리[相位]에 있는 바람에 변괴(變怪)가 찾아왔습니다.[29] 옛 사람들도 재상이 되었다가 변괴를 만나게 되어 사직한 경우들이 또한 있었습니다."
<small>상위</small>

처음에 좌정승 이거이가 일찍이 아상(亞相)[30]이 되었을 때 장남 저

---

29 전날 영흥부의 냇물이 말랐던 일을 말한다.
30 의정부의 삼상 아래 참찬과 찬성을 재상에 버금간다 하여 아상이라 했다.

(佇)가 부마(駙馬)가 됐고 또 정사(定社)의 공에 참여했었기 때문에 병권을 맡을 수 있었고 총애를 받는 것이 날로 새로웠는데 작은아들[季子] 백강(伯剛) 또한 부마가 됐기 때문에 총애를 믿고서 도리에 어긋난 일[不道]을 마구 저질렀다. 상이 세자로 봉해졌을 때 상왕은 여러 절제사(節制使)의 소관인 군관(軍官)을 없애 모두 삼군부에 소속시켜 관리 감독[監撫]하도록 한 적이 있었다. 여러 절제사들은 영을 듣고서 병권을 내놓아 즉시 삼군부에 바쳤는데 오직 거이와 저만이 자신들의 병권을 쥐고서 즉각 내놓지 않았다. 이에 의흥삼군부 판사 이무 등이 다시 상께 아뢰었다.

"거이 부자가 병권을 내놓기를 아까워하니[吝] 그 뜻을 알 길이 없습니다. 또 신 등을 지목해 말하기를 '한 줌 고깃덩어리일 뿐'이라 하니 미리 염려하지 않을 수가 없습니다."

상도 이를 미워하여 마침내 거이를 내보내 계림부윤(鷄林府尹-경주시장)으로 삼고 저를 완산부윤(完山府尹-전주시장)으로 삼고 이무를 영흥부윤으로 삼았다. (상이) 즉위하게 되자 거이를 좌정승으로 삼은 것은 대개 그의 마음을 기쁘게 해주려는 것이었을 뿐 오래 맡기려 했던 것은 아니었다. 거이는 이를 알지 못하고 사임할 뜻이 조금도 없으니[略無] 륜이 상에게 비밀리에 아뢰고서 재이(災異)를 핑계삼아 사직한 것이다.[31]

---

31 이거이(李居易, 1348~1412년)는 고려 평장사(平章事) 이공승(李公升)의 6대손으로 고려 말에 문하부 참찬사를 지냈다. 조선왕조가 건국된 뒤 1393년(태조 2년)에 우산기상시(右散騎常侍)에 임명되고 그 뒤 평안도 병마도절제사, 문하부 참지사, 한성부 판사(漢城府判事) 등을 차례로 역임했다. 그의 출세는 왕자의 난 이후 태종이 집권한 이후부터였다.

○ 도관(都官)[32]의 정원[員吏]을 늘렸다. 사헌부가 소를 올려 말했다.

'중앙과 지방에서 노비들에 대해 잘못 판결한[誤決] 일들은 부(府-사헌부)에서 이미 날짜를 한정해 장(狀)을 올렸습니다. 변정도감(辨定都監-노비변정도감)이 판결하던 것들은 도관(都官)으로 옮기고 지방의 각 관아에서 판결하던 것들은 해당 도의 도관으로 옮기게 했는데 인원은 적고 일은 많아 반드시 감당하지 못할 것입니다. 청컨대 겸의랑(兼議郎), 정랑(正郎), 좌랑(佐郎)을 각각 2명씩 더 두되 일이 간단한 각사(各司)에서 청렴하고 일을 잘 주관할 수 있는 사람을 골라 그 일을 겸하게 하고 연도를 한정하여[限年] 판결을 마치게 하여 쟁송(爭訟)을 영구히 끊어버리게 해야 합니다.'

그것을 따랐다[從之].

무자일(戊子日-29일)에 좌정승 이거이가 사직하자 그것을 허락했다.

○ 찬성사 조영무에게 명해 임시로[權] 의정부의 일을 맡아보게 했다.

왕자의 난 직후에 책봉된 정사공신(定社功臣)에 올랐으며 또한 태종이 즉위한 직후에는 좌명공신(佐命功臣)에 책봉됐다. 아들 이저(李佇)는 태조 이성계(李成桂)의 장녀 경신공주(慶愼公主)와 혼인했으며 또 다른 아들 이백강(李伯剛)은 태종의 장녀 정순공주(貞順公主)와 혼인했다. 그러나 여기서 보듯 정종이 재위할 때 시행된 사병혁파(私兵革罷) 조처에 대해 크게 불만을 토로한 것이 연유가 되어 계림부윤(鷄林府尹)으로 좌천됐다. 이후 1402년(태종 2년) 사평부영사(司平府領事)로 승진됐으나 다시 대간의 탄핵을 받아 유배됐다가 복직되어서는 우정승을 거쳐 영의정의 지위에까지 오르게 된다. 이 점을 보면 태종은 이거이 부자에 대해 완전 배제하기보다는 적정 수준에서 견제를 가했음을 알 수 있다.

32 고려시대 노비의 부적(簿籍)과 결송(決訟)을 담당하던 형부의 속사(屬司)다.

기축일(己丑日-30일)에 사헌부가 소를 올려 반역자들에게서 몰수한 관노비는 다시 되돌려주지 말 것을 청했다. 소는 대략 이러했다.

'반역의 죄는 만세토록 사면해줄 수 없는 것이기 때문에 그들의 집안 재산과 노비를 관에 적몰(籍沒)[33]하는 것은 고금의 변함없는 법도입니다. 그 멀고 가까운 일가붙이[族類]들이 틈을 타서 도로 받아가니 이는 법에 맞지 않는 것입니다. 바라건대 모두 도로 빼앗아 관에 소속시켜야 합니다[屬公]. 또 무진년(戊辰年-1388년)에 주살당한 인원이 증여받은 노비는 그 본래 주인이 오로지 은혜를 속여서 받은 것이므로 영원히 도로 취할 수 없는 것인데도 마침내 도망치고 죽임을 당한[物故] 것을 대신 세우는 폐단으로 인해 하나같이 모두 되돌려주고 있으니 참으로 이치에 맞지 않습니다. 그 도로 받은 노비들을 진실로 모두 관에 소속시키고 도망치고 죽임을 당한 것을 대신세우지 못하게 하며 노역을 맡은 노비[立役奴婢]는 본래 주인으로하여금 먹고 입을 것을 제공하지 못하게 해야 합니다.'

상이 말했다.

"반역자들의 속공(屬公)한 노비를 잘 나누고 골라서[分揀] 다시 보고하라."

---

33 중죄인(重罪人)의 재산(財産)을 몰수(沒收)하고 가족(家族)까지 벌(罰)하던 일을 가리킨다.

庚申朔 陰雨. 書雲觀嘗報日蝕 至是不見.

命醫人楊弘達 平原海 每日詣闕 其他醫等皆仕濟生院 如有

告病者 勿論尊卑 即往治之 其或不即往救者 憲司痛懲.

癸亥 上朝太上殿

乙丑 判三司事禹仁烈 簽書義興三軍府事李文和等 齎禮部

咨文 回自京師.① 咨曰:

'建文三年正月初八日 欽奉勅旨: "朕惟天地之常道 不過乎

誠 人君之爲治 不過乎信. 苟爲下者 於信有所不足 人君亦豈可

以不信待之哉! 近爾禮部奏: '朝鮮權知國事李【曔】欲以其弟李

【芳遠】繼其後及 請誥印曆日.' 朕見其使 來意懇切 即可其請 遣

使齎印誥 往正其名 且許以其弟爲嗣.

使者去不旬日 忽遼東奏至: '李【曔】又報忽得風疾 眩於視聽 已

於建文二年十一月十一日 令其弟代知國事.' 朕甚異焉. 噫! 李

【曔】之以疾讓弟 果出於誠心與? 抑其父李【旦】寵其少子而易之

位與? 無乃其弟陰爲不義與? 或者嘗試朝廷 而有侮玩之意與?

豈其國中有內難而然與? 孔子不逆詐 不億不信. 然而以先覺者

爲賢 已令追使者還 復念其佇望已久. 朕雖以誠信待人 然卬誥則
위현 이 영추 사자 환 부념 기 저망 이구 짐수이 성신 대인 연인고즉

立者未定 未可輕付. 前者所遣使臣 想已至其國 待其回日 更爲
입자 미정 미가 경부 전자 소견 사신 상이지 기국 대기 회일 갱위

區處. 爾禮部可遣其使 回諭以朕意 如勅奉行." 欽此 除欽遵外
구처 이 예부 가견 기사 회유 이짐의 여칙 봉행 흠차 제흠준외

今將欽奉旨意 備書前去 合行移咨知會.'
금 장 흠봉 지의 비서 전거 합행 이자 지회

丁卯 上 朝太上殿 太上王因未寧不見 遂詣上王殿 日暮還宮.
정묘 상 조 태상전 태상왕 인 미녕 불현 수예 상왕전 일모 환궁

戊辰 門下府郎舍上疏 請告廟之禮不拘孟月 不允. 疏曰:
무진 문하부 낭사 상소 청 고묘 지례 불구 맹월 불윤 소왈

'古者卽位告廟之禮 必用首月故舜格于文祖 太甲祗見厥祖 皆
고자 즉위 고묘 지례 필용 수월 고 순 격우 문조 태갑 지견 궐조 개

用歲首之月 降及于宋 亦用孟朔 此古今之通義也. 今殿下卽位
용 세수 지월 강급 우송 역용 맹삭 차 고금 지통 의야 금 전하 즉위

踰年 歲首之月 例當告廟 迨今因循 不擧其禮.② 近聞禮官稽諸
유년 세수 지월 예당 고묘 태금 인순 불거 기례 근문 예관 계제

古典 告廟之禮 當用四月. 臣等竊謂卽位告廟 必用孟月 古制也.
고전 고묘 지례 당용 사월 신등 절위 즉위 고묘 필용 맹월 고제 야

然禮貴於順人情 義主乎適時宜 故聖人隨時變易 不失其中也.
연 예귀 어순 인정 의주 호적 시의 고 성인 수시 변역 부실 기중 야

且我兩都之間 相距幾二百里. 大駕之行 今若泥古 必用四月 則
차 아 양도 지간 상거 기 이백 리 대가 지행 금약 니고 필용 사월 즉

盛禮之行 失之太晩 而早穀成苗 牟麥將穗 必有蹂踐之弊 不可
성례 지행 실지 태만 이 조곡 성묘 모맥 장수 필유 유천 지폐 불가

不慮也. 伏望殿下 取法聖人時中之道 申命有司 今月仲旬之內
불려 야 복망 전하 취법 성인 시중 지도 신명 유사 금월 중순 지내

卜日以行.'
복일 이행

上曰:"卿等所申 雖合時中之道 自今當致齋戒 仲旬之內 未得
상왈 경등 소신 수합 시중 지도 자금 당치 재계 중순 지내 미득

行矣."
행의

給太上殿女官月俸 所御女官賜爵自三品至九品. 三品稱贊德
급 태상전 여관 월봉 소어 여관 사작 자 삼품 지 구품 삼품 칭 찬덕

四品順成 五品尙宮 六品尙官 七品家令 八品司給 九品司飾.
사품 순성 오품 상궁 육품 상관 칠품 가령 팔품 사급 구품 사식

欲令各以其品 準朝班科受祿 然以女官受祿未便 乃給俸有差.
욕령 각이 기품 준 조반 과 수록 연이 여관 수록 미편 내 급봉 유차

庚午 雨雹.
경오 우박

門下府郎舍請御經筵 與大臣講論 上謂侍讀金科曰: "予因
문하부 낭사 청어 경연 여 대신 강론 상위 시독 김과 왈 여인

經筵廳修葺未畢 又有眼疾 不得出御 日與汝讀書 且覽陳言 今
경연청 수즙 미필 우유 안질 부득 출어 일여여독서 차람 진언 금

諫官有言 吾甚愧之. 無乃以予入深宮邇聲色 而不御經筵乎?
간관 유언 오심 괴지 무내 이여입심궁이성색 이불어 경연 호

辛未 命服喪三年 勿令赴試. 成均正錄所上疏曰:
신미 명 복상 삼년 물령 부시 성균 정록소 상소 왈

'臣等聞三年之喪 天下之通喪 自天子以至庶人一也. 惟我
신등 문 삼년지상 천하 지통상 자천자 이지 서인 일야 유아

太上王 立經陳紀 申明喪制 革前朝以日易月之制 誠厚風俗之
태상왕 입경 진기 신명 상제 혁 전조 이일역월지제 성후 풍속 지

美意也 今乃許三年之內 從權赴試. 臣等竊謂事親孝 故忠可移於
미의 야 금내허 삼년 지내 종권 부시 신등 절위 사친 효 고충 가이 어

君. 豈有不知人子之道 而能盡人臣之義乎? 且禮變於不得已. 非
군 기유부지 인자 지도 이능진 인신 지의 호 차예 변어 부득이 비

不得已而變更先王之制 甚不可也.'
부득이 이 변경 선왕 지제 심 불가 야

故有是命.
고유 시명

壬申 都承旨朴錫命掌生員試 取趙從生等百人.
임신 도승지 박석명 장 생원시 취 조종생 등 백인

上詣太上殿獻壽. 上詣殿問安 因設享.
상 예 태상전 헌수 상 예 전 문안 인 설향

甲戌 立三四品武官行職 考本職注擬之法. 門下府上疏曰:
갑술 입 삼사 품 무관 행직 고 본직 주의 지법 문하부 상소 왈

'爵祿 人君御世之大柄也. 加於君子則人貴之 加於小人則人
작록 인군 어세 지대병 야 가어 군자 즉인 귀지 가어 소인 즉인

賤之. 今以嘉善 通訓 朝散 朝奉 行中郎將 郎將者 署謝之際 或
천지 금이 가선 통훈 조산 조봉 행 중랑장 낭장 자 서사 지제 혹

有無本職告身者 是妄稱虛銜 越次授職也必矣. 願自今 以三四品
유무 본직 고신 자 시 망칭 허함 월차 수직 야필 의 원 자금 이 삼사 품

散官行武職者 必考其本職 乃敢注擬 以重名器.'
산관 행 무직 자 필고 기 본직 내감 주의 이중 명기

允之.
윤지

乙亥 上以太上王本命 醮齋於別殿.
을해 상이 태상왕 본명 초재 어 별전

丙子 雨雹.
병자 우박

太上王幸寶蓋山 上隨至麻伊川 見于幄次. 上欲率百官 送于
태상왕 행 보개산 상 수지 마이천 현우 악차 상 욕솔 백관 송우

崇仁門外 太上王夜分而出 不及送 乃率甲士及臺省各一員 至
승인문 외 태상왕 야분 이출 불급 송 내솔 갑사 급 대성 각 일원 지

麻伊川.
마이천

丁丑 雨雹. 上率武臣獵於麻伊川南 佩弓矢躍馬放鷹 晚次于
정축 우박 상솔 무신 엽어 마이천 남 패 궁시 약마 방용 만차 우

新京之南. 上王遣內官置酒 左政丞李居易, 判三軍府事李茂等
신경 지남 상왕 견 내관 치주 좌정승 이거이 판 삼군부 사 이무 등

侍宴. 罷都承旨朴錫命啓曰: "泥濘險阻 親佩弓矢 臂鷹躍馬 臣
시연 파 도승지 박석명 계왈 이녕 험조 친 패 궁시 비용 약마 신

恐不可. 臣等性本駑怯 初不敢請 願勿復爲.
공 불가 신등 성본 노겁 초 불감 청 원물 부위

上聽之竦然
상 청지 송연

判門下府事趙浚 左政丞李居易 右政丞河崙等 設享于野次. 上
판 문하부 사 조준 좌정승 이거이 우정승 하륜 등 설향 우 야차 상

率武臣十餘人 沿江放鷹 日暮還宮 史官閔麟生隨至. 上見之 目
솔 무신 십여인 연강 방용 일모 환궁 사관 민린생 수지 상 견지 목

內竪問: "何爲而來乎?" 對曰: "臣以史官不敢廢職 故來耳." 摠制
내수 문 하위 이래호 대왈 신이 사관 불감 폐직 고래이 총제

李叔蕃啓曰: "史官之職甚重 願勿問之."
이숙번 계왈 사관 지직 심중 원물 문지

門下府郞舍上書 略曰:
문하부 낭사 상서 약왈

'殿下以千乘之尊 下效匹夫之勇 親佩弓矢 出入林莽 臣等切爲
전하 이 천승 지존 하효 필부 지용 친 패 궁시 출입 임망 신등 절위

殿下危之.'
전하 위지

己卯 臨軒放生員試榜. 三館上言以爲: "取士將以致用 全三德
기묘 임헌 방 생원시 방 삼관 상언 이위 취사 장이 치용 전삼덕

外吏之子也. 不告其官 直來赴試 願削其名." 上曰: "此人行雖
외리 지자야 불고 기관 직래 부시 원삭 기명 상왈 차인 행수

違法 才則可取 今許應榜 取後議罪."
위법 재즉 가취 금허 응방 취후 의죄

罷軍器少監宋居信職. 居信私貫甲鹿皮二張 憲司聞之 不署
파 군기 소감 송거신 직 거신 사관 갑 녹피 이 장 헌사 문지 불서

148

告身 居信惶愧 乞於憲司而累月不署 居信乃自受祿. 憲司上書以

爲: "居信謝前公然受祿 乞收其職牒 遠竄于外."

上以功臣 只罷其職.

庚辰 召右政丞河崙 覽書雲觀古書. 上以永興府川渴 軫念不已

進書雲觀古文 令崙觀之. 崙捧册親啓 上曰: "大變不可避." 獨與

崙語良久 流涕而罷.

辛巳 太上王至自寶蓋山.

壬午 門下府郎舍 上疏請停田獵 止游宴 日觀太常殿 御經筵

深納之. 召臺省掌務命曰: "今日諫臣所言 已允之矣. 今後不得已

大事則狀申 小事則直啓親稟.

上謂五承旨及侍讀金科曰: "前日史官隨至獵所 何也?" 皆

對曰: "史官之職 掌記時事 況人君擧動乎?" 科進曰: "人君居

九重之上 警戒之志日弛 怠惰之心日生 誰能止之! 故人君惟畏

皇天與史筆而已." 上曰: "何哉?" 科對曰: "天無形而福善禍淫

史筆 時政臧否 動止得失 無不直書 垂於萬世 孝子慈孫 不能改

也 可不畏哉!" 上曰: "然." 科又曰: "雖使史官不得入侍 五承旨

皆兼春秋 一動一靜 亦皆書之." 上初不知其故 以常親近 故頗

狎之 自是言動愈益恭謹. 上又曰: "予雖不日御經筵 與諸大臣

講論 常與汝讀書 好學則一耳." 科對曰: "然有不可者焉." 上曰:

"何哉?" 對曰: "臣則知殿下之好學也 然不與諸賢臣講論 唯與

小臣讀之 經筵之法 將廢矣 後世子孫 必有效之者. 儻有昏庸
소신 독지 경연 지법 장폐의 후세 자손 필유 효지자 당유혼용

之主 諂媚之臣 日入深宮 無所不爲 出語人曰: '上好讀書' 則
지주 첨미 지신 일입 심궁 무 소불위 출어인왈 상호 독서 즉

無乃不可乎? 是不可以爲訓也. 得如殿下之好學難矣." 上曰: "然.
무내 불가 호 시 불가 이위훈야 득여 전하 지호학 난의 상왈 연

近日修葺畢則當御經筵."
근일 수즙 필즉 당어 경연

下禁酒令. 議政府因左道按廉使鄭渾報 申請: "近年蝗旱相仍
하 금주령 의정부 인 좌도 안렴사 정혼 보 신청 근년 황한 상잉

將來可慮. 令中外禁用酒停力役." 上曰: "公私宴飮 民間用酒
장래 가려 영중외 금용주 정 역역 상왈 공사 연음 민간 용주

京外人民 或因移徙失火 不得已修葺外 營繕力役 一皆禁斷
경외 인민 혹인 이사 실화 부득이 수즙 외 영선 역역 일개 금단

專務勸農 犯者罪之."
전무 권농 범자 죄지

罷東萊鎭兵馬使金乙權職. 慶尙道按廉使安魯生報: "乙權遭
파 동래 진 병마 사 김을권 직 경상도 안렴사 안노생 보 을권 조

父喪不葬 而自去衰絰赴任 忘親毀禮也."
부상 부장 이 자거 최질 부임 망친 훼례 야

癸未 上朝太上殿獻壽. 宗親及大臣侍宴 迭起爲壽 極歡而罷.
계미 상 조 태상전 헌수 종친 급 대신 시연 질기 위수 극환 이파

丙戌 永興府川水涸十餘里 一日復流
병술 영흥부 천수 학 십여리 일일 부류

丁亥 右政丞河崙乞辭職 許之. 崙啓曰: "臣以不才 濫居相位
정해 우정승 하륜 걸 사직 허지 륜 계왈 신 이 부재 남거 상위

以致變怪. 古人爲相 遇變怪而辭職者 亦有之矣." 初左政丞
이치 변괴 고인 위상 우 변괴 이 사직 자 역 유지 의 초 좌정승

李居易 嘗爲亞相 以長子佇爲駙馬 又與定社之功 得任兵權
이거이 상위 아상 이 장자 저위 부마 우 여 정사 지공 득임 병권

寵遇日新 季子伯剛 又爲駙馬 故恃寵恣行不道. 當上之封世子
총우 일신 계자 백강 우위 부마 고 시총 자행 부도 당상 지봉 세자

也 上王革諸節制使 所管軍官 皆屬三軍府 俾監撫之. 諸節制使
야 상왕 혁 제 절제사 소관 군관 개 속 삼군부 비 감무 지 제 절제사

聞令而釋兵 卽納三軍府 唯居易與佇 執其兵權 不卽送納 於是
문령 이 석병 즉납 삼군부 유 거이 여저 집기 병권 불즉 송납 어시

判義興三軍府事李茂等 復于上曰: "居易父子各釋兵權 志
판 의흥삼군부 사 이무 등 복우 상왈 거이 부자 인석 병권 지

不可測. 且目臣等曰: '一塊肉耳.' 不可不早慮也." 上亦惡之 遂
불가측 차목 신등 왈 일괴 육이 불가 불 조려 야 상역 오지 수

出居易爲鷄林府尹 佇爲完山府尹 李茂爲永興府尹. 及卽位 以

居易爲左政丞 蓋欲快其心耳 非欲久任也. 居易不知 略無辭謝之

志 崙密告于上 托災異以辭.

加置都官員吏. 司憲府上疏曰:

'京外誤決奴婢事 府已限日納狀. 辨定都監所決 移于都官

外方各官所決 移于其道都官 員少事多 必不能敢(堪). 乞加置

兼議郎正郎佐郎各二員 擇事簡各司淸廉幹事者兼之 限年畢決

永絶爭訟'.

從之.

戊子 左政丞李居易辭職 許之.

命贊成事趙英茂 權行議政府事.

己丑 司憲府上疏 請叛逆沒官奴婢勿復還給. 疏略曰:

'叛逆之罪 萬世所不赦 故家産奴婢 籍沒于官 古今常典. 其

遠近族類 乘間還受 不合於法. 願皆還取屬公. 又戊辰年被誅

人員受贈奴婢 其本主專爲冒恩 永無復取之理 乃以逃亡物故

代立之弊 一皆還給 亦不當理. 其還受奴婢 亦皆屬公 逃亡物故

勿令代立 立役奴婢 勿令本主供其衣食'.

上曰: "叛逆屬公奴婢 分揀 更聞."

| 원문 읽기를 위한 도움말 |

① 京師는 한나라 때부터 수도를 가리키는 말이다. 京은 '크다', '많다'라는
     경사   경
   뜻이고 師는 '우두머리'라는 뜻이다. 즉 사람이 많이 사는 곳 중에서도
            사
   우두머리 읍[都邑]이라는 뜻이다.
             도읍

② 古者~今. 이 두 문장은 예전에 흔히 쓰는 문장 작법으로 선현들의 좋
   고자   금
   은 말이나 글을 먼저 인용한 다음에 현재 그렇지 못함을 지적하는 방식

   이다. 특히 상소문 등에 자주 등장하는 표현이다.

태종 1년 신사년
윤3월

閏三月

경인일(庚寅日-1일) 초하루에 태상왕이 신도(新都-한양)에 행차하니 상이 임진(臨津-나루)까지 전송했다. 태상왕이 그곳에 간 것은 흥천사(興天寺)[1]에서 대장불사(大藏佛事)를 베풀고자 함이었다.

○ 이거이를 (좌정승 직에서) 파면해 서원부원군(西原府院君)[2]으로, 하륜을 (우정승 직에서) 파면해 진산부원군(晉山府院君)으로 삼았다. 김사형(金士衡)을 좌정승, 이서(李舒)를 우정승, 조영무와 곽추(郭樞)를 의정부 찬성사, 이직(李稷)을 의정부 참찬사, 조박(趙璞)을 삼사 좌사(三司左使), 조호(趙瑚, ?~1410년)[3]를 예문관 태학사로 삼았다. 문중용(文中庸)을 발탁해 사헌 감찰(司憲監察)로, 최해산(崔海山)을 발탁해 군기주부(軍器注簿)로 삼았다. (그에 앞서) 참찬 권근이 글을 올려 말했다.

'고(故) 간의대부 문익점(文益漸)은 처음 (중국의) 강남(江南)에 들

---

1 서울시 성북구 돈암동에 있는 흥천사(興天寺)는 태조 이성계의 계비(繼妃) 신덕왕후 강씨(神德王后康氏)가 묻힌 정릉(貞陵)을 수호하는 절이며 흔히 신흥사로 불린다.

2 이거이는 청주(淸州) 이씨(李氏)다. 그래서 청주의 다른 이름인 서원(西原)을 작호의 앞부분으로 삼은 것이다. 다른 경우도 대부분 이와 같다.

3 1392년(태조 1년) 강회백(姜淮伯)과 이숭인(李崇仁) 등 고려 구신들과 결당을 모의한 혐의로 직첩을 빼앗기고 먼 곳으로 유배됐다. 그리고 이때 예문관 태학사가 된 뒤 곧 검교 의정부 참찬사(檢校議政府參贊事)가 됐으나 사헌부를 모독한 죄로 탄핵을 받아 평주(平州)에 유배됐다가 이듬해 복직됐다. 1409년 왕실에 대한 불충한 일을 도모하다가 승니(僧尼) 묘음(妙音)의 고발로 다시 수금되어 이듬해 4월에 옥사했다.

어가 목화씨 여러 개를 얻어 싸 가지고 와서 (경상도) 진양(晉陽-진주 근처)의 촌집에 보내 비로소 목면(木緜)을 짜 진상했습니다. 이 때문에 목면이 유행하게 된 것은 진양에서 시작됐습니다. 이로 말미암아 온 나라에 널리 퍼지게 돼 모든 백성들이 위아래 없이 다 그것으로 옷을 해 입을 수 있게 됐으니 이는 모두 익점의 덕분[所賜]입니다. 백성들에게 큰 공덕(功德)이 있는데도 그 보답을 받지 못한 채 일찍 죽었습니다. 그 아들 중용(中庸)은 아비의 상을 당해 3년간 시묘살이를 했는데 겹쳐서 어미의 상을 당해 또 3년간 시묘살이를 하고 그대로 진양에 숨었으니 부지런하고 조신하며 효심이 깊고 청렴하여[勤謹孝廉] 쓸 만한 선비[可用之士]입니다.

고(故) 문하부 지사(知事) 최무선(崔茂宣)은 처음으로 화약을 제조해 능히 해구(海寇-왜구)를 제압했으니 실로 국가에 공로가 있습니다. 그의 아들 해산(海山) 또한 마땅히 서용(敍用-벼슬을 잃은 사람에게 다시 관직을 주는 것)해야 합니다.'

(문중용과 최해산의 경우) 그것을 따랐다.

병신일(丙申日-7일)에 우박이 떨어지고 서리가 내렸다.

○ 견내량(見乃梁)⁴ 수군 만호(萬戶) 백사겸(白思儉)이 왜선 1척[艘]을 노획했다.

도승지 박석명을 보내 신도에서 태상왕이 잘 지내고 계신지를 문

---

4 지금의 경상남도 거제시 사등면과 통영시 용남면을 잇는 거제대교의 아래 쪽에 위치한 좁은 해협이다.

안하도록 했다.

정유일(丁酉日-8일)에 서리가 이틀째 내렸다.

경자일(庚子日-11일)에 우박이 떨어졌다.

○ 청화정(清和亭)에서 공신들에게 잔치를 베풀었다. 애초에 상이 정전(正殿)이 좁다[狹隘] 하여 고쳐 지어 넓히게 하고 궁의 북쪽에 정자를 짓고서 하륜과 권근에게 명해 이름을 짓게 했더니 이에 청화(清和), 요산(樂山), 무일(無逸)⁵을 써서 올리니 상은 무일을 전의 이름으로, 청화를 정자의 이름으로 했다.

○ 왜구가 남양부(南陽府)⁶ 변경을 침범해 자연도(紫燕島)와 삼목도(三木島)의 소금농장을 노략질했다.

○ 태상왕이 신도로부터 드디어 금강산으로 행차했다.

갑진일(甲辰日-15일)에 의흥삼군부 참판사(參判事) 박자안(朴子安), 첨서사(簽書事) 이첨(李詹) 등이 (명나라) 예부의 자문(咨文)을 싸 가지고[齎] 경사(京師)에서 돌아왔다. 자(咨)는 이러했다.

'건문(建文) 3년 정월 16일 본국의 자(咨)에 따르면 "권지국사(權知

---

5 이 중에서 요산(樂山)은 『논어(論語)』에서, 무일(無逸)은 『서경(書經)』으로부터 따온 것이다. 요산은 인자(仁者)는 산을 좋아한다는 뜻이고 무일은 게을리함이 없다는 뜻이다. 청화는 뜻 그대로 맑고 잘 어우러진다는 뜻이다.
6 경기도 수원시와 화성시 일대의 고려 후기와 조선 초기의 행정구역이다.

國事) 이(李)【휘(諱)】⁷는 풍질로 인해 (정사를) 보고 듣는 것이 어두워 건문 2년 11월 11일에 영을 내려 그 동생【상휘(上諱)】로 하여금 임시로 국사(國事)를 대신하도록 했다"고 했습니다. (그래서) 그달 17일 이른 조회[早朝] 때 본부(예부) 관리가 봉천문(奉天門)에 아뢰어 성지(聖旨-천자의 명)를 받들었는데 다음과 같습니다. "조선은 본래 예와 문풍[禮文]의 나라이므로 자리를 물려주고 직무를 이어받는 일[辭位襲職之事]은 전에 이미 너희 예부에 칙령을 내려 공문을 통해 저들에게 알리도록 했다[知道]. 지금 그 사신이 도착했으니 너희 예부는 다시 문서로 회답을 보내도록 하라. 만일 과연 하늘과도 같은 이치[天理]를 어기거나 인륜에 어긋나는 일이 없거든 저들에게 맡겨 스스로 알아서 하도록 하라.'"

각사(各司)는 공복(公服)을 갖춰 (사신단을) 교외에서 맞이하고 상은 대궐의 뜰에서 맞이했으며 여러 신하들을 거느리고서 예를 행했다. 정전에 나아가 축하를 받고 자안과 첨에게는 안장을 갖춘 말[鞍馬]을 내려주었다.

○ 의안대군 화(和), 안성군 이숙번, 청평군 이백강 등과 과녁[侯]을 쏘았다.

병오일(丙午日-17일)에 문하부 낭사가 소를 올려 종묘에 아뢰고서[告廟] 돌아올 때는 마땅히 정로(正路)를 따라서 가 하룻밤 묵고서 올 것을 청했다. 소는 이러했다.

---

7 임금의 이름을 피휘(避諱)했다.

'신 등이 엎드려 예조에서 올린 정(呈)에 따르면 신도를 오가는 [往返] 절차는 처음에는 하룻밤을 자고서 출발하고 수레를 돌릴 때 [旋軫]는 반드시 나흘을 지내야 한다고 돼 있었습니다. 신들이 볼 때 바야흐로 농사일이 한창인 때에 반드시 신도에 행차하려고 하는 것은 진실로 종묘에 아뢰는 예를 늦출 수 없기 때문일 뿐이요, 놀며 구경하자는 것[游觀]이 아닙니다. (그런데) 지금은 (행차를 따르게 될) 백관들의 수가 많고 말들도 많아 비록 찰방(察訪)[8]이 금하게 한다 해도 곡식을 짓밟고 인심을 흔들어 어지럽게 하는 폐단을 면하지 못할 것입니다. (그런데) 어찌 정로(正路)를 내버려두고서 장단(長湍)을 거치는 멀고 험한 땅을 취할 것입니까? 설령 (정로가 있는) 우도(右道)의 백성만 노역과 물품을 제공하는[供億] 노고를 당하게 할 수 없다 하시면 좌도(左道)로 하여금 그 공억(供億)하는 비용을 보조하도록 하는 것이 좋을 것입니다.

또 예법에 치재(致齋)[9]하는 날에는 형벌로 사람을 죽이지 않고 음악을 듣지 않도록 한 것은 재계를 정성껏 하기 위함이요, 제사를 행한 후에 또 반드시 사흘 동안 수희(受釐)[10]하는 것은 신명이 내려준 복을 굳건히 하기 위함입니다. 바라건대 전하께서는 가고 오실 때 마

---

8   각 도의 역참을 관리하던 종6품의 외관직이다.

9   제관이 제사를 시작하는 날부터 제사를 마친 다음 날까지 사흘 동안 몸을 깨끗이 하고 삼가는 것을 말한다.

10 한(漢)나라 때 사람을 파견하여 제사를 지내고 난 뒤에 돌아와 남은 고기를 황제에게 올림으로써 복을 받았음을 표시하는 제도로, 희(釐)는 제사지내고 남은 고기라는 뜻이다. 또는 희(禧)의 가차자(假借字)로 복의 의미로 보기도 한다.

땅히 마음을 깨끗이 하시고[齋明] 대월(對越)하시어[11] 혹시라도 편안

히 놀지 마시고[逸豫] 거듭 대소 군관들에게 명을 내려 매와 개를

날리거나 풀어 내달리며 사냥을 못 하게 하되 만약에 금법을 어기는

자가 있으면 헌사가 엄하게 다스리게 하고[痛理] 임진을 지나는 곧

은 길[直道=正路]을 따라 돌아오신다면 위로는 조종(祖宗)의 마음을

위로하고 아래로는 백성들의 폐단을 없앨 수 있을 것입니다. 하물며

지금은 안으로 (하늘로부터) 재이의 꾸짖음이 있고 밖으로 해구(海

寇)의 근심이 있사오니 더욱더 오래 순행(巡幸)하는 것은 안 될 일입

니다.'

　그것을 따랐다.

　정미일(丁未日-18일)에 경연 지사(知事) 권근이 고금의 하늘과 땅에

서 일어나는 변괴에 관해 진강했다.

　○ 진왕(陳王)에게 밭을 주었다. 진리(陳理)는 우량(友諒)의 아들

이다.[12] 대명(大明-명나라)에 항복하니 태조 고황제(주원장)가 봉하여

순덕후(順德侯)로 삼았다. 홍무(洪武) 5년(1372년) 임자년(壬子年)에

11　제왕이 천지신령에게 제사지내는 것을 가리킨다.

12　진우량(陳友諒, 1316~1363년)은 원나라 말기 면양(沔陽) 옥사현(玉沙縣) 사람으로 본래
　　성은 사(謝)씨인데 할아버지가 진씨 집안에 데릴사위로 들어가 그 성을 따랐다. 어부의
　　아들로 태어났다. 어릴 때 책을 읽어 대략 글 뜻을 통했지만 무예에 뛰어났다. 현의 하급
　　관리가 됐다. 원나라 말에 서수휘(徐壽輝)가 반란을 일으키자 휘하에 들어갔고, 예문준
　　(倪文俊)의 부연(簿掾)이 되어 무장으로서의 자질을 길러나갔다. 점차 승진하여 원수(元
　　帥)가 됐다. 지정(至正) 17년(1357년) 예문준을 죽이고 그 병력을 모은 다음 안휘성 남부
　　에 기반을 굳혔다. 19년(1359년)에는 황제 서수휘를 죽이고 스스로 황제라 부르며 국호를
　　대한(大漢)이라 했다. 강주(江州)에 도읍하고 한때 강서(江西)와 호남, 호북을 세력 아래
　　두고 주원장(朱元璋)과 싸웠지만 23년(1363년) 패하여 전사했다.

제(帝)가 리(理)와 명정(明貞)[13]의 아들 승(昇)에게 영을 내려 각각 가족들을 거느리고[將=率] 고려에 가서 한가로이 살게 하니 우리나라 사람들이 그를 일러 진왕(陳王)이라 불렀다. 이때에 이르러 상이 진왕의 생계가 아주 힘들다는 말을 듣고 의정부에 명을 내려 그들을 도와줄[周恤=賙恤] 방법을 토의하도록 하니 정부가 밭을 줄 것을 청해 그것을 따랐다.

기유일(己酉日-20일)에 마암에 행차해 위사(衛士)들의 기사(騎射)와 보사(步射)를 구경하고 과녁을 맞힌 사람[中者]에게는 상으로 활과 화살을 주었다.

경술일(庚戌日-21일)에 예조가 문과(文科)의 고강법(考講法)을 아뢰었다.

"관시(館試)[14]와 향시(鄕試)[15]에서는 오경(五經)과 사서(四書) 중에서 책마다 각각 3장(章)을 강하여 묻게 하고[講問] 회시(會試)[16]에서는 오경 중에서 1장, 사서 중에서 1장을 강하게 하여 뜻과 이치[義理]에 통한 자를 뽑아야 합니다."

그대로 윤허했다[依允].

---

13 진우량과 비슷한 시기에 일어나 천촉(川蜀) 지방을 점거해 대하(大夏)라고 했다.

14 성균관에서 수학하는 유생들이 응시하는 식년문과 초시다.

15 지방(地方)에서 실시(實施)하던 과거(科擧)의 초시(初試)다.

16 초시에 급제한 자가 서울에 모여 다시 치는 시험으로 복시(覆試)라고도 한다. 여기서 급제한 자가 전시(殿試)를 보는 것이 원칙이었다.

신해일(辛亥日-22일)에 여러 군(君)들과 함께 청화정(淸和亭)에서 활을 쏘았다[射侯].

○ 사헌부 대사헌 유관(柳觀) 등이 소를 올려 승려들을 쓸어버리고[沙汰] 오교양종(五敎兩宗)[17]을 없애버릴 것을 청했다. 소는 이러했다.

'하늘과 땅의 움직임[化]은 지난 것은 지나가게 하고 올 것은 이어지게 하여 살아 있는 것을 낳는 이치[生生之理]가 끝이 없으니 어찌 사람이 죽어 정신이 없어지지 않고 따라서 다시 형체를 받는 이치[18]가 있을 수 있겠습니까? 저 부처라는 것은 서쪽 오랑캐[西羌]의 일개 법일 뿐인데 중국에 들어온 것은 비로소 한(漢)나라[19] 명제(明帝) 때부터입니다. 그들의 도(道)는 청정(淸淨)과 적멸(寂滅)을 으뜸으로 삼고 자비(慈悲)로운 마음으로 살생을 하지 않는 것을 귀하게 여겨 말하기를 "사람이 여기서 죽으면 반드시 저기서 생겨난다. 지금 세상에서는 사람이었다가 뒷세상에는 다른 물건이 된다. 음과 양의 사이에서 원통함을 갖게 되면 저세상을 다스리는 유음(幽陰)의 부(府)에서 보상을 받아 살아생전에 행한 좋은 일과 나쁜 일은 모두 그에 따른

---

17 신라 말기부터 고려 초기 불교의 종파는 교학 연구를 중시하는 교종(敎宗)의 오교와 선수행(禪修行)을 통한 심성의 도야에 힘쓰는 선종(禪宗)에서 분파된 아홉 산문의 구산을 오교 구산(五敎九山)으로 총칭할 수 있다. 그러던 것이 고려 중기에 이르러 숙종 때 대각국사(大覺國師) 의천(義天)이 교종과 선종의 대립을 해소하고 그것들을 통합해 선(禪) 중심의 종파인 천태종(天台宗)으로 개칭했다. 그러자 종래 선종의 구산은 단결해 선적종(禪寂宗)을 조계종(曹溪宗)이라 개칭했다. 이로써 선종에 두 종파가 생기게 됐는데 종래 교종의 5교와 천태 조계의 2종을 합하여 오교 양종으로 불리게 됐다.

18 불교의 윤회(輪回)사상을 가리킨다.

19 후한(後漢) 혹은 동한(東漢)을 가리킨다.

보응(報應)이 있다"고 하니 세대가 이어 내려갈수록 기괴하고 허무맹랑하여 허무하기 그지없는 말들이 천하에 넘쳐나게 돼 사람들의 마음이 간사한 말에 쉽게 혹하게 되는 것입니다. 그래서 구마라습(鳩摩羅什, 344~413년)[20]이 요진(姚秦-후진)에서 스승에 올라 그 책들을 번역하여 그 간사한 말들을 퍼트려 무릇 상사(喪事)가 있게 되면 모두 불공을 올려 중들을 먹이게 하면서 "이렇게 하면 죽은 자는 죄를 멸하고 복을 빌어주어 천당(天堂)에 살면서 온갖 쾌락을 받게 되고 이를 행하지 않으면 반드시 지옥(地獄)에 들어가 온갖 고초를 받게 된다"고 했습니다. 이는 세속에서 죄를 두려워하고 복을 사모하여 그것을 즐거이 좇는 것입니다.

그런데도 불도징(佛圖澄, 232~348년)[21]은 조(趙)나라를 존속시키지 못했고 구마라습은 진(秦-후진)나라를 존속시키지 못했으며 초왕(楚王) 영(英)[22]이 가장 앞장서서 불교를 좋아했으나 주살[誅夷=誅殺]당

---

20 불경의 한역 선도승(先導僧)으로서 현장(玄奘) 및 구라나타(拘羅那陀)와 함께 중국 3대 역경가의 한 사람으로 꼽힌다. 384년에 전진(前秦) 왕 부견(符堅)이 여광(呂光)을 파견해 구자를 공격하자 이듬해에 41세의 구마라습은 여광을 따라 양주(涼州-현 간쑤 성 닝샤 일대)에 왔다. 401년에 후진(後秦)이 양주를 점령하자 구마라습은 다시 장안(長安)에 와서 70세로 입적할 때까지 줄곧 역경과 설법에 전념했다. 그는 국사(國師)로서 지고의 예우를 받으면서 불법 진작과 역경사업으로 불후의 업적을 쌓았다. 구마라습은 처음으로 반야경(般若經)에 근거한 대승중관학(大乘中觀學)을 중국에 전수해 문하에 무려 5,000여 명의 제자를 두었다. 그는 역경사업을 위해 대규모 전문 역경소를 꾸리고 집단적 역경 기풍을 세웠다. 장안 생활 10년간에 경전 35부 294권을 번역했는데『대품경(大品經)』역경 때는 500명,『법문경(法門經)』역경 때는 2,000명,『유마힐경(維摩詰經)』역경 때는 1만 2,000명이나 되는 승려와 번역가들이 역경사업에 공동 참여했다.

21 중국 오호십육국 시대에 활약한 서역의 승려다. 한인의 출가를 허락하도록 했으며 북방민족을 불교문화로 교화하는 등 중국 초기불교의 발전에 큰 공헌을 했다.

22 후한 명제의 이복동생으로 모반에 연루돼 주살됐다.

하는 참화를 면하지 못했고 양(梁)나라 무제(武帝)[23]는 몸을 세 번이나 버리면서 절의 노비[寺奴]가 됐으나 끝내 굶어 죽는 화를 입었습니다. 이로 말미암아 살펴보건대 부처를 섬기고 복을 구했으나 마침내 다시 화를 입었으니 부처는 믿을 만한 것이 못 된다는 것은 너무나도[章章] 분명합니다. 이는 빼어난 황제나 밝은 임금이라면 반드시 없애야 할 것입니다. 옛날의 밝은 임금과 명철한 재상들 중에 그 허무맹랑하고 거짓된 것을 미워하여 그것을 통쾌하게 없애버린 이가 있으니 원위(元魏)[24]가 주토하자 사찰 안의 승려나 탑묘(塔廟)가 하나도 남은 것이 없었고 당(唐)나라 무종(武宗)[25]이 중들에게 머리를 기르게 하고 절을 헐어버리고 종이나 경쇠 그리고 불상을 모두 녹여

---

23 중국 남조 양나라의 초대 황제(재위 502~549년)로 박학하고 문무에 재질이 있었다. 제(齊)나라에서 벼슬하여 옹주자사(雍州刺史)가 되어 양양(襄陽)을 지켰다. 제나라 말인 영원(永元) 2년(500년) 황실이 어지러워지자 동혼후(東昏侯)에 대한 타도군을 일으켜 도읍인 건강(建康-남경)을 함락시킨 뒤 남제를 멸망시키고 정권을 장악하면서 양왕(梁王)에 봉해졌다. 이어 제나라 화제(和帝)를 폐위하고 제위에 올라 국호를 양이라 했다. 즉위한 뒤 유학(儒學)을 중흥시키고 백가보(百家譜)를 개정하면서 방목(謗木)을 설치하고 공헌(貢獻)을 폐지하는 등 괄목할 만한 정치를 펼쳤다. 나중에는 사족(士族)을 중용하고 불교를 신봉하여 사원을 대대적으로 건축하는 한편 세 번이나 동태사(同泰寺)에 몸을 바쳤다. 치세는 50년에 이르는데, 전반은 정치에 정진했지만 후반에는 불교신앙이 정치 면에도 나타났다. 불교사상사의 황금시대를 이루었지만 조금씩 파국의 징조를 보이기 시작했다. 중대동(中大同) 2년(547년) 동위(東魏)의 반장(叛將) 후경(侯景)이 투항했는데, 얼마 뒤 동위와 화친을 구하자 이를 의심한 후경이 다음 해 반란을 일으켜 수도 건강(建康)이 함락되고, 자신은 굶주림과 곤궁 속에 병사했다.

24 후위(後魏)를 가리킨다.

25 이름은 이염(李炎)이다. 목종(穆宗)의 다섯 번째 아들이고, 문종(文宗)의 동생이다. 문종의 병이 차도가 없자 환관 구사량(仇士良) 등이 조서를 고쳐 태자를 폐하고 그를 세워 황태제(皇太弟)로 삼았다. 즉위한 뒤 이덕유(李德裕)와 이신(李紳) 등을 재상으로 등용하고 우승유(牛僧孺)와 이종민(李宗閔) 등을 멀리 폄적했다. 회창(會昌) 5년(845년) 사찰을 파괴할 것을 명령하고, 승려 26만 명을 환속시켰다. 그러나 신선(神仙)을 아주 좋아해서 금단(金丹)을 먹다가 죽었다.

돈으로 만드니 수천 년 빼어난 도리[聖道]²⁶를 갉아먹는 해충이 하루
아침에 다 없어져 남은 것이라곤 없었는데 애석하게도 그 뒤를 잇는
임금들은 갑자기[遽] 그 궤도를 고쳐버렸습니다.

공손히 생각건대 주상 전하께서는 천성이 귀 밝고 눈 밝으시어
[聰明] 좋은 일을 행하기를 즐거이 여기시고 날마다 경연에 나오시
어 매번 요(堯)임금과 순(舜)임금의 다스림과 공자와 맹자의 배움을
앞에서 강론하시지만 석씨(釋氏-불교)를 배척하고 빼어난 도리를 지
키려는 의논에 있어서는 홀로 미치지 않으시니 신들은 가만히 의혹
을 품게 됩니다. 근일에 유사(有司)에 명을 내려 기은(祈恩-은혜를 구
하는 기도), 양재(禳災-재앙을 물리치는 푸닥거리) 등의 도량(道場)을
없애버리셨으나 그것은 말단을 누르는 것일 뿐입니다. 만약에 행해
지고 있은 지가 이미 오래라 하여 갑자기 없애기가 어렵다고 한다면
어찌 또 그다음 대책[次策]을 시행하지 않으십니까? 신 등이 가만히
생각건대 지난 조정(고려)은 신라의 숭불하던 남은 폐단을 이어받아
지겸(地鉗)을 믿어 절과 탑을 세운 것[創寺造塔]이 한두 곳이 아니
어서 오교와 양종을 두어 그것을 나눠서 주관하게 하고 밭과 백성
을 많이 속하게 해 부처의 공양과 중들의 재계(齋戒) 비용으로 삼게
해 복을 구하고 화를 면하기를 바랐는데 그 무리들은 이 뜻을 깨닫
지 못하고 그 전세(田稅)를 거두고 공물 값을 취해 먹고 마시며 황음
(荒淫)의 밑천[資]으로 삼았으니 나라를 등지고 스승의 가르침을 배
반한 것이 진실로 너무도 심합니다. 쇠퇴기[衰季]에 이르러서는 위아

---

26 유학을 말한다.

래가 하나가 돼 복을 구하고[徼=求] 죄를 두려워해 초제(招提)와 난야(蘭若)[27]가 높고 큼직하게 서로 바라보고 각진 도포와 깎은 머리[方袍圓頂]가 서울과 지방에 가득하여 재물을 허비하고 곡식을 낭비함이 이처럼 극에 이르다 보니 받들기를 더욱 부지런히 해도 (나라가) 어지러이 망해가는 것을 구제하지 못했습니다. 이는 바로 전하께서 몸소 보신 바 그대로입니다.

신 등은 바라건대 망령되게도 불씨의 가르침은 윤리를 어지럽히는 해악만 있고 재물을 낭비하여 도움은 없으니 오교와 양종을 없애고 그 승도들은 법(法)을 알고 계(戒)를 지키는 자만 그대로 두고 그 나머지는 모두 영을 내려 환속하도록 하여 각각 본업으로 돌아가게 하고 전지(田地)는 모두 군수(軍需)에 속하게 하고 노비는 관부(官府)에 나눠 속하게 하소서. 그 나머지 이른바 도중(道衆)[28]들은 진실로 쓸어버리고 계율을 지켜 행하는 사람만 모아서 예전의 중들과 함께 아주 깊고 멀리 떨어진 곳에 두어 그들의 스승의 청정과욕(淸淨寡慾)의 가르침을 따르게 해야 합니다. 이에 따라 궁액(宮掖-궁궐 내 하인) 가운데에 들고 나고 환관의 집에 붙어다니는 것을 금하고 또 중외(中外-서울과 지방)로 하여금 사사로이 머리를 깎고 부역을 피하지 못하게 해 이를 10년만 지속하여 확고하게 바꾸지 않는다면 세속은 모두 다 그것이 허무맹랑한 것임을 알게 될 것입니다. 그런 다음에 빼어나고 뛰어난 도리로써 일깨워주어 그간 오랫동안 쌓인 미혹됨을 없앤다면

---

27 둘 다 절을 가리키는 별명이다.

28 도를 닦는다면서 절에 머무는 사람들을 가리킨다.

사람들은 쉽게 따르고 가르침도 쉽게 행해져 그 효과가 반드시 전보다 배가 될 것이고 또 영원토록 감사할 것입니다. 엎드려 바라옵건대 전하께서 굽어 밝게 살피시어 만일 혹시라도 받아들이실[採] 만한 것이 있다면 조정에 내리시어 성부(省府-의정부)와 육조(六曹)와 삼관(三館-예문관, 성균관, 교서관)과 더불어 다시 그 구체적인 방안을 토의케 하여 영원토록 그 간사하고 허망한 방술을 끊어내신다면 국가는 참으로 다행일 것입니다.'

임자일(壬子日-23일)에 경연에 나아가 『대학연의(大學衍義)』[29]를 강독했다. 배연령(裵延齡)[30]이 탁지(度支)[31]가 됐을 때의 일에 이르러 상이 말했다.

"일찍이 듣건대 사복시(司僕寺)에는 신참에게 말값을 바치게 하는 법이 있다던데 정말 있는가?"

시독관 등이 답했다.

"있습니다."

상이 말했다.

"애초에 이런 법을 세운 것은 어째서인가?"

대답했다.

---

29 중국 송대(宋代)의 거유(巨儒) 진덕수(眞德秀)가 편찬했다. 편마다 고현(古賢)의 언행을 들고, 이에 고증(考證)을 첨가하여 논설했다. 1234년 이것을 황제에게 바치고, 1264년 마정난(馬廷鸞)이 황제 앞에서 진강(進講)한 후부터 제왕의 보전(寶典)으로 존숭됐다.

30 당나라 덕종(德宗) 때의 재상으로 간신(姦臣)으로 평가받는다.

31 조선시대 호조(戶曹)에 해당한다.

"예전에 참외관(參外官)³²은 말을 탈 수가 없고 참상관에 올라 말을 배정받은 다음에야 말을 탈 수 있었기에 그 값을 내는 것입니다. (그런데) 지금은 말을 내어주는 법은 없어지고 값을 내는 것은 그대로 남아 있는 것입니다."

상이 웃으며 말했다.

"말을 내어주고 그 값을 받는 것도 이미 잘못이거늘 하물며 말을 내주지 않고도 값을 내도록 하다니!"

의정부에 명을 내려 그것을 없애도록 했다.

『대학(大學)』을 강독하다가 '재물을 낳다[生財]'한 구절에 이르자 상이 말했다.

"옛날에 백성된 자들은 사(士), 농(農), 공(工), 상(商)뿐이었겠다."

사관 민인생(閔麟生)이 나아와 말했다.

"지금은 손을 놀리는 무리[遊手之徒]는 많고 재물을 만들어내는 백성은 적습니다."

상이 말했다.

"그렇다. 손을 놀리는 무리가 참으로 많다."

인생이 말했다.

"손을 놀리는 무리들 중에 이단(異端)³³만큼 많은 것은 없습니다."

상이 웃으면서 말했다.

"헌부에서도 청하기를 오교와 양종의 이름과 이익만 좇는 중들

---

32 조참(朝參)에 나아가지 못하는 7품 이하에서 종9품까지의 총칭이다.
33 여기서는 불교를 말한다.

을 없애고 사사(寺社)와 토전(土田)과 장획(臧獲-노비)은 모두 관부에 속하게 하고 오직 산문(山門)의 도 닦는 중들에게만 맡겨두기를 청했다. 나도 그래서는 안 된다는 것을 알기에 간절하게 그것들을 없애고 싶지만 태상왕께서 마침 불사(佛事)를 좋아하시니 그 때문에 차마 갑자기 없애지를 못하고 있다."

또 말했다.

"옛날에 불씨(佛氏-불교)가 어느 시대에 처음 흥했고 부처를 좋아하게 된 것은 어느 시대이며 부처를 배척했던 것은 어느 시대인가?"

시독 김과가 역대로 부처를 좋아했으나 끝내 패망에 이른 경우와 부처를 배척하면서도 마침내 좋은 다스림에 이른 경우를 밝게 진술했는데 그것을 『통감(通鑑)』³⁴에 실려 있는 대로 잘 갖춰 아뢰니 상이 말했다.

"헌부의 장(狀-보고의 일종) 가운데도 이런 말을 썼으니 분명 이는 유관(柳觀)의 말일 것이다."

유창(劉敞, ?~1421년)³⁵이 말했다.

---

34 송나라 사마광(司馬光)의 『자치통감(資治通鑑)』을 가리킨다.
35 강릉 유씨(江陵劉氏)의 시조다. 1401년(태종 1년) 승녕부윤(承寧府尹)으로 소요산에 들어간 태조를 찾아가 귀경을 권유했으며, 1408년 참지의정부사(參知議政府事)로 태조가 죽자 수묘관(守墓官)이 되어 3년간 능을 지켰다. 이성계(李成桂)와 일찍부터 사귀어 그에게 경사(經史)를 강론했으며, 특히 송나라 진덕수(眞德秀)의 『대학연의(大學衍義)』를 즐겨 강론해 세도(世道)를 만회할 뜻을 품게 했다. 개국 후에도 대사성에 있으면서 『대학연의(大學衍義)』를 여러 차례 강의해 올렸다. 1393년에 좌산기상시로 있으면서 사직해 선술(仙術)을 공부하겠다고 요청하자 태조는 "선(仙)을 배우는 사람은 반드시 군부(君父)를 버리는데, 그대가 나를 버리면 불충이 되고, 어버이를 버리면 불효가 될 것이다. 그대가 선을 배우고자 하는 뜻이 무엇인가?" 하고 만류했다. 성격이 온유돈후(溫柔敦厚)하고 언행이 근독(謹篤)하며 지위가 높을수록 마음이 겸손해 사람들이 당나라의 누사덕(婁師德)에 비유했다.

"불씨가 말하는 화복(禍福)의 설은 허무맹랑하여[虛誕] 믿을 만하
지 않습니다."
            허탄

상이 말했다.

"그렇다."

강독이 끝나자 강관(講官)들에게 궁온(宮醞)³⁶을 내려주었다.

○ 함께 참여하여 공동으로 소송하지 않는 자에게는 노비를 주지
않는 법을 세웠다. 사헌부에서 계(啓)하여 아뢰었다.

"서로 노비를 송사할 때 함께 소송에 참여하지 않는 자에게는 노
비를 주지 않는 것은 이미 이루어진 법이 있사오니, 비록 신축년(辛
丑年-1361년) 이전의 일이라도 또한 이 예(例)에 의거해야 합니다."

그것을 윤허했다.

계축일(癸丑日-24일)에 (전라도) 남원(南原)에 우박이 내렸다.

갑인일(甲寅日-25일)에 (전라도) 완산(完山)에 우박이 내렸는데 크기
가 탄환만 해 밀과 보리[牟麥], 뽕과 삼[桑麻]이 피해를 입었다.
                    모맥   상마
○ 단주(端州)³⁷에 숯이 비처럼 내렸다. 동북면 찰리사(東北面察理
使)가 보고했다.

"단주(端州) 동북 쪽에 연기도 아니고 안개도 아닌 것이 온 하늘

---

36 임금이 신하에게 내려주던 궁중의 술로 내온(內醞)이라고도 한다.
37 함경도 단천시의 고려시대 행정구역이다. 본래는 여진족(女眞族)이 차지하던 땅인데,
    1107년(예종 2년) 윤관(尹瓘)의 여진 정벌로 여기에 복주(福州)를 설치하고 방어사(防禦
    使)를 두어 다스렸다.

을 뒤덮어 어두컴컴했는데 숯이 땅에 떨어져 있었습니다."

몇 개를 봉해서 올렸다.

을묘일(乙卯日-26일)에 삼사판사(三司判事) 우인렬(禹仁烈)을 경사
(京師)에 보냈다. 은혜에 감사하기 위함[謝恩]이었다.
_{사은}

○ 신도(新都)에 행차해 수레가 (경기도) 광탄(廣灘)에 이르러 장막
을 쳤다. 상이 좌우에게 물었다.

"이번 행차에는 매나 말을 풀어놓은 자가 있지나 않은가?"

좌우 신하들은 모두 없다고 답했다. 상이 말했다.

"기쁘고 또 기쁘다. 영을 어기는 자가 있어 헌사(憲司)에서 죄주기
를 청하면 따르지 않을 수 없고, 죄를 주는 것 또한 차마 못 할 일
이다."

상이 장막[幕次]에 있으면서 김과와 함께 『대학연의(大學衍義)』 제
2권[38]을 읽었다.

병진일(丙辰日-27일)에 상이 신도에 이르렀다. (그에 앞서) 주정악차
(晝停幄次)[39]에 이르러 말했다.

"사방이 모두 밀과 보리밭이니 거가(車駕)를 멈추면 반드시 밟아서
손상시키는 폐단이 있을 것이다."

---

38 모두 43권인데 제2권은 제왕이 배우는 근본에 관한 것으로 요임금, 순임금, 우왕, 탕왕,
   문왕, 무왕의 배움을 다루고 있다.
39 임금이 거둥하는 도중에 임시로 머물러 낮수라를 들거나 쉬기 위해 마련한 장막이다. 주
   정악전(晝停幄殿) 혹은 장전(帳殿)이라고도 한다.

마침내 그대로 지나쳐 신도에 들어가 의정부에서 재계(齋戒)했다.

무오일(戊午日-29일)에 상이 관포(冠袍)[40] 차림으로 연(輦-가마의 일종)을 타고 백관을 거느리고서 종묘의 재궁(齋宮)[41]에 나아갔다[詣].

(경기도) 부평부(富平府) 율도(栗島)[42]에서 돌이 저절로 670자나 이동했다.

○ 이달에는 가물었다.

○ 대마도(對馬島) 사미영감(沙彌靈鑑)[43]이 사람을 시켜 예물을 바치고 그곳에 잡혀갔던 사람들을 돌려보내 주었다.

---

40 임금이 제례 등의 행사 때 착용한 관복이다.

41 종묘에서 조상을 모시기 전에 목욕재계를 하는 곳이다.

42 지금의 청라 지역에 있던 섬으로 지금은 매립돼 사라졌다.

43 대마도의 태수다.

庚寅朔 太上王幸新都 上送至臨津. 太上之行 欲設大藏佛事於
경인 삭 태상왕 행 신도 상 송 지 임진 태상 지 행 욕설 대장 불사 어

興天寺也.
흥천사 야

罷李居易爲西原府院君 河崙爲晉山府院君. 以金士衡爲
파 이거이 위 서원 부원군 하륜 위 진산 부원군 이 김사형 위

左政丞 李舒右政丞 趙英茂 郭樞議政府贊成事 李稷參贊
좌정승 이서 우정승 조영무 곽추 의정부 찬성사 이직 참찬

議政府事 趙璞三司左使 趙瑚藝文館太學士. 擢文中庸爲司憲
의정부 사 조박 삼사 좌사 조호 예문관 태학사 탁 문중용 위 사헌

監察 崔海山軍器注簿. 參贊權近上書曰:
감찰 최해산 군기 주부 참찬 권근 상서 왈

‘故諫議大夫文益漸 初入江南 覓木縣種子數枚齎來 送於晉陽
고 간의대부 문익점 초입 강남 멱 목면 종자 수매 재래 송 어 진양

村舍 始織木縣進上. 是故木縣之興 始於晉陽. 由此廣布一國
촌사 시직 목면 진상 시고 목면 지흥 시 어 진양 유차 광포 일국

凡民上下 皆得以衣之 是皆益漸之所賜也. 大有功德於民 而不食
범민 상하 개득 이 의지 시개 익점 지 소사 야 대유 공덕 어 민 이 불식

其報早逝. 其子中庸遭父喪 廬墓三年 仍遭母喪 又廬於墓三年
기보 조서 기자 중용 조 부상 여묘 삼년 잉 조 모상 우 여 어묘 삼년

終制 仍隱於晉陽 勤謹孝廉 可用之士也. 故知門下府事崔茂宣
종제 잉 은 어 진양 근근 효렴 가용 지사 야 고 지 문하부 사 최무선

始①劑火藥 能制海寇 實有功於國家. 其子海山 亦宜敍用.’
시 제 화약 능제 해구 실유 공 어 국가 기자 해산 역 의 서용

從之.
종지

丙申 雨雹隕霜.
병신 우박 운상

見乃梁水軍萬戶白思儉 獲倭船一艘.
견내량 수군 만호 백사검 획 왜선 일소

遣都承旨朴錫命 問太上王起居于新都.
견 도승지 박석명 문 태상왕 기거 우 신도

丁酉 隕霜二日.
정유 운상 이일

庚子 雨雹.
경자 우박

宴功臣于淸和亭. 初 上以正殿狹隘 改搆而廣之 起亭于宮之北
연 공신 우 청화정 초 상이 정전 협애 개구 이 광지 기정 우 궁지북

命河崙 權近名之 乃書淸和 樂山 無逸以進 上以無逸名殿 淸和
명 하륜 권근 명지 내서 청화 요산 무일 이진 상이 무일 명전 청화

名亭.
명정

倭侵南陽府邊境 掠紫燕 三木島鹽場.
왜 침 남양부 변경 약 자연 삼목도 염장

太上王自新都 遂幸金剛山.
태상왕 자 신도 수행 금강산

甲辰 參判義興三軍府事朴子安 簽書義興三軍府事李詹等齎
갑진 참판 의흥삼군부 사 박자안 첨서 의흥삼군부 사 이첨 등 재

禮部咨文 回自京師. 咨曰:
예부 자문 회자 경사 자왈

'建文三年正月十六日 準本國咨: "權知國事李【諱】因患風疾
건문 삼년 정월 십육일 준 본국 자 권지국사 이 휘 인환 풍질

眩於視聽 於建文二年十一月十一日 令弟【上諱】權署國事." 本月
현 어 시청 어 건문 이년 십일 월 십일 일 영제 상휘 권서 국사 본월

十七日早朝 本部官於奉天門奏奉聖旨: "朝鮮本禮文之國 辭位
십 칠일 조조 본부 관어 봉천문 주봉 성지 조선 본 예문 지국 사위

襲職之事 前已勅爾禮部移文 報他知道. 今其使臣到 恁禮部家
습직 지사 전이 칙 이 예부 이문 보 타 지도 금 기 사신 도 임 예부 가

再回文書去他. 若果無虧天理悖人倫的事 任他國中自主張."'
재회 문서 거타 약과 무휴 천리 패 니륜 적사 임 타 국중 자 주장

各司具公服迎于郊 上迎于闕庭 率群臣行禮. 御正殿受賀 賜
각사 구 공복 영 우교 상 영 우 궐정 솔 군신 행례 어 정전 수하 사

子安 詹鞍馬.
자안 첨 안마

與義安大君和 安城君李叔蕃 淸平君李伯剛等射侯.
여 의안 대군 화 안성군 이숙번 청평군 이백강 등 사후

丙午 門下府郎舍疏請告廟還駕之時 當從正路 一宿而還. 疏曰:
병오 문하부 낭사 소청 고묘 환가 지시 당종 정로 일숙 이환 소왈

'臣等伏準禮曹呈: "新都往返道次 始也一宿而往 旋軫之時
신등 복준 예조 정 신도 왕반 도차 시야 일숙 이왕 선진 지시

必經四日." 臣等以爲方此盛農之時 必欲幸新都者 誠以告廟之
필경 사일 신등 이위 방차 성농 지시 필 욕행 신도 자 성이 고묘 지

174

禮 不可緩爾② 非欲因以爲游觀也 今以百官之衆 萬騎之多 雖
례 불가완이 비욕인이위유관야 금이백관지중 만기지다 수

有察訪之禁 未免有踐蹂禾穀 搔擾人心之弊矣. 豈可捨正路 而
유찰방지금 미면유천유화곡 소요인심지폐의 기가사정로 이

取長湍迂險之地哉? 設謂右道之民 不可偏受供億之勞 則不若
취장단우험지지재 설위우도지민 불가편수공억지로 즉불약

使左道助其供億之費爲便也. 且禮 致齋之日 不刑殺 不聽樂者
사좌도조기공억지비위편야 차예 치재지일 불형살 불청악자

所以致其齋也 行祭之後 又必受釐三日者 所以凝神降之福也. 願
소이치기재야 행제지후 우필수회삼일자 소이응신강지복야 원

殿下 於往返之際 宜皆齋明對越 毋或逸豫 仍命大小軍官 毋得
전하 어왕반지제 의개재명대월 무혹일예 잉명대소 군관 무득

飛放鷹犬 馳騁田獵 如有犯禁者 憲司痛理 從臨津直道以還 則
비방응견 치빙전렵 여유범금자 헌사통리 종임진직도이환 즉

可以上慰祖宗之心 下除生民之弊矣. 況今內有災異之譴 外有
가이상위조종지심 하제생민지폐의 황금내유재이지견 외유

海寇之警 尤不可久於巡幸也.'
해구지경 우불가구어순행야

從之.
종지

丁未 知經筵事權近進講古今天地之變.
정미 지경연사권근 진강 고금 천지 지변

給陳王田. 陳理 友諒之子也. 降于大明 太祖高皇帝封爲
급진왕전 진리 우량 지자야 항우대명 태조 고황제 봉위

順德侯. 洪武五年壬子 帝令理與明貞之子昇 各將家屬 往高麗
순덕후 홍무 오년 임자 제영리여 명정 지자승 각장 가속 왕 고려

閑居 國人謂之陳王. 至是 上聞陳王計活艱甚 命議政府周恤之
한거 국인 위지 진왕 지시 상문 진왕 계활 간심 명 의정부 주휼 지

宜 政府請給田 從之.
의 정부 청 급전 종지

己酉 幸馬巖 觀衛士騎步射 中者賞以弓矢.
기유 행마암 관 위사 기보사 중자 상이 궁시

庚戌 禮曹啓 文科考講法: "館試鄕試 講問五經四書 每一書各
경술 예조 계 문과 고강법 관시 향시 강문 오경 사서 매 일서 각

三章: 會試講五經中一章 四書中一章 通義理者取之." 依允.
삼장 회시 강 오경 중 일장 사서 중 일장 통 의리 자 취지 의윤

辛亥 與諸君射侯於淸和亭.
신해 여 제군 사후 어 청화정

司憲府大司憲柳觀等 上疏請沙汰僧徒 罷五敎兩宗. 疏曰:
사헌부 대사헌 유관 등 상소 청 사태 승도 파 오교 양종 소왈

天地之化 往者過 來者續 生生之理無窮 豈有人死而精神
천지 지화 왕자 과 내자 속 생생 지리 무궁 기유 인사 이 정신

不滅 隨復受形之理! 彼佛者 西羌之一法爾. 入中國始自漢明之
불멸 수부 수형 지리 피불자 서강 지일법이 입중국 시자 한명지

時 其道以淸淨寂滅爲宗 貴慈悲不殺以爲: "人死於此 必生於彼.
시 기도 이 청정 적멸 위종 귀 자비 불살 이위 인사 어차 필생 어피

今世爲人 後世爲異物 負冤於陰陽之間 而取償於幽陰之府 生時
금세 위인 후세 위이물 부원 어음양 지간 이취상 어유음 지부 생시

所行善惡 皆有報應." 世降一世 怪誕虛無之說 盈於天下 人心易
소행 선악 개유 보응 세강 일세 괴탄 허무 지설 영어 천하 인심 이

惑於邪 故鳩摩羅什得師於姚秦 飜譯其書 騁其邪說 凡有喪事
혹어사 고 구마라습 득사 어요진 번역 기서 빙기 사설 범유 상사

皆令供佛飯僧 以爲死者滅罪資福 使生天堂 受諸快樂; 不爲者
개 령 공불 반승 이위 사자 멸죄 자복 사생 천당 수제 쾌락 불위 자

必入地獄 受諸苦楚. 此世俗之所以畏罪慕福而樂從之者也.
필입 지옥 수제 고초 차 세속 지소이 외죄 모복 이낙 종지 자야

然而佛圖澄不能存趙 鳩摩羅什不能存秦. 楚王英最先好之 而
연이 불도징 불능 존조 구마라습 불능 존진 초왕 영 최선 호지 이

不免誅夷之慘; 梁武帝三捨身爲寺奴 而終罹餓死之禍. 由是觀之
불면 주이 지참 야 무제 삼 사신 위 사노 이종이 아사 지화 유시 관지

事佛求福 乃更得禍 佛不足信 章章明矣. 此聖帝明王之所必除
사불 구복 내갱 득화 불 부족 신 장장 명의 차 성제 명왕 지 소필제

也. 古之明君哲輔 惡其邪誕誣妄 而痛除之者有之 元魏之誅境內
야 고지 명군 철보 오기 사탄 무망 이 통제 지자 유지 원위 지주 경내

沙門 塔廟無復孑遺; 唐武宗髮僧壞寺 鐘磬佛像 皆鑄爲錢 數
사문 탑묘 무부 혈유 당 무종 발승 괴사 종경 불상 개주 위전 수

千年聖道之蟊賊 一朝而掃盡無餘 惜乎其繼世之君 遽改其轍
천년 성도 지 모적 일조 이 소진 무여 석호 기 계세 지군 거개 기철

也. 恭惟主上殿下 天性聰明 樂於爲善 日御經筵 每以堯舜之治
야 공유 주상 전하 천성 총명 낙어 위선 일어 경연 매이 요순 지천

孔孟之學 講論於前 而至於排釋氏衛聖道之議 獨不之及 臣等竊
공맹 지학 강론 어전 이 지어 배 석씨 위 성도 지의 독 부지 급 신등 절

有惑焉.
유혹 언

近日命攸司除祈恩禳災等道場 抑末也. 若曰行之已久 難於遽
근일 명 유사 제 기은 양재 등 도량 억말 야 약왈 행지 이구 난어 거

廢 則盍亦行其次策乎! 臣等竊惟 前朝承新羅崇佛之餘 信地鉗
폐 즉 합 역 행기 차책 호 신등 절유 전조 승 신라 숭불 지여 신 지겸

而創寺造塔 非一二所 而設五敎兩宗 以分主之 多屬田民 以爲
이 창사 조탑 비 일이 소 이설 오교 양종 이분 주지 다속 전민 이위

供佛齋僧之費 冀其求福免禍 而爲其徒者 不體此意 收其田稅

取其貢價 以爲醉飽荒淫之資 其負國家背師敎 亦已甚矣.

迨至衰季 上下化之 徼福畏罪 招提蘭若 巋嶪相望 方袍圓頂

布滿中外 費財糜穀 至於此極 奉之彌謹 而無救於亂亡. 此正

殿下之所親見也. 臣等妄以爲佛氏之敎 亂倫理而有害 費財用而

無補. 願罷五敎兩宗 而其僧徒只存知法持戒者 餘皆勅令還俗 各

歸本業 田地皆屬於軍需 奴婢分隸於官府. 其餘所謂道衆者 亦

令沙汰 取其持戒行者與前僧徒 皆置於幽深絶遠之境 以遵其師

淸淨寡慾之敎. 仍禁其出入宮掖之中 貪緣婦寺之家 又令中外

毋得私相剃髮 以避征徭 持之十年 確乎不變 則世俗皆知其虛誕

然後諭之以聖賢之道 以去其積年之惑 則人易從而敎易行 功必

倍前而亦有辭於永世矣.

伏望殿下 俯垂睿鑑 儻或可採 降付朝廷 令與省府六曹三館

更議區處之宜 永絶邪誕之術 國家幸甚.'

壬子 御經筵 講大學衍義. 至裵延齡爲度支時事 上曰: "曾聞

司僕寺 有納新參馬價之法 有諸?" 試讀官等對曰: "有." 上曰:

"初立此法 何也?" 對曰: "昔者參外官不得騎馬 及拜參賜馬

然後得騎 故納其價 今賜馬之法廢 而納價之法 猶在也." 上笑曰:

"賜馬而納其價 已非矣 況不賜馬而納價乎!" 下議政府除之. 至

講大學生財一節 上曰: "古之爲民 士農工商而已." 史官閔麟生

進曰:"今也遊手之徒多 而生財之民少矣." 上曰:"然. 遊手之徒
信多矣." 麟生曰:"遊手之徒 莫異端若也." 上笑曰:"憲府亦請罷
五敎兩宗名利之僧. 其寺社 土田 臧獲 盡屬于公 唯任置山門
道僧. 予亦知其不可 而切欲罷之 以太上方好佛事 故不忍遽革."
又曰:"昔者佛氏 始興於何代 好佛者何代 斥佛者何代?" 侍讀
金科明陳 歷代好佛終以致敗 斥佛終以善治 具如通鑑所載 上曰:
"憲府狀中 亦用是語 必是柳觀之辭也." 劉敞曰:"佛氏禍福之說
虛誕不足信也." 上曰:"然." 講畢 賜講官宮醞.

立不與同訟者 不給奴婢之法. 司憲府啓:"相訟奴婢 不與同訟
者 不給奴婢 已有成法. 雖辛丑年前事 亦依此例." 允之.

癸丑 雨雹于南原.

甲寅 雨雹于完山 大如彈丸 傷牟麥桑麻.

雨炭于端州. 東北面察里使報:"端州東北間 非烟非霧 渾天
黑暗 有炭落地." 封數枚以上.

乙卯 遣判三司事禹仁烈如京師. 謝恩也.

幸新都. 駕次廣灘. 上問於左右曰:"此行無乃有放鷹犬者乎?"
左右皆以無對. 上曰:"可喜可喜 有犯令者 而憲司請罪 不可不從
罪之亦所不忍." 上在幕次 與金科讀大學衍義二卷.

丙辰 上至新都. 至晝停幄次 曰:"四方皆牟麥之田 停駕必有
踏損之弊." 遂過行入新都 齋于議政府.

戊午 上服冠袍乘輦 率百官詣宗廟齋宮.
무오 상 복 관포 승연 솔 백관 예 종묘 재궁

富平府栗島 石自移六百七十尺.
부평부 율도 석 자 이 육백 칠십 척

是月 旱.
시월 한

對馬島沙彌靈鑑使人③獻禮物 發還被擄人口.
대마도 사미 영감 사 인 헌 예물 발환 피로 인구

| 원문 읽기를 위한 도움말 |

① 문장 앞에 始가 나오는 경우와 初가 나오는 경우에 조금은 뉘앙스 상으로 차이가 있다. 始는 '최초로'라는 뜻이 강한 반면 初는 그냥 '애초에' 정도의 의미다.
시   초   시   초

② 爾는 耳와 같은 뜻으로 '뿐'을 의미한다.
이   이

③ '사람을 시켜'라는 뜻일 때는 독음을 떼서 使人이라고 했고 그냥 붙여서 使人이라고 할 때는 사절이나 사자(使者)를 뜻한다. 사신(使臣)보다는 조금 낮은 급이다.
사 인   사인   사인

태종 1년 신사년
4월

四月

기미일(己未日-1일) 초하루에 몸소 태실(太室)에서 강신제를 올렸다 [祼].¹ 이날 직접 인소전(仁昭殿)²과 정릉(貞陵)³에 제사를 지냈다.

임술일(壬戌日-4일)에 상이 (개경의) 궁으로 돌아왔다. (개경) 유후사[留司=留後司]의 여러 신하들이 산붕(山棚), 결채(結綵), 나례(儺禮), 백희(百戲)를 베풀고 공복(公服)으로 숭인문(崇仁門) 밖에서 맞이했다. 성균관(成均館) 생도(生徒)와 교방(敎坊)의 창기(倡妓)들도 가요(歌謠)를 불러 바쳤고 백관들은 전(箋)⁴을 올려 축하했다.

갑자일(甲子日-6일)에 하륜(河崙)을 삼사영사(三司領事)로 삼았다. 종묘에서 일을 집행한 사람들에게 녹질[秩]을 높여주되 차등 있게 했고 아직 녹질이 올라가지 못한 자들에게는 내구(內廐)⁵에 속한 말 각 1필씩을 내려주고 청화정에서 향관(享官-제사 담당 관리)들에게

---

1 땅에 술을 부어 강신(降神)을 빌던 제례다.
2 태조 이성계의 첫 번째 부인 신의왕후 한씨(神懿王后韓氏)를 모신 혼전(魂殿)이다.
3 이성계의 두 번째 부인 신의왕후 강씨(神毅王后康氏)의 무덤이다.
4 이것은 '나타내다[表]'로 자기의 의사를 남에게 표현하는 것이다. 중국 고대 한위(漢魏) 때는 천자에게 상주하는 서장이나 태자, 제왕에게 올리는 서장을 모두 전이라고 했다.
5 내사복시(內司僕寺)를 가리키는 말로 사복시(司僕寺)의 부속 관아(附屬官衙)이며 궁내의 말에 관한 일과 임금의 탈것에 관한 일을 관장했다.

잔치를 베풀었다.

○ 윤목(尹穆, ?~1410년)[6]을 합주지사(陜州知事)로 삼았다.[7] 목(穆)은 삼군부 판사 이무의 조카[甥=甥姪]로 좌명(佐命)공신이다. 이때 봉상경(奉常卿)으로 있었다. 무가 상에게 말했다.

"목이 합주의 수령[陜州守]이 되고자 합니다."

상이 그것을 허락했다. 목이 궐에 나아가 하직 인사를 올리자 상은 도승지 박석명에게 명하여 목에게 묻도록 했다.

"어째서 합주의 수령이 되려고 하는가?"

목이 대답하여 말했다.

"신은 공신이 되었으니 비록 산질(散秩)[8]이라도 서울에 머물면서 상을 모시고 호위하는 것[侍衛]이 신의 바라는 바입니다. 어찌 지방 관직[外任]을 구했겠습니까?"

이때 사람들은 아직 무의 뜻을 알지 못했다.[9]

---

6 1400년(정종 2년) 전중군장군(前中軍將軍) 때 방간(芳幹)의 난을 평정하고 태종이 왕위에 오르는 데 기여한 공으로 1401년(태종 1년)에 익대좌명공신(翊戴佐命功臣) 4등에 책록됐다. 이때 이무(李茂)의 추천으로 합주지사(陜州知事)로 임명됐으나 그는 불만을 품고 임지로 떠났다. 그는 임지인 합주에서 몽계사(夢溪寺)의 백종법회를 금지시키고 많은 양곡을 빼앗아버린 죄로 탄핵을 받았다. 1403년에는 태종 즉위에 협력한 공으로 원평군(原平君)으로 봉작됐다. 1405년 9월에 천추사(千秋使)가 돼 명나라에 갔다 왔고, 1409년 9월에 사은부사로 명나라에 갔다 왔다. 그해 10월에 민무구(閔無咎), 민무질(閔無疾) 옥사에 관련되어 사천으로 유배됐다가 다음 해 유배지에서 처형됐다.

7 합주는 지금의 경상남도 합천 지역의 옛 지명이다.

8 산관(散官)이라고도 하는데 일정한 직무가 없는 벼슬자리를 말한다. 반대말은 실직(實職)이다.

9 이 사건은 우선 태종이 처음부터 의심을 품고서 가장 믿는 박석명에게 진상을 알아보도록 한 부분에 주목해야 하고 다음으로는 이무가 결국은 거짓말을 한 것이 돼 태종의 불신을 사게 됐다는 점에 유의할 필요가 있다.

○ 문하주서(門下注書), 삼사도사(三司都事), 중추원당후(中樞院堂後)를 폐지했다. 처음으로 사섬서(司贍署) 영(令) 1명, 승(丞) 2명, 직장(直長) 2명, 주부(注簿) 2명을 두어 저화(楮貨)를 담당하게 했다. 하륜의 의견을 따라 초법(鈔法)[10]을 시행하기 위함이었다.

○ 나라 안[境內]을 사면했다[宥].
경내   유

"왕은 말하노라[若曰].[11] 공손히 생각건대[恭惟] 우리 조종(祖宗)께
        약왈   공유

서는 다움과 어짊을 쌓아 그것으로 대명[景命=大命]을 모으셨고 태
                                    경명   대명

상왕께서는 신묘한 공력과 성대한 열렬함[神功盛烈]으로 대업(大業)
                                  신공   성렬

을 세우셨으며 상왕께서는 효심과 우애가 돈독하시어 능히 넉넉한

정사[有政]를 베푸시었다. 다움이 부족한[否德] 나는 왕위를 양보하
   유정   부덕

는 명을 공손히 잇게 되어 애써 사양했으나 뜻을 이루지 못해 이미

일찍이 사신을 보내 천자에게 아뢰었더니 빼어난 가르침[聖訓]을 삼
                                          성훈

가 입어 임금의 일을 맡아 할 것[主張]을 허락하셨다. 돌이켜 생각건
                          주장

대[顧惟] 다움이 모자라고 일에 어두운[寡昧] 내가 이 무겁고 힘든
  고유   과매

일을 맡아 아침부터 밤늦도록 삼가 두려워하며 어찌해야 할지를 알

지 못하겠다.

예로부터 임금이 나라를 맡게 된[有國] 처음에 위로는 반드시 천
                          유국

자에게 아뢰고 아래로는 반드시 종묘에 고하는 것은 나라를 물려받

았음을 널리 보이는 것이다. 우러러 생각건대[仰惟] 이전 시대를 잘
                              양유

---

10 지폐(紙幣)를 발행하여 유통시키는 법이다.
11 약왈(若曰)은 발어사다. 왈약(曰若)도 마찬가지로 발어사다. 『서경(書經)』「우서(虞書)」의 요전(堯典), 순전(舜典), 대우모(大禹謨)는 모두 서두를 왈약(曰若)으로 시작하고 있다.

잇고자 드디어[肆=遂] 여름 4월 초하루 기미일에 몸소 태실(太室)에 서 강신제를 올려 즉위 사실을 고했다. 큰 예를 거행했으니 마땅히 너그러운 은혜를 크게 펴서 나라 안에 사면령을 내려야 할 것이다.

건문(建文) 3년 4월 초나흘 새벽[昧爽] 이전에 모반하거나 대역을 저지른 것, 조부모와 부모를 죽인 것, 처첩이 지아비를 죽인 것, 노비가 주인을 죽인 것, 고의로 사람을 죽이려 한 것, 고독(蠱毒)[12]과 염매(魘魅),[13] 강도를 제외하고는 이미 발각되건 발각되지 않았건 혹은 이미 판결이 이뤄졌건 이뤄지지 않았건 모두 용서하여 죄를 없애도록 하라.

아! 조(祖)를 높이고 종(宗)을 공경하는 일은 이미 삼가 밝은 제사의 예를 통해 행했으니 (이에) 허물을 용서하고 죄를 사면하기 위해 관대한 은혜를 도타이[優=敦] 베푸노라."

정묘일(丁卯日-9일)에 무일전(無逸殿)에 나아가 지공거(知貢擧-과거 시험관) 하륜, 동지공거(同知貢擧) 조박 등이 뽑은 윤회(尹淮) 등 33인을 복시(覆試)하여[14] 조말생(趙末生)을 뽑아 제1로 삼았다. 말생을 요물고 부사(料物庫副使)로 삼고, 제2명(名) 이적(李迹)을 장흥고 직장(長興庫直長), 제3명 윤회(尹淮)를 사재 직장(司宰直長)으로 삼았다. 급제한 을과(乙科) 3인까지 뽑아 쓰는 것[擢用]은 『육전(六典)』[15]에 실

---

12 독약으로 사람을 해(害)하는 것이다.

13 주술(呪術)이나 방술(方術)로써 사람을 죽이는 것이다.

14 문과, 무과 구분 없이 초시(初試)에 합격한 사람이 두 번째로 보던 과거(科擧)다.

15 『경제원육전(經濟元六典)』 또는 『원육전(元六典)』이라고도 한다. 1397년(태조 6년) 12월

려 있으나 실제로 거행한 것은 이해부터 시작됐다.

무진일(戊辰日-10일)에 도승지 박석명(朴錫命)을 보내 태상왕의 기거(起居)를 문안했다. 이때 태상왕이 (함경도) 안변부(安邊府)에 있어 석명이 궁온(宮醞)을 싸 가지고[齎] 간 것이다.
재

총제 마천목(馬天牧, 1358~1431년)[16]에게 금띠[金帶]를 내려주었다.
금대

○ 서울과 지방에서 황색 사용을 금지했다.[17]

경오일(庚午日-12일)에 목성이 달을 꿰뚫었다[貫].
관

○ 가뭄으로 인해 시장을 옮겼다.

신미일(辛未日-13일)에 지리산(智異山)과 일직현(一直縣)[18]에 우박이 내렸는데 크기가 주먹[拳]만 하고, 두께가 3촌이나 되어 3일 만에야
권

녹았다. 벼와 곡식[禾穀]이 손상되고 초목이 누렇게 변했다.
화곡

26일 공포, 시행됐다. 도평의사사(都評議使司)의 부속기관으로서 법령의 정비와 법전 편찬업무를 관장하던 검상조례사(檢詳條例司)에서 영의정 조준(趙浚)의 책임 아래 편찬된 것이다.

16 1398년(태조 7년) 1차 왕자의 난 때 정안군(靖安君)을 도와 공훈을 세웠고 1399년(정종 1년) 상장군(上將軍)에 승진했다. 이듬해 2차 왕자의 난이 발생하자 다시 정안군의 선봉이 돼 크게 공헌했다. 1401년(태종 1년) 익대좌명공신(翊戴佐命功臣) 3등에 녹훈되면서 회령군(會寧君)에 책봉돼 동지총제(同知摠制)로 승진했다. 그에게 내려진 공신녹권과 교서가 현재까지 전해지고 있다.

17 황색은 중국 황제의 색깔이라 하여 이런 조치를 내린 것이다. 이런 조치는 신라 때부터 종종 있어왔고 고려 때에는 임금에게만 황색 사용을 허용했다.

18 경상도 안동부(安東府)에 속한 현이다.

○ 음사(淫祀)[19]를 줄였다. 상이 말했다.

"무당[巫覡]들의 음사(淫祀)가 번거롭고 추잡스럽다. 이제부터는 봄
과 가을 두 계절에 한결같이 명나라 예제(禮制)에 따라서 행하도록
하라."

임신일(壬申日-14일)에 의례상정사(儀禮詳定司)[20]에서 6아일(六衙日)
에 일을 아뢰는 절차[啓事儀]를 올렸다. 상의 뜻을 받은 것이었다.

'숙배(肅拜)[21]를 마치고 사인(舍人)이 "각사(各司-각 해당 부서)에서
일을 아뢰라"고 외치면 정승들은 전(殿)에 올라 모시고 앉고[侍坐]
양부(兩府)에서 일을 아뢸 자 또한 전에 오른다. 봉례랑(奉禮郎)이 차
례로 양부(兩府) 이하에서 일을 아뢸 것이 없는 자를 이끌고서 나가
는데 평상시 절차[常儀]와 같이 하고 일을 아뢸 것이 있는 각사는 계
단 아래에[階下] 나누어 섰다가 차례로 전에 올라 일을 아뢴다. 마치
고 나서 정승 이하가 계단을 내려가 북쪽을 보고서[北面] 서면 봉례
랑은 (이들을) 이끌고서 나간다.'

---

19 사신(邪神)을 섬기고 제사지내는 일을 가리킨다.

20 1401년(태종 1년) 예조(禮曹) 산하에서 활동을 시작했으나 그 뒤 직무와 권한이 확대되어
최고급 특별 기구의 하나로 발전하면서 의례상정소로 개칭됐다. 독자적으로 또는 예조와
협의하여 고례(古禮)와 고제(古制)를 연구하고 새 왕조의 기틀이 될 각종 의례, 법령, 제
도 등을 심의 제정했으며 중요 국가정책에도 참여했다. 1435년(세종 17년) 폐지될 때까지
35년간 약 70여 건의 중요한 의례, 제도, 정책들을 확정했다. 초기에는 하륜(河崙)·변계
량(卞季良)·이조(李慥) 등이, 세종 때는 황희(黃喜)·허조(許稠)·정초(鄭招) 등이 주로 활
동했다. 특히 허조의 의례정비 작업은 뒷날『국조오례의』편찬의 기초가 됐다.

21 임금에게 공손히 절하는 예(禮)를 말한다.

계유일(癸酉日-15일)에 사헌감찰(司憲監察) 김간(金艮)을 파직(罷職)했다. 상이 종묘(宗廟)에 제사를 올릴 때 헌부에서 감찰 김명리(金明理)를 시켜 제사(祭祀)를 감찰하게 해 명리가 이미 재계(齋戒)를 했는데 간이 헌부의 영(令)이라 사칭(詐稱)하고 대신 일을 행했다. 그 마음은 아마도 종묘에서 일을 집행하면 작질이 올라갈 것이라 여겼을 것이다. (그래서) 헌부에서 그를 탄핵해 파직한 것이다.

갑술일(甲戌日-16일)에 상이 상왕전(上王殿)에 나아가 술자리를 베풀었다[置酒]. 이날 (도승지) 박석명이 안변(安邊)에서 돌아와 아뢰었다.

"태상왕(太上王)께서 신에게 이르기를 '환왕(桓王)²²의 기신(忌晨)²³을 지내고 나서야 돌아가겠다'고 하셨습니다. 그러나 안변(安邊), 함주(咸州-함흥) 등지에 양정(涼亭-시원한 정자)을 지으라고 명하셨으니 오래 머무르실 뜻이 있으십니다."

상과 상왕은 눈물을 흘리고서 술자리를 마쳤다.

○ 문하부 낭사(郎舍)가 상언(上言)했다.

"사관(史官)이 마땅히 좌우에서 모셔야 합니다."

그것을 윤허했다.

○ 대신을 개성(開城)의 대정(大井), 박연(朴淵), 덕진(德津)으로 나

---

22 태조 이성계의 아버지인 환조(桓祖) 이자춘(李子春)의 존호다.
23 돌아가신 날의 기제사를 가리킨다. 음주하지 않고 매사에 삼가 조심해야 하기 때문에 기일(忌日)이라고도 한다.

뉘 보내 비를 빌었다[禱雨=祈雨]. 상은 기우(祈雨)와 별의 이변을 없애는 푸닥거리[禳]를 위해 좌부승지(左副承旨) 박신(朴信)을 신도의 소격전(昭格殿)²⁴에 보내 별전(別殿)에서 태일신(太一神)에게 초제(醮祭)²⁵를 지내게 했다. 시독 김과를 시켜 궐내에서 재계하고 『대학연의(大學衍義)』를 진강하게 했다.

을해일(乙亥日-17일)에 세성(歲星-목성)이 달을 꿰뚫었다.

○ 창녕부원군 성석린(成石璘)을 보내 태상왕의 행재소(行在所-임시 거처)에 문안했다. 이때 석린 어머니의 3년상이 아직 끝나지 않았는데[未闋] 상이 박석명을 그 집에 보내 말했다.

"부왕(父王)께서 오랫동안 동북(東北-동북면)에 머물고 계시니 그립고 사모하는 마음이 끝이 없다. 부왕이 믿고 중하게 여기는 사람들 중에 경만 한 이가 없다. 경은 임시변통[權=權道]을 좇아 복(服-상복)을 벗고[釋服] 궁온을 싸 가지고 가서 받들어 맞이하여 돌아오

---

24 조선 건국 초에 상제(上帝)와 성신(星辰) 그리고 노자(老子)에게 초제하기 위해 세운 것인데 세조 때에 소격서(昭格署)로 이름을 바꿨다. 원래 고려시대에는 하늘에 제사지내고 별에 기도하는 도관(道觀)으로 복원궁(福源宮), 신격전(神格殿-소격전), 정사색(淨事色), 소전색(燒錢色), 태청관(太淸觀), 태일전(太一殿), 구요당(九曜堂), 청계배성소(淸溪拜聖所) 등 여러 곳이 있었는데 조선조에 들어와서 이들을 모두 병합해 하나로 만들고 이를 소격전이라 했다. 소격전의 건립 시기는 태조(太祖) 원년 11월 예조의 아룀에 따라 5년(1396년) 정월에 좌우도의 장정 200명을 징발하여 이루어졌다. 중종 때(1518년)에 이른바 기묘제현(己卯諸賢-조광조 일파)의 건의백서(建議白書)에 따라 소격서를 없앴다. 그러다 8년 뒤인 1525년 모후(母后)의 병을 이유로 다시 소격서의 설치를 명했다. 그러던 것이 임진왜란 이후에는 폐지되어 다시 회복되지 않았다. 소격전은 오늘날의 삼청동(三淸洞)에 자리잡고 있었는데, 이 이름 또한 이곳에 삼청전이 있었던 데 연유한다. 삼청(三淸)이란 도가에서 말하는 상청(上淸), 태청(太淸), 옥청(玉淸)을 이른다.
25 성신(星辰) 등에게 지내는 도교의 제사를 말한다.

도록 하라."

석린이 명을 받들어 길을 나서니 상이 그에게 일러 말했다.

"태상왕께서는 평소 경을 중하게 여기셨으니 경의 말은 반드시 따르실 것이다. 틈을 살펴 문안드린 다음에 은근한 말[微辭]로 잘 말씀 드려서 수레를 돌리게 해야 할 것이다."

○ 벌레가 삼[麻]을 먹었다.

정축일(丁丑日-19일)에 폭풍우가 있었다.

○ 단주(端州)의 큰 냇물이 피처럼 진하고 흐린 것이 여드레 동안 이어졌다.

○ 사헌부 대사헌 유관(柳觀) 등이 소(疏)를 올려 포폐(布幣)를 시행할 것을 청했으나 윤허하지 않았다. 소는 이러했다.

'신 등이 엎드려 비답(批答)을 내려주신 것[下批][26]을 보니 사섬서 (司贍署)란 저화(楮貨)를 위해 둔 것입니다. 신 등이 가만히 헤아려 보건대[竊料] 저폐(楮幣)는 관(官)에서 나오니 무궁(無窮)한 반면에 포필(布匹)은 백성들에게서 이루어지니 심히 어렵습니다. 그래서 저 폐로 포필을 대신함은 진실로 나라에 이익이 되고 백성들에게 큰 편리함이 있습니다. 그렇지만[然而] 국가가 상국(上國-명나라)을 섬기기 를 심히 공손히 하고 있는데 명을 받지 않고서 스스로 그것을 행하는 것은 아니 되지 않겠습니까!

---

26 하비(下批)란 여기서처럼 신하가 올린 글에 대해 임금이 그 가부(可否)를 비답(批答)하여 내리던 일을 뜻하기도 하고 삼망(三望)을 갖추지 않고 한 사람만 적어 올려서[單望] 임금 이 임명하던 일을 뜻하기도 한다.

우리 동방에서 포필을 쓴 것은 그 유래가 오래입니다. 바라건대 포
(布)로 초법(鈔法)을 모방해 화폐를 만들되, 정5승포(正五升布)를 써
서 담청색(淡靑色)으로 물들이고 길이는 3척(尺), 너비는 폭(幅)대로
하고 위와 아래를 깁고[縫] 네 변에 그림을 그리고, 본서(本署)와 토
지(土地) 및 재곡(財穀)을 맡은 해당 부서[司]의 도장을 찍어 그 안
을 채웁니다. 그 글에는 '조선포화령(朝鮮布貨令)'이라 하여 단지 나
라 안[境內]에서만 유통되도록 합니다. 길이가 2척(尺), 1척(尺) 되는
것도 역시 이 예(例)를 본떠 만듭니다. 길이가 3척인 것은 3획(畫)을
그려 그 값[直=價]을 조미(糙米-현미) 3두(斗)로 하고 길이가 2척인
것은 2획을 그려 그 값을 2두로 하고 길이가 1척인 것은 1획을 그려
그 값을 1두로 하면 백성들이 그 획을 보고 그 값을 알아서 온갖 물
건을 사고파는 데[貿易=交易] 있어 그 값을 높이고 낮추기가 진실로
어렵지 않을 것입니다. 물건 값을 제하고 거슬러 받는 우수리[餘零-
잔돈]가 있으면 중국(中國)이 동전(銅錢)을 겸하여 쓰는 예를 본떠
서 쌀되[米升]로 하면 됩니다. 이렇게 하면 본토(本土-우리나라) 포화
(布貨)의 이름이 그대로 있게 돼 중국의 초(鈔-초법)를 어긴다는 불
편함이 없고, 그 이름은 초와 다르지만 그 쓰임은 초와 같고, 종이는
쉽게 해지지만 포는 오래 보존되니 그 이로운 바가 훨씬 낫습니다.
상(賞)을 내려줘야 할 때도 모두 이것을 쓰고 쌀과 콩을 쓰지 않으
면 나라에서는 (물자를) 허비하여 내주는 걱정이 없을 것이고, 1척의
값이 쌀 1두이면 백성들은 가벼워서 편리한[輕便] 이로움을 얻고,
100두의 값을 한 사람이 가지게 된다 해도 또한 소에 싣고 말에 태
우는 노고를 덜게 됩니다.

포폐(布幣)로 한 번 바꾸면 그 이로움이 네 가지를 헤아리고 나라나 백성[公私]이 함께 혜택을 입으면서도 아무런 폐단이 없다는 것을 보장할 수 있지만 단지 그것을 시행하는 바가 아주 튼실하지 못할까만 두려울 뿐입니다. 또 일찍이 쓰던 상포(常布)[27]는 금하지 않을 수 없습니다. 월일(月日)로 한정을 두어 백성이 고쳐 짜서 관가(官家)에 바치는 것을 들어주어야 합니다. 관에서 정5승포 1필에 대해 3척(尺)짜리 한 단(端), 2척짜리 두 단, 1척짜리 다섯 단을 주면 백성은 그 원래 값[本價]을 잃지 않을 것입니다. 관에서는 그 포(布)를 쓰되 끊어서 3척짜리 셋, 2척짜리 여섯, 1척짜리 열넷을 만든다면 관에서는 3배의 이익을 얻을 것입니다. 신 등의 어리석은 의견[愚見]이 이와 같사오니 엎드려 바라옵건대 빼어난 살피심[聖鑑]으로 혹시 받아들일 만한 것[可採]이 있거든 도당(都堂)에 내리시어 헤아리고 토의하여[擬議] 시행하게 하소서.'

무인일(戊寅日-20일)에 사헌잡단(雜端) 김효손(金孝孫)이 별사전(別賜田)[28]을 없애 새롭게 와서[新來-신참] 벼슬길에 들어선 자들에게 지급할 것을 청하자 그것을 윤허했다.

---

27 조선 초기 화폐의 하나로 당시 국폐(國幣)에는 정포(正布), 상포(常布), 저화(楮貨)의 3등급이 있었는데 정포는 정5승포인 데 비해 상포는 중등포로서 거친 3승포를 말한다. 정포(正布) 1필은 상포(常布) 2필에 준하고 상포 1필은 저화 20장에 준하며 저화 1장은 미(米) 1승에 준했다. 상포는 정포에 비해 훨씬 품질이 낮고 거친 베로서 숙종 4년(1678) 상평통보가 통용되면서 저화와 함께 화폐로서의 구실을 다하게 된다.

28 공신에게 내려준 토지다.

경진일(庚辰日-22일)에 날씨가 쌀쌀해 가을과 같아 사람들이 솜저고리[襦衣]를 입었다.

○ (상이) 고(故) 상신(相臣) 왕흥(王興, ?~?)[29]의 집으로 옮겨 거처하고 갈대 발[葦簾]을 쓸 것을 명했다.

임오일(壬午日-24일)에 시독 김과에게 명해 「운한(雲漢)」편[30]을 강독하게 했다. 오랫동안 가뭄이 이어져 근심했다. 상은 술을 더 이상 올리지 말도록 하고서 이에 말했다.

"비록 금주(禁酒)의 영(令)을 내렸으나 술을 마시는 자가 그치질 않으니 이는 과인(寡人)이 술을 끊지 않아서 그렇게 된 것이다."

나라 사람들[國人]이 이를 듣고서는 감히 모여서 술을 마시는 일[會飲]이 없었다.

계미일(癸未日-25일)에 보평전(報平殿)에서 일을 보았다[視事]. 사관(史官) 홍여강(洪汝剛)이 계단 아래[階下]에 들어오니 환관(宦官)이 어깨를 붙잡아 내보냈다. 도승지 박석명에게 명하여 말했다.

---

29 고려 때의 문신으로 딸을 변안렬(邊安烈)의 아들과 결혼시킬 예정이었으나 1385년 2월 우왕(禑王)에게 강제로 빼앗겼다. 1387년 밀직사 동지사에 임명됐으며 이듬해에는 밀직사 지사에 올랐는데 그해 3월 딸은 선비(善妃)에 봉해졌다. 1388년 위화도회군 후 이성계(李成桂) 일파에 의해 우왕이 왕족의 혈통이 아니고 신돈(辛旽)의 자식이라는 이유로 폐위됐을 때 딸의 총애를 이용하여 법을 해치고 기강을 문란케 하였다는 왕강(王康)의 탄핵을 받아 유배됐다.

30 『시경(詩經)』의 편이름이다. 주(周)나라 선왕(宣王) 때 극심한 가뭄으로 국민의 삶이 피폐해지자 왕이 안타까운 마음을 시로 표현한 것이다. 고려와 조선에서는 가뭄이 이어지면 비가 오기를 바라는 마음에서 이 시를 읽었다.

"만일 무일전(無逸殿)이라면 사관이 마땅히 좌우에 들어와야 한다. (그러나) 이곳은 곧 내가 사사로이 편안하게 쉬는 곳[燕所]이고 승지들이 다 사관의 직을 겸하고 있으니 사관이 반드시 들어와야 할 것은 없다."[31]

○ 춘추관(春秋館) 감사(監事) 하륜(河崙)에게 명해 『고려사(高麗史)』를 (편찬해서) 올리라 했다. 애초에 상이 조박(趙璞)에게 일러 말했다.

"내가 지난 조정[前朝-고려]의 역사를 살펴보아 권계(勸戒)로 삼고 싶은데 어떤가?"

박이 대답했다.

"진실로 그리하셔야 합니다."

○ 산천과 종묘에 비를 내려주기를 빌었다[禱雨].

갑신일(甲申日-26일)에 상이 마이천(麻伊川)에 나아가 머물렀다[次=留]. 애초에 태상왕은 동북(東北)에 오래 머무를 뜻이 있었다. (그런데) 마침[會] 단주(端州)에 숯이 비처럼 내린 괴변이 있었고 또 가뭄과 흉년으로 인해 백성이 많이 굶주려 죽었으므로[餓莩] 돌아오려고 했다. 성석린이 마침[適] 찾아오니 태상왕이 기뻐서 말했다.

"일찍이 문안하는 자들을 만나봐도 참으로 기쁘지 않았는데 이제 경(卿)을 보니 반갑고 기쁘기 이루 다할 수가 없구나."

---

31 무일전은 정전(正殿)이고 보평전은 편전(便殿)이다. 경복궁의 경우 근정전(勤政殿)이 정전이고 사정전(思政殿)이 편전이다.

석린은 이어 궁온(宮醞)을 바쳐 만수무강을 빌었고 술이 얼근히 취하자 가만히 돌아가시기를 청하는 뜻을 아뢰니 태상왕이 웃으면서 말했다.

"경이 돌아가자고 청한 것은 마침내 내가 돌아가려고 작정한 다음이다. 경이 마땅히 먼저 가면 내가 당연히 뒤를 따를 것이다."

석린이 대답했다.

"주상께서는 날마다 회가(回駕)를 바라고 있습니다."

태상왕은 선뜻[幡然] 고쳐 말했다.
　　　　　　　　　번연

"그렇다면 경과 함께 돌아가야지."

석린이 머리를 조아려 사례하고 곧바로 사람을 보내 이 사실을 보고했다. 상은 이를 듣고 감동하여 기뻐했다. 이때에 이르러 태상왕의 거가(車駕)가 장차 이르게 될 것이므로 나아가 마이천에 머무르며 연회용 장막[供帳]을 갖추고서 기다렸다.
　　　　　　　공장

병술일(丙戌日-28일)에 태상왕이 안변(安邊)에서 도착하자 상이 장전(帳殿)에서 연향(宴享)을 베풀었고 종친과 대신들이 연회를 모셨다[侍宴]. 조계승(曹溪僧) 익륜(益倫)[32]도 함께해 맘껏 즐기고서 마쳤다.
　　　　시연
석린에게 안장 갖춘 말을 내려주었다. 태상왕이 먼저 서울로 들어오고 상이 뒤를 따라 태상전에 이르러 문안했다.

32　태조와 가까워 태종의 부탁을 받고 태조를 설득하기 위해 함흥에 여러 차례 다녀왔던 인물이다.

정해일(丁亥日-29일)에 편전(便殿)에 나아가 정사(政事)를 들었다
[聽政]. 사관 민인생(閔麟生)이 들어오려고 하자 박석명이 막으면서
말했다.

"어제 홍여강이 계단 아래에 들어왔었는데 상께서 말씀하시기를
'무일전 같은 곳이면 사관이 마땅히 좌우에 들어와야 하지마는 편전
에는 들어오지 말라'고 하셨다."

인생은 일찍이 전지(傳旨)[33]가 없었다며 끝내 뜰로 들어왔다. 임금
이 그를 보고 말했다.

"사관이 어찌 들어왔는가?"

인생이 대답했다.

"지난번에 문하부(門下府)에서 사관이 좌우에 입시하기를 청했을
때 윤허하셨습니다. 신은 그 때문에 들어왔습니다."

상이 말했다.

"편전에는 들어오지 말라."

인생이 말했다.

"비록 편전이라 해도 대신이 일을 아뢰고 경연(經筵)에서 강론하십
니다. 신 등이 만일 들어오지 못한다면 어떻게 갖추어 기록하겠습니
까?"

상이 웃으며 말했다.

"이곳은 내가 편안히 쉬는 곳[燕處=燕所]이니 들어오지 않는 것이
좋겠다."

---

33 임금이 전교(傳敎)하는 것 중에서 세세한 일에 관련된 것을 전지라고 한다.

또 인생에게 말했다.

"사필(史筆)은 곧게[直] 써야 한다. 비록 전(殿) 밖에 있더라도 어찌
내 말을 듣지 못하겠는가?"

인생이 대답했다.

"신이 만일 곧게 쓰지 않는다면[不直] 저 위에 하늘[皇天]이 있습
니다."[34]

○ 일본(日本)의 자운사(慈雲寺) 중 천진(天眞)과 대마도(對馬島) 수
호(守護-수령) 종정무(宗貞茂) 등이 바다 섬에서 납치해 판 사람들을
돌려보냈다[發還].

무자일(戊子日-30일)에 진언(陳言-건의)을 의정부에 내려서 헤아리
고 토의하여[擬議] 보고하게 했다. 상이 시행할 만한 것은 가려서 한
점(點)을 찍었고 그 밖에 두 점을 찍은 것은 모두 정부에 내려서 헤
아리고 토의하게 했다.

○ 지(旨)를 내려 무진년(戊辰年-1388년)에 증여(贈與)한 노비로
서 도망갔거나 죽은 자는 본래 주인으로 하여금 채워 넣지 못하게
했다.

○ 사헌부가 소를 올려 청원군(靑原君) 심종(沈淙)[35]의 처벌을 청했
으나 윤허하지 않았다. 소는 대략 이러했다.

---

34 하늘이 용서하지 않을 것이라는 말이다. 아직 실록을 어떻게 써야 할 것인지가 정해지지
않았던 시절, 사관의 기개를 보여주는 장면이라 하겠다.
35 태조의 딸인 경선공주와 혼인해 태조의 사위이자 태종의 매부였다.

'제향(祭享)은 길례(吉禮)[36]이기 때문에 상복(喪服)을 입는 3년 동안에는 (다른) 제사를 지내지 않습니다. 조종(祖宗)의 신명(神明)께도 제사하지 않는데 하물며 그 밖의 귀신이겠습니까? 이달 21일에 청원군 심종이 최질(衰絰-상복) 중에 있으면서도 슬퍼하는 마음이 없이 풍악을 울리어 귀신에게 제사를 지냈으니 그 불효가 큽니다. 율(律)에서 그 일을 상고해보니 비록 종친이라도 십악(十惡)[37]을 범한 자는 반드시 죄를 논하게[論罪] 되어 있습니다. 불효가 십악 중의 하나이니 장차 그가 범한 내용을 가지고 율에 따라 논죄하기를 청하옵니다.'

(소를) 전중(殿中)에 머물러두고[留中] (답을) 내리지 않았다.

○ 이달에 가물었다. 상이 크게 근심하여 사신을 보내 우사(雩祀-기우제 제단), 원단(圜壇), 사직(社稷)에 비를 빌고 또 여자 무당을 모아서 기도했다.

○ 풍해도(豐海道)에 황충(蝗蟲)이 생겨났다.

---

36 흉례(凶禮), 즉 상례(喪禮)와 장례(葬禮)에 포함되지 않은 모든 제사의식을 길례라고 한다. 참고로 나라에서 행하는 오례(五禮)는 다음과 같다. 대사(大祀)·중사(中祀)·소사(小祀) 등의 제사에 관한 길례(吉禮), 본국(本國) 및 이웃나라의 국상(國喪)이나 국장(國葬)에 관한 흉례(凶禮), 출정(出征) 및 반사(班師)에 관한 군례(軍禮), 국빈(國賓)을 맞이하고 보내는 빈례(賓禮), 즉위·책봉·국혼(國婚)·사연(賜宴)·노부[鹵簿-의장(儀仗)]를 갖춘 국왕의 거둥 때의 행렬 등에 관한 가례(嘉禮)가 그것이다.

37 당률소의(唐律疏議)와 대명률(大明律)에 정한 열 가지 큰 죄를 가리킨다. 곧 모반(謀反), 모대역(謀大逆), 모반(謀叛), 악역(惡逆), 부도(不道), 대불경(大不敬), 불효(不孝), 불목(不睦), 불의(不義), 내란(內亂)을 말한다.

己未朔 躬祼太室. 是日 親祭于仁昭殿及①貞陵.
기미 삭 궁관 태실 시일 친제 우 인소전 급 정릉

壬戌 上還宮. 留司群臣設山棚結綵儺禮百戱 以公服迎于
임술 상 환궁 유사 군신 설 산붕 결채 나례 백희 이 공복 영우

崇仁門外 成均館生徒 敎坊倡妓等獻歌謠 百官進箋陳賀.
숭인문 외 성균관 생도 교방 창기 등 헌 가요 백관 진전 진하

甲子 以河崙領三司事.② 執事于廟中者 進秩有差 其未蒙遷秩
갑자 이 하륜 영 삼사 사 집사 우 묘중 자 진질 유차 기 미몽 천질

者 賜內廏馬各一匹 宴享官于淸和亭.
자 사 내구 마 각 일필 연 향관 우 청화정

以尹穆知陜州事. 穆 判三軍府事李茂之甥 而佐命功臣也. 時
이 윤목 지 합주 사 목 판 삼군부 사 이무 지생 이 좌명 공신 야 시

爲奉常卿. 茂言於上曰: "穆求爲陜州守." 上許之. 穆詣闕拜辭 上
위 봉상경 무 언 어 상왈 목 구위 합주 수 상 허지 목 예궐 배사 상

命都承旨朴錫命 問於穆曰: "何求爲陜州守乎?" 穆對曰: "臣得
명 도승지 박석명 문 어 목왈 하 구위 합주 수호 목 대왈 신득

爲功臣 雖以散秩 居京侍衛 臣之所願也. 何求爲外任乎!" 時人
위 공신 수 이 산질 거경 시위 신 지 소원 야 하 구위 외임 호 시인

未知茂意.
미지 무의

革門下注書 三司都事 中樞院堂後. 初置司贍署令一, 丞二,
혁 문화 주서 삼사 도사 중추원 당후 초치 사섬서 영일 승이

直長二, 注簿二, 以掌楮貨. 從河崙之議 欲行鈔法也.
직장 이 주부 이 이장 저화 종 하륜 지의 욕행 초법 야

宥境內:
유 경내

"王若曰 恭惟我祖宗 積德累仁 以凝景命; 太上王 神功盛烈
왕 약왈 공유 아 조종 적덕 누인 이응 경명 태상왕 신공 성렬

肇建大業; 上王篤于孝友 克施有政. 以予否德 恭承遜位之命
조건 대업 상왕 독우 효우 극시 유정 이여 부덕 공승 손위 지명

牢辭不獲 已嘗遣使 告于天子 欽蒙聖訓 許以主張. 顧惟寡昧 膺
뇌사 불획 이상 견사 고우 천자 흠몽 성훈 허이 주장 고유 과매 응

此重艱 夙夜寅畏 罔知攸濟. 自古人君 有國之初 上必告天子 下

必告宗廟 示有所受之也. 仰惟前代若是 肆於夏四月初朔己未 躬

祼太室 以告卽位. 屬大禮之擧行 宜寬恩之誕播 可宥境內. 自

建文三年四月初四日昧爽以前 除謀叛大逆 殺祖父母父母 妻妾

殺夫 奴婢殺主 謀故殺人 蠱毒魘魅 但犯强盜外 已發覺未發覺

已結正未結正 咸宥除之. 於戱! 尊祖敬宗 旣謹明禋之禮: 赦過

宥罪 優施寬大之恩."

丁卯 御無逸殿 覆試知貢擧河崙 同知貢擧趙璞等所取尹淮等

三十三人 擢趙末生爲第一. 以末生爲料物庫副使 第二名李迹

長興庫直長 第三名尹淮司宰直長. 擢用及第乙科三人 載在六典

然擧行自此年始.

戊辰 遣都承旨朴錫命 問太上王起居. 時太上王在安邊府

錫命齋宮醞而往.

賜摠制馬天牧金帶.

禁黃色于中外.

庚午 木星貫月.

以旱徙市.

辛未 雨雹于智異山及一直縣 大如拳 厚三寸 三日乃消. 損禾穀

草木變黃.

減淫祀. 上曰: "巫覡淫祀煩瀆. 自今春秋兩節 一依皇明禮制

行之.
행지

壬申 儀禮詳定司 上六衙日啓事儀. 承上旨也. 肅拜訖 舍人喝
임신 의례 상정사 상 육 아일 계사의 승 상지 야 숙배 흘 사인 갈

各司啓事 政丞陞殿侍坐 兩府啓事者亦陞殿. 奉禮郞以次引兩府
각사 계사 정승 승전 시좌 양부 계사 자 역 승전 봉례랑 이차 인 양부

以下無啓事者 出如常儀 有啓事各司 分立階下 以次陞殿啓事.
이하 무 계사 자 출 여상의 유 계사 각사 분립 계하 이차 승전 계사

訖 政丞以下 下階北面立 奉禮郞引出.
흘 정승 이하 하계 북면립 봉례랑 인출

癸酉 罷司憲監察金艮職. 上之享宗廟也 憲府使監察金明理
계유 파 사헌 감찰 김간 직 상지향 종묘 야 헌부 사 감찰 김명리

監祭 明理已齋 艮詐稱憲府之令 代而行事. 其心蓋料廟中執事得
감제 명리 이재 간 사칭 헌부 지령 대 이 행사 기심 개료 묘중 집사 득

遷秩也. 憲府劾罷之.
천질 야 헌부 핵 파지

甲戌 上詣上王殿置酒. 是日朴錫命回自安邊啓曰: "太上王謂
갑술 상예 상왕 전 치주 시일 박석명 회자 안변 계왈 태상왕 위

臣曰: '經桓王忌晨乃還.' 然命構涼亭于安邊 咸州等處 有久留之
신왈 경 환왕 기신 내환 연명구 양정 우 안변 함주 등처 유 구류 지

意." 上與上王流涕而罷.
의 상 여 상왕 유체 이파

門下府郞舍上言: "史官 宜侍左右." 允之.
문하부 낭사 상언 사관 의시 좌우 윤지

分遣大臣 禱雨于開城大井 朴淵 德津. 上爲祈雨及禳星變 遣
분견 대신 도우 우 개성 대정 박연 덕진 상 위 기우 급 양 성변 견

左副承旨朴信于新都昭格殿 行太一醮齋于別殿. 令侍讀金科 齋
좌부승지 박신 우 신도 소격전 행 태일 초재 우 별전 영 시독 김과 재

於闕內 進講大學衍義.
어 궐내 진강 대학연의

乙亥 歲星貫月.
을해 세성 관월

遣昌寧府院君成石璘 問安于太上王行在所. 時石璘母服未闋
견 창녕 부원군 성석린 문안 우 태상왕 행재소 시 석린 모복 미결

上遣朴錫命于其第曰: "父王久留東北 思戀不已. 父王之所信重
상 견 박석명 우 기제 왈 부왕 구류 동북 사련 불이 부왕 지 소신중

莫如卿. 卿可從權釋服 齋宮醞以往 奉迎而還." 石璘承命而行 上
막여 경 경 가종 권 석복 재 궁온 이왕 봉영 이환 석린 승명 이행 상

謂之曰: "太上王素重卿 卿言必從. 幸於問安之餘 微辭善啓 以致
위지 왈 태상왕 소중 경 경언 필종 행어 문안 지여 미사 선계 이치

回駕.
회가

蟲食麻.
충식마

丁丑 暴風雨.
정축 폭풍우

端州大川 濃濁如血者八日.
단주 대천 농탁 여혈자 팔일

司憲府大司憲柳觀等 上疏請行布幣 不允. 疏曰:
사헌부 대사헌 유관 등 상소 청행 포폐 불윤 소왈

'臣等伏覩下批 有司贍署者 爲楮貨而設也. 臣等竊料 楮貨出
신등 복도 하비 유 사섬서 자 위저화 이설야 신등 절료 저화 출

於官而無窮 布匹成於民而甚難. 以楮幣代布匹 誠有利於國 甚便
어관 이무궁 포필 성어민 이심난 이저폐 대포필 성유리 어국 심편

於民也. 然而國家事上國甚謹 不受命而自行之 無乃不可乎! 吾
어민야 연이 국가 사상국 심근 불 수명 이자행지 무내 불가 호 오

東方用布匹 其來尙矣. 願以布倣鈔法而作幣 用正五升布 染淡靑
동방 용 포필 기래 상의 원이포 방초법 이작폐 용 정오승포 염 담청

長三尺 廣終幅 縫上下 畵四邊本署及掌土地財穀之司之印 共塡
장 삼척 광종폭 봉 상하 화 사변 본서 급장 토지 재곡 지사 지인 공전

其內. 其文曰: '朝鮮布貨令 只行境內.' 其長二尺 一尺者 亦倣
기내 기문 왈 조선 포화 령 지행 경내 기장 이척 일척 자 역방

此例爲之. 長三尺者則畵三畵 其直糙米三斗; 長二尺者畵二畵
차례 위지 장 삼척 자 즉화 삼획 기치 조미 삼두 장 이척 자 화 이획

其直二斗; 長一尺者畵一畵 其直一斗 則民見其畵而知其價 貿易
기치 이두 장 일척 자 화일획 기치 일두 즉민 견 기획 이지 기가 무역

百物 高下其直 固不難矣. 物價有餘零者 倣中國兼用銅錢之例
백물 고하 기치 고 불난 의 물가 유여령 자 방 중국 겸용 동전 지례

用以米升. 是則仍本土布貨之名 而無嫌於中國之鈔 其名與鈔異
용 이미승 시즉 잉본토 포화 지명 이무혐 어 중국 지초 미여 여초 이

而其用與鈔同 紙易壞而布久存 則其利勝矣. 凡有賞給 亦皆用此
이 기용 여초동 지 이피 이포 구존 즉 기리 승의 범유 상급 역개 용차

而不用米豆 則國無費出之患; 一尺之直米一斗 則民得輕便之利;
이 불용 미두 즉 국무 비출 지환 일척 지치미 일두 즉민 득 경편 지리

百斗之價 一人可持 則又省牛載馬馱之勞. 布幣一易 而其利數四
백두 지가 일인 가지 즉우 생 우재 우재 마태 지로 포폐 일역 이 기리 수사

公私兼濟 可保無弊 但恐行之不甚堅固耳. 且曾用常布 不可
공사 겸제 가보 무폐 단공 행지 불심 견고 이 차 증용 상포 불가

不禁. 限以月日 聽民改織納官. 官於正五升布一匹 給三尺者一端
불금 한 이월일 청민 개직 납관 관어 정오승포 일필 급 삼척 자 일단

二尺者二端 一尺者五端 則民不失其本價: 官用其布 斷作三尺
者三 二尺者六 一尺者十四 則官得三倍之利矣. 臣等愚見如是
伏望聖鑑或有可採 令下都堂 擬議施行.

戊寅 司憲雜端金孝孫請革別賜田 給新來從仕者 允之.

庚辰 氣肅如秋 人着襦衣.

移御于故相王興之第 命用葦簾.

壬午 命侍讀金科 講雲漢篇 閔久旱也. 上止酒 乃曰:"雖下
禁酒之令 飲酒者不止 是寡人不斷酒之使然."國人聞之 無敢
會飲.

癸未 視事于報平殿. 史官洪汝剛入階下 宦官扶出之. 命
都承旨朴錫命曰:"若無逸殿則史官宜入左右. 此乃予之燕所
承旨等皆兼史職 史官不必入也."

命監春秋館事河崙 進高麗史. 初 上謂趙璞曰:"予欲覽前朝之
史 以爲勸戒 何如?"璞對曰:"誠然."

禱雨于山川宗廟.

甲申 上出次于麻伊川. 初 太上王有久留東北之意. 會端州有
雨炭之怪 且因旱荒 民多餓莩 故欲還. 成石璘適至 太上王喜曰:
"嘗見有問安者 亦不喜 今見卿 不勝欣悅." 石璘因進宮醞爲壽.
酒酣 從容啓以請還之意 太上王笑曰:"卿之請還 乃在予欲還之
後矣. 卿宜先焉 我當隨後." 石璘對曰:"主上日望回駕." 太上王

204

幡然改曰：“若爾 與卿偕還.” 石璘扣頭謝 卽遣人以聞. 上聞之
感喜. 至是 以太上車駕將至 出次于麻伊川 備供帳以待.

丙戌 太上王至自安邊 上設享於帳殿 宗親及大臣侍宴. 曹溪僧
益倫亦與焉 極歡而罷. 賜石璘鞍馬. 太上王先入京 上隨至太上
殿問安.

丁亥 御便殿聽政. 史官閔麟生欲入 朴錫命止之曰：“昨洪汝剛
入階下 上曰：‘若無逸殿則史官宜入左右. 便殿則勿入.’” 麟生
以未嘗傳旨 竟入于庭 上見之曰：“史官何以入乎？” 麟生對曰：
“前日 門下府請史官入侍左右 允之. 臣是以入.” 上曰：“便殿則
勿入.” 麟生曰：“雖於便殿 大臣啓事 經筵講論. 臣等若不得入
何以備記？” 上笑曰：“此予燕處 勿入可也.” 又語麟生曰：“史筆
宜直書. 雖在殿外 豈不得聞予言！” 麟生對曰：“臣如不直 上有
皇天.”

日本慈雲寺僧天眞及對馬島守護宗貞茂等 發還海島掠賣人.

戊子 下陳言于議政府 擬議以聞. 上擇可行者下一點 其下二點
者 皆下政府擬議.

下旨 戊辰年贈與奴婢逃亡物故者 勿令本主充立.

司憲府上疏請靑原君沈淙罪 不允. 疏略曰：

祭享吉禮 故喪三年不祭. 祖宗之神且不祀 況其外之神乎？
今月二十一日 靑原君沈淙 在衰絰之中 無哀慼之心 動樂祀神

其不孝大矣. 考之於律 雖在宗親 其犯十惡者 必須論罪. 不孝居
기 불효 대의 고지 어율 수제 종친 기 범 십악 자 필수 논죄 불효 거

十惡之一 乞將其所犯 依律論罪.
십악 지일 걸장기 소범 의율 논죄

留中不下.
유중 불하

是月 旱. 上軫念 遣使禱雨于雩祀圓壇社稷 又聚女巫以禱.
시월 한 상 진념 견사 도우 우 우사 원단 사직 우 취 여무 이 도

豊海道蝗.
풍해도 황

| 원문 읽기를 위한 도움말 |

① 여기서 及은 '와'나 '과'로 與와 같은 뜻이다. 그 밖에 及은 문장 앞에서
   급   여
   '~에 이르러'라는 뜻도 있고 '도달하다', '미치다'라는 뜻으로도 많이 쓰
   인다. 특히 미치지 못했을 때 不及이라 하여 '지나침'을 뜻하는 過와 대
                        불급   과
   비가 된다.

② 以河崙領三司事는 원래 以河崙爲領三司事가 돼야 하는데 爲가 생략
   이 하륜 영 삼사 사   이 하륜 위 영 삼사 사   위
   됐다. 以A爲B의 구문이다.
   이   위

태종 1년 신사년
5월

五月

　기축일(己丑日-1일) 초하루에 문하부 낭사(郎舍)가 소를 올려 검교 (檢校)의 직(職)을 없앨 것을 청했으나 윤허하지 않았다. 소는 대략 이러했다.

　'명기(名器-관직)와 작록(爵祿)은 뛰어난 이[賢=賢才]를 기르고 선 비를 대우하는 것입니다. 정밀하게 고르고 뽑아 올려 쓰는 일[精選 擢用]은 이미 법으로 이루어져 있습니다. 이 때문에 그 직책이 없이 그 녹(祿)을 먹는 자는 있지 않은 것입니다. 하물며 재상(宰相)이라 는 품계[階]는 더욱이 가벼이 사람들에게 내어주어서는 안 됩니다. (그런데) 요즘은 늙은 의원, 늙은 점쟁이, 심지어는 수의(獸醫)나 내료 (內僚)[1]의 무리들까지 모두 검교로서 자헌(資憲), 가정(嘉靖), 가선(嘉 善)[2]의 품계를 받아 옥 갓끈[玉纓]과 금 띠[金帶]가 재상들과 뒤섞여 거리의 아이들과 여항(閭巷)의 부녀자들까지 손가락질하며 무시하 고 비웃습니다. 단지 명기를 어지럽히고 조정을 낮출 뿐 아니라 천록 (天祿)의 낭비 또한 염려하지 않을 수 없습니다. 바라건대 지금부터 는 검교의 직을 일절 정지하여 없애고[停罷] 실직(實職)이 없이 일찍 이 검교를 받고서 벼슬에 나아온 자는 금옥(金玉)을 쓰지 못하게 하

1　궁중에서 전명(傳命) 등의 잡무에 종사하는 벼슬아치의 총칭이다.
2　자헌은 정2품, 가정과 가선은 종2품 대부다.

고 이를 어기는 자는 헌사에서 규찰하여 다스려야 합니다[糾理]. 만
일 공로와 다움[功德]이 무리 중에 뛰어나고 나이가 70세가 넘은 자
가 있으면 『예서(禮書)』에 나오는 대로 대부(大夫)는 70세에 벼슬을
마치는[致仕] 예(例)에 의해 본직(本職)에 있으면서 그대로 물러나게
해야 합니다."

상이 삼사 영사(三司領事) 하륜(河崙)과 좌사(左使) 조박(趙璞) 등
에게 물으니 대답했다.

"무릇 검교로 있으면서 벼슬을 마치는 직을 받은 자는 모두 맡은
바[所任]가 있습니다. 유신(劉信)의 경우는 말[馬]을 다스리는 자이
니 마땅히 구마(廐馬)³를 맡아야 하고, 김지연(金之衍)의 경우는 의인
(醫人-의원)이니 마땅히 의약(醫藥)을 맡아야 합니다. 지금 이후부터
는 검교직(檢校職)이 되는 자는 아무[某] 자급(資級-품계)의 아무 관
(官)으로서 아무 사(司)의 아무 직(職)을 행하게 하며, 신(信)의 경우
에는 사복 주부(司僕注簿) 이하의 직(職)을 행하고 지연(之衍)의 경
우에는 전의 주부(典醫注簿) 이하의 직을 행하게 하면 참으로 마땅
할[便] 것입니다."

상이 말했다.

"무릇 검교의 직을 둔 것은 모두 좌우(左右)가 의견을 올려[獻議]
그렇게 된 것인데 결국은 허물을 내게 돌리는가? 다시는 거론하지
말라."

---

3 어용(御用)을 위해 기르는 말이다. 일반 군마(軍馬), 곧 군사의 말과는 구별되며 임금이
   공적(功績)이 있는 신하에게 하사(下賜)하는 물품으로도 쓰인다.

○ 쌀 200석으로 전라도의 굶주림을 구휼했다.

○ 전 부정(副正)⁴ 권식(權式) 등을 베었다[誅]. 애초에 식(式)이 문하부 참찬사(門下府參贊事) 권근(權近)과 더불어 노비[臧獲]를 다투어 틈이 생겼는데 이에 전 낭장(郎將) 강말건(姜末巾), 현인복(玄仁覆)과 사수감(司水監)의 종 가은철(加隱鐵) 등과 더불어 모의해 근(近)이 그 아버지 검교 정승(檢校政丞) 권희(權僖, 1319~1405년)⁵와 더불어 반역[不軌]을 도모했다고 고하니 상이 곧장 식 등을 순군옥(巡軍獄)에 내려 그들을 국문(鞫問)하게 해 헛되이 무고(誣告)한 죄로 모두 죽였다.

경인일(庚寅日-2일)에 명하여 제주도에서 말린 말고기를 올리지 말도록 했다.

○ 전 소감(少監) 황상(黃象)을 영흥부(永興府)로 유배 보냈다[流]. 이때 큰 가뭄이 들어 금주령(禁酒令)이 엄했다. 황상이 의순고 별좌(義順庫別坐)⁶로 있으며 주모(酒母)의 집에 들어가 기생과 마주하여 술을 마시다가 헌부에 적발됐다[所糾]. 상이 공신 희석(希碩)의 아들이라 하여 그가 스스로 원하는 곳에 맞춰 부처(付處-유배)한 것이다.⁷

---

4 종3품 직이다.

5 조선 개국 후인 1393년(태조 2년) 검교 문하시중(檢校門下侍中)으로 개국원종공신(開國原從功臣)이 됐다. 1400년(정종 2년) 판검사로 치사하고 태종이 즉위한 뒤 검교 좌정승(檢校左政丞)이 됐다.

6 의순고란 왕실 재정을 담당한 다섯 창고[五庫] 중의 하나다. 다섯 창고는 의성고(義城庫), 덕천고(德泉庫), 내장고(內藏庫), 보화고(保和庫), 의순고(義順庫)다.

7 이를 자원부처(自願付處)라 한다.

신묘일(辛卯日-3일)에 공부상정도감(貢賦詳定都監)[8]이 공부의 수(數)를 올렸다. 계(啓)는 이러했다.

'여러 창고(倉庫) 궁사(宮司)에 속한 수포전(收布田) 2만 5,031결(結)은 지금 3분의 1은 정5승포(正五升布)로 거두고 그 나머지는 쌀로 거둡니다. 수밀전(收蜜田) 1,310결과 수납전(收蠟田) 710결과 수유전(收油田) 947결은 공상(供上)의 연례(年例)와 별례(別例)로 쓸 꿀[蜜] 30석(石), 납(蠟) 120근(斤), 기름[油] 70석(石)으로 계산하여 정속(定屬)하고,[9] 그 나머지는 쌀로 거둡니다. 수면전(收緜田) 37결은 대전(代田)[10]으로 정속(定屬)합니다. 호조(戶曹)에 속한 정5승포(正五升布)를 거두는 밭 2만 2,132결은 대전(代田)으로 정속(定屬)하고, 그 나머지는 쌀로 거둡니다. 공조(工曹)에 속한 백저포(白苧布-흰 모시) 160필(匹)을 거두는 밭은 쌀로 거둡니다. 내부(內府)에 속한 정5승포(正五升布)를 거두는 밭 7,372결과 수유전(收油田) 622결 그리고 저포(苧布)를 거두는 밭 1,265결은 대전(代田)으로 정속합니다. 광흥창(廣興倉)에 속한 수유전(收油田) 3,300결과 정5승포를 거두는 밭 2만 7,978결은 모두 쌀로 거둡니다. 상항(上項)의 수미전(收米田) 내(內)의 대전(代田)은 포화(布貨) 잡물(雜物)로써 공부(貢賦)를 정하고, 전

---

8 조선 초에 공안(貢案)을 작성하기 위해 설치한 임시 관서다. 1392년(태조 1년) 태조는 고려 후기 이래 폐단이 많았던 재정제도를 개혁하고자 공부상정도감을 설치하고 고려시대의 공안을 검토하여 잘못을 없애고 국가의 지출을 절약하여 백성의 부담을 가볍게 한다는 원칙 아래 각 지방의 산물을 상공(常貢)과 별공(別貢)으로 나누어 거둬들이게 하는 제도를 마련하게 했다.

9 물건이나 가축 또는 사람을 일정한 관청이나 지방에 소속하게 한다는 뜻이다.

10 해마다 경작을 바꾸는 밭이다.

에 포화 잡물을 거두던 밭 내(內)의 실전(實田)은 쌀로 거두되 각각 그 수(數)에 준해서 거둡니다. 각 도(各道)의 멀고 가까움과 수운(輸運)의 어렵고 쉬운 것에 따라 삼사(三司)에서 수(數)를 정해서 시행하여 이문(移文)하게 하소서.'

그것을 윤허했다.

○상정도감에서 또 소를 올려 말했다.

'각 도의 부역(賦役)은 균일하게 하는 것이 중요합니다. 경기(京畿)의 민호(民戶)는 수일(數日)의 노정(路程)에서 땔감[柴炭]과 마초(馬草)를 배와 말의 삯을 지급해가며 서울에 수송하여 납부해야 하는데 1년에 서너 번 와야 하기 때문에 그 부역을 이겨낼 수가 없어 이리저리 떠돌아다니는 것[流移]을 면치 못합니다. 충청·풍해·강원도의 정상탄(正常炭)을 정속시킨 외의 각호(各戶)와 경상·전라도의 각호에서 상5승포(常五升布)를 거두고 대호(大戶)는 2필(匹), 중호(中戶)는 1필, 소호(小戶)는 2호(戶)에서 1필을 거두어 땔감이 강에 이르면 말삯을 주고 또 공상(供上) 외의 시탄(柴炭)은 포(布)로써 대가(代價)를 지급하도록 해야 합니다.'

윤허를 내렸다[允下].

계사일(癸巳日-5일)에 비가 내렸다.

○문하부 낭사에서 태실 증고사(胎室證考使)[11](를 보내기)를 정지하

---

11 후손들의 풍수 발복을 위해 좋은 자리를 택지하여 왕실의 태를 안치할 장소를 물색하는 관리를 말한다.

기를 청하니 그대로 따랐다. 상이 하륜을 증고사로 삼아 충청·경상·전라도를 순회하여 돌아다니게 하려 하자 낭사가 계(啓)를 올렸다.

'바야흐로 농사철인 데다가 가뭄이 심하니 대신을 지방에 내보내어 농사에 힘쓰는 백성들을 방해해서는 안 됩니다.'

문하부 낭사에서 사헌 시사(司憲侍史) 김효공(金孝恭)을 탄핵했다. 나라의 풍속[國俗]에 5월 5일이 되면 넓은 길거리에 크게 모여 돌을 던져 서로 싸워서 승부를 겨뤘는데 이를 석전(石戰)이라고 한다. 시사 김효공이 길을 벽제(辟除)하고[12] 가는데 돌을 던지던 자가 피하지 않자 복례(僕隷), 정리(丁吏)[13] 등을 시켜 그를 잡으려 했으나 잡지 못하고 어떤 자가 정리(丁吏)를 때리고 도망쳤다. 문하부에서 왕명을 욕되게 했다[辱命] 하여 그를 탄핵한 것이다.

갑오일(甲午日-6일)에 비가 내렸다. 의정부에서 비가 내렸다 하여 술을 올리기를 청하니 이를 허락했다. 경연관(經筵官)과 더불어 작은 술자리[小酌]를 베풀고 의정부에 술을 내려주었다.

병신일(丙申日-8일)에 큰 비가 내렸다.

---

12 임금이나 관리 등 지위가 높은 사람이 행차할 때 선도하는 군졸들이 큰 소리를 질러서 다른 사람의 통행을 막고 길에서 비키도록 한 일을 가리킨다. 원래는 개벽(開闢) 혹은 소제(掃除)의 뜻으로 길을 열고 더러운 것들을 치우게 하는 것이었으나 점차 귀인이나 관리들의 위엄을 과시하는 의례로 변질됐다.

13 양부(兩府)나 간원(諫院)이 행차할 때 붉은 옷을 입고 "길을 비켜라" 하고 소리치며 갈도(喝道)를 하던 사람이다. 1414년 4월 24일 태종이 양부(兩府)나 간원(諫院)이 행차할 때 붉은 옷을 입고 갈도(喝道)를 하던 정리(丁吏)를 폐지했다.

경연에 나아갔다. 동지사(同知事)¹⁴ 이첨(李詹)이 『대학연의(大學衍義)』의 탕왕(湯王)의 반명(盤銘)의 장(章)¹⁵을 진강(進講)하니 참찬관(參贊官) 승지(承旨)¹⁶ 박신(朴信), 시강관(侍講官) 조용(趙庸), 시독관(侍讀官) 간의(諫議) 김겸(金謙, 1375~1425년),¹⁷ 사농경(司農卿) 김과(金科) 등이 참여했다[與].¹⁸ 서로 간에 주장을 내세우며 다퉜는

---

14 이때 동(同)은 부(副)와 같은 뜻으로 지사 다음이라는 의미다.

15 제2권에서 『서경(書經)』의 한 구절을 읽은 다음 진덕수(眞德秀)가 그것을 풀이하는 대목이다. "'힘써 큰 다움을 밝힌다[懋昭大德=明明德]'는 것은 곧 그 다움을 나날이 새롭게[日新] 한다는 뜻입니다. 懋라는 말은 늘 힘쓰려고 한다는 뜻이고 昭라는 것은 늘 밝히려고 한다는 뜻입니다. 이런 것들이 이미 갖춰져 있는 마음은 어느 때고 힘쓰지 않음이 없으니 그 다움도 늘 밝게 밝혀지지 않음이 없습니다. 따라서 懋 한 자 속에 '힘써 큰 다움을 밝힌다[懋昭大德]'는 뜻이 다 들어가 있는 셈입니다. 『대학』에서 탕왕의 반명(盤銘-목욕통에 새긴 글)을 인용한 것이 바로 그것입니다. '힘써 큰 다움을 밝힌다[懋昭大德]'는 말은 곧 몸을 닦는 수신(修身)을 뜻하는 것으로 『대학』에서 말하는 '밝은 다움을 밝힌다[明明德]'가 바로 그 뜻입니다."

16 승지로서 경연 참찬관을 겸직한 것이다.

17 정종의 비 정안왕후(定安王后)의 종질이다. 1398년 8월 1차 왕자의 난이 일어났을 때 군기시(軍器寺) 직장(直長)으로 정안군(靖安君-이방원)의 군사에게 무기를 공급하는 공을 세워 교서감승(校書監丞)에 초천(超遷)되었다. 1418년(세종 즉위년) 11월 전주부윤으로 파견되고 이듬해 10월 전주부윤 재직 중에 정종이 죽자 임지를 무단으로 떠나 분상(奔喪)했으나, 용서를 받고 국장도감제조(國葬都監提調)가 되어 치상(治喪)에 참여했다. 1420년 1월 좌군총제(左軍摠制), 그해 3월 정헌대부(正憲大夫)에 오르면서 개성유후사 유후(留後)로 나갔고, 이듬해 12월에 내직으로 돌아와 우군도총제가 되었다. 1422년 경상도 관찰사로 나갔다가 이듬해 소환되어 돈녕부 지사(敦寧府知事)에 제수됐으며 곧 경기감사로 고쳐 임명됐다. 1425년 명나라 인종이 죽자 진향사(進香使)로 또다시 중국에 갔다가 거기서 죽었다.

18 우리나라의 경연관은 1132년(고려 인종 10년) 정원(鄭沅), 윤언이(尹彦頤), 정지상(鄭知常) 등이 경연에서 진강한 것이 최초의 기록이다. 경연은 몽골 간섭기에 서연(書筵)으로 강등돼 경연관도 서연관으로 개칭했으나 1390년(공양왕 2년)에 복원됐고 관제도 재정비됐다. 이때의 경연관은 영경연사(혹은 경연영사 이하 동일) 2인, 지경연사 2인, 동지경연사 2인, 참찬관 4인, 강독관 2인, 검토관 4인이었다. 심덕부(沈德符)가 영경연사에, 정몽주(鄭夢周)·정도전(鄭道傳)이 지경연사에 임명됐다. 조선왕조 개창 직후인 1392년 7월의 관제 제정시에 이것이 대체로 계승됐다. 1420년(세종 2년) 집현전이 설치되어 경연 전담부서화하게 됐다. 1437년부터 집현전 관원 20인 중 10인은 경연관, 10인은 서연관을 겸하게 했다.

데[論難] 상이 강구하고 논하는 바[講論]가 매우 정밀했고[精] 강(講)이 끝나자 주찬(酒饌)을 베풀었다. 사관 민인생이 아뢰어[啓] 말했다.

"지금 여러 신하들과 함께 강구하고 논하는 바가 매우 정밀하시고, 따스한 말씀은 (신하들에게) 친밀하기 그지없습니다[密勿]. 바라건대 전하께서 비록 편전(便殿)에 앉아 정사를 들으실 때라도 모름지기 사관이 들어와 모시면서 좋은 말씀[嘉言=昌言]을 기록하게 하소서."

상이 김겸에게 일러 다시 사관의 말을 들어보라 하니 이첨, 박신, 조용, 김과가 모두 말했다.

"경연에 들어와 모시는 것은 가능하겠지만 어찌 정사를 듣는 때에 들어오려고 합니까? 신 등도 전조(前朝-고려) 신씨(辛氏)[19]의 사관이었습니다만 두렵고 위축되어 감히 (임금을) 뵙지 못했습니다."

인생이 말했다.

"임금[主]이 밝으면[明] 신하는 곧습니다[直]. 어찌 감히 전조(前朝)를 갖고서 오늘날에 비교할 수 있습니까?"

김겸이 말했다.

"신이 본사(本司)와 더불어 함께 토의해 다시 아뢰겠습니다."

또, 이때 사경(司經) 등의 하위직이 신설됐다. 경연관제는 성종 때 최종적으로 정비되어 『경국대전』에 직제화됐다. 즉 정1품 영사 3인, 정2품 지사 3인, 종2품 동지사 3인, 정3품 당상 참찬관 7인, 그리고 정4품 시강관, 정5품 시독관(侍讀官), 정6품 검토관(檢討官), 정7품 사경(司經), 정8품 설경(說經), 정9품 전경(典經)이었다.

19 여기서는 신돈(辛旽)이 아니라 조선 개국 세력들이 신돈의 아들이라 간주했던 고려 말 우왕과 창왕을 가리킨다.

정유일(丁酉日-9일)에 상이 태상전에 조알하고 장수를 기원했다.

무술일(戊戌日-10일)에 여우가 병부교(兵部橋)에 들어와 마을 사람들이 그것을 잡았다.

○ 사헌부 대사헌(大司憲) 유관(柳觀) 등이 글을 올렸다.

'첫째, 풍악을 울리고 잔치에서 술을 마시는 일[宴飮]을 금해야 합니다. 둘째, 탄일(誕日)에 조하(朝賀)하는 것을 없애야 합니다. 셋째, 탄일재(誕日齋)와 초례(醮禮) 시행을 없애야 합니다.'

상이 말했다.

"풍악을 울리는 것을 금하자는 일은 전에 이미 내 뜻을 드러낸 바가 있었으니 무얼 번거로이 다시 말하는가? 조하(朝賀)를 없애자는 일은 우리나라가 한결같이 홍무예제(洪武禮制)에 입각하고 있고 고황제(高皇帝)께서 외국(外國)까지도 모두 조하하게 했다. 또 옛날 제왕(帝王)들 중에 당(唐) 태종(太宗) 이외에는 조하를 없앤 이가 있다는 것을 듣지 못했다. 잔치하여 즐기는 것[宴樂]은 이미 없앴고 조하의 경우 반드시 없앨 필요는 없다. 탄일재(誕日齋)를 없애는 일은 전조(前朝) 때부터 지금까지 나라에서는 기신(忌晨)에, 아래에서는 추천(追薦)[20]과 기일(忌日)에 모두 중들에게 밥을 먹인다[飯僧]. 이런 일들을 모두 다 금지하여 없앤 연후에야 탄일재를 아울러 없애는 것이 가능할 것이다. (그런데) 어찌 유독 이 한 가지 일에 대해서만 기어코 말하는가?"

---

20 죽은 사람의 명복을 비는 일이다.

정부에 내려 헤아리고 토의를 한 다음 다시 아뢰도록[申聞] 했다.
정부가 토의하여 결론을 내렸다.

"헌부에서 글을 올린 대로 하기를 청합니다."

탄일재를 정지하고 없앴다.

○ (명나라의) 배 1척[艘]이 전라도 장사현(長沙縣)[21]에 와서 정박했는데 배 안에 사람이 60여 명이나 있었고 스스로 말하기를 "제(帝)의 명으로 요동에 양곡을 운반하다가 바람으로 인해 여기에 이르렀다"고 했다. 명하여 양식을 주고 두텁게 위로해 보내주었다.

기해일(己亥日-11일)에 (재상들에게) 보사제(報祀祭)를 행하도록 명했는데 이는 예조의 계(啓)를 따른 것이다. (이에) 의정부는 반대했다.

"종묘(宗廟)와 사직(社稷)(에 제사를 지내는 경우)에는 마땅히 재상에게 명해야 하고 여러 잡신과 용추(龍湫)[22](의 경우)에는 마땅히 재상을 시켜 그것을 행하게 해서는 안 될 것입니다."

상이 말했다.

"비(가 안오는 것)를 근심하여 이미 재상을 시켜 비를 빌었는데 비를 얻었다고 해서 이번에는 낮은 사람[微者]을 시켜 제사에 응해주신 것을 보답하는 것[報祀]이 있을 수 있는 일이겠는가?"

---

21 지금의 전라북도 고창군 무장면은 무장현(茂長縣)이었는데 태종 17년(1417년)에 무송현(茂松縣)과 장사현(長沙縣)이 통합된 것이다.

22 인근의 지명이다. 용추는 용이 승천한 곳이라 하여 붙여진 이름이며, 가뭄이 심할 때 이곳에서 기우제를 지낸 뒤 물을 퍼내면 비를 내려준다는 전설이 깃들어 있다. 용소(龍沼)라고도 하며 전국 곳곳에 이런 지명이 있다.

윤허하지 않았다.

신축일(辛丑日-13일)에 태백성(太白星)이 낮에 나타나 사흘 동안이나 하늘에 그대로 있었다[經天].
경천

○ 소격전(昭格殿)에서 북두 초례(北斗醮禮)를 베풀고 사흘 동안 재계(齋戒)했다.

○ 연복사(演福寺)의 불상[金人]이 땀을 흘렸다.
금인

임인일(壬寅日-14일)에 호조전서(戶曹典書) 이황(李滉)이 죽었다[卒]. 황이 처음에 병들자 제생원 지사(濟生院知事) 방사량(房士良,
졸
?~?)²³이 침구(針灸)를 놓았는데 갑자기[尋=遽] 죽었다. 사람들은 말
심 거
하기를 "사량이 침구를 잘못 놓아[妄施] 그렇게 됐다"고 했다.
망시
황은 청렴하고 공손했으며[廉謹] 산수(山水)를 잘 그려 당시 사람
염근
들이 그를 좋아했다. 상은 그의 죽음을 듣고서 탄식하여 말했다.
"이런 사람을 어찌 쉽게 얻을 수 있으랴?"
부의(賻儀)로 쌀과 콩 50석과 종이 100권을 내려주었다.

갑진일(甲辰日-16일)에 해에 귀고리 모양[珥]이 나타났다.
미

---

23 1391년(공양왕 3년) 3월에 겸전의시승(兼典醫寺丞)으로서 시무(時務) 11조를 올렸다.
    1399년(정종 1년)에 간행한 『향약제생집성방(鄕藥濟生集成方)』과 『신찬집성마의방우의방
    (新撰集成馬醫方牛醫方)』의 편집에 참여했다. 『신찬집성마의방우의방』의 서(序)와 발(跋)
    에는 전의소감(典醫少監), 지제생원사(知濟生院事) 등으로 돼 있다. 1401년(태종 1년)에도
    지제생원사로서 의료에 종사했다.

○ 두 가지 죄[二罪][24] 이하를 사면했다[宥]. 상의 탄신일이었다. 여러 신하들에게 잔치를 베풀려 하다가 문득 말했다.

"이날은 실은 부모님이 고생하신[劬勞][25] 날이므로 차마 잔치를 열어 즐기지 못하겠다."

마침내 잔치를 그만뒀다. 태상전과 상왕전 모두 궁온(宮醞)을 보내었으므로 이에 종친과 부마(駙馬)들을 불러 청화정(淸和亭)에 나아가 이를 받았다.

○ 흰 빛깔 옷을 입는 것을 금지시켰다.

○ 헌부에서 다시 금주령을 내릴 것을 청했으나 다만 풍악을 울리고 잔치를 열어 술을 마시는 것만 금했다.

을사일(乙巳日-17일)에 의원[醫者]에게 명해 역마를 타고[乘馹] 익주(益州-전라북도 익산)에 달려가 회안대군(懷安大君) 방간(芳幹)의 병을 치료하게 했다. 행 전의감(行典醫監) 양홍달(楊弘達)이 익주에서 와서 태상왕에게 아뢰어 말했다.

"회안대군이 죽었다가 다시 살아났습니다."

태상왕이 사람을 시켜 상에게 말했다.

"방간이 병들어 장차 죽게 됐으니 급히 의원을 보내라."

무신일(戊申日-20일)에 신의왕후(神懿王后-한씨)의 초상화[眞=眞影]를

---

24 참형(斬刑)과 교형(絞刑)에 해당하는 죄를 가리킨다.
25 구로(劬勞)란 『시경(詩經)』 「소아(小雅)」·「육아(蓼莪)」편에 나오는 시구의 일부다.

(개성의) 광명사(廣明寺)[26]에 옮겨 안치했다[移安]. 신도(新都)의 인소전(仁昭殿)으로부터 그것을 가져왔다.

○ 분경(奔競)[27]을 금지시켰다. 상이 재앙과 이변[災異]을 걱정하여[軫念] 삼군부(三軍府)에 명해 무신(武臣)의 집에 분경하는 것을 막고 사헌부(司憲府)에 명해 집정(執政)[28]의 집에 분경하는 것을 막도록 했다. 삼군부와 사헌부에서 아전[吏]을 시켜 그들의 집을 지키게 해 사람들이 오면 (신분의) 존비(尊卑)와 그 찾아온 까닭을 묻지도 않고[無問=不問] 모조리 잡아 가두니 사람들마다 의심하고 두려워해 의논이 어지러웠다[紛紜=紛紛]. 사헌부에서 동성(同姓)은 재종 형제(再從兄弟)와 조부(祖父)에 한정하고, 이성(異姓)은 같은[同] 3세(三世)의 친속(親屬)에 한정하고 그 나머지 사람들을 금지하기를 청하니 상이 말했다.

"친족이나 외족[親表]을 모두 같은 5세(五世)의 친족에 한하여 금지하고 이 영(令)을 범하는 자는 (공직의) 직사(職事)가 있을 경우 신문(申聞)도 하지 말고 직첩(職牒-고신)을 거두어 파직(罷職)하고, 산인(散人-직사가 없는 사람)은 그 스스로 원하는 곳을 들어서 지방[外方]으로 유배를 보내라[竄]."

---

26 개성시 만월동(滿月洞) 연경궁(延慶宮) 북쪽 송악산록(松嶽山麓)에 있는 절이다. 922년 (태조 5년) 태조 왕건이 대대로 전해져오던 옛집을 바쳐 절을 짓게 했는데 어수(御水)로 썼다는 이 절의 침실 바깥 우물에는 작제건(作帝建)과 용녀(龍女)의 전설이 얽혀 있다. 훗날 충렬왕도 몇 차례나 이 절을 찾았고, 충숙왕·충정왕 등도 이 절을 찾아 우란분재(盂蘭盆齋)와 용화회(龍華會) 등을 여는 등 고려 왕실과 밀접한 관계를 가졌던 사찰이다.

27 벼슬자리를 얻기 위해 고관대작의 집을 돌아다니며 인사 청탁을 하는 것을 말한다. 분주히 이리저리 뛰어다닌다는 뜻으로 분경(奔競)이라 했다. 고려 말에는 공식화돼 있었다.

28 집정대신을 가리킨다.

○ 순작법(巡綽法)을 엄하게 했다. 삼군부에서 청했다.

"지금부터 초경(初更) 3점(點) 이후 5경(更) 3점(點) 이전에[29] 순라(巡邏)를 범하는 자는 모두 가두게 하소서."

그대로 윤허했다[兪允].

기유일(己酉日-21일)에 좌승지 이원(李原)을 보내 신도의 소격전에서 금성(金星)에 푸닥거리와 초제[禳醮]를 지냈다.

○ 동북면(東北面) 도순문사(都巡問使)[30] 강사덕(姜思德, ?~1410년)[31]에게 궁온(宮醞)을 내려주었다. 사덕이 그 도(道)의 급한 일[事宜] 세 가지를 아뢰었다.

'하나, 이 지역의 땅과 밭은 비옥함과 척박함[肥瘠]이 나눠져 있지 않아 자정(字丁)[32]을 만들지 않고 다만 날갈이[日耕]로 장부에 기록해 조(租)를 거두기 때문에 그 후에 조를 거두는 자는 반드시 그 전의

---

29 밤 시간을 초경(初更-밤 8시 전후), 이경(二更), 삼경(三更), 사경(四更), 오경(五更)으로 나누되 각 경은 1점(點), 2점, 3점, 4점, 5점으로 나누었다.

30 순문사란 조선 전기 의흥친군위에 딸려 있던 군직의 하나로 왕명을 띠고 군무(軍務)를 순찰하는 특사다. 도순문사란 그중에서도 으뜸[都]이라는 뜻이다.

31 1397년(태조 6년) 남포진 첨절제사(藍浦鎭僉節制使)를 거쳐 태종 때에 동북면 도순문사(東北面都巡問使), 길주도 도안무찰리사(吉州道都安撫察理使), 형조전서(刑曹典書), 우군총제(右軍摠制), 전라도 병마도절제사, 경상도 도절제사, 승녕부 판사(承寧府判事)를 역임했다. 주로 경상도·전라도 해안에 출몰하던 왜구(倭寇)를 방어하는 데 공이 많았으나 1409년 윤목(尹穆) 등의 모반사건에 관련돼 영해(寧海)로 유배되었다가 이듬해 사형됐다.

32 토지의 비옥도에 따라 구분하여 매긴 논밭의 자호(字號)인데 천자문의 자호를 써서 전지 5결씩 순서대로 표기하는 방식인 자정제(字丁制)는 고려 말 사전(私田) 개혁 과정에서 도입됐다. 수조권자가 지급받은 과전은 한 개 내지 여러 개의 자정으로 구성됐다. 1자정은 점차 5결 단위로 설정됐다. 자정은 수조지를 분급하는 단위였으며 경기도에서는 자정을 단위로 전세미를 수송하는 요역을 부과했다.

장부에 의거하고 손실(損實)을 논하지 않으니 백성들이 그 폐단을 받게 됩니다. 바라건대 지금부터는 해마다 그 손실(損實)로 나누어 그 조(租)를 높이고 낮추게 해야 합니다.

하나, 수령(守令)의 늠록(廩祿-봉급)을 다른 고을[州]의 창고에 있는 쌀로 달[月]을 계산해 지급하다 보니 춥고 더운 것을 나누지 않고 농사철도 따지지 않아 운반하기가 심히 힘들고 모손(耗損)되거나 독촉하는 폐단이 따르게 됩니다. 바라건대 지금부터는 다른 도(道)의 예(例)에 의해 각기 자기 고을에서 지급하도록 함으로써 운반에 따른 고통을 면하게 해야 합니다.

하나, 태상왕께서 석왕사(釋王寺)[33] 서쪽 끝에 궁(宮)을 지으라고 명령하신 것이 모두 25칸[間]인데 공장(工匠)과 승려를 합쳐 모두 80명입니다만 올해는 흉년으로 인해 많은 백성들이 굶주리고 힘들어 공급할 수 없는데 다시 독승군(督僧軍) 50명을 더했고 또 영중(營中)의 철물(鐵物)이 쓰기에 부족합니다. 그 승군과 철물은 바라건대 다른 군(郡)에서 하도록 옮겨주십시오.'

의정부에 내려 토의하게 하니 모두 다 계문(啓聞)에 따르되 다만 승군과 철물은 농사철의 틈[農隙]을 기다렸다가 하는 것이 진실로 편리하겠다고 하니 상이 그렇게 하라고 했다.

○ 태상왕이 신궁(新宮)의 옆에 별전(別殿)을 지었는데 이는 신궁이

---

33 강원도 고산군 설봉리 설봉산 기슭에 있으며 휴정의 『설봉산석왕사기(雪峯山釋王寺記)』에 따르면 고려 말인 1384년 이 절 근처의 토굴에서 지내던 무학대사 자초(自超)가 태조 이성계(李成桂)의 꿈을 해석해준 것이 인연이 돼 절을 크게 짓게 됐다고 한다. 태조가 왕위에 오른 후 절의 액호(額號)를 내려 석왕사라고 했다.

자신의 뜻에 맞지 않았기[未愜] 때문이다. 상이 일찍이 백관들로 하여금 품질(品秩)에 따라 계획안을 내게 해[出丁] 재목을 운반해 농사철의 틈을 기다렸다가 문묘(文廟-공자의 사당)를 지으려고 했는데 태상왕이 이 재목들을 가져다 썼다.

갑인일(甲寅日-26일)에 명하여 올해 이전에 꾸어준 공사(公私)의 묵은 빚[宿債]은 단지 그 본전만 받도록 했다. 경기(京畿) 안렴사(按廉使)[34] 정혼(鄭渾)이 계(啓)를 올려 말했다.

'옛날에 아주 가난한 백성[窮民]에게 꾸어주고 그 계약문서[契券]를 불살라버린 자가 있고, 그 상환을 독촉하지 않은 자도 있었는데 군자(君子)가 이를 듣고 크게 칭찬했습니다[歎賞]. (그런데) 근래에 수재와 한재로 인해 곡식을 제대로 거두지 못해 아주 가난한 백성들 중에 꾸어 쓴 자는 더욱 궁해져 갚을 수가 없는데도 빌려준 자[物主]는 반드시 본전과 이자[本利]를 꽉 채워서 독촉하기를 그치지 않고 심지어는 (그로 인해) 몸을 품팔고[傭身] 자식을 파는 자까지 있으니 참으로 가련하다 할 수 있습니다. 『시경(詩經)』에 이르기를 "부자야 괜찮건만 이 힘없고 고독한 사람들이 애처롭구나[哿矣富人

---

34 이때는 아직 관찰사 제도가 생기기 전이라 고려의 지방관직 제도를 그대로 썼다. 안렴사란 고려시대 도(道)의 장관인데 충렬왕 2년(1276년)에 안찰사(按察使)를 안렴사로 고쳤다. 임무는 도내의 주현을 순안(巡按)하면서 첫째는 수령의 현부(賢否)를 살펴 출척하는 일, 둘째는 민생의 어려움을 살피는 일, 셋째는 형옥(刑獄)을 다스리는 일, 넷째는 조세의 수납, 다섯째는 군사적 기능에 관한 것이었다. 안렴사는 조선시대의 관찰사와 달리 도에 상주하는 전임관이 아니라 사명지임(使命之任)으로 임기는 대체로 6개월이었다.

哀此煢獨(惸獨)]"³⁵라고 한 것은 아마도 이를 두고 한 말일 것입니다.
_{애 차 경독   경독}
바라건대 중앙과 지방으로 하여금 신사년(辛巳年-1401년) 정월 이전
에 꾸어준 공사(公私)의 묵은 빚은 단지 그 본전만을 받고 이자는
받지 못하게 해 아주 가난한 백성들에게 혜택을 베풀어야 합니다.'

그것을 따랐다.

○ 밀원(密院)에 당번 드는 관례를 없앴다. 애초에 총지종(摠持宗)³⁶
승려 10명이 모두 요(料)를 받고 윤번(輪番)으로 삼전(三殿)에 들어와
진언(眞言)을 외었는데 이를 밀원(密員)이라 했다. 이때에 이르러 삼
사(三司)에서 다만 당번 드는 승려의 요만 지급하기를 청하자 명하여
모두[竝] 없앴다.
_병

을묘일(乙卯日-27일)에 상이 인소전(仁昭殿)에서 몸소 제사를 지
냈다.

○ 사은사(謝恩使) 서장관(書狀官)인 교서소감(校書少監) 안윤시(安
允時)와 통사(通事-통역관) 전중시 판사(殿中寺判事)³⁷ 이현(李玄)이
경사(京師-명나라 수도)에서 돌아오니³⁸ 그들에게 각각 안장 갖춘 말
을 내려주었다. 윤시 등이 계하여 말했다.

─────────

35 「소아(小雅)」 정월(正月)편에 나오는 구절이다.

36 7종 12파(七宗十二派)의 하나로 신라 문무왕(文武王) 때 혜통대사(惠通大師)가 개종(開
宗)했으며 뒤에 남산종(南山宗)과 합하여 총남종(摠南宗)이 됐다.

37 전중시란 고려와 조선 초의 관직으로 왕가(王家)의 보첩(譜牒)에 관한 일을 맡아보던 관
아(官衙)다.

38 이현의 경우처럼 중국에 사신으로 갔다가 일행보다 먼저 와서 소식을 전하는 통사를 선
래통사(先來通事)라 했다.

"제(帝)께서 통정시승(通政寺丞) 장근(章謹)과 문연각 대조(文淵閣待詔) 단목례(端木禮)를 보내 고명(誥命)과 인장(印章)을 싸 가지고 사은사와 함께 오는데 이미 압록강(鴨綠江)을 건넜습니다."

상이 보고를 듣고 대신들에게 말했다.

"간밤의 꿈에 모후(母后)께서 흰 적삼을 입으시고 나에게 이르시기를 '내가 이미 옮겨왔다'고 하시며 기뻐하시는 모양이었는데 꿈에서 깨어 이를 이상하게 여겨 마음속으로 그리운 마음을 견딜 수 없었는데 오늘 마침내 성사(盛事)가 장차 이른다는 말을 들었으니 어찌 모후(母后)의 하늘에 계신 혼령이 미리 아시고 기뻐하신 것이 아니겠는가?"

백관(百官)과 대소 한량(大小閑良)³⁹ 그리고 기로(耆老-원로)들이 모두 하례(賀禮)를 올렸다.

병진일(丙辰日-28일)에 상이 덕수궁(德壽宮)에 조알하고 장수를 빌었다. 태상왕이 상에게 일러 말했다.

"방간(芳幹)이 비록 죄가 있으나 이미 혼이 났다. 불러 돌아오게 하는 것이 어떻겠느냐?"

상이 대답했다.

"이는 신의 오래된 마음[夙心=宿心]입니다. 명대로 곧장 따르겠습니다."

---

39 한량이란 직첩(職牒)이나 직함(職銜)은 있으나 직사(職事)가 없는 무직사관(無職事官)과 직(職) 혹은 역(役)이 없는 사족(士族)의 자제 등을 가리키는 말이다.

己丑朔 門下府郎舍上疏 請罷檢校之職 不允. 疏略曰:
기축 삭 문하부 낭사 상소 청파 검교 지직 불윤 소 약왈

'名器爵祿 所以養賢而待士也. 精選擢用 已有成法. 是以未有
명기 작록 소이 양현 이 대사 야 정선 탁용 이유 성법 시이 미유

無其職而食其祿者也 況宰相之階 尤不可輕以與人也. 今者老醫
무 기직 이 식 기록 자야 황 재상 지계 우 불가 경이 여인 야 금자 노의

老卜 至於獸醫內僚之徒 皆以檢校 受資憲 嘉靖 嘉善之階 玉纓
노복 지어 수의 내료 지도 개이 검교 수 자헌 가정 가선 지계 옥영

金帶 混於宰相 街童巷婦 指而侮笑. 非唯亂名器卑朝廷 天祿之
금대 혼어 재상 가동 항부 지이 모소 비유 난 명기 비 조정 천록 지

費 亦不可不慮也.① 願自今 檢校之職 一切停罷 無實職而曾受
비 역 불가 불려 야 원 자금 검교 지직 일절 정파 무 실직 이 증수

檢校致仕者 毋用金玉 違者 憲司糾理. 如有功德出衆 年踰七十
검교 치사 자 무용 금옥 위자 헌사 규리 여유 공덕 출중 연유 칠십

者 依禮書大夫七十致仕之例 以本職仍令致仕.'
자 의 예서 대부 칠십 치사 지례 이 본직 잉령 치사

上問領三司事河崙 左使趙璞等 對曰: "凡受檢校致仕之職者
상문 영 삼사 사 하륜 좌사 조박 등 대왈 범수 검교 치사 지직 자

皆有任者也. 若劉信則②治馬者 宜掌廐馬; 若金之衍則醫人 宜掌
개유 임자 야 약 유신 즉 치마 자 의장 구마 약 김지연 즉 의인 의장

醫藥. 自今以後 爲檢校職者 以某資級某官 行某司某職 而如信
의약 자금 이후 위 검교 직자 이모 자급 모관 행모 사 모직 이여신

者則行司僕注簿以下之職 之衍則行典醫注簿以下之職 誠爲便
자 즉 행 사복 주부 이하 지직 지연 즉 행 전의 주부 이하 지직 성 위편

矣." 上曰: "凡置檢校之職 皆左右獻議之所爲 終則歸咎於予乎?
의 상왈 범치 검교 지직 개 좌우 헌의 지소위 종즉 귀구 어여 호

勿復擧論."
물부 거론

以米二百石 賑全羅道飢.
이 미 이백 석 진 전라도 기

誅前副正權式等. 初 式與參贊門下府事權近 爭臧獲有隙 乃與
주 전 부정 권식 등 초 식여 참찬 문하부 사 권근 쟁 장획 유극 내여

前郞將姜末巾玄仁覆 司水監奴加隱鐵等謀 告近與父檢校政丞億
전 낭장 강말건 현인복 사수감 노 가은철 등모 고근여부 검교 정승 희

圖不軌 上卽下式等于巡軍鞫之 以誣妄皆死.
도 불궤 상 즉 하식등우 순군 국지 이무망 개사

庚寅 命濟州勿進乾馬肉.
경인 명 제주 물진 건마육

流前少監黃象于永興府. 時大旱 禁酒令嚴. 黃象爲義順庫別坐
유전 소감 황상 우 영흥부 시 대한 금주령 엄 황상 위 의순고 별좌

入酒母家 對妓而飮 爲憲府所糾. 上以功臣希碩之子 從其自願
입 주모 가 대기이음 위 헌부 소규 상이 공신 희석 지자 종기 자원

付處.
부처

辛卯 貢賦詳定都監 上貢賦之數. 啓曰:
신묘 공부 상정도감 상 공부 지수 계왈

'諸庫宮司所屬收布田二萬五千三十一結 今以三分之一收
제고 궁사 소속 수포전 이만 오천 삼십 일결 금이 삼분지일 수

正五升布 其餘收米. 收蜜田一千三百一十結 收蠟田七百一十
정오승포 기여 수미 수밀전 일천 삼백 일십 결 수랍전 칠백 일십

結 收油田九百四十七結 計供上年例與別例所用蜜三十石 蠟
결 수유전 구백 사십 칠결 계 공상 연례 여 별례 소용 밀 삼십 석 납

一百二十斤 油七十石定屬 其餘收米. 收縣田三十七結 以代田
일백 이십 근 유 칠십 석 정속 기여 수미 수면전 삼십 칠결 이 대전

定屬. 戶曹所屬收正五升布田二萬二千一百三十二結 以代田
정속 호조 소속 수 정오승포 전 이만 이천 일백 삼십 이결 이 대전

定屬 其餘收米. 工曹所屬收白苧布一百六十四田 收以米. 內府屬
정속 기여 수미 공조 소속 수백저포일백 육십 팔전 수이미 내부 속

收正五升布田七千三百七十二結 收油田六百二十二結 收苧布田
수 정오승포 전 칠천 삼백 칠십 이결 수유전 육십 이결 수저포전

一千二百六十五結 以代田定屬. 廣興倉屬收油田三千三百結 收
일천 이백 육십 오결 이 대전 정속 광흥창 속 수유전 삼천 삼백 결 수

正五升布田二萬七千九百七十八結 皆收米. 上項收米田內代田
정오승포 전 이만 칠천 구백 칠십 팔결 개 수미 상항 수미전 내 대전

以布貨雜物定賦; 在前收布貨雜物田內實田 收其米 各其數準
이 포화 잡물 정부 재전 수 포화 잡물 전내 실전 수 기미 각 기수 준

收納. 以各道遠近及輸轉難易 三司定數行移'
수납 이 각도 하근 급 수전 난이 삼사 정수 행이

允之.
윤지

詳定都監又上疏曰:
상정도감 우 상소 왈

228

'各道賦役 要令均一. 京畿民戶 數日程途 柴炭馬草 給船
馬價 輸納于京 一年之內 至於三四度 故不勝其役 未免流移. 其
於忠淸 豐海 江原道正常炭定屬外各戶及慶尙全羅道各戶 收
常五升布 大戶二匹 中戶一匹 小戶二幷一匹. 柴炭到江 給馬價
且供上外柴炭 以其布給之.'

允下.

癸巳 雨.

門下府郞舍請停胎室證考使 從之. 上欲以河崙爲證考使 歷巡

忠淸 慶尙 全羅道 郞舍啓:

'方農旱甚 不宜使大臣出外 以妨農務也.'

門下府郞舍劾司憲侍史金孝恭. 國俗以五月五日 大集街路

擲石相鬪 以角勝負 謂之石戰. 侍史金孝恭辟道而行 有擲石者

不避 使僕隷丁吏等捕之未獲 有人擊丁吏而逃. 門下府以辱命

劾之.

甲午 雨. 議政府以得雨 請進酒 許之. 與經筵官設小酌 賜醞于

議政府.

丙申 大雨.

御經筵. 同知事李詹進講大學衍義 湯之盤銘章 參贊官承旨

朴信 侍講官趙庸 試讀官諫議金謙 司農卿金科等與焉. 互相

論難 上講論甚精 講罷設酒饌. 史官閔麟生啓曰: "今與諸臣

講論甚精 溫言密勿. 願殿下 雖坐便殿聽政時 須令史官入侍 以

記嘉言." 上謂金謙更聞(問) 史官之言 李詹 朴信 趙庸 金科皆曰:

"入侍經筵可矣 何欲得入於聽政之時乎? 臣等亦前朝辛氏之史官

也 畏縮不敢見也." 麟生曰: "主明則臣直. 豈敢以前朝比今日乎?"

金謙曰: "臣與本司同議更啓."

丁酉 上朝太上殿獻壽.

戊戌 狐入兵部橋 里人獲之.

司憲府大司憲柳觀等上書:

'一 禁動樂宴飮. 二 除誕日朝賀. 三 除誕日齋行醮禮'

上曰: "禁動樂事 前有著旨 何煩更言! 除朝賀事 吾國一依

洪武禮制 高皇帝至於外國 皆令朝賀. 且古之帝王 唐太宗外

未聞有除者. 宴樂已除矣 朝賀則不必除也. 除誕日齋事 自前朝

至今 國則忌晨 在下則追薦 忌日皆飯僧. 此等事皆禁罷 然後

誕日齋幷除之可也. 何獨於此一事 乃③言乎!" 下政府擬議申聞.

政府議得: "請如憲府所上疏." 故誕日齋停罷.

有船一艘 來泊全羅道長沙縣 船中人六十餘自言: "以帝命運糧

于遼東 因風④到此." 命給糧厚慰以送之.

己亥 命行報祀祭 從禮曹之啓也. 議政府以爲: "宗廟社稷則宜

命宰相 諸神龍湫則不宜使宰相行之." 上曰: "閔雨 旣使宰相禱之

得雨 乃使微者報之可乎?" 不允.

辛丑 太白晝見 經天三日.

設北斗醮禮於昭格殿 齋三日.

演福寺金人汗.

壬寅 戶曹典書李滉卒. 滉始病 知濟生院事房士良加鍼灸 尋
死. 人謂:"士良妄施鍼灸所致." 滉廉謹 善畵山水 時人愛之. 上聞
其死 嘆曰:"如此之人 豈易得哉!" 賜賻米豆五十石 紙百卷.

甲辰 日弭.

宥二罪以下. 上誕日也. 欲宴群臣 乃曰:"此實父母劬勞之日
不忍宴樂." 遂止之. 太上殿上王殿 皆送宮醞 乃召宗親駙馬 御
淸和亭以受.

禁白色衣服.

憲府復請禁酒 只禁動樂宴飮.

乙巳 命醫者乘馹赴益州 治懷安大君芳幹病. 行典醫監楊弘達
來自益州 啓于太上王曰:"懷安大君死而復生." 太上王使人於上
曰:"芳幹病將死 急送醫者."

戊申 移安神懿王后眞于廣明寺. 自新都仁昭殿而至也.

禁奔競. 上軫念災異 命三軍府禁武臣家奔競者 司憲府禁執政
家奔競者. 三軍府及司憲府 使吏守其家 人至則無問尊卑及其
來故 皆執囚之 人人疑懼 論議紛紜. 司憲府請同姓則限再從
昆季祖父 異姓則限同三世之親而禁 上曰:"親表皆限同五世之親

而禁之. 其犯令者 有職事則除申聞 收職牒罷職 散人則聽其自願

竄于外方.”

嚴巡綽法. 三軍府請:

“自今初更三點以後 五更三點以前犯巡者 皆囚之.”

兪允.

己酉 遣左承旨李原 行金星禳醮於新都昭格殿.

賜醞于東北面都巡問使姜思德. 思德啓以其道事宜三條:

‘一 此界土田 不分肥瘠 不作字丁 但以日耕籍記而收租 故

後之收租者 必據前籍 而不論損實 民受其弊. 願自今 每年分其

損實 高下其租. 一 守令廩祿 以他州倉米 計月而給 不分寒暑

不計農時 轉輸甚苦 而耗損徵督之弊隨之. 願自今依他道例 各給

於其州 以免轉輸之苦. 一 太上王命作宮于釋王寺西邊 凡二十五

間 而工匠僧人摠八十名 以年荒 民多飢困 不能供給 又加督僧軍

五十名 且營中鐵物 不足於用. 其僧軍及鐵物 願以他郡.’

下議政府議之 皆依啓聞 但僧軍鐵物 待農隙爲之亦便 上然之.

太上王作別殿于新宮之側 以新宮未愜意也. 上嘗令百官 隨品

出丁輸材木 欲待農隙營文廟 太上取而用之.

甲寅 命今年以前所貸公私宿債 只收其本. 京畿按廉鄭渾啓曰:

‘昔者貸借窮民 而有焚其契券者 有不責其償者 君子聞之歎賞.

近因水旱 禾不登場 窮民之貸者 愈窮而不克償 其物主則必取盈

其本利 催督無已 至有傭身賣子者 甚可憐憫. 詩云 哿矣富人 哀

此煢獨. 其是之謂歟! 願令中外 自辛巳年正月以前所貸公私宿債

只徵其本 不追其利 以惠窮民.' 從之.

除密院入番. 初 摠持宗僧十人皆受料 輪番入三殿誦眞言 謂之

密員. 至是 三司請只給入僧料 命竝除之.

乙卯 上親祭仁昭殿.

謝恩使書狀官校書少監安允時 通事判殿中寺事李玄 回自京師

各賜鞍馬. 允時等啓曰:

'帝遣通政寺丞章謹 文淵閣待詔端木禮 齎誥命印章 與謝恩使

偕來 已渡鴨綠江.'

上聞之 謂大臣曰:"夜夢母后衣白衫 謂予曰:'予已移來.'色若

欣欣然 覺而異之 不勝感慕 今日乃聞盛事將至 豈非母后在天之

靈 前知而喜歟!"

百官及大小閑良耆老等皆進賀.

丙辰 上朝德壽宮獻壽. 太上王謂上曰:"芳幹雖有罪 已懲矣.

召還若何?"上對曰:"此臣之夙心 惟命是從."

| 원문 읽기를 위한 도움말 |

① 非唯亂名器卑朝廷 天祿之費 亦不可不慮也. 이 구문은 정확히 영어에서
　　비유 난 명기 비 조정　천록 지 비　역 불가　불려 아
　'not only~but also~'와 합치된다. 非唯~亦~의 구문은 실록에서 자주
　등장한다.

② 若~則은 '~의 경우'라는 표현으로 자주 쓰인다. 바로 뒤에 나오는 如~
　　약　측
　則도 같은 표현이다.
　측

③ 한문의 경우 뉘앙스까지 번역함에 있어 가장 중요한 것이 乃와 같은 함
　　　　　　　　　　　　　　　　　　　　　　　　　　　　　　내
　축적인 글자다. 일반적으로는 마침내, 이에, 곧 등으로 하면 되지만 여기
　서는 앞에 何獨於此一事라는 표현이 있기 때문에 보다 강조하지 않으면
　　　　　하 독 어차　일사
　글맛이 죽는다. 그래서 '기어코'라고 옮겼다.

④ 因風에서 因은 좁은 의미에서의 원인에 가깝다. 반면에 포괄적으로 이
　　인풍　　　인
　유나 까닭일 경우에는 以가 사용된다. 그리고 因도 以와 마찬가지로 앞
　　　　　　　　　　　　이　　　　　　　　　　인　이
　문장을 이어받아 '그로 인해'로 풀어야 할 경우들이 많다. 이 경우에도
　因은 좀 더 인과관계가 강한 편이다.
　인

태종 1년 신사년
6월

六月

무오일(戊午日-1일) 초하루에 (강원도) 원주(原州)에 서리가 내려 곡식이 상했다.

○ 호조전서(戶曹典書) 여칭(呂稱, 1351~1423년)¹에게 구마(廐馬)² 1필을 내려주었다. 칭이 서북면(西北面-평안도 일대)의 주린 백성을 진휼(賑恤)하여 백성들 중에 굶어 죽은 자가 한 명도 없었다.

신유일(辛酉日-4일)에 방간(芳幹)을 소환할 것을 명하니 의정부에서 백관을 이끌고 간언하여 그것을 막았다. 정부에 뜻을 전하여[傳旨] 말했다.

"회안군(懷安君)의 경진년(庚辰年-1400년) 일은 그 본래의 마음이 아니고 다만 박포(朴苞)에게 현혹됐을 뿐이다. 이제 황제께서 고명(誥命)과 인신(印信)[誥印]을 내려주시어 (우리의) 임금과 신하의 분수가 이미 정해졌으니 무엇을 더 혐의할 것이 있는가? 그러니 사람

---

1 고려의 관리였으며 1392년 조선이 개국되자 양광·경상·전라도의 조전부사(漕轉副使)가 됐는데 근면하고 치밀한 사람으로 정평이 있었다. 1404년에 사은사가 되어 명나라에 들어가서 왕실의 계통[宗系]이 잘못 전해진 것을 바로잡는 데 힘쓰는 한편 그때 명나라에 억류돼 있던 우리 동포들을 본국으로 송환하는 데 힘썼다. 형조판서 등을 거쳐 1414년 의정부 지사(議政府知事)가 됐으며 그해에 흠문기거부사(欽問起居副使)가 되어 명나라에 다녀와서 곧 사직하고 은거했다.

2 내사복시(內司僕寺)에서 왕실용으로 기르는 말이다.

을 보내 불러올리도록 하라."

이에 삼사 영사 하륜(河崙), 좌정승 김사형(金士衡), 우정승 이서(李舒) 등 20여 명이 소를 올려 그 불가함을 진술했고 대간(臺諫-사헌부와 사간원)이 교장(交章)[3]으로 말씀을 올려[上言] 불러올리지 말 것을 청했으나 상은 모두 불가하다며 말했다.

"방간의 죄는 진실로 가볍지 않으나 태상의 명령을 어길 수 없다. 나 또한 늘 동기(同氣)를 생각하는 마음이 있어 혈친을 제 몸과 같이 여기는 어진 마음[親親之仁][4]을 온전히 하고 싶다. 경들이 아뢴 바가 비록 옳지만 따를 수가 없다."

임술일(壬戌日-5일)에 의정부 판사(判事) 조준(趙浚) 등이 소를 올려 말했다.

'이달 초나흘에 도승지 박석명이 왕지(王旨)를 전하기를 "방간을 불러오라"고 하셨습니다. 신 등이 명을 듣고 생각하기를 방간은 군사를 들어 난(亂)을 꾸며 종묘사직에 죄를 얻어 속적(屬籍)이 이미 끊어졌습니다. 마땅히 법(法)으로 논해야 할 것이지만 다행히 전하의 너그러움과 어짊[寬仁]에 힘입어 편한 곳에 나아가 머무르며 작록(爵祿)을 보전하고 있으니 은혜가 참으로 극진합니다. (그런데) 만일 또 불러올려 도성[中國]에 머물게 되면 인심이 의심하고 두려워할 뿐 아니

---

3 사헌부와 사간원이 함께 올리는 글을 뜻한다.
4 『중용(中庸)』 제19장에 나오는 말로 친족은 제 몸과 같이 여기고 뛰어난 이는 그에 걸맞게 높여주는 의로움[尊賢之義]과 대비를 이룬다. 군주의 덕목의 양대 원칙이라 할 수 있다.

라[不惟] 실로 화변(禍變)이 혹시라도 생길까 두렵습니다. 이것이 신들이 어리석음을 무릅쓰고[冒昧] 거듭 청하여 불가하다고 여기는 것입니다. 전하께서 효도와 우애의 지극한 마음으로 위로는 태상의 마음을 위로하고 아래로는 의친(懿親-가까운 혈친)의 은혜를 온전히 하여 반드시 불러올리시겠다며 그대로 윤허해주지[兪允] 않으시니 효도하고 형제를 아끼는 정성은 지극하다고 하겠습니다. 그러나 혹시 변(變)이 생겨 두 번이나 악명(惡名)을 입게 되면 은혜를 베푼다는 것이 도리어 화(禍)가 되게 하는 것이니 신들은 남몰래[竊] 전하를 위해 염려하는 것입니다. 엎드려 바라옵건대 전하께서 대의(大義)로써 결단하시어 다시 불러올리지 말고 예전처럼 그대로 안치(安置)하여 그를 보전할 수 있도록 해야 할 것입니다.'

상은 태상의 명을 어기는 것을 어렵게 여겨 반드시 불러올리려 했다. 계해일(癸亥日)에 대사헌 유관 등이 글을 올려[上章] 다시 청했다.

'방간이 종묘사직에 죄를 얻어 주살을 면할 수 없었는데 다행히 전하의 우애의 은혜에 힘입어 머리를 보전하고 편안히 지방 고을[外郡]에 거처하니 (그것만으로도) 이미 다행이라 할 것입니다. (그런데) 지금 다시 불러 도성 안[京中]에 두면 방간은 비록 지난날의 잘못을 징계했더라도 그 함께했던 무리들[黨與]의 (도리에서) 벗어난[不軌] 마음은 아직 다 잊지 않았을 것입니다. 만일 그릇된 마음이 있으면 전하께서 비록 보전하고자 하셔도 그렇지 못할 것입니다. 또 그가 있는 익주(益州-익산)가 완산(完山)과 몹시 가까운데 완산은 군사와 말이 정예인 데다가 강하니 반란을 시도했던[反側] 사람을 둘

수 없습니다. 청컨대 바닷가 섬에 옮겨두어서 여생을 마치게 하면 심히 다행이겠습니다."

상은 이럴까 저럴까 하여 결단하지 못했는데 정부와 백관들이 교장(交章)하여 청을 올려서 극력 불가하다고 말리니 상은 마침내 결단을 내리고서 드디어 원래대로 안치(安置)하게 했다.

○ 문하부 낭사가 소를 올렸다. 소는 대략 이러했다.

'하나, 전장(典章)과 문물(文物)은 예(禮)의 큰 본체[大者]입니다. 우리 조정의 의관의 법도(法度)는 한결같이 명나라[朝廷] 제도를 따르면서[遵=從] 오직 환관(宦官)의 옷만 (고려의 것을) 그대로 이어받아서 고치지 않아 사대부와 아무런 차이가 없습니다. 만일 명나라 사신이 그것을 보게 되면 우리 조정이 예를 안다[知禮]고 여기겠습니까[肯爲]? 바라건대 모(帽-사모(紗帽)는 없애고 건(巾)을 쓰게 해 명나라 조정의 제도를 우러러 따르소서[仰遵].

하나, 우리 조정의 육조 전서(六曹典書)는 곧 주관(周官-주나라 관제)의 육경(六卿)인데 지금 육경이라는 중대한 관직[重=重職]에 있으면서 방패[楯]를 잡고 칼을 차고 사졸과 더불어 어깨를 나란히 하여 시위(侍衛)하니 이는 단순히 관직을 둔 뜻에 어긋날 뿐 아니라 임금이 사대부를 대우하는 예(禮)가 아닙니다. 바라건대 지금부터는 전서(典書)로 하여금 아래로 사졸의 맡은 바를 겸하지 말게 하여 명기(名器-관직)를 무겁게 하소서.

하나, 선비를 가려 뽑는 법 중에서는 주관(周官)의 삼물(三物)[5]과 한

---

5 육덕(六德), 육행(六行), 육예(六藝)를 말한다. 육덕은 지(知)·인(仁)·성(聖)·의(義)·충(忠)·

(漢)나라의 효렴(孝廉) 무재(武材)⁶가 그 법이 심히 중요했는데, 그 뒤에는 과거(科擧)로 선비를 뽑아 경서(經書)에 밝고 행실(行實)을 닦은 선비가 이로 말미암아 나아오게 됐습니다. 그러므로 역대 임금이 중하게 여기지 않는 이가 없어 혹은 전정(殿庭)에서 책문(策問)하고 혹은 임헌(臨軒)하여 방방(放榜)했으니⁷ 선비를 높이고 도리를 무겁게 하여 영광스럽게 하고 특출나게 한 것입니다. 엎드려 예조(禮曹)의 수판(受判)⁸을 보건대 의(醫), 역(譯), 율(律), 음양(陰陽) 등 과(科)에 합격한 사람도 문과(文科)의 방방(放榜)에 의해 그대로 홍패(紅牌)를 주도록 되었으니 잡과(雜科)의 작은 기예(技藝)는 문과에 비할 것이 아닙니다. 바라건대 기묘년(己卯年-1399년)의 예(例)에 의해 시행하소서.'

그것을 따르고 다만 환관의 건복(巾服)만은 법을 취할 데가 없고 제작하기도 어려우므로 임시로[姑] 구제(舊制)에 따랐다.
고

임술일(壬戌日-5일)에 갈까마귀 떼가 궁의 북원(北園)에 몰려들었다.

○ 왜선(倭船) 4척(隻)이 고만량(高巒梁)⁹의 병선(兵船) 1척을 빼앗으니 천호(千戶)¹⁰ 서안례(徐安禮)가 도망쳤다.

화(和)이고, 육행은 효(孝)·우(友)·목(睦)·인(婣)·임(任)·휼(恤)이며, 육예는 예(禮)·악(樂)·사(射)·어(御)·서(書)·수(數)다.

6 효행이나 청렴이나 뛰어난 재주를 보아 인재를 뽑았다.

7 과거에 급제한 사람에게 증서를 주는 것을 가리킨다.

8 수교(受敎)라고도 하는데 육조(六曹)는 필요한 규정을 국왕에게 비준을 받아 수교(受敎)나 수판(受判)으로 법 조문화했다.

9 충청도 보령의 고만도(高巒島)를 가리키는 듯하다.

10 1398년(태조 7년)에 4품 이상의 서반직(西班職-무관직)으로 됐다가 1413년(태종 13년)에는 5품직으로 낮추어지면서 6품의 부천호(副千戶)가 신설됐다.

기사일(己巳日-12일)에 제(帝)가 통정시승(通政寺丞) 장근(章謹)과 문연각 대조(文淵閣待詔) 단목례(端木禮)를 보내 왕에게 고명(誥命)을 내려주었다. 근(謹)과 례(禮)가 부절을 가지고 이르니 산붕(山棚)과 결채(結綵)를 베풀고 나례(儺礼)와 백희(百戲)를 갖추었다. 상이 사모(紗帽)와 단령(團領) 차림으로 의장(儀仗)과 고취(鼓吹)를 갖추고 선의문(宣義門) 밖으로 나가 맞이했는데 백관(百官)은 공복(公服)을 갖추고 따랐다. 인도하여 무일전(無逸殿)에 이르러 고명(誥命)을 선독(宣讀-선포)했다. 봉천승운(奉天承運) 황제(皇帝)께서 고(誥)에서 말했다.

'아주 옛날에[古先] 명철한 임금[哲王]이 정치를 행할 때 다움이
고선   철왕
끝이 없고 베푸는 것이 넓어 만방(萬方)을 덮어 길렀다. 무릇 나라를 소유한 자는 (나라의) 내외(內外)의 간격이 없어 신하로 복종하지 않음이 없었다. 이에 군장(君長)을 세워 그 백성들을 다스리게 해 이적(夷狄-오랑캐)과 중하(中夏)[11]의 울타리[藩屛]가 되게 했다. 짐(朕)
번병
이 대통(大統)을 이어받아 예전의 성헌(成憲)을 본받으려 한다. 아아! 너 조선(朝鮮) 권지국사(權知國事)[12] 이(李)【휘(諱-피휘)】는 부형(父兄)의 전위(傳位)를 이어받아 그 땅을 눌러 지켜[鎭=鎭守] 편안
진   진수
케 하고 와서 직공(職貢-공물을 바치는 일)을 다하여 예(禮)를 따르기를 정성스럽게 하면서 봉(封)함을 받지 못하여 빌고 청하기를 부지런

---

11 제하(諸夏)라고도 하는데 중국을 가리킨다.

12 권지(權知)란 임시로 일을 맡아서 하고 있다는 뜻이다. 아직 책봉을 받지 못했기 때문에 이렇게 불렀다.

히 하고 지극히 했다. 이에 너를 명하여 조선 국왕(朝鮮國王)으로 삼고 금인(金印-금 도장)을 내려주어 동쪽 땅의 군장(君長)이 되게 하노라. 아아! 하늘은 일정한 마음[常心]이 없으니[13] 오직 백성을 따르고, 백성은 항상 (아무나 왕으로) 추대하지 아니하고 오직 (임금)다움[德]이 있는 사람을 생각한다[天無常心 惟民是從; 民無常戴 惟德是懷]. 너는 다움에 힘을 써 사랑하고 돕기[眷佑]를 이어받아 집에서는 효우(孝友)하고 위에는 충순(忠順)하며 아랫사람에게는 어질고 은혜롭게 하여 모든 백성이 복을 받고 후손[後昆=後孫]이 밝게 본받도록 하여 길이 중국을 도우라. 땅을 열고 집안을 세우는 것은 다움이 아니면 마땅한 것이 없을지니 삼가지 않을 수 있으랴!'

상이 고명을 받는 일을 마치고서 곤룡포와 면류관을 입고 사은례(謝恩禮)를 행했다. 사신을 따라 태평관(太平館)에 이르러 부절을 대청(大廳)에 봉안하고 부절에 절하기를 망궐례(望闕禮)를 행하듯이 한 다음에 면복(冕服)을 벗고 사례(私禮)[14]를 행했다. 종친 대신 백관으로부터 아래로 생도(生徒)에 이르기까지 모두 차례로 예를 행하여 마치고 나서 위로 잔치를 베풀었다. 여악(女樂)이 들어오니 사신이 말했다.

"여악은 없는 것이 좋겠습니다."

상이 말했다.

---

13 유학의 오랜 사상으로 하늘은 임금이 잘못할 경우 얼마든지 마음을 바꿀 수 있다는 뜻이다.

14 임금이 사신과 나누는 비공식적인 인사를 말한다.

"우리 풍속[鄕俗]이 그런 것이오."

사신이 말했다.

"그렇다면 잠깐만[暫] 연주를 행하시지요."

근(謹) 등은 정말로[亦] 즐기지 않았다[不樂].[15]

상이 강사포(絳紗袍)[16]와 원유관(遠遊冠)[17]을 갖추고 여러 신하의 하례(賀禮)를 받았다. 이날 삼사 우사(三司右使) 이직(李稷)과 총제(摠制) 윤곤(尹坤) 등이 예부(禮部)의 자문(咨文)을 싸 가지고 왔으므로 각각 안장 갖춘 말을 내려주었다. 그 자문은 이러했다.

'건문(建文) 3년 4월 15일 조선국(朝鮮國) 권서국사(權署國事) 이(李)의 자문에 "친형(親兄-정종)이 아들이 없어 그 뒤를 잇게 하였는데 뜻밖에 친형이 갑자기 풍병(風病)에 걸려 국사(國事)를 임시로 맡기니 스스로 생각하기에 어리석고 용렬하여 감히 감당할 수 없어서 두세 번 사양했으나, 형이 이미 배신(陪臣) 이첨(李詹)을 보내 주달하였으므로 부득이하여 건문(建文) 2년 11월 13일에 임시로 일을 승습(承襲)하였는데 무릇 이문(移文)을 행할 것이 있으면 다만 백두 문자(白頭文字)[18]를 쓸 뿐이옵니다. 가만히 생각건대 고명(誥命)과 인신(印信)을 마땅히 신청(申請)해야 하겠으므로 통사 전중시 판사(殿中寺判事) 이현(李玄)을 시켜 자문(咨文)을 싸 가지고 삼사

---

15 이때 온 사신들은 예를 아는 사신들이었다.

16 임금이 입는 붉은색의 조복(朝服)이다. 수배신조현지복(受陪臣朝見之服)이라 하여 삭망(朔望), 조강(朝降), 조강(詔降), 진표(進表), 조현(朝見) 등에 착용했다.

17 강사포와 함께 착용하던 관이다.

18 정확히 무슨 뜻인지를 알 수가 없다.

우사 이직 등과 함께 경사(京師)에 가서 이자(移咨)하여 아뢰게 하오니 밝게 내리어 시행해주기를 빕니다"라고 했으므로 본월(本月) 16일 늦게 본부(本部)에서 주본(奏本)을 갖춰 봉천문(奉天門)에 아뢰어 성지(聖旨)를 받들었는데 "저 사람이 이미 윤리상(倫理上)으로 어긋난 일이 없고 조정(朝廷-명나라 조정)에 충순(忠順)하여 간절히 와서 청하니 고명(誥命)과 인신(印信)을 모두 주라"고 하셨으므로 이대로 삼가 준행(遵行)하여 정사(正使) 통정시승(通政寺丞) 장근(章謹)과 문연각 대조(文淵閣待詔) 단목례(端木禮)를 시켜 부절을 가지고 고명과 인신을 싸서 받들고 먼저 본국(本國)에 가게 했다. 급사(給賜) 외에 회자(回咨)하여 알려야겠으므로 준행(遵行)하여 시행한다. 고명(誥命) 1통[道], 사각에 전문(篆文)으로 새긴 조선 국왕 금인(朝鮮國王金印) 1개[顆]와 금인지(金印池-금인주) 1개를 함께 상자 속에 넣었다.'

경오일(庚午日-13일)에 상이 태평관에 이르러 부절에 절했는데 일배고두례(一拜叩頭禮)를 썼다. 잔치를 베풀었는데 사신들은 여악(女樂)을 물리치고[却=除] 오직 당악(唐樂)만 들었다. 상이 장차 나오려 하자 장근이 상에게 말했다.

"아무개[某] 등이 왕궁에 나아가서 (지난번의) 위로 잔치에 사례하고 싶지만 다만 천자(天子)의 부절이 여기 있어 감히 잠시도[斯須=須臾] 떠날 수 없습니다."

상이 궁으로 돌아와 근신(近臣)을 보내 안장 갖춘 말을 비롯해 의복(衣服), 화(靴-가죽신), 모(帽), 세포(細布) 등의 물건을 주었는데 사

신들은 물리치고 받지 않았다. 또 사농시 판사(司農寺判事) 설미수
(偰眉壽, 1359~1415년)[19]를 시켜 잘 말하게 하여 이를 주었더니 근 등
이 말했다.

"국왕께서는 우리들을 군자(君子)로서 대접하려는 뜻이 있는 것
입니까!"

굳이 사양하며 끝내 받지 않았다.

신미일(辛未日-14일)에 상이 태평관에 이르러 부절에 절했다. 사신
이 상에게 말했다.

"듣건대 전하의 문예(文藝)가 아름답다고 하니 다행히 부(賦) 한
절구(絶句)만 지어주시면 은혜로 여기겠습니다."

상이 답하여 말했다.

"내가 비록 불민하지만 감히 뜻을 말하지 않으리오."

궁으로 돌아와 장구(長句)의 사운(四韻) 두 편(篇)을 지어 두 사신
에게 주니 사신들은 놀라고 기뻐하며 읊고 완미(玩味)하기를 그치지
않았다.

---

19 본래 위구르 사람으로 1359년(공민왕 8년) 아버지 설손(偰孫)을 따라 고려에 귀화했다.
18세 때 문과에 급제해 1401년(태종 1년) 각문 판사(閣門判事)가 되었다. 1403년 호조와
병조의 전서(全書)를 거쳐 계품사(計稟使)로 명나라에 다녀오고 중국어에 능통해 1406년
성절사(聖節使)로, 다음 해에는 천추사(千秋使)로, 이어 사은사(謝恩使)로 두 번, 모두
5차에 걸쳐 명나라에 다녀왔다. 그 후 중군 총제(中軍摠制), 병조참지(兵曹參知) 등을 거
쳐 1407년 의정부 참지사(議政府參知事)로 있을 때 둔전제(屯田制)를 건의해 실시하게 하
고 한성부 판사(漢城府判事), 의정부 지사(議政府知事)를 거쳐 다음 해 호조와 공조판서
를 지내고 1410년 예조판서를 거쳐 검교 우참찬(檢校右參贊)이 됐다.

장근에게 준 시(詩)다.

　　제(帝)께옵서 우리 집이 보낸 직공(職貢)의 정성을 도탑게 받아들이시어,

　　윤음(綸音)[20]이 일찍이 나라 이름 고치는 것을 허락하였도다.

　　후(侯)로 봉하고 거듭 황금인(黃金印)을 내려주시어,

　　사절이 백옥경(白玉京)으로부터 왔도다.

　　술을 마주하여 마시지 않아도 즐거움은 오히려 흡족하고,

　　돌아가는 정(情) 만류하기 어려워 아쉬움이 도로 생기는도다.

　　기로(岐路)에 임(臨)하여 어찌 감히 자루[橐] 늘어지는 것을 혐의하랴?
　　　　　　　　　　　　　　　　　　　　　　　　탁

　　응당 도경(圖經)에 잇도록 하여[21] 길이 명성을 세우리라.

단목례에게 준 시다.

　　제의 다움이 거듭 빛나 태평(太平)에 이르렀고,

　　사신은 부절을 가지고 동영(東瀛-조선)에 이르렀도다.

　　봉륜(鳳綸)[22]은 특별히 계책의 친밀함을 보였고,

　　구인(龜印)은 인하여 작명(爵命)의 영광을 더하였도다.

---

20 천자의 명을 가리킨다.

21 역사에 기록한다는 뜻이다.

22 천자의 조서를 가리킨다.

감격하는 성심(誠心)은 하늘과 땅에 있고,

맑고 깨끗한 사부(詞賦)는 귀신도 놀라게 한다 했네.

한잔 전송하는 술도 오히려 내기가 어려워,

오직 시편(詩篇)을 주어 내 마음을 적어보도다.

○ 의정부가 태평관에서 사신들에게 잔치를 베풀어주었다.

○ 문하부 낭사가 소를 올려 별사금(別司禁) 황록(黃祿) 등에게 죄 줄 것을 청했다. 애초에 별사금 황록 고영수(高永壽), 유혜강(柳惠康) 등이 주장(朱杖)을 가지고 사람들을 벽제(辟除)하다가 잘못하여 좌정승 김사형(金士衡)을 건드렸다. 낭사가 이를 탄핵하여 죄주기를 청하자 신극례(辛克禮)가 아뢰었다.

"이것은 실수로 범한 것입니다."

임신일(壬申日-15일)에 상이 태평관에 이르러 부절에 절했다. (그에 앞서) 사신이 돌아가려고 하자 상이 사람을 시켜 더 머물기를 청하니 근(謹) 등이 말했다.

"이미 제의 명을 선포했으니 무슨 까닭으로 더 머무르겠습니까?"

상이 이에 관(館)에 나아가서 잔치를 베풀었다. 상이 장차 나오려 하자 근이 청했다.

"저의 숙부 장동문(章同聞)이 건강로(建康路) 채석현(采石縣) 구석에 암자를 짓고 사는데, 암자 이름을 징심(澄心-맑은 마음)이라 지었습니다. 여러 유신(儒臣)들이 징심암(澄心庵)을 위한 시(詩)와 문(文)을 지어주기를 감히 청합니다."

상이 영삼사(領三司) 하륜(河崙), 참찬(參贊) 권근(權近), 첨서(簽書) 이첨(李詹)과 여러 문신(文臣)들에게 명하여 시(詩)와 서(序)²³를 짓도록 하여 그것을 주었다.

계유일(癸酉日-16일)에 사신 장근, 단목례 등이 돌아갔다. (그에 앞서) 상이 백관을 거느리고 태평관에 나아가 부절에 절했다. 근 등이 시(詩) 두 수를 지어 올렸다[獻]. 상이 먼저 나오고 사신이 길 떠나니 상은 면복(冕服)을 입고 연(輦)을 타고서 따라가 서보통(西普通)²⁴에 이르러 부절에 절했는데 망궐례를 행하는 것과 같이 했다. 면복을 벗고 사신과 더불어 장막[幄次]에 들어가 전송 잔치[餞宴]를 베풀었다. 근과 례는 둘 다 청렴하며 기개가 있었고 예가 몸에 배인 용모[禮貌]가 공손했으며 행동 거지(行動擧止)가 틀림 없어[不爽] 나라 사람들이 애모(愛慕)했다.

○ 상이 태상전에 조알하고 늦게서야 궁으로 돌아왔다.

○ 문하부 낭사가 양주 지사(楊州知事) 김대(金渧)를 탄핵해 그 직(職)에서 내쫓았다. 애초에 관찰사(觀察使) 정부(鄭符, ?~1412년)²⁵의

---

23 문체의 하나로 작별할 때 써주는 짧은 글이다.
24 지금의 개성(開城) 영평문(永平門) 밖에 있다.
25 1383년(우왕 9년) 교주도안렴사(交州道按廉使) 재직 중에 왜구에게 인장(印章)을 탈취당하고 파직되었다가 곧 복직됐다. 1399년(정종 1년) 형조전서(刑曹典書), 1401년 경기도 관찰사, 다음 해부터 1403년까지 경상도 관찰사를 역임했다. 1404년 다시 형조전서에 제수되었으며 형정(刑政)을 마음대로 처리한 일로 우봉(牛峯)에 유배되었다가 곧 풀려났다. 1408년 공안부윤(恭安府尹)으로 태상왕(太上王-태조)의 죽음을 알리고 시호를 청하는 고부청시사(告訃請諡使) 정탁(鄭擢)과 함께 부사가 되어 명나라를 다녀왔다. 귀국과 함께 한성부윤에 임명됐다가 곧 사행 때에 다량의 금물(禁物)을 휴대하고 간 일로 파면됐다.

장모[妻母] 박씨(朴氏)가 양주(楊州)에 살다가 죽었는데 대(濧)가 백성
들에게 일을 시켜[役] 석인(石人)과 석수(石獸)를 만들고 장례와 제사
때에는 유밀과(油蜜果)를 쓰니 부(符)는 대가 덕(德)이 있다고 여기어
포창(褒彰)하여 상등(上等)의 열(列)에 두었기 때문에[26] 쫓겨나지 않았
었다. 이때에 이르러 낭사에서 한창 바쁜 농사철에 크게 공역(工役)을
일으켰다 하여 탄핵해서 내쫓은 것이다. 대가 장차 집으로 돌아가려
고 하여 나와서 경내(境內)에서 자는데 광제원(廣濟院) 토호(土豪)인
전 전서(典書) 최옥(崔沃)이 밤중에 노비[奴子] 10여 명을 거느리고
칼을 찬 채 대가 묵고 있는 곳을 둘러싸고 힐난(詰難)하여 말했다.

"나의 종 장금(長金)이 잡은 곰의 가죽을 일찍이 관가로 들여가 놓
고서 어찌하여 돌려주지 않는가?"

그러고는 대의 아들을 두들겨 패니 이런저런 이민(吏民)들이 말
렸다. 이튿날 새벽에[質明] 또 와서 욕을 보였다. 헌사(憲司)에서 글
을 올렸다.

'여러 고을 경내(境內)의 인민이 잡은 곰과 범의 가죽을 관가에 바
치는 것은 다른 곳에서도 있는 사례[他例]입니다. 대(濧)가 비록 쫓겨
나서 집으로 돌아간다지만 고을 사람이 사소한 사분(私憤)으로 겁박
하고 욕보이며 그 아들을 두들겨 팼으니 심히 탐악(貪惡)합니다. 그
시골 인민들이 안렴사(按廉使)에게 호소하여 경외(境外)로 쫓아내고
그 전토(田土)를 거두어 향풍(鄕風)을 바로잡으려고 하니 빌건대 호
소한 바와 같이 하여 그 악(惡)을 징계하소서.'

---

26 인사고과를 후하게 줬다는 뜻이다.

○ 삼사 영사 하륜, 참찬 권근, 첨서 이첨에게 명해 관제(官制)를 개정하도록 했다.

○ 문하부 낭사가 소를 올려 전형과 인선[銓選]을 무겁게 하고 쓸데없는 관원[冗官]을 없애버릴 것[汰=汰去]을 청했다. 소는 대략 이러했다.

'신 등이 엎드려 바라보건대 고명(誥命)을 받으시어 대위(大位-왕위)를 바로잡으시고 또 관제(官制)를 고치는 일로써 상국(上國-중국)에 자문(咨文)을 올렸으니 대개 정치를 통한 교화[政化]를 경장(更張)하여 나라와 더불어 모두 새로워짐으로써 한 시대[一代]의 다스림을 일으키고 또한 만세(萬世)의 법도를 세우자는 것이니 참으로 성대한 일입니다. 신 등이 모두 재주가 없이 외람되게[忝] 말을 책임지는 자리[言責]에 있다 보니 미치광이나 눈뜬장님[狂瞽] 같은 말씀이라도 올려서 빼어난 다스림[聖治]의 만(萬) 분의 1이라도 돕기를 생각해보았습니다. 삼가 나라의 제도[國制]가 전조(前朝-고려)의 낡은 폐단들을 그대로 이어받아서 마땅히 고쳐야 할 한두 가지 조건을 들어서 갖추어 기록하여 아뢰오니 엎드려 생각건대 상감(上鑑)께서 잘 손보아 고르시어[裁擇] 시행하소서.

하나, 전선(銓選)의 법은 무겁게 하지 않으면 안 됩니다. 전조(前朝)의 전성기 때에는 이조(吏曹)는 문신의 선발[文選]을 맡고 병조(兵曹)는 무관의 선발[武選]을 주관하여 각각 정안(政案)을 두고서 (벼슬을) 제수(除授)하는 일을 맡겼으니 대개 중국과 같았습니다. 중엽(中葉)의 쇠(衰)한 때에 이르러 권신(權臣)이 (임금을) 내쫓고 세우는 것[廢立]을 제 마음대로 하고 (벼슬을) 주고 빼앗는 것[予奪=여탈]

與奪]을 독점하여 늘 자기 집에 머물며 자신의 측근[僚屬]들과 더불어 사사로이 정안을 가져다가 주의(注擬)하고[27] 제수하면서 이를 정방(政房)이라 이름하고 여러 대(代)에 걸쳐 서로 이어지다 보니 관례처럼 으레 그럴 것으로 여기게 됐습니다. 그 뒤에 뜻 있는 선비가 시정(時政)의 잘못을 말하게 되면 반드시 정방의 혁파(革罷-폐지)를 말했으나 결국 혁파할 수 없었고 계속 지체되다가[陵夷] 망하는 지경에 이르렀습니다. 개국한 초에 정방(政房)을 고쳐 상서사(尙瑞司)라고 했는데 그 이름은 비록 고쳤으나 그 실상은 그대로 있어 왕실의 중임(重任)으로 사문(私門)의 폐단이 되던 법을 답습하였으니 고치지 않을 수 없습니다. 바라건대 지금부터 상서사를 없앰으로써 문전(文銓)은 이조로 돌리고 무선(武選)은 병조로 돌려 공평하고 청렴하며 강직하고 정대하여 식견과 안목[識鑑]이 있는 자를 골라 이조와 병조의 관원을 갖추어 고려가 옛날에 성대했을 때의 제도를 회복해야 합니다.

하나, 재상(宰相)이 하는 일[職]은 임금이 그와 함께 정사를 하는 것이니 그 맡은 바[任]가 가장 무겁습니다. 고려의 옛 제도는 당나라와 송나라를 본받아 문하부 시중(門下府侍中) 이하 참지(參知) 이상의 다섯 사람을 두어 재상의 일을 맡겨 이를 성재(省宰)라 일렀고, 밀직 판사(密直判事) 이하 일곱 사람을 두어 군정(軍政)을 맡겨 평시에는 각각 본사(本司)에 앉아 있게 하고 큰일이 있은 연후에야 모

---

27 원래는 관원(官員)을 임명할 때에 먼저 문관(文官)은 이조(吏曹), 무관(武官)은 병조(兵曹)에서 임용 예정자 수의 3배수[三望]를 정하여 임금에게 올리던 것을 뜻한다.

여서 의견을 내게 했는데 이를 합좌(合坐)라 일렀습니다. 혹은 1년에 한 번 모이고, 혹은 여러 해 동안 한 번도 모이지 않기도 했는데 쇠퇴한 말년에 이르러서는 정치가 번잡하고 일이 많아 날마다 합좌하고 그 인원을 더 두다 보니 많을 때는 수십 명에 이르러 떼로 나오고 떼로 물러가고[旅進旅退] 했습니다. 바라건대 지금부터는 모두 성(省)은 다섯, 추(樞)는 일곱의 수에 입각해 나머지는 모두 없애고[汰去] 의정부를 폐지하여 각각 본사(本司)에서 일을 보도록 하고[坐] 큰일이 있은 연후에야 합좌하여 의견을 내도록 해 재상의 맡은 바를 무겁게 해야 합니다.

하나, 근래에 의흥삼군부(義興三軍府)[28]를 두어 군정(軍政)을 맡기고 있습니다. 중추(中樞-중추원)의 경우 인원은 점점 많아지는데 할일이 없어 한갓 헛되이 만든 관제[虛設]처럼 됐기 때문에 대간(臺諫)이 말씀을 올려[獻言] 중추(中樞)를 없애고 삼군부(三軍府)에 합쳤는데 이는 대개 한때의 임시변통[權宜]일 뿐 정해진 법도[定法]로 삼을수는 없습니다. 또 중추(中樞)라는 이름은 당(唐)과 송(宋)을 본받은것이고 의흥(義興)이라는 이름은 한때의 명칭이니 중국(中國)과 서로통할 만한 것이 못 됩니다. 바라건대 지금부터 다시 중추원(中樞院)

---

28 고려 공양왕 3년(1391년) 이성계가 병권(兵權)을 장악하기 위해 설치한 삼군도총제부(三軍都摠制府)를 조선 태조 2년(1393년) 의흥삼군부(義興三軍府)로 개칭해 태조의 친위군인 의흥친군위(義興親軍衛)의 좌우 위와 고려시대 이래의 이군 육위(二軍六衛)의 팔위를 합쳐 십위(十衛)를 만들고 이를 중군(中軍), 좌군(左軍), 우군(右軍)의 삼군으로 나누어 통솔했다. 정종 2년(1400년) 중추원(中樞院)에서 관장하던 군무의 일부를 흡수해 삼군부로 다시 개칭했다. 태종대에도 승추부(承樞府), 삼군도총제부(三軍都摠制府), 삼군진무소(三軍鎭撫所), 의흥부(義興府) 등으로 계속 변화하다가 세조대에 이르러 중앙 군제가 오위(五衛)에 근거한 오위도총부(五衛都摠府) 체제로 변하면서 소멸됐다.

을 두어 삼군을 통솔하게 하고 의흥(義興)이라는 이름은 없애야 합니다.

하나, 6조(六曹)의 전서(典書)는 곧 주관(周官-주나라 관제)의 육경(六卿)인데 본래 한 경(卿)이 한 사람에 그칠 뿐이고 여섯 개의 시(寺)와 일곱 개의 감(監)은 본래 판사(判事)가 없고 역시 다만 경(卿)과 감(監)만이 있을 뿐이었는데 전조(前朝) 공민왕(恭愍王) 이래로 더 두었습니다. 바라건대 지금부터 전서의 판사 및 경, 감을 각 한 사람씩만 두고 그 나머지는 없애야 합니다. 그리고 무릇 쓸데없는 관원[冗官]도 없앨 만한 것들은 정말로 모두 없애야 합니다.'
용관

을해일(乙亥日-18일)에 나라 안[境內]을 사면했다[宥].
경내   유

'왕은 말하노라[若曰]. 생각건대 우리 국가(國家)가 대대로 중국
약왈
[中夏]을 섬겨서 그 작명(爵命)을 받아 백성과 사직[民社]을 보유함으
중하   민사
로써 오랜 세월을 이어올 수 있었다. 우리 태상왕께서 처음에 국가를 소유하시고[有] 곧바로 상국에 아뢰었더니 태조 고황제께서는 그
유
고분고분함을 본받으려는 뜻[效順]을 아름다이 여기시어 세워져 왕
효순
이 되는 것을 허락하시고 나라의 이름을 고쳐주셨다. 상왕께서는 자리를 이으시어 직공(職貢)을 정성스럽고 부지런히 올리셨다. 불곡(不
穀)²⁹으로서 내가 이 큰 대업[景緒]을 이어받게 된 것은 실로 조상들
경서
께서 다움을 쌓아오신 공덕[慶=慶事]에 힘입은 것이다. 국가가 두 차
경   경사

---

29 임금이나 제후(諸侯)의 자칭(自稱)이다. 곡식은 사람을 기르는 물건인데 임금이나 제후는
백성을 잘 기르지 못하니 곡식보다 못하다는 뜻이다.

례나 새롭게 일어남을 맞아 마땅히 신하 및 백성들과 더불어 다시 시작하고자[更始-更張] 하니 중앙과 지방에 널리 알려 모두가 그것을 알도록 해야 할 것이다. 건문(建文) 3년 6월 18일 새벽 이전에 모반하거나 대역을 저지른 것, 조부모와 부모를 죽인 것, 처첩이 지아비를 죽인 것, 노비가 주인을 죽인 것, 고독(蠱毒)과 염매(魘魅), 고의로 사람을 죽이려 한 것, 강도를 제외하고는 이미 발각되었건 발각되지 않았건 혹은 이미 판결이 이뤄졌건 이뤄지지 않았건 죄의 가볍고 무거움이 없이 모두 용서하여 죄를 없애도록 하라. 감히 사면령[宥旨] 이전의 일을 갖고서 서로 고발하여 말하는 자는 그 죄에 맞는 벌을 내리도록 하겠다. 아! 하늘을 두려워하고 나라를 보전하여 항상 밝게 섬기는 마음[昭事之心]을 품고 정사를 행하며 어짊을 베풀어[發政施仁][30] 한 시대의 평화를 이룩하는 다스림[時雍之治][31]을 함께 누려야 할 것이다.'

○ 정비전(靜妃殿)의 시녀(侍女)와 환관(宦官) 등 20여 명을 내쫓았다. 정비(靜妃-원경왕후 민씨)가, 상이 궁인(宮人-궁녀)을 가까이 한다[御] 하여 분개하고 성내며[憤恚] 상이 가까이한 궁인[所御者]을 힐문(詰問)하니 상이 화를 내며 그들을 내쫓았다.[32]

○ 일본국(日本國) 비주태수(淝州太守)가 사자를 보내 말 3필과 약재(藥材) 등의 물건을 바쳤다.

---

30 『맹자(孟子)』에 나오는 말로 왕도(王道)정치를 가리킨다.
31 치(治) 대신에 정(政) 혹은 화(化-교화)를 쓰기도 한다. 다 같은 뜻이다.
32 그들이 일러줬기 때문이다.

병자일(丙子日-19일)에 문하부 판사 조준, 우군 동지총제(右軍同知摠制) 안원(安瑗, 1346~1411년)[33]을 보내 경사(京師)에 가게 했다. 은혜에 감사하기 위함[謝恩]이었다. (그보다) 사흘 전에 상이 청화정(淸和亭)에서 잔치를 베풀어 그들을 전별했는데 준이 노자로 주는 물건[贐行之物]을 사양했다. 이날 상이 곤룡포와 면류관을 차려입고서 표문(表文)[34]에 절했다. 방물(方物)로 말 50필, 금안(金鞍-금안장) 4부(部), 세저마포(細苧麻布) 200필을 바치고, 중궁(中宮)은 세저마포 80필을 바쳤다. 장근(章謹)이 목은(牧隱) 이색(李穡)의 문집(文集)을 청한 바 있었는데 준이 온전한 본[全本]이 없다고 대답했다.

○ (명나라) 예부(禮部)에 보낸 자문(咨文)에서 이렇게 말했다.

'본국의 배신(陪臣)의 관직과 작위[官爵] 칭호를 서로 살펴보면 [照得][35] 고려의 옛 제도를 그대로 이어받다 보니 그사이에는 중국 조정[中朝]의 관제와 서로 비슷한 것이 없지 않으나 실상은 불편합

---

33 고려 말의 유학자 안향(安珦)의 현손이며 아버지는 정당문학 안원숭(安元崇)이다. 이성계가 새 왕조를 세우려 하자 이에 반대하고 건국 후에는 정치 참여를 거부하니 이로써 반대파의 사람들로부터 탄핵을 받기도 했다. 태조가 한양으로 천도하면서 강제로 구도(舊都)의 관리를 맡기니 유후(留後)의 이름은 이때부터 사용되었다. 그 뒤 태조가 형조전서를 제수했으나 나아가지 않았다. 태종이 즉위하여 몸소 찾아가 간청하여 벼슬에 나아가니 1401년(태종 1년) 우군동지총제로서 사은사(謝恩使)가 되어 명나라에 건너가『대학연의(大學衍義)』,『통감집람(通鑑集覽)』등의 서책을 구해 왔다. 바로 이때의 일이다. 그 뒤 1404년 경상도 도관찰사를 지내고 1407년 사헌부 대사헌이 되어 태종의 밀명을 받고 외척으로서 횡포를 부리던 민무구(閔無咎) 형제를 탄핵해 외방으로 유배시켰다. 이어서 한성부 판사와 개성유후를 역임하고 병사했다.

34 표(表)란 문체의 하나로서 아래에서 위로 올리는 글을 말하며 자신의 마음속에 있는 생각을 밖으로 발표한다는 뜻이다. 조선시대 중국에 보내던 표문은 예문관(藝文館)에서 담당했다.

35 원래 중국 송(宋)·원(元)·명(明)대에 상사(上司)에서 아래 관부에 보내던 공문서의 첫머리에 상투적으로 사용하던 용어로 '참고해보건대' 정도의 뜻이다.

니다[未便]. 지금 본직(本職-임금의 직)이 명을 받은 초창기에 이치상
으로 마땅히 고쳐야 하겠기에 이를 위해 자문을 함께 올리니 대조
하여 점검해보시고[照驗] 아뢰어주는 바를 듣고서[聞奏] 시행하기를
엎드려 청합니다.'

기묘일(己卯日-22일)에 청화정에 나아가 삼사 우사 이직(李稷), 총제
윤곤(尹坤)에게 잔치를 베풀었다. 직에게 밭 60결(結)·노비[臧獲] 6구
(口)를, 곤에게 밭 50결·노비 5구를, 통사 이현(李玄)에게 밭 50결·
노비 4구를, 서장관 안윤시(安允時)에게 밭 25결을 내려주고 그 나머
지 수행 인원[伴人]과 압마(押馬-말 관리 담당 통사) 등에게도 차등
있게 상을 내려주었다.

같은 날 사관(史官)이 (청화정에) 들어오려 하자 문지기가 이를 저
지했다. 시독(侍讀) 김과(金科)가 수찬(修撰) 노이(盧異)에게 말했다.

"다섯 승지(承旨)가 모두 춘추관(春秋館)을 겸하여[36] 상의 말씀과
거동[言動]을 기록하는데 사관이 어찌 반드시 들어와야겠는가?"

이(異)가 말했다.

"그렇다면 사관(史官)의 직(職)은 없애도 얼마든지[亦] 되겠구나."

과(科)가 화가 났다. 이로 말미암아 이와 틈이 생겼다.

경진일(庚辰日-23일)에 사농 주부(司農注簿) 정흠지(鄭欽之)를 순군
(巡軍)에 내려[下] 죄주었다. 종묘(宗廟)와 여러 제사의 제주(祭酒) 맛이

---

36 사관의 직을 겸했다는 말이다.

나빴기 때문이다.

신사일(辛巳日-24일)에 의흥삼군부 지사(義興三軍府知事) 김영렬(金英烈, ?~1404년)[37]을 파직시켰다. 영렬이 금법(禁法)을 범하고 겸(兼) 상서사 판사(尙瑞司判事) 이무(李茂)의 집에 분경(奔競)했기 때문에 헌사(憲司)에서 탄핵해 그를 내쫓은 것이다.

임오일(壬午日-25일)에 문하 우정승 이서(李舒)를 보내 조준(趙浚) 을 대신해 (경사에 사신으로) 가게 했다. 준(浚)이 금교역(金郊驛)[38]에 이르러 병이 나[疾作] 의원을 보내 진찰했는데 병세(病勢)가 날로 심 해져[日篤=日甚] 서(舒)로 대신하게 하고 또『황명예제(皇明禮制)』를 청하도록 했다. (아울러) 상장군(上將軍) 박순(朴淳)을 평양(平壤)에 보내 (명나라) 사신(使臣)에게 서로써 준을 대신하게 된 까닭을 갖춰 말했다[具言]. 단목례가 말했다.

"우리들이 볼 때 조 재상(趙宰相)이 위엄과 용모[威容]를 갖추고 다음과 그릇[德器]이 볼만하여[可像] 반드시 능히 전대(專對)[39]할 수

---

37 삼군부 지사(三軍府知事)로 2차 왕자의 난 때 공을 세워 좌명공신(佐命功臣) 3등에 책 록됐다. 그리고 이때 파직당했다. 그러나 곧 복직돼 7월 8일 좌우도(左右道) 수군도절제 사(水軍都節制使)로 있다가 풍해도(豊海道) 서북면(西北面)으로 가서 왜적을 방비했다. 1402년(태종 2년) 동북면 강원도 도안무사(東北面江原道都安撫使)가 되고 같은 해 태조 이성계의 지지를 받은 조사의(趙思義)가 태조의 계비 신덕왕후(神德王后)의 원수를 갚 는다는 명분으로 반란을 일으켰을 때 그를 잡아서 압송했다. 그가 죽자 조정에서는 의성 군(義城君)으로 추봉했다.

38 황해도 금천군 소재 역의 이름이다.

39 독자적으로 외교적 응대를 한다는 뜻이다.

있으리라 여겨 함께 가려고 했던 것인데 어찌 불행하게 병을 얻었단 말인가?"

순(淳)이 대답했다.

"조 재상이 말하기를 '천사(天使)가 나를 일러 병을 핑계 대며[托病=稱病] 가지 않는다고 하지 않겠는가'라며 심히 스스로 마음 아파하고 계십니다."

사신이 말했다.

"이와 같은 때에 나라의 높은 재상[上相]으로서 병으로 인해 입조(入朝)하지 못하게 됐는데 누가 거짓이라고 하겠는가?"

준을 위해 눈물을 흘리고서 말했다.

"그러면 반드시 김 시중(金侍中)[40]이 오겠구나?"

순이 말했다.

"김 시중은 본래 병이 있기 때문에 우시중 이서가 옵니다."

사신이 말했다.

"이공(李公)은 늙고 병들지 않았는가?"

순이 말했다.

"늙기는 하였으나 병은 없습니다."

사신은 서가 사행을 출발하는 날짜와 시간을 기록한 다음 떠나갔다.

계미일(癸未日-26일)에 의흥삼군부 판사(義興三軍府判事) 이무(李茂),

---

40 김사형(金士衡)을 가리킨다.

문하 찬성사(門下贊成事) 조영무(趙英茂), 의흥삼군부 참판사(義興三軍府參判事) 조온(趙溫), 총제(摠制) 신극례(辛克禮)·이숙번(李叔蕃)·조견(趙狷, 1351~1425년)[41] 등에게 환자(宦者=환관)를 차등 있게 내려주었다. 환자는 모두 200여 명이었는데 상장군(上將軍), 대장군(大將軍)에서 갑사(甲士), 패두(牌頭=패의 우두머리)까지도 모두 받았다.

○ 문하부 낭사가 소(疏)를 통해 환관[閹人=奄人] 박문실(朴文實)의 죄를 청하자 이를 윤허했다. 소는 대략 이러했다.

'대간(臺諫)이 길을 갈 때에 사람을 물러나게 하고[辟人=辟除] 길을 깨끗이 하는 것[淸道]은 자기를 높이려는 것이 아니라 왕명을 높이려는 것입니다. 그래서 높은 사람이나 낮은 사람이나 이를 범하는 자가 없습니다. (그런데) 이달 16일에 좌습유(左拾遺)[42] 정안지(鄭安止)가 아문(衙門)의 일을 마치고 집으로 돌아가는데 환관인 승녕주부(承寧注簿=승녕부 주부) 박문실이 뒤를 따라오다 지나쳐 가므로 아전이 이를 막으니 문실이 소리를 높여 꾸짖으며 도리어 말채찍으로 그를 때려 길에 있던 사람들이 보았습니다. 안지(安止)가 친형인 정랑(正郎) 안도(安道)의 집으로 들어가니 문실이 따라 들어가 다시 혹 힐난하고 혹 욕을 하며 안지를 어깨로 끌고서[扶曳] 태상전으로 갔습니다. 안지가 전(殿)에 나아가 그 까닭을 다 진술하니 태상왕께서는 곧바로 법에 의해 죄를 논할 것을 허락하셨습니다. 신 등이 볼 때 문실은 한갓 낮은 환관으로서 저희 사(司)를 능욕하고 왕명을 가

---

41 조준의 동생이다.

42 정6품 간관직으로 뒤에 정언(正言)으로 바뀌었다.

벼이 하여 멸시했으니 죄를 용서할 수 없습니다. 엎드려 바라옵건대 전하께서는 태상왕의 지극히 공정하고 법을 중히 여기시는 뜻을 이어받아[體] 해당 부서에 영을 내리시어 율(律)에 의해 단죄(斷罪)해 불법을 징계해야 할 것입니다.'

을유일(乙酉日-28일)에 태백성(금성)이 낮에 나타났다.

○ 대마도(對馬島)의 사미 영감(沙彌靈鑑)이 말 4필을 바쳤다.

병술일(丙戌日-29일)에 태백성이 낮에 나타났다.

○ 여러 신하들에게 명해 각각 자신들이 아는 사람[所知]을 천거하게 하여 (앞으로) 뽑아 쓸 일[擢用]에 대비했다. 상이 말했다.

"명(命)을 받은 처음에[43] 마땅히 사람 쓰는 것을 급하게 해야 한다. 문무(文武)를 겸비한 재주 있는 인물과 백성을 직접 다스리는 직을 감당할 만한 자를 양부(兩府), 대간(臺諫), 육조(六曹), 삼군부(三軍府), 삼사(三司) 및 각사(各司)의 6품(品) 이상은 모두 천거하도록 하라."

정해일(丁亥日-30일)에 사헌부에서 말을 올려[上言] 반역자의 노비를 관에서 몰수하는 법을 거듭 엄격하게 했다. 소(疏)는 대략 이러했다.

'반역의 죄는 만세토록 용서할 수 없는 것입니다. 가산(家産)과 노비를 관에 몰수하여 들이는[沒入] 것은 옛날이나 지금이나 한결같

―――――――

43 즉위한 초기라는 뜻이다.

은 법도[常典]입니다. (그런데) 그 친족의 무리들이 틈을 타서 돌려
받으니 심히 있어서는 안 되는 일[不可]이라 신 등이 글을 올려 도로
속공(屬公-관에 속하게 하는 것)을 청했는데 명하시기를 "반역의 죄
로 속공한 노비를 자세히 상고하여 다시 보고하라"고 하셨습니다. 신
등이 다시 서로 그것을 상고해보니 전조(前朝-고려) 충혜왕(忠惠王)
때 적신(賊臣) 조적(曹頔)이 당(黨)을 만들어 반역을 꾀했는데 그 패
거리인 이안(李安)이 임금의 안장을 쏘아 맞혔고 공민왕(恭愍王) 때
조일신(趙日新)이 제 마음대로 임금의 문 안에 들어가 근신(近臣) 김
용(金鏞)을 죽이고 흉한 무리들을 꾀어 모아서 시역(弑逆)을 행하고
자 하니 홍륜(洪倫), 한안(韓安), 권진(權瑨), 노선(盧瑄), 홍관(洪寬),
최만생(崔萬生) 등이 직접 공민왕을 시해했고[弑] 아조(我朝-조선)에
이르러 역신(逆臣) 박포(朴苞)가 간사한 마음을 품고 의친(懿親-혈친)
을 이간질했으니 이는 모두 직접 악역(惡逆)을 범한 것이라 그 죄가
용서할 수 없는 것입니다. 그러니 이에 돌려받은 노비들을 모두 다시
속공시키고 그 자손도 또한 서용(敍用)해서는 안 됩니다.'

경진년(庚辰年-1400년) 9월부터 이달까지 영흥부(永興府)와 문주
(文州),[44] 의주(宜州)[45]의 굶주린 백성들을 구휼했다[賑].

---

44 함경남도 문천시의 옛 지명이다. 옛 명칭은 매성(妹城) 또는 이균성(伊均城)이었는데,
    989년(고려 성종 8년) 성(城)을 쌓고 문주로 칭하여 방어사(防禦使)를 두었으며 동계(東
    界)에 예속시켰다. 뒤에 의주(宜州)에 합쳤다.
45 같은 함경도로 고려 초에 용주(湧州)라 했다가 성종 때 의주로 고쳤다. 조선 태종 때는
    의천(宜川), 세종 때는 덕원으로 고쳐 군을 두었다.

戊午朔 隕霜于原州 傷穀.
무오 삭 운상 우 원주 상곡

賜戶曹典書呂稱廐馬一匹. 稱賑西北面飢 無一民餓死者.
사 호조 전서 여칭 구마 일필 칭진 서북면 기 무 일민 아사 자

辛酉 命召還芳幹 議政府率百官諫止之. 傳旨政府曰:'懷安君
신유 명 소환 방간 의정부 솔 백관 간 지지 전지 정부 왈 회안군

庚辰之事 非其本心 但惑於朴苞耳.① 今皇帝賜誥印 君臣之分已
경진 지사 비기 본심 단 혹어 박포 이 금 황제 사고인 군신 지분 이

定 何足嫌乎? 其遣人召還." 於是領三司事河崙 左政丞金士衡
정 하족 혐호 기 견인 소환 어시 영삼사 사 하륜 좌정승 김사형

右政丞李舒等二十餘人上疏 陳其不可; 臺諫交章上言 請勿召還
우정승 이서 등 이십 여인 상소 진기 불가 대간 교장 상언 청물 소환

上皆不可曰:"芳幹罪固不輕 然太上之命 不可違. 予亦常有同氣
상 개 불가 왈 방간 죄고 불경 연 태상 지명 불가위 여역 상유 동기

之念 欲全親親之仁. 卿等所啓雖善 不可從矣.'
지념 욕전 친친 지인 경등 소계 수선 불가 종의

壬戌 判議政府事趙浚等上疏曰:'今月初四日 都承旨朴錫命
임술 판 의정부 사 조준 등 상소 왈 금월 초 사일 도승지 박석명

奉傳王旨 召芳幹以來. 臣等聞命以爲 芳幹稱兵作亂 得罪宗社
봉전 왕지 소 방간 이래 신등 문명 이위 방간 칭병 작란 득죄 종사

屬籍已絶. 當以法論 幸賴殿下寬仁 就居便處 保有爵祿 恩亦極
속적 이절 당 이법 논 행 뢰 전하 관인 취거 편처 보유 작록 은 역 극

矣. 若又召還以居中國 不惟人心疑懼 實恐禍變或生.② 此臣等
의 약우 소환 이거 중국 불유 인심 의구 실공 화변 혹생 차 신등

所以冒昧申請 以爲不可者也. 殿下以孝友之至情 上以慰太上之
소이 모매 신청 이위 불가자 야 전하 이 효우 지 지정 상 이위 태상 지

心 下以全懿親之恩 必欲召還 不賜兪允 孝悌之誠 可謂至矣. 然
심 하 이전 의친 지은 필욕 소환 불사 유윤 효제 지성 가위 지의 연

或生變 再被惡名 則其所以恩之 反所以禍之 臣等竊爲殿下慮焉.
혹 생변 재피 악명 즉 기 소이 은지 반 소이 화지 신등 절위 전하 려언

伏望殿下 斷以大義 毋復召還 安置如舊 使得保全.'
복망 전하 단 이 대의 무부 소환 안치 여구 사득 보전

上重違太上之命 必欲召還. 癸亥 大司憲柳觀等 上章復請曰:

'芳幹獲罪宗社 不容誅矣. 幸賴殿下友愛之恩 得保首領 安處

外郡 已爲幸矣. 今又召置京中 則芳幹雖懲前日之失 其黨與不軌

之心 未嘗忘也. 如有不靖 則殿下雖欲全之 而不可得矣. 且所在

益州 密邇完山 完山士馬精强 不可置反側之人也. 請徙置于海島

以終餘年 幸甚.'

上猶豫未決 政府與百官交章上請 極陳不可 上意乃決 遂令

仍舊安置.

門下府郞舍上疏. 疏略曰:'一 典章文物 禮之大者. 我朝衣冠

法度 一遵朝廷之制 獨宦官之服 因循未革 與士大夫無異. 若

朝廷使臣見之 肯爲我朝爲知禮乎? 願令除帽戴巾 仰遵朝廷之

制. 一 我朝六曹典書 卽周官之六卿也. 今以六卿之重 執楯佩劍

與士卒竝肩侍衛 非特違於設官之意 殊非人君待遇士大夫之禮.

願自今 毋令典書下兼士卒之務 以重名器. 一 取士之法 周官

三物 漢之孝廉茂材 其法甚重. 厥後以科擧取士 而經明行修之士

由此而進. 是以歷代人君莫不重之. 或策于殿庭 或臨軒放牓所以

崇儒重道而寵異之也. 伏覩禮曹受判 醫 譯 律 陰陽等科入格之

人 亦依文科放牓 仍給紅牌. 竊謂雜科小藝 固非文科譬也. 願依

己卯年例施行.'

從之 唯宦官巾服 無所取法 難於製作 姑依舊制.

壬戌 群鴉集于宮北園.
임술 군아 집 우 궁 북원

倭船四隻 奪高蠻梁兵船一艘 千戶徐安禮逃.
왜선 사 척 탈 고만량 병선 일 소 천호 서안례 도

己巳 帝遣通政寺丞章謹 文淵閣待詔端木禮 來錫王命. 謹 禮
기사 제 견 통정시 승 장근 문연각 대조 단목례 내 석 왕명 근 례

持節至 設山棚結綵 備儺禮百戲. 上御紗帽團領 具儀仗鼓吹
지절 지 설 산붕 결채 비 나례 백희 상 어 사모 단령 구 의장 고취

出迎于宣義門外 百官具公服以從. 導至無逸殿 宣誥命. 奉天
출영 우 선의문 외 백관 구 공복 이 종 도 지 무일전 선 고명 봉천

承運皇帝誥曰: '古先哲王之爲治 德窮施普 覆育萬方. 凡厥有邦
승운 황제 고 왈 고선 철왕 지 위치 덕 궁 시보 복육 만방 범 궐 유방

無間內外 罔不臣服 爰樹君長 俾乂其民人 以藩屛于夷夏. 朕承
무간 내외 망불 신복 원수 군장 비예 기 민인 이 번병 우 이하 짐 승

大統師古成憲. 咨爾朝鮮權知國事李【諱】! 襲父兄之傳 鎭綏玆土
대통 사고 성헌 자 이 조선 권지국사 이 휘 습 부형 지전 진수 자토

來效職貢 率禮克誠 以未受封 祈請勤至. 玆庸命爾爲朝鮮國王
내 효 직공 솔례 극성 이 미 수봉 기청 근지 자 용명 이 위 조선 국왕

錫以金印 長玆東土. 嗚呼! 天無常心 惟民是從 民無常戴 惟德
석 이 금인 장 자 동토 오호 천 무 상심 유 민 시종 민 무 상대 유덕

是懷. 爾其懋德 以承眷佑 孝友于家 忠順于上 仁惠于下 俾黎民
시 회 이 기 무덕 이 승 권우 효우 우 가 충순 우 상 인혜 우 하 비 여민

受福 後昆昭式 永輔于中國 啓土建家 匪德莫宜 可不敬哉!
수복 후곤 소식 영보 우 중국 계토 건가 비덕 막의 가불경 재

上受命訖 服袞冕行謝恩禮 隨使臣至太平館 安節于大廳 拜節
상 수명 흘 복 곤면 행 사은 례 수 사신 지 태평관 안 절 우 대청 배절

如望闕行禮 釋冕服行私禮. 宗親大臣百官 下至生徒 皆以次行禮
여 망궐 행례 석 면복 행 사례 종친 대신 백관 하 지 생도 개 이 차 행례

畢 設慰宴. 女樂入 使臣曰: "女樂可除." 上曰: "鄕風如是." 使臣
필 설 위연 여악 입 사신 왈 여악 가제 상 왈 향풍 여시 사신

曰: "然則暫行樂奏." 謹等亦不樂.
왈 연즉 잠행 악주 근 등 역 불락

上服絳紗袍遠遊冠 受群臣賀. 是日 三司右使李稷 摠制尹坤等
상 복 강사포 원유관 수 군신 하 시일 삼사 우사 이직 총제 윤곤 등

齎捧禮部咨文而來 各賜鞍馬. 其咨曰: '建文三年四月十五日 準
재봉 예부 자문 이 래 각 사 안마 기 자 왈 건문 삼년 사월 십오일 준

朝鮮權署國事李咨 該稱: "親兄【恭靖王諱】無嗣 令繼其後 不期
조선 권서 국사 이 자 해 칭 친형 공정왕휘 무사 영계 기후 불기

親兄忽患風疾 委令權襲國事. 自念愚庸 不敢承當 辭至再三 兄
친형 홀 환 풍질 위 영 권 습 국사 자념 우용 불감 승당 사 지 재삼 형

【譯】已遣陪臣李詹奏達 不得已於建文二年十一月十三日 權襲
휘 이 견 배신 이첨 주달 부득이 어 건문 이년 십일 월 십삼 일 권습

句當 凡有行移 只用白頭文字. 竊念誥命印信 理宜申請 差通事
구 당 범 유 행이 지용 백두 문자 절념 고명 인신 이의 신청 차 통사

判殿中寺事李玄齋咨 同三司右使李稷等赴京 移咨聞奏 乞賜
판 전중시 사 이현 재 자 동 삼사 우사 이직 등 부경 이자 문주 걸사

明降施行." 本月十六日晚 本部具本 於奉天門奏奉聖旨:"他旣於
명강 시행 본월 십육일 만 본부 구본 어 봉천문 주봉 성지 타 기 어

倫理上無差 忠順朝廷 懇切來請 誥與印都給賜與他(也)." 欽此
윤리 상 무차 충순 조정 간절 내청 고 여인 도급 사여 타 야 흠차

除欽遵差正使通政寺丞章謹 文淵閣待詔端木禮 持節齎捧誥命
제 흠준 차 정사 통정시 승 장근 문연각 대조 단목례 지절 재봉 고명

印章前去 本國給賜外 擬合回咨知會 欽遵施行. 誥命一道 朝鮮
인장 전거 본국 급사 외 의합 회자 지회 흠준 시행 고명 일도 조선

國王金印一顆 四角篆文 幷金印池一箇 鎖匣全.
국왕 금인 일과 사각 전문 병 금인지 일개 쇄 갑전

　庚午 上詣太平館拜節 用一拜叩頭禮. 設宴 使臣却女樂 只聽
경오 상 예 태평관 배절 용 일배고두례 설연 사신 각 여악 지청

唐樂. 上將出 章謹謂上曰:"某等欲詣王宮 以謝慰宴 但以天子
당악 상 장출 장근 위 상왈 모등 욕예 왕궁 이사 위연 단이 천자

之節在此 故不敢斯須離也."上還宮 遣近臣饋鞍馬衣服靴帽細布
지절 재차 고 불감 사수 이야 상 환궁 견 근신 궤 안마 의복 화모 세포

等物 使臣却而不受. 又使判司農寺事僳眉壽 善辭以餽 謹等曰:
등물 사신 각이 불수 우사 판 사농시 사 설미수 선사 이궤 근 등 왈

"國王以君子待吾等歟!"固辭竟不受.
국왕 이 군자 대 오등 여 고사 경 불수

　辛未 上詣太平館拜節. 使臣謂上曰:"聞殿下文藝之美 幸賦
신미 상 예 태평관 배절 사신 위 상왈 문 전하 문예 지미 행부

一絶以惠."上答曰:"吾雖不敏 敢不言志."還宮製長句四韻二篇
일절 이혜 상 답왈 오 수 불민 감 불언 지 환궁 제 장구 사운 이편

以贈兩使臣 使臣驚喜 吟翫不已.
이 증 양 사신 사신 경희 음완 불이

　贈章謹詩曰:
증 장근 시 왈

帝眷吾家職貢誠 綸音曾許國更名
제 권 오가 직공 성 윤음 증 허 국 경명

侯封申錫黃金印 使節來從白玉京
후봉 신석 황금 인 사절 내종 백옥 경

對酒不嘗歡尙洽 歸情難挽恨還生
대주 불상 환 상흡 귀정 난 만 한 환생

臨岐何敢嫌垂橐 應續圖經永樹聲.'
임 기 하 감 혐 수 탁 응 속 도 경 영 수 성

贈端木禮詩曰:
증 단목례 시왈

'帝德重華致太平 使臣持節到東瀛
제 덕 중 화 치 태 평 사 신 지 절 도 동 영

鳳綸特示謨猷密 龜印仍加爵命榮
봉 륜 특 시 모 유 밀 구 인 잉 가 작 명 영

感激誠心天地在 淸新詞賦鬼神驚
감 격 성 심 천 지 재 청 신 사 부 귀 신 경

一杯餞酒猶難進 唯贈詩篇寫我情.'
일 배 전 주 유 난 진 유 증 시 편 사 아 정

議政府宴使臣于太平館.
의정부 연 사신 우 태평관

門下府郞舍上疏 請別司禁黃祿等罪. 初別司禁黃祿 高永壽
문하부 낭사 상소 청 별사금 황록 등죄 초 별사금 황록 고영수

柳惠康等 以朱杖辟人 誤觸左政丞金士衡 郞舍劾而請罪 辛克禮
유혜강 등 이 주장 벽인 오 촉 좌정승 김사형 낭사 해 이 청죄 신극례

啓:"是過誤所犯."
계 시 과오 소범

壬申 上詣太平館拜節. 使臣欲還 上使人請留 謹等曰:"旣布
임신 상 예 태평관 배절 사신 욕환 상 사인 청류 근등왈 기포

帝命 以何故而留乎?"上乃詣館設宴. 上將出 謹請曰:"吾叔父
제명 이 하고 이유호 상 내 예관 설연 상 장출 근 청왈 오 숙부

章同聞 在建康路 采石縣 結庵居之 號曰澄心. 敢請諸儒臣作
장동문 재 건강 로 채석 현 결암 거지 호왈 징심 감청 제 유신 작

澄心庵詩若文以給."上命領三司河崙 參贊權近 簽書李詹及諸
징심 암시약문이급 상 명 영 삼사 하륜 참찬 권근 첨서 이첨 급 제

文臣 作詩幷序以贈.
문신 작시병서이증

癸酉 使臣章謹 端木禮等還. 上率百官 詣太平館拜節 謹等
계유 사신 장근 단목례 등환 상 솔 백관 예 태평관 배절 근등

作詩二首以獻. 上先出 使臣發行 上服冕服乘輦 隨至西普通拜節
작시 이수 이헌 상 선출 사신 발행 상 복 면복 승연 수 지 서보통 배절

如望闕行禮. 釋服 與使臣入幄次 設餞宴. 謹與禮俱有廉介 禮貌
여 망궐 행례 석복 여 사신 입 악차 설 전연 근 여 례 구 유 염개 예모

恭謹 擧止不爽 國人愛慕.
공근 거지 불상 국인 애모

上朝太上殿 晩還宮.
상 조 태상 전 만 환궁

門下府郎舍劾知楊州事金㳻 罷其職. 初 觀察使鄭符妻母
문하부　낭사　핵지　양주　사　김대　파 기직　초　관찰사　정부　처모

朴氏 居楊州而歿 㳻役民造石人石獸 及葬祭用油蜜果 符德之
박씨　거 양주 이몰　대역민조석인석수　급 장제용 유밀과　부 덕지

襃置上列 故不見罷. 至是郎舍以方農時 大興工役 劾罷之. 㳻將
포치 상렬　고 불견파　지시 낭사 이방 농시　대흥 공역　핵 파지　대장

還家 出宿境內 廣濟院土豪前典書崔沃 夜率奴子十餘名 佩劍
환가　출숙 경내　광제원 토호 전 전서 최옥　야솔 노자 십여명　패검

圍㳻宿處 詰曰:"吾奴長金所獲熊皮 曾入於官 何不還給?"因
위 대 숙처　힐왈　오노 장금 소획 웅피　증입어관　하불 환급　인

歐㳻之子 大小吏民止之. 翼日(翌日)質明 又來辱之. 憲司上言:
구 대지자　대소 이민 지지　익일　익일　질명　우래 욕지　헌사 상언

'諸州境內人民所獲熊虎皮入官 他例也. 㳻雖罷職還家 州人以
제주 경내 인민 소획 웅호피 입관　타례 야　대수 파직 환가　주인 이

些少私憤 劫辱而歐其子 甚爲貪惡. 其鄉人民訴於按廉使 欲黜
사소 사분　겁욕 이구 기자　심위 탐악　기향 인민 소어 안렴사　욕출

境外 收其田土 以正鄉風. 乞如所訴 以懲其惡.'
경외　수기 전토　이정 향풍　걸여 소소　이징 기악

命領三司事河崙 參贊權近 簽書李詹 改定官制.
명 영삼사 사 하륜　참찬 권근　첨서 이첨　개정 관제

門下府郎舍上疏 請重銓選汰冗官. 疏略曰:
문하부 낭사 상소　청중 전선 태용관　소 약왈

'臣等伏値膺受誥命 以正大位 且以改官制事 咨達上國 蓋
신등 복치 응수 고명　이정 대위　차이개 관제사　자달 상국　개

欲更張政化 與國咸新 以興一代之治 以立萬世之法 甚盛擧也.
욕 경장 정화　여국 함신　이흥 일대 지치　이립 만세 지법　심 성거 야

臣等俱以不才 忝居言責 思陳狂瞽 以補聖治之萬一. 謹將國制
신등 구이 부재　첨거 언책　사진 광고　이보 성치 지 만일　근장 국제

因襲前朝舊弊 在所當改者一二條件 具錄申聞 伏惟上鑑裁擇
인습 전조 구폐　재 소당개 자 일이 조건　구록 신문　복유 상감 재택

施行.
시행

一 銓選之法 不可不重. 前朝盛時 吏曹掌文選 兵曹主武選 各
일 전선 지법 불가 부중　전조 성시　이조 장문선　병조 주 무선　각

置政案 以任除授之事 蓋與中國同也. 及其中衰 權臣擅廢立專
치 정안 이임 제수 지사　개여 중국 동야　급 기중쇠 권신 천 폐립 전

予奪 常居其第 與其僚屬 私取政案 注擬除授 號爲政房 累世
여달 상거 기제　여기 요속 사취 정안　주의 제수　호위 정방　누세

相傳 習以爲常. 其後有志之士 言時政之失 必以革政房爲言 而
상전 습이위상　기후 유지 지사 언 시정 지실　필이 혁 정방 위언 이

卒不能革 陵夷以至于亡. 國初 改政房爲尙瑞司. 其名雖改 其實
졸 불능 혁　능이이지우망　국초　개 정방 위 상서사　기명 수개　기실

尙存. 以王室之重任 襲私門之弊法 不可不改也. 願自今 罷
상존　이 왕실 지 중임 습 사문 지 폐법 불가 불개 야　원 자금　파

尙瑞司 以文銓歸吏曹 武選歸兵曹 擇公廉剛正有識鑑者 以備吏
상서사　이 문전 귀 이조 무선 귀 병조 택 공렴 강정 유 식감 자　이비이

兵曹員 復前朝舊時之盛制.
병조 원 복 전조 구시 지 성제

　一 宰相之職 人主所與共政 其任最重. 前朝舊制 取法唐宋 置
　일 재상 지직 인주 소여 공정 기임 최중　전조 구제 취법 당송 치

門下府 侍中以下參知以上五人任相事 謂之省宰 密直判事以下
문하부 시중 이하 참지 이상 오인 임 상사 위지 성재 밀직 판사 이하

七人任軍政. 平時則各坐本司 及有大事 然後會議 謂之合坐. 或
칠인 임 군정　평시 즉 각좌 본사 급 유 대사 연후 회의 위지 합좌　혹

一歲而一會 或累歲而不會 至其衰季 政繁事夥 逐日合坐 增置
일세 이 일회 혹 누세 이 불회 지 기 쇠계 정번 사과 축일 합좌 증치

其員 多至數十 旅進旅退. 願自今 悉依省五樞七之數 餘悉汰去.
기원 다 지 수십 여진 여퇴　원 자금　실 의 성오 추칠 지수 여 실 태거

罷議政府各坐本司 及有大事 然後合坐而議 以重宰相之任.
파 의정부 각좌 본사 급 유 대사 연후 합좌 이의 이중 재상 지임

　一 近者置義興三軍府 以任軍政. 中樞員額增多 而無所事 徒
　일 근자 치 의흥삼군부　이임 군정　중추 원액 증대 이 무 소사　도

爲虛設 故臺諫獻言 罷中樞而合于三軍府 蓋一時之權宜 非可以
위 허설 고 대간 헌언 파 중추 이 합 우 삼군부 개 일시 지 권의 비 가이

爲定法也. 且中樞之號 取法唐宋 義興之名 一時所稱 非可通于
위 정법 야　차 중추 지호 취법 당송 의흥 지명 일시 소칭 비 가통 우

中國. 願自今 復置中樞院 以總三軍 革去義興之號.
중국　원 자금　부치 중추원 이총 삼군 혁거 의흥 지호

　一 六曹典書 卽周官之六卿 本一卿止一人爾 六寺七監 本無
　일 육조 전서 즉 주관 지 육경 본 일경 지 일인 이 육시 칠감 본무

判事 亦只有卿監而已 自前朝恭愍王以來 乃增置之. 願自今
판사 역 지 유 경감 이이 자 전조 공민왕 이래 내 증치 지　원 자금

典書判事卿監 各置一員 其餘汰去 凡冗官可汰者 亦皆汰之.
전서 판사 경감 각 치 일원 기여 태거 범 용관 가 태자 역 개 태지

　乙亥 宥境內:
　을해 유 경내

"王若曰 惟我國家 世事中夏 受其爵命 保有民社 以克永世.
왕 약왈 유 아 국가 세사 중하 수기 작명 보유 민사 이극 영세

我太上王肇有國家 卽告于上國 太祖高皇帝嘉其效順 許立爲王
아 태상왕 조유 국가 즉 고 우 상국 태조 고황제 가 기 효순　허립 위왕

以更國號. 上王繼位 恪勤職貢. 予以不穀 膺此景緖 實賴朝宗
이 경 국호 상왕 계위 각근 직공 여이 불곡 응차 경서 실뢰 조종

積德之慶 屬玆國家之再初 宜與臣民而更始 布告中外 咸使
적덕 지경 속자 국가 지재초 의여 신민 이갱시 포고 중외 함사

知之. 自建文三年六月十八日昧爽以前 除謀叛大逆 殺祖父母
지지 자 건문 삼년 육월 십팔일 매상 이전 제 모반 대역 살 조부모

父母 妻妾殺夫 奴婢殺主 蠱毒魘魅 謀故殺人 但犯强盜外 已
부모 처첩 살부 노비 살주 고독 염매 모고 살인 단범 강도 외 이

發覺未發覺 已決正未決正 罪無輕重 咸宥除之. 敢以宥旨前事
발각 미발각 이결정 미결정 죄무 경중 함유 제지 감이 유지 전사

相告言者 以其罪罪之. 於戲! 畏天保國 常懷昭事之心 發政
상 고언 자 이 기죄 죄지 어희 외천 보국 상회 소사 지심 발정

施仁 共享時雍之治."
시인 공향 시옹 지치

黜靜妃殿侍女宦官等二十餘人. 靜妃以上御宮人憤恚 詰所御者
출 정비 전 시녀 환관 등 이십 여인 정비 이상 어 궁인 분에 힐 소어자

上怒而黜之.
상 노 이 출지

日本國 肥州太守 遣使獻馬三匹及藥材等物.
일본국 비주 태수 견사 헌마 삼필 급 약재 등 물

丙子 遣判門下府事趙浚 右軍同知摠制安瑗如京師. 謝恩也. 前
병자 견 판 문하부 사 조준 우군 동지 총제 안원 여 경사 사은 야 전

三日 上宴于淸和亭以餞之 浚辭贐行之物. 是日 上服袞冕拜表
삼일 상 연우 청화정 이 전지 준 사 신행 지물 시일 상복 곤면 배표

獻方物 馬五十匹 金鞍四部 細苧麻布二百匹 中宮細苧麻布八十
헌 방물 마 오십 필 금안 사부 세저마포 이백 필 중궁 세저마포 팔십

匹. 章謹請牧隱李穡文集 浚以無全本答之.
필 장근 청 목은 이색 문집 준 이무 전본 답지

就咨禮部曰:
취자 예부 왈

'照得 本國陪臣官爵稱號 因循高麗舊制 其間不無與中朝官制
조득 본국 배신 관작 칭호 인순 고려 구제 기간 불무 여 중조 관제

相似者 實爲未便. 今來本職受命之初 理宜更改 爲此合行移咨
상사 자 실위 미편 금래 본직 수명 지초 이의 경개 위차 합행 이자

伏請照驗 聞奏施行.'
복청 조험 문주 시행

己卯 御淸和亭 宴三司右使李稷 摠制尹坤. 賜稷田六十結
기묘 어 청화정 연 삼사 우사 이직 총제 윤곤 사직 전 육십 결

臧獲六口 坤田五十結 臧獲五口 通事李玄田五十結 臧獲四口
장획 육구 곤전 오십 결 장획 오구 통사 이현 전 오십 결 장획 사구

書狀官安允時田二十五結 其餘伴人押馬等 賞賜有差. 是日 史官
欲入 侍門者阻之. 侍讀金科語修撰盧異曰:"五承旨皆兼春秋 記
上之言動 史官何必入乎?"異曰:"然則史官之職 雖無 亦可." 科
怒 由是與異有隙.

　庚辰 下司農注簿鄭欽之于巡軍罪之. 以宗廟及諸祀祭酒味惡
故也.

　辛巳 罷知義興三軍府事金英烈職. 英烈犯禁 奔競於兼判
尙瑞司事李茂家 憲司劾而罷之.

　壬午 遣門下右政丞李舒 代趙浚以行. 浚至金郊驛疾作 遣醫
問之 病勢日篤 以舒代之 且請皇明禮制. 遣上將軍朴淳于平壤
與使臣具言以舒代浚之故 端木禮曰:"吾等以謂趙宰相威容德器
可像 必能專對 願欲偕行 何不幸而得病乎? 淳對曰:"趙宰相言:
'天使無乃謂我托病不行乎?'深自痛心."使臣曰:"如此之時 以國
之上相 因病不朝 誰謂妄乎?"爲之流涕曰:"然則必金侍中來矣."
淳曰:"金侍中本有疾 故右侍中李舒來."使臣曰:"李公無乃老病
乎?"淳曰:"雖老無病."使臣記舒發行日時而去.

　癸未 賜判義興三軍府事李茂 門下 贊成事趙英茂 參判
義興三軍府事趙溫 摠制辛克禮 李叔蕃 趙狷等宦者有差. 宦者
凡二百餘人 上 大將軍以至甲士牌頭 亦皆受賜.

　門下府郎舍疏請閹人朴文實罪 允之. 疏略曰:

臺諫之所以行辟人清道者 非欲自尊 所以尊王命也. 故尊卑
대간 지 소이 행 벽인 청도 자 비욕 자존 소이 존 왕명 야 고 존비

無犯之者. 今月十六日 左拾遺鄭安止 罷衙還家 閹人承寧注簿
무 범지 자 금월 십육일 좌습유 정안지 파아 환가 엄인 승녕 주부

朴文實從後過行 吏止之 文實厲聲慢罵 反以馬策鞭之 道路以
박문실 종후 과행 이지지 문실 여성 만매 반이 마책 편지 도로 이

目. 安止入親兄正郎安道家 文實隨入 且詰且罵 扶曳安止 以
목 안지 입 친형 정랑 안도 가 문실 수입 차힐차매 부예 안지 이

進太上殿. 安止詣殿 盡陳所以 太上王卽許依法論罪. 臣等以謂
진 태상전 안지 예전 진진 소이 태상왕 즉 허 의법 논죄 신등 이위

文實以蕞爾小宦 陵辱所司 輕蔑王命 罪在不宥. 伏望殿下 體
문실 이 최이 소환 능욕 소사 경멸 왕명 죄재 불유 복망 전하 체

太上至公重法之意 下令攸司 依律斷罪 以懲不法.
태상 지공 중법 지의 하령 유사 의률 단죄 이징 불법

乙酉 太白晝見.
을유 태백 주현

對馬島沙彌靈鑑獻馬四匹.
대마도 사미 영감 헌마 사필

丙戌 太白晝見.
병술 태백 주현

命群臣各舉所知 以備擢用. 上曰:"受命之初 當急用人. 文武
명 군신 각거 소지 이비 탁용 상왈 수명 지초 당급 용인 문무

兼才及可當臨民之職者 兩府臺諫六曹三軍府三司及各司六品
겸재 급 가당 임민 지직 자 양부 대간 육조 삼군부 삼사 급 각사 육품

以上 皆舉之.
이상 개 거지

丁亥 司憲府上言 申嚴叛逆奴婢沒官之法. 疏略曰:
정해 사헌부 상언 신엄 반역 노비 몰관 지법 소 약왈

叛逆之罪 萬世所不宥. 家産奴婢 沒入於官 古今常典. 其親族
반역 지죄 만세 소불유 가산 노비 몰입 어관 고금 상전 기 친족

輩乘間還受 深爲不可 臣等上書請還屬公 命以叛逆之罪屬公
배 승간 환수 심위 불가 신등 상서 청환 속공 명이 반역 지죄 속공

奴婢 詳推更問. 臣等更相考之 前朝忠惠王時 賊臣曹頓結黨
노비 상추 갱문 신등 갱상 고지 전조 충혜왕 시 적신 조적 결당

謀逆 其徒李安 射中王鞍; 恭愍王時 趙日新擅入君門 殺其近臣
모역 기도 이안 사중 왕안 공민왕 시 조일신 천입 군문 살 기 근신

金鏞 誘集兇徒 欲行弑逆; 洪倫 韓安 權瑨 盧瑄 洪寬 崔萬生
김용 유집 흉도 욕행 시역 홍륜 한안 권진 노선 홍관 최만생

等 親弑恭愍王; 及我朝 逆臣朴苞 心懷奸詐 離間懿親 是皆親犯
등 친시 공민왕 급 아조 역신 박포 심회 간사 이간 의친 시개 친범

惡逆 罪在不宥. 其還受奴婢 竝還屬公 子孫亦不敍用.
악역 죄재불유 기환수 노비 병환 속공 자손 역 불서용

自庚辰九月至于是月 賑永興府與文州宜州飢民.
자 경진 구월 지우 시월 진 영흥부 여 문주 의주 기민

| 원문 읽기를 위한 도움말 |

① 非其本心 但惑於朴苞耳. 非~但~耳는 '~가 아니라 단지 ~일 뿐이다'라
비 기 본심 단 혹 어 박포 이 비 단 이
는 구문으로 종종 쓰인다.

② 不惟人心疑懼 實恐禍變或生. 不惟~實~는 '~일 뿐만 아니라 실로~'라
불유 인심 의구 실공 화변 혹생 불유 실
는 구문으로 앞서 보았던 非唯~亦~과 같은 표현법이다.

태종 1년 신사년
7월

七月

무자일(戊子日-1일) 초하루에 종친과 대신들을 상왕전에 보내 장수를 빌었다. 이는 상왕의 탄일(誕日)이었기 때문이다. 마침 이날 왕자가 죽었는데 나이는 2세였다. 조회를 이틀 동안 정지하고 백관이 대궐에 나아가 조문하고 위로했다. 삼사 영사(三司領事) 하륜(河崙), 삼군부 판사(三軍府判事) 이무(李茂) 등이 성례(盛禮-성대한 장례)를 써서 장례를 행할 것을 청하자 상이 말했다.

"하상(下殤)[1]에도 미치지 못했는데 어찌 성례를 쓰겠는가?"

신묘일(辛卯日-4일)에 좌정승 김사형이 병으로 인해 전(箋)을 올려 사직했으나 윤허하지 않았다[不允].
　불윤

○ 여러 신하들에게 말 1필씩을 내려주었다. 제주(濟州)의 말 270필이 이르렀기 때문이다.

○ 사헌부에 명해 패(牌) 없는 매[鷹]와 응인(鷹人)이 닭과 개를 몰래 잡는 것을 금지시켰다.
　응

을미일(乙未日-8일)에 좌우도(左右道) 수군도절제사 김영렬(金英烈)

1　『예기(禮記)』에 따르면 나이 16세에서 19세에 죽는 것을 장상(長殤)이라 하고, 12세에서 15세까지를 중상(中殤)이라 하고, 8세에서 11세까지를 하상(下殤)이라 한다.

을 풍해도(豊海道-황해도)와 서북면(西北面-평안도)에 보내 왜적에 대비토록 했다. 전라도 수군절제사가 왜선(倭船) 9척이 서북면으로 향한다고 보고했기 때문이다.

○ 명하기를 사관은 6아일(衙日)에 조정에서 일을 볼[視朝] 때 입시(入侍)하라고 했다. 애초에 상이 편전(便殿)에 나아가 앉아 기거하고 있는데 민인생(閔麟生)이 문밖[戶外]에서 엿보니 상이 그것을 보고서 좌우에 물었다.

"저게 어떤 사람인가?"

좌우가 대답했다.

"사관 민인생입니다."

상이 화를 내며 박석명(朴錫命)을 시켜 명을 전하게 했다.

"지금부터는 사관이 궐에 날마다 들어오지는 말라."[2]

○ 사헌부 대사헌 유관(柳觀), 잡단(雜端)[3] 김효손(金孝孫) 등을 파직했다[罷]. 애초에 관(觀) 등이 좌습유 정안지를 환관 박문실(朴文實)로부터 왕명을 욕되게 하는 능욕을 당했다고 탄핵했는데 좌산기(左散騎)[4] 유기(柳沂) 등이, 관과 효손 등이 풍헌관(風憲官)으로서 환관이 간관(諫官)을 능욕하는 것을 보고도 대수롭지 않게 여겨 더 이

---

2 이 문제는 점점 새롭게 확대된다.

3 사헌부 종5품 관직이다. 얼마 후 이 명칭은 사라졌다.

4 중국 진나라와 한나라의 산기(散騎)와 간의대부(諫議大夫)에서 찾을 수 있다. 간관 제도는 당송시대에 정비돼 문하성(門下省)과 중서성(中書省)에 산기상시(散騎常侍) 간의대부보궐(補闕) 또는 사간(司諫) 습유(拾遺) 또는 정언(正言) 등의 관직이 있었다. 고려시대의 간관 제도는 당송대의 제도를 많이 본받은 것으로 중서문하성(中書門下省)의 낭사(郎舍)가 간관이었다. 이때는 건국 초기라 고려의 유습이 많이 남아 있었다.

상 캐묻지도 않고 도리어 안지를 탄핵한 까닭을 캐물었기 때문에 이에 그들을 파직한 것이다.

정유일(丁酉日-10일)에 태백성이 나흘 동안 낮에 보였다.

무술일(戊戌日-11일)에 민인생을 변방 오지[邊鄙]로 유배를 보냈다[竄]. 문하부 낭사가 소를 올렸는데 대략 이러했다.

'옛날[古者] 열국(列國)⁵에는 각각 사관이 있어 항상 임금의 좌우에서 언행과 정사를 갖춰 기록하지 않음이 없어 그것으로 후대의 권계(勸戒)를 삼았습니다. 지난번에[向者=嚮者] 신 등이 이것을 직접 계달하여 곧장 그대로 윤허를 받아[俞允] 이에 사관으로 하여금 날마다 좌우에 입시케 하였는데, 지금에 와서 가만히 듣건대 사관은 아일(衙日)의 정사를 듣는 때 이외에는 입시하지 말도록 하셨다 하니 이것이 어찌 전하의 본래 마음이겠습니까? 이는 사관이 적임자[其人]가 아니어서 나아가고 물러감[進退]에 있어 예(禮)를 잃어 전하의 빼어난 뜻[聖念]을 자극한 때문입니다. 일개 사관이 예를 잃는 바람에 마침내 만세의 좋은 법도를 폐하셨으니 신 등은 속으로 전하를 위해 그것을 안타깝게 여깁니다. 바라건대 사관으로 하여금 매일 일을 아뢸[啓事] 때마다 따라 나오고 따라 물러가게 하여 모범을 만세에 드리우소서. 사관 민인생은 입시할 때를 맞아 여러 번 그 예(禮)를 잃어 휘장을 걷고 엿보기까지 했으니 불경스러움[不敬]이 심

─────────

5 춘추시대의 여러 나라들을 말한다.

합니다. 바라건대 유사(攸司)로 하여금 그의 직첩(職牒)을 거두고 지방으로 유배를 보내게 해야 합니다[竄逐].'
_{찬축}

경자일(庚子日-13일)에 하륜 등이 개정한 관제(官制)를 올리니 상이 그것을 살펴보다가 사평부(司平府)가 전곡(錢穀)을 맡고 승추부(承樞府)가 군사(軍事)를 맡는 대목에 이르러 말했다.

"의정부는 과연 무슨 일을 하는가?"

또 의정부 참찬사(參贊議政府事)를 겸하는 대목에 이르러 말했다.

"승추(承樞)와 사평(司平)이 된 자가 혹은 겸(兼)하고 혹은 겸하지 못하고 하니, 겸하지 못하는 자는 한스러움이 없지 않을 것이니 모두 없애라."

륜 등이 육조(六曹)의 전서(典書)를 각각 한 명씩 없애야 한다는 의견을 내니[議] 상이 말했다.
_의

"상장군(上將軍) 판각(判閣) 판사(判事)로서 승진하게 되는 자는 반드시 육조 전서에 제수된 연후에 승진하였다 총제(摠制)가 된다. (지금의) 둘도 오히려 부족한데 하물며 하나를 없애겠는가?"

○ 문하부(門下府) 좌우 정승(左右政丞)을 고쳐 의정부(議政府) 좌우 정승으로 하고, 문하시랑 찬성사(門下侍郎贊成事)를 의정부 찬성사(議政府贊成事)로 하고, 문하부 참찬사(門下府參贊事)를 의정부 참찬사(議政府參贊事)로 하고, 정당문학(政堂文學)을 의정부 문학(議政府文學)으로 한다. 의정부 참지사(議政府 參知事) 두 사람을 더 두어 질(秩)은 종2품으로 한다. 문하부의 이름을 폐지하고, 낭사(郎舍)를 고쳐 사간원(司諫院)으로 한다. 산기상시(散騎常侍)를 폐지하고, 간의

대부(諫議大夫)를 승진시켜 좌우 사간대부(左右司諫大夫)로 하고 품
계를 통정(通政)으로 한다. 직문하(直門下)를 사간원 지사(司諫院知
事)로 하고, 보궐(補闕)을 헌납(獻納)으로 하고, 습유(拾遺)를 정언(正
言)으로 하고, 내사사인(內史舍人)을 내서사인(內書舍人)으로 하고, 삼
사(三司)를 사평부(司平府)로 하고, 의흥삼군부(義興三軍府)를 승추
부(承樞府)로 하고, 학사(學士)를 제학(提學)으로 한다. 예문춘추관
(藝文春秋館)을 갈라 두 관(館)으로 만들어 예문(藝文)은 녹관(祿官)
으로 하고 춘추(春秋)는 겸관(兼官)으로 한다.[6] 예문관에는 대제학
(大提學) 하나, 제학(提學) 하나, 직제학(直提學) 둘, 직관 둘이다. 공
봉(供奉)을 봉교로 하고, 수찬(修撰)을 대교(待敎)로 하고, 직관(直館)
은 검열(檢閱)로 하고, 봉교(奉敎) 이하는 모두 춘추관 기사관(春秋館
記事官)을 겸하게 한다. 전중시(殿中寺)는 종부시(宗簿寺)로 하고, 내
부시(內府寺)는 내자시(內資寺)로 하고, 사농시(司農寺)는 전농시(典農
寺)로 하고, 요물고(料物庫)는 공정고(供正庫)로 하고, 성균(成均) 좨
주(祭酒)를 사성(司成)으로 하고, 악정(樂正)을 사예(司藝)로 하고, 전
부(典簿)를 주부(注簿)로 하여 강등시켜 정6품으로 한다. 사헌 중승
(司憲中丞)을 집의(執義)로 하고, 시사(侍史)를 장령(掌令)으로 하고,
잡단(雜端)을 지평(持平)으로 하고, 도승지(都承旨)를 승추부 지신사
(承樞府知申事)로 하고, 승지(承旨)를 대언(代言)으로 하고, 승선방(承
宣房)을 대언사(代言司)로 하여 인신(印信)을 두고, 봉상박사(奉常博
士)를 주부로 한다. 교서감(校書監)을 고쳐 교서관(校書館)으로 하여

---

6   예문관은 봉록을 받는 정규 관제이고 춘추관은 겸직을 하는 관제라는 뜻이다.

소감(少監) 이상의 관원을 폐지하고, 종5품 교리(校理) 하나, 종6품 부교리(副校理) 하나를 두고, 참외(參外)[7]는 전과 같이 한다.

○ (개정된 관제에 따라) 하륜(河崙)을 사평부 영사(司平府領事), 이서(李舒)를 의정부 영사(議政府領事), 김사형(金士衡)을 좌정승(左政丞), 이무(李茂)를 우정승(右政丞), 조영무(趙英茂)를 승추부 판사(承樞府判事), 이원(李原)을 대사헌(大司憲), 유관(柳觀)을 승녕부윤(承寧府尹)으로 삼았다.

계묘일(癸卯日-16일)에 명을 내려 이날부터 아일(衙日)의 조회[衙朝]
아조
는 새벽[平明]에 시작해 해가 돋으면 마치도록 했다.
평명

사간원에서 소를 올려 본원(本院)의 의식(儀式)을 사헌부의 예와 똑같게 할 것을 청하자 그대로 따랐다. 소는 대략 이러했다.

'본원의 직무는 오로지 잘잘못을 간언하여 다투고[諫爭] 시종하
간쟁
여 돕는 일을 담당하고 있습니다. 무릇 사직(社稷)의 큰 계책과 인물의 뛰어나고 그렇지 못함[賢否]을 가지고 임금과 더불어 가부(可否)
현부
를 돕는 것은 재상이요, 임금과 더불어 옳고 그름을 다투는 것은 간신(諫臣)입니다. (간관이 전에) 들어오면 임금이 얼굴을 고치고, (전을) 나가면 백관이 숨을 죽이고 가슴을 졸여 간사한 자가 곁눈질하여 보고 감히 그른 짓을 하지 못하는 것은 간관이 그것들을 (지적하여) 말하는 것을 두려워하기 때문입니다. 이 때문에 역대(歷代)에 (간관

이라는) 관직을 두어 모두 그 권한을 중하게 한 것은 간신을 중하게 여겨서가 아니라 조정을 높이기 위함이었습니다. 지금 본원의 질(秩)을 낮추어 3품(三品)으로 했으나 간신은 이미 좌우에 있어 항상 금중(禁中-대궐 안)에 있으니 어찌 3품의 일반 관원[常員]과 함께 논할 수 있겠습니까? 모든 의식을 한결같이 옛 제도를 따르고 이문(移文)의 체식(體式-양식)과 「이전(吏典)」[8]의 거관(去官)[9]을 아울러 헌사(憲司-사헌부)의 예에 의거하게 해야 합니다.'[10]

갑진일(甲辰日-17일)에 대호군(大護軍) 권희달(權希達, ?~1434년)[11]을 순군옥(巡軍獄)에 내려보냈다[下=下獄]. 선공 직장(繕工直長)이 태상전을 지을 재목을 동강(東江)에서 운반하다가 길에서 희달을 만났는데 희달이 그가 범마(犯馬)[12]했다며 매질을 했다[扶]. 태상왕이 노하여 희달의 집안 종 6명을 가두었다. 상이 이를 알고 희달을 옥에다 가두고서 태상전에 조알하니 태상왕이 주상(主上)에게 말했다.

"희달은 왕을 좌우에서 호위하는 자이니 없으면 안 된다. 이 일로

---

8 『육전』의 하나로 관리 규정집이다.

9 임기(任期)가 차서 그 벼슬자리를 떠나는 것을 말한다.

10 낭사에서 독립한 사간원이 사헌부와의 경쟁의식을 보여주는 흥미로운 소다.

11 『세종실록』에 그의 졸기(卒記)가 전한다. 권희달이 사람됨이 굳세고 사나우며, 화를 잘 내고 거칠어서 승냥이와 이리 같은 점이 있으므로 이때의 사람들이 우악스럽고 사나운 사람을 지목해 말하기를 '권총제(權摠制)'라고 했다. 태종이 잠저 때 옛정을 생각해주어 드디어 높은 반열에 이르렀다. 중추원 지사로 죽었다. 시호는 위려(威戾)이니 사납고 강하고 과단함이 위(威)요, 전의 허물을 뉘우치지 않음이 여(戾)다. 두 아들이 있으니 권인(權軔)과 권축(權軸)이다.

12 신분이 낮은 아래 관원은 높은 관원의 앞을 지날 때 말에서 내리거나 또 높은 관원이 지나간 뒤에 가야 하는데 이를 어긴 행위를 말한다. 대호군은 종3품, 직장은 종7품이다.

그의 죄를 논하지는 말라."

상이 그를 풀어주었다.[13]

을사일(乙巳日-18일)에 처음으로 등문고(登聞鼓)[14]를 설치했다. 안성 (安城) 학장(學長) 윤조(尹慥)와 전 좌랑(佐郎) 박전(朴甸) 등이 상언 (上言)했다.

"송(宋)나라 태조(太祖)가 등문고를 설치해 아래 백성들의 실정 [下情]을 들어 지금까지도 칭송하여 그것을 아름답게 여깁니다. 바라 건대 고사(故事)에 의거해 그것을 두어야 합니다."

병오일(丙午日-19일)에 큰 비가 내리고 큰 바람이 불어 나무가 뽑히 고 집이 무너졌다[頹=壞].

○ 명하여 궁실(宮室)을 고쳐 지었다[改營]. 애초에 상이 추동(楸 洞)의 시좌궁(時坐宮)[15]을 고쳐 지으려 하니 여흥부원군(驪興府院君) 민제(閔霽)가 왕흥(王興)의 집을 사서 올렸는데 그 옆의 인가들은 상 이 모두 값을 주고 샀다. 상은 궁정(宮庭)이 낮고 좁아서 조회를 받기 에 마땅치 않다 하여 총제(摠制) 신극례(辛克禮)와 승추부 경력(承樞

---

13 태상왕이 권희달에 대해 이런 배려를 베푼 이유는 2차 왕자의 난 때 그의 행적과 무관치 않다. 그가 이방간을 쫓아가서 잡았을 때 방간이 두려워하자 안심시키고 방간을 부축하 여 작은 말에 태워 옹위하여 문밖에 나가자 방간이 권희달에게 울며 자신이 남의 말을 잘못 들어 일이 이렇게 되었다고 한탄했다. 방간을 보호한 때문에 태상왕의 이 같은 배 려가 있었던 것이다.

14 중국에서 백성들의 건의나 원통함을 듣기 위해 매달아놓았던 북으로 진(晉)나라에서 시 작해 당나라, 송나라, 명나라 때도 설치됐다.

15 당시 집무를 보던 궁이라는 뜻이다.

府經歷) 박순(朴淳)에게 명해 본궁(本宮)과 무일전(無逸殿)을 헐고 그것을 고쳐 짓도록 했다.

무신일(戊申日-21일)에 상장군 박순을 파직했다. 순(淳)이 이무(李茂)의 집에 분경(奔競)을 범해 헌부에서 이를 탄핵하여 파직시켰는데 임금이 곧 순을 불러 그냥 궁궐 조성을 감독하게 했다. 조성군(造成軍)은 각 도에서 승려 각 150명, 목수(木手)·석수(石手) 각 10명이었고 의정부 지인(知印)[16]을 보내 그들을 감독하게 했다.

○ 어가(御駕)가 움직일 때에 각사(各司)가 연(輦-수레) 앞에서 배례(拜禮)하는 것을 없애라고 명했다. 상이 지신사 박석명(朴錫命)에게 명해 뜻을 전하게 했다.

"무릇 거둥하는[行幸] 날에 재신(宰臣) 이하 각사가 모두 연 앞에서 두 번 배례(拜禮)를 행하는 것은 아무래도 불편하다. 마땅히 다시 상정(詳定)하여 아뢰라."

예조의랑(禮曹議郎) 장자숭(張子崇) 등이 소를 올려 말했다.

'신 등이 삼가 고전(古典)을 가만히 살펴보니 왕자(王者-임금된 자)가 (길에서) 삼공(三公)이나 대신(大臣)을 보게 되면 수레[輿]에 있을 때에는 내리고 앉아 있을 때에는 일어나도록 돼 있습니다. 국초(國初)에 전조(前朝)의 낡은 제도를 이어받아 무릇 거둥하는 날이면 1품 이하가 길 왼쪽에 서고, 모두 연 앞에서 배례를 행했습니다. (그런데) 지금 전하께서 마음속으로부터 우러나서 고쳐 정하도록[更定] 허락

---

16 행정 잡무를 맡아보던 말단 관리다.

하시니 이는 옛날에 임금다운 임금[王者]이 예(禮)로써 대신(大臣)을
대하던 아름다운 뜻입니다. 신 등이 가만히 엎드려 잘 상고해보건대
늘 거둥하는 날을 당하게 되면 각사가 어가가 움직이기 전에 모두
궁문(宮門) 밖에 나아가고 통례문(通禮門)이 차례로 반열을 인도하
여 위계에 따라 서도록[序立] 했다가 주상께서 전(殿)에 앉으시면 각
사가 행례(行禮)하기를 평소의 의식[常儀]과 같이 하고 물러가서 함
께 길 왼편에 위계에 따라 서서 연(輦)이 이르면 몸을 굽히고 지나가
면 몸을 펴고 차례로 어가를 따릅니다. 만일 밤잠을 자는 거둥이라
면 도성에 머물러 있는 각사가 문밖까지 전송하여 위계에 따라 서
있다가 물러오고 환가(還駕)하실 때에는 문밖에서 지영(祗迎)하기를
위의 의식과 같이 하면 거의 예(禮)에 부합할 것입니다.'

그대로 따랐다.

경술일(庚戌日-23일)에 사간원 좌사간대부(左司諫大夫) 윤사수(尹
思修, 1365~1411년)[17] 등을 순군옥에 내렸다가 다시 직무에 나아가게

---

17 조준의 인정을 받았던 인물인데 1400년 조준이 실각하자 파직됐다가 태종 즉위 후 좌사
간대부(左司諫大夫)가 됐다. 이때 궁궐을 쌓는 역사를 중지하라고 상소했다가 파직당하
고 하옥됐다. 1402년(태종 2년) 복직돼 형조, 호조의 전서를 지냈으며 1404년 경기도 관
찰사로 있을 때 위징십점소(魏徵十漸疏)를 판에 새겨 병풍을 만들어 왕에게 바쳤다. 십
점소란 당 태종(唐太宗)에게 올린 열 가지의 경계할 내용이다. 당 태종이 수신(修身)과 정
치(政治)를 함에 있어서 점차 태만해지자 10개조를 들어 경계했는데 군주가 소홀히 하
면 작은 일이 점점 커져 큰 화가 되므로 검소하고 덕음(德音)을 들어야 한다는 등 열 가
지 일이다. 태종은 그 소본(疏本)을 가지고 병풍을 만들어 좌우에 두고 경계로 삼았다
고 한다. 이어 대언(代言), 예문관제학, 강원도 관찰사, 관마제조(官馬提調) 등을 역임했다.
1410년 의정부 참지사(議政府參知事)로 명나라에 다녀왔다. 성격이 강직하고 과감했기
때문에 관력을 통해 파직당한 경우가 가끔 있었다.

했다. 간원(諫院)에서 소를 올려 토목(土木)의 역사(役事)를 그치기를 청하니 상이 말했다.

"궁실을 처음에 헐 때는 경들이 아무 말이 없다가 지금에 와서야 공역(工役)을 막으려 하니 경들은 나를 노숙(露宿)시킬 셈인가? 내가 마땅히 한양[漢都]으로 돌아갈 테니 이에 서운관(書雲觀)으로 하여금 점을 쳐 떠날 날을 보고하라."

사수 등이 또 말했다.

"전하께서 신 등을 용렬하고 비루하게[庸鄙] 여기지 않으시고 좌우에 두시는 것은 곧은 말[讜言]과 강직한 의논[鯁論]을 들어서 (혹시라도) 빠진 부분[闕漏=缺漏]을 채워 넣은 것일 뿐입니다. 만일 해야 할 말이 있으면 신 등이 감히 마음에 있는 바를 남김 없이 다하여[罄竭] 총애받은 은혜에 보답하지 않겠습니까? 신 등이 삼가 역대의 재이(災異)들이 나타난 것을 가만히 살펴보면 저 하늘이 임금을 일깨우고 두려워하게 하여 그 어지러움[亂]을 그치게 하려는 것입니다. 이 때문에 옛날의 (뛰어난) 제왕들은 만일 하늘의 꾸지람이 있으면 몸을 삼가고[飭躬] 허물을 자책하여 정전(正殿)을 피하고 상선(常膳-평소 식사)(의 가짓수)을 줄이고 부역[徭役]을 정지하고 세금 거두는 것을 엷게 하여 인심을 위로함으로써 변고와 재이를 사라지게 했습니다.

스스로를 되돌아볼 줄 모른 다음에야 위기에 빠지고 망하는 일[傷敗]이 이르는 것이니 하늘과 사람이 서로 영향을 주고받을 때에[18] 두려워하지 않을 수 있겠습니까! 한나라 문제(文帝)와 경제(景帝) 때

---

18 이는 한나라 동중서(董仲舒)의 천인감응설(天人感應說)에 입각한 논거다.

일식(日蝕)과 지진(地震)이 있었고, 산이 무너지고 물이 넘쳤으며 혜성이 여러 번 나타나고 비와 눈이 시기를 바꾸고 복숭아와 오얏이 겨울에 꽃피고 궁궐이 여러 번 불타 변괴의 나타남이 이루 다 셀 수가 없었지만 문제가 하늘의 (이같은) 마음을 잘 이어받아 두려워하고 자신을 잘 갈고닦아 자리에 있는 20여 년 동안 궁실 원유(苑囿-동산), 거마(車馬), 복어(服御)를 더 늘린 것이 없고 몸에는 익제(弋綈)[19]를 입고 궁인(宮人-궁녀)은 옷을 땅에 끌지 않고[20] 유장(帷帳-장막)에는 무늬와 수놓은 것 없이 오로지 (임금)다움으로 백성을 교화하는 데 힘썼고, 경제는 이 자리를 이어받아 절약과 검소함을 통해 백성을 사랑하여[節儉愛人][21] 능히 전왕(前王)의 업(業)을 그대로 따를 수 있었습니다. 이 때문에 비록 변이(變異)가 있었으나 끝에 그에 따른 (나쁜) 응험(應驗)이 없었고 70년 동안 나라 안[海內]이 평안하고 집집마다 넉넉하며 사람마다 풍족하여 부강한 다스림을 이룩했습니다[臻=至]. 이렇게 되는 것은 진실로 높고 멀어서 행하기 어려운 일이 아니고 다만 재용을 절약함으로써 백성들을 사랑하는[節用愛民] 한 가지 일에 있을 뿐입니다.

신 등이 가만히 보건대 수창궁(壽昌宮)에 화재가 있고 동서(東西)

---

19 검은 빛깔의 비단으로 검소한 옷이다.
20 사치스러운 옷을 입지 않았다는 뜻이다.
21 기존 실록은 이를 그냥 '절약하고 검소하며 백성을 사랑해서'라고 하여 나열식으로 번역했다. 그러나 이 말은 『논어(論語)』「학이(學而)」편에 나오는 節用而愛人, 즉 왕실의 재용을 절약함으로써 백성들을 사랑했다는 구절을 따온 것이다. 즉 강조점은 절약하고 검소했다는 데 있다. 임금의 절약은 곧 백성 사랑이라는 말이다. 바로 이어서 『논어』의 이 표현이 등장한다.

양계(兩界)에 황충(蝗蟲)의 재해가 있고 강물이 중간에 끊기고 압록강의 물이 얕아지고 숯비[炭雨]가 내리고 돌이 저절로 구르고 서리와 우박이 때를 잃고 별과 달이 도수(度數)를 잃었으니 작은 변고[細故]가 아닙니다. 전하께서 마땅히 스스로를 되돌아보아 경계하고 조심해서 재변을 사라지게 하려 해도 오히려 미치지 못할까 두렵습니다. (그런데) 지금 마침내 무일전(無逸殿) 이하 수십여 채[楹]를 헐어 없애고 그 기반 땅[基地]을 크게 넓혀 공사를 일으켜 경기(京畿) 안의 백성들을 노동시켜 재목을 운반하고 있는데 지금은 백성을 부릴 때[使民之時][22]가 아닙니다.

지난날 궁궐과 성을 쌓는 노역으로 인해 백성들의 피곤함이 극에 이르렀습니다. 전하께서 즉위하신 이래 부로(父老)들은 눈을 비비며 편히 쉬게 되기를 기다렸건만 마침내 어찌하여 거듭 전하의 적자(赤子) 같은 백성들을 피곤하게 하십니까? 또 이 땅은 치우쳐 성남(城南)에 가깝고 비습(卑濕)하고 좁아 법궁(法宮-정궁)을 세워 만세에 전하기에는 적절치 않습니다. 예전에 세운 궁실도 얼마든지 백관의 조회를 받을 수 있고 빈객(賓客-외교사절)을 접대할 수 있었으니 신 등이 아직 헐지 않았을 때 미처 그것을 말하지 못해 한스럽게도 이 지경에 이른 것입니다. 바라건대 전하께서는 다만 작은 전을 세우게 해 한때의 거둥[御幸]에 필요한 이궁(離宮) 정도로 삼으시고 크게 역사(役事)를 일으켜 백성들의 힘을 수고롭게 하지 마십시오. 옛날에 한 문제(漢

---

22 『논어(論語)』 「학이(學而)」편에 나오는 節用而愛人에 이어지는 바로 다음 구절이 使民以時, 즉 백성을 부릴 때에는 때맞게 부려야 한다는 말이다.

文帝)는 열 집의 재산을 아껴 노대(露臺)를 짓지 않았습니다.[23] (그런데) 지금의 경비(經費)가 어찌 열 집의 재산에 그치겠습니까? 하물며 지금 나라에 3년의 비축이 없고 덕수궁(德壽宮)과 인덕궁(仁德宮)의 영선(營繕-건축)도 아직 끝나지 않았는데 전하께서 또 토공(土功)을 일으키시니 두려운 마음으로 스스로를 닦고 되돌아보며[恐懼修省] 재용을 아낌으로써 백성들을 사랑하는[節用愛民] 도리가 아닙니다. 바라건대 전하께서는 문제와 경제가 하늘을 공경하고 백성을 위해 부지런하게 했던 정사[敬天勤民之政]를 본받으시어[體=法] 재변을 그치게 함으로써 화평한 기운[和氣][24]을 불러와야 합니다."

정승 김사형 등이 궐에 이르렀으나 상은 들어오는 것을 불허하며 말했다.

"한양[漢邑]으로 향하는 날을 기다려서 그때 모여서 보자[會面]."

사형 등이 황송해하고 두려워하며 물러갔다. 다음 날 영사평(領司平)[25] 하륜, 판승추(判承樞) 조영무, 참찬문하 이직 등이 상의 노여움

---

23 이와 관련된 반고(班固)의 『한서(漢書)』의 한 대목이다.
    '한나라 문제는 즉위하여 23년 동안 궁실(宮室), 원유(苑囿), 거기(車騎), 복어(服御-임금의 의복과 탈것)를 늘린 바가 전혀 없었고 불편을 줄 만한 것이 있으면 번번이 풀어주어 백성들을 이롭게 했다. 일찍이 노대(露臺)를 만들고 싶어 하여 장인(匠人)을 불러 이를 계산토록 하니 값은 백금(百金-2,000냥)이었다. 이에 황상이 말했다. "백금은 평범한 가정 열 집의 재산이다. 내가 먼저 돌아가신 황제의 궁실을 받들면서도 일찍이 이를 두렵고 부끄럽게 여겼는데 어찌 노대를 만들겠는가?" 몸에는 검은색의 거친 옷감으로 만든 옷을 입었고 아끼던 신부인(愼夫人)도 옷이 땅에 끌리지 않았고 휘장과 장막에는 수를 놓는 일이 없어서 순박함을 보이기를 천하 사람들보다 먼저 했다.'
    앞서 윤사수 등이 언급한 부분도 그대로 나온다.
24 이는 하늘과 사람의 화평함임과 동시에 임금과 백성의 화평함이다.
25 이는 우리가 영의정 부사 혹은 의정부 영사를 줄여 영의정이라고 읽는 것과 같은 방식이다. 사평부 영사 혹은 영사평 부사를 줄여서 이렇게 썼다. 이하의 경우도 마찬가지다.

을 풀고자 이른 아침에 대언사(代言司-훗날의 승정원)에 모여 지신사(知申事-도승지) 박석명으로 하여금 한양(漢陽)으로 이어(移御)하는 것을 정지하고 이번 궁궐을 지을 것을 청하게 했다. 상이 크게 노하여[大怒]²⁶ 말했다.

_{대노}

"영사평과 의정부가 와서 내 뜻을 엿보는[伺] 것 같은데 내 뜻은 이미 정해졌으니 마땅히 곧장 나가거라."

_사

류 등이 나가지 않고 뜰에 서서 한참 동안 있으니 상은 석명을 불러 순군만호(巡軍萬戶) 이직에게 명하도록 했다.

"당장[驟] 낭사 등을 가두어라."

_취

류이 이에 말했다.

"상께서는 어찌하여 다른 사람을 이기려고만 하십니까? 임금의 (임금)다움[德]은 넓고 크게 포용하는 것, 이것이 최상입니다."

_덕

조영무 등을 보다가 민무질에게 말했다.

"공들은 바르게 일을 풀어가는 것[匡救]을 어렵게 여기는가? 당장 들어가서 아뢰시오."

_{광구}

무질이 말하기를 "문을 지키는 자가 있는데 어찌 들어갈 수가 있겠소?"라고 하니 류은 개탄하며 "옛날 사람들 중에는 문을 밀치고 곧장 들어간 자가 있었소"라고 했다.

무질이 마침내 들어가자 상이 그를 꾸짖으며 말했다.

"너는 어찌하여[胡=何故] 왔느냐? 너의 재주와 다움[才德]으로 장차 나를 가르치겠다는 것이냐?"

_{호 하고}   _{재덕}

---

26 실록에서 노여움을 표시하는 단계로 노(怒), 대노(大怒), 상대노(上大怒)가 있다.

문지기 환관[閹寺(혼시)]에게 호통치며 말했다.

"어째서 이 사람을 들여보냈느냐?"

잠시 후 좌정승 김사형, 우정승 이무 등이 이르러 간관(諫官-낭사)이 갇혔다는 말을 듣고 무가 탄식하며 말했다.

"주상께서 어찌하여 이렇게까지 하시는가? 후세에 오늘을 어떻다 하겠는가?"

류이 말했다.

"지금의 간신(諫臣)들은 다 곧은데 상의 노여움은 어째서인가?"

류과 무가 다시 석명을 시켜 청하게 했다.

"간관을 가두는 것은 (우리가 따라야 할) 옛 도리[古道]가 아닙니다. 바라건대 다른 사람으로 바꾸소서."

직이 아뢰었다[啓].

"부관(府官) 이숙번은 병이 났고 김승주(金承霔)는 마침 기일(忌日)이라 신이 홀로 부(府)에 있으니 바라건대 부관(府官)을 더 정해주십시오."

상이 말했다.

"내 어찌 형벌을 가하고 국문을 하고자 하는 것이겠는가? 다만 초사(招辭)²⁷만 받게 하자는 것일 뿐이니 경이 혼자서 다스릴 수 있을 것이다."

또 석명을 시켜 류과 무에게 명했다.

---

27 신문에 따라 죄인이 진술하는 말 혹은 그것을 기록한 문서를 가리킨다. 오늘날의 조서와 같다.

"경들의 말을 따를 수 없다."

또 직에게 명했다.

"간관의 소장(疏狀) 중에 '압록강의 물이 얕아졌다'고 했는데 일반적으로 강물이란 얕아지기도 하고 깊어지기도 하는 것이다. 그 강의 물이 지금 때마침 얕아진 것인가? 또 말하기를 '경기 안의 백성들의 노동이 심하다'고 했는데 오늘날 역사하는 것은 모두 승군(僧軍)들이다. 어느 고을 백성이 이 역사로 인하여 노동하는가? 또 궁터를 넓힌다고 했는데 낭사들은 누구의 말을 듣고서 내가 궁전을 크게 하려는 뜻을 알았는가? 또 여러 번 천변지괴(天變地怪)가 있었다고 했는데 천변지괴는 궁실을 경영할 때 시작된 것이 아니다. 이 몇 가지 조목으로 국문하면 반드시 수창(首唱)[28]한 자가 있을 것이고 반드시 붓을 잡고 소를 기초한 자가 있을 것이니 끝까지 추궁하여 보고하라."

직이 말했다.

"형벌을 가하여 신문하지 않고서 어떻게 실상[情=實情]을 알아낼 수 있습니까? 형벌을 가할 것을 청합니다."

무가 말했다.

"상께서는 신 등과 더불어 동맹(同盟)하고 공신(功臣)으로 삼았소. (그런데) 지금 신 등의 말을 듣지 않으시니 이와 같이 하시면 간관이 없어질 것이오. 간관이 없으면 나라는 나라라고 할 수가 없소."

곧 눈물을 흘리며 울었다. 륜이 말했다.

"주상께서 즉위하신 이래 거의 한 번도 다움을 잃으신 적이 없는

---

28 가장 먼저 소를 올리자고 제안하는 것이다.

데 지금 다움을 잃으시는 바[失德]가 이와 같다."
실덕

사형, 영무, 직 그리고 석명이 모두 울었다. 류와 무가 다시 석명에게 일러 말했다.

"이번 일을 신 등이 말리지 못하면 뒤에 가서 큰일이 있게 될 경우 누가 능히 바로잡을 수 있겠는가? 신 등이 말로써 다시 상께 아뢰는 것이 좋겠다. "

석명이 말했다.

"상의 노여움이 심해 다시 아뢰기가 어렵습니다."

류와 무가 다시 들어가 뵙기를 청하자 석명이 (들어갔다가) 나아와서 말했다.

"눈물을 흘리면서 울었던 일을 갖춰 아뢰었더니[具陳] 상께서 웃으시며 말씀하시기를 '낭사 등은 그 죄가 비록 심하지만 공신들이 이처럼 극진히 말하니[極言] 내 어찌 듣지 않겠느냐?'라고 하셨습니다."

류와 무 등이 모두 기뻐했다. 조금 있다가[俄而] 상이 다시 석명을 불러 말했다.

"지금 재상들은 다 집이 있는데 나의 경우에는 집이 없다. 낭사의 이 같은 말에 임금을 업신여기는 마음[無君之心]이 있는 것 같아 내가 그 죄를 캐보려 한 것인데 지금 대신과 공신들이 속마음을 다하여 말하기를 내가 듣고 따르기[聽從]를 바라니 내가 감히 듣지 않을 수 있겠는가? 이 때문에 그대들을 따르는 것이다. 낭사의 죄는 경들이 결단하라."

얼마 후에 명령이 내려왔는데 좌사간 윤사수는 경상도로, 우사간 (右司諫) 김첨(金瞻)은 전라도로, 지사간(知司諫) 성발도(成發道)·좌

294

헌납(左獻納) 권훈(權壎)·우헌납(右獻納) 한승안(韓承顏)은 각각 본향(本鄉)으로 유배 보내라고 했다.

류과 무는 '도로 그 직책을 맡기는 것이 최선이고 각각 그 집으로 돌려보내는 것이 그다음'이라고 여겨 다시 석명을 시켜 청하니 상이 말했다.

"내가 한양으로 돌아가려고 한 것은 간관을 꾸짖기 위한 것이었다. (그런데) 태상왕께서 이미 이 도읍에 오셨으니 내가 어찌 홀로 한경(漢京)을 좋아하여 도로 가겠는가?"

그리고 웃으며 말했다.

"내가 화를 냈던 것은 아이들 장난[兒戱]이었다. 나 역시 내가 그들에게 화를 낸 것이 잘못임을 안다. 다만 나는 본래 궁실을 작게 지으려고 했는데 간관들이 나더러 전우(殿宇-궁전)를 크게 세운다고 하므로 이에 내가 내쫓을 것을 명한 것이었다. 경들이 지난번에는 아무 말도 없었기 때문에 내가 조금 노여워서 사수와 김첨을 영표(嶺表)[29]에 유배 보내 오래도록 부르지 않으려고 했던 것이다."

석명이 아뢰어 말했다.

"의정부에서 전날에 합좌(合坐)하여 궁궐 조성의 일을 토의했으나 상의 노여움을 두려워해 올리지 못했습니다."

상의 노여움이 조금씩 풀리자 마침내 말했다.

"공신들이 이처럼 간청하니 내 마땅히 그들을 용서하겠다."

_____

29 '고개 너머'라는 뜻으로 영외(嶺外) 혹은 영남(嶺南)이라고도 하는데 여기서는 경상도와 전라도를 함께 가리킨다.

석명을 시켜 사수, 첨 등을 불러 그 죄를 설명한 다음에 모두 용서했다. 상이 말했다.

"(궁전을) 영조(營造)하는 일은 공론(公論)대로 하라."

사형, 무 등이 곧 조성관원(造成官員)을 시켜 역군(役軍)을 거느리고 역사(役事)에 나가게 했다. 조금 뒤에 영차 영차 소리가 궐내를 진동하자 사형 등이 마침내 물러갔다.

○ 사평부 영사 하륜을 태실증고사(胎室證考使)를 삼았다. 상이 청화정에서 전송하고 륜에게 말 2필, 안장 1부(部), 옷 1습(襲)을 내려주고 더불어 지관(地官)[相地人] 윤신달(尹莘達)에게는 말 1필, 옷 1습을 내려주었다.
<small>상지인</small>

○ 영흥부(永興府) 토관(土官)[30]을 없앴다[汰]. 정부(政府-의정부)에서 소를 올려 말했다.
<small>태</small>

'영흥부 동서반(東西班)의 원수(元數-인원)가 576명입니다. 그 부(府)는 땅이 좁아 일이 없고 또 먼 곳의 군인으로 그 임무를 맡게 하니 폐단이 참으로 많습니다. 동서반 내에서 388명은 줄이는 것이 진실로 마땅합니다.'

그것을 따랐다.

○ 의정부에서 동서 양계(東西兩界-함경도(혹은 강원도)와 평안도)에 변통하여 처리해야 할[區處] 사안들을 소로 올렸다. 소는 이러했다.
<small>구처</small>

'하나, 동서 양계의 땅은 전조(前朝) 말기에 과거 관례[姑息]에 젖어 일찍이 양전(量田)하여 조세를 거두지 않았습니다. 그래서 군사
<small>고식</small>

---

30 그 특정 지방 사람을 그 지방의 관리로 임명하는 것이다.

동원[軍旅]의 일이 있든지 혹은 수재(水災)나 한재(旱災)를 만나게 되면 제대로 공급할 수도 없고 진휼할 수도 없어 늘 빈궁한 백성들을 구렁텅이[溝壑]에 빠지게 합니다. 지금은 공아(公衙)의 녹전(祿田)과 참부(站夫)의 입마전(立馬田)도 아울러 모두 측량하여 여러 차례 나눠서 주고[折給] 그 나머지 전지(田地)의 수조(收租)는 혹은 날갈이[日耕]로 혹은 가구를 단위로 하여 전제(田制)가 한결같지 않고 또 그중에는 토지를 광점(廣占)하고 조상 때부터 내려오는 밭[祖業之田]이라 하여 임의로 빈궁한 백성에게 주고 빼앗으니 바라건대 이제부터는 타도(他道)의 예(例)에 의거해 토지의 비옥하고 척박한 것을 분간하여 양전(量田)해서 조세를 정해 나라의 쓰임에 충당하고 흉년에 대비하게 해야 합니다. 소금과 철도 타도의 예에 의거해 장(場)을 설치해서 소금을 굽고 철을 단련해 나라의 재용을 넉넉하게 하소서.

하나, 평양의 성은 주위가 너무 넓어 매년 보수하느라 백성들이 수고로움을 견디지 못하고 설사 위급한 때를 만나더라도 성을 지키기 또한 어려우니 마땅히 광협(廣狹)을 고쳐 정하면 거의 편리하고 도움이 될 것입니다.

하나, 외방(外方-지방)에서 나오는 재물은 모두 나라의 재용이 되는 것입니다. 각 도의 감사(監司)와 수령(守令)이 거두는 신세포(神稅布)[31]를 어찌 임의로 쓸 수 있습니까? 마땅히 임오년(壬午年-다음 해인 1402년)부터는 관용(官用)의 것을 계산하여 주고 나머지는 호조

---

31 조선왕조는 개국 초부터 강원도나 함길도(함경도) 등 지방에서 무당과 백성들에게 신을 섬기는 세금으로 무세(巫稅)와 신세포(神稅布)를 받았다.

에 바치게 해야 합니다.

하나, 외방(外方)의 수령들이 민가에서 심은 과실수를 그 열매를 낱낱이 세어서 다 익으면 반드시 모두 가져오니 백성들이 심히 괴롭게 여기어 혹은 태워버리고 혹은 베어버려서 남은 것이 없습니다. 이렇게 되면 백성들에게는 원망만 사고 나라에는 아무런 이익이 없습니다. 바라건대 금년 가을부터 각관(各官)에 영을 내려 민가의 과실을 10분의 1만 거두게 하고 만일 다 거두어 빼앗는 자가 있으면 장죄(贓罪)[32]로 논해야 합니다.'

모두 그대로 윤허했다.

갑인일(甲寅日-27일)에 유사(攸司-해당 기관)에 명해 바다와 접해 있는 주군(州郡)의 밭을 양전하게 했다. 상호군(上護軍) 심구령(沈龜齡), 여량감무(礪良監務)[33] 정분(鄭芬) 등이 진언(陳言)해 말했다.

"바다와 접해 있는 주군들이 경인년(庚寅年-1350년) 이후부터 전지가 황폐해졌는데 근년 이래로 왜구가 잠잠하고 사람과 물자[人物]가 모여들어 전야(田野)가 개간되었으니 마땅히 측량하여[打量] 공부(貢賦)를 정하기를 『육전(六典)』에 실려 있는 것과 같이 해야 합니다."

그것을 따랐다.

○ 천인[賤口=賤人]이 양인(良人)의 딸[良女]에게 장가들어 낳

---

32 벼슬아치가 부정하게 뇌물을 받거나 관유물을 사사로이 취하고 직권이나 부정한 방법으로 재물을 취득한 죄다. 장물죄(贓物罪) 혹은 장오죄(贓汚罪)라고도 한다.

33 여량은 전라도와 충청도 사이 고을로 뒤에 낭산(朗山)과 합쳐져 여산(礪山)이 됐다. 여산 송씨의 본향이다.

은 자식을 사수감(司水監)³⁴에 속하게 했다. 몸은 양인이지만 역(役)은 천하기 때문이다. 예천부원군(醴泉府院君) 권중화(權仲和, 1322~1408년)³⁵가 소를 올려 말했다.

'본조(本朝-조선)에서 노비가 낳은 자식은 종모종부법(從母從父法)³⁶을 따른 지 오래됐습니다. 흉포한 천인들 다수가 양인의 딸에게 장가들어 낳은 자식은 모두 사천(私賤-사노비)이 되니 이 때문에 천인은 날로 늘고 양민은 날로 줄어 나라의 역사[國役]에 이바지할 자가 크게 줄어들고 있습니다. 바라건대 지금부터는 천인이 양인과 서로 통혼하지 못하게 하고 양인의 딸로서 이미 천인의 아내가 된 자는 또한 이혼하도록[離異] 영을 내리고, 혹 영을 어기는 자가 있으면 그 죄를 종의 주인[奴主]에게까지 미치게 해야 합니다.'

그대로 윤허했다.

---

34 조선시대 전함의 수리와 운수에 관한 일을 맡은 관청으로 1392년(태조 1년)에 설치했다.

35 1390년(공양왕 2년) 윤이(尹彛)·이초(李初)의 옥사에 연루돼 먼 곳으로 유배됐으나 곧 풀려 나와 삼사좌사로 다시 등용되고, 이어 문하찬성사·상의찬성사(商議贊成事)를 역임했다. 1392년 고려의 사신으로 명나라에 보은사로 갔다가 왕조가 바뀐 직후 돌아왔다. 1393년(태조 2년)에 삼사좌복야로서 영서운관사(領書雲觀事)를 겸임하면서 새 도읍지 한양의 종묘사직 궁전 조시(朝市)의 형세도(形勢圖)를 올렸다. 1398년 예천백(醴泉伯)에 봉해졌다. 1404년(태종 4년) 우의정이 되었다가 그 뒤 영의정 부사가 된 뒤 벼슬을 그만두었는데 평생 권력에 아부하지 않았다.

36 어머니와 아버지 어느 한쪽이라도 천인이면 그 자식은 천인이 된다.

戊子朔 遣宗戚大臣于上王殿獻壽. 以上王誕日也. 適是日 王子
무자 삭 견 종척 대신 우 상왕 전 헌수 이 상왕 탄일 야 적 시일 왕자

卒 年二歲矣. 停朝二日 百官詣闕弔慰. 領三司事河崙 判三軍府
졸 연 이세 의 정조 이일 백관 예궐 조위 영 삼사 사 하륜 판 삼군부

事李茂等 請用盛禮葬之 上曰: "未及下殤 何用盛禮!"
사 이무 등 청용 성례 장지 상 왈 미급 하상 하용 성례

辛卯 左政丞金士衡 以疾上箋辭 不允.
신묘 좌정승 김사형 이질 상전 사 불윤

賜馬于群臣各一匹 濟州馬二百七十匹至也.
사 마 우 군신 각 일필 제주 마 이백 칠십 필 지야

命司憲府禁無牌鷹及鷹人盜殺鷄犬.
명 사헌부 금 무패 응급 응인 도살 계견

乙未 遣左右道水軍都節制使金英烈于豐海道 西北面備倭.
을미 견 좌우도 수군 도절제사 김영렬 우 풍해도 서북면 비 왜

全羅道水軍節制使報倭船九隻向西北面故也.
전라도 수군 절제사 보 왜선 구 척 향 서북면 고 야

命史官以六衙日視朝時入侍. 初 上御便殿 閔麟生從戶外以窺
명 사관 이 육 아일 시조 시 입시 초 상어 편전 민인생 종 호외 이 규

上見之 問於左右曰: "彼何人耶?" 左右對曰: "史官閔麟生也." 上
상 견지 문어 좌우 왈 피 하인 야 좌우 대왈 사관 민인생 야 상

怒 令朴錫命傳命: "自今史官毋得每日詣闕."
노 영 박석명 전명 자금 사관 무득 매일 예궐

司憲府大司憲柳觀 雜端金孝孫等罷. 初 觀等劾左拾遺鄭安止
사헌부 대사헌 유관 잡단 김효손 등 파 초 관 등 핵 좌습유 정안지

辱命於宦官朴文實 左散騎劉沂等劾問觀 孝孫等 以風憲官 見
욕 명 어 환관 박문실 좌산기 유기 등 핵문 관 효손 등 이 풍헌관 견

宦者凌辱諫官 恬然不問 反劾安止之故 乃罷之.
환자 능욕 간관 염연 불문 반핵 안지 지 고 내 파지

丁酉 太白晝見四日.
정유 태백 주 현 사일

戊戌 竄閔麟生于邊鄙. 門下府郎舍上疏 略曰:
무술 찬 민인생 우 변비 문하부 낭사 상소 약왈

'古者 列國各有史官 常在君之左右 言行政事 無不備錄 以爲
고자 열국 각유 사관 상재 군지 좌우 언행 정사 무불 비록 이위

後代之勸戒. 向者 臣等以此直達 卽蒙兪允 乃令史官 日侍左右
후대 지 권계 향자 신등 이차 직달 즉몽 유윤 내영 사관 일시 좌우

今竊聞史官衙日聽政外 毋得入侍 此豈殿下之本心也哉? 是史官
금 절문 사관 아일 청정 외 무득 입시 차기 전하 지 본심 야재 시 사관

非其人 進退失禮 以動聖念之所致也. 以一史官失禮之故 遂廢
비 기인 진퇴 실례 이동 성념 지 소치 야 이일 사관 실례 지고 수폐

萬世之良法 臣等竊爲殿下惜之. 願令史官每日啓事時 隨進隨退
만세 지 양법 신등 절위 전하 석지 원영 사관 매일 계사 시 수진 수퇴

垂範萬世. 史官閔麟生當入侍時 屢失其禮 以至捲帳窺伺 不敬
수범 만세 사관 민인생 당 입시 시 누실 기례 이지 권장 규사 불경

甚矣. 願令攸司 收其職牒 竄逐于外.'
심의 원영 유사 수기 직첩 찬축 우외

庚子 河崙等上所改官制 上覽之 至司平府掌錢穀 承樞府掌
경자 하륜 등 상 소개 관제 상 람지 지 사평부 장 전곡 승추부 장

軍事 曰: "議政府果爲何事乎?" 又至兼參贊議政府事 曰: "爲
군사 왈 의정부 과위 하사 호 우지 겸 참찬 의정부 사 왈 위

承樞司平者 或兼或不得兼 則不得兼者 不無恨矣 幷除之." 崙等
승추 사평 자 혹겸 혹 부득 겸 즉 부득 겸자 불무 한의 병 제지 륜등

議除六曹典書各一 上曰: "上將軍 判閣 判事當遷者 必除六曹
의제 육조 전서 각일 상왈 상장군 판각 판사 당천자 필제 육조

典書 然後陞爲摠制. 二猶不足 況除一乎!"
전서 연후 승위 총제 이유 부족 황제 일호

改門下府左右政丞爲議政府左右政丞 門下侍郎贊成事爲
개 문하부 좌우 정승 위 의정부 좌우 정승 문하 시랑 찬성사 위

議政府贊成事參贊門下府事爲參贊議政府事 政堂文學爲議政府
의정부 찬성사 참찬 문하부 사위 참찬 의정부 사 정당 문학 위 의정부

文學. 增置參知議政府事二人 秩從二品. 革門下府之號 改郞舍
문학 증치 참지 의정부 사 이인 질 종이품 혁 문하부 지호 개 낭사

爲司諫院. 革散騎常侍 陞諫議大夫爲左右司諫大夫 階通政.
위 사간원 혁 산기 상시 승 간의대부 위 좌우 사간 대부 계 통정

直門下爲知司諫院事 補闕爲獻納 拾遺爲正言 內史舍人爲
직문하 위 지 사간원 사 보궐 위 헌납 습유 위 정언 내사사인 위

內書舍人 三司爲司平府 義興三軍府爲承樞府 學士爲提學. 分
내서사인 삼사 위 사평부 의흥삼군부 위 승추부 학사 위 제학 분

藝文春秋爲二館 藝文爲祿官 春秋爲兼官. 藝文館 大提學一
예문 춘추 위 이관 예문 위 녹관 춘추 위 겸관 예문관 대제학 일

提學一 直提學二 直館二. 供奉爲奉敎 修撰爲待敎 直館爲檢閱
제학 일 직제학 이 직관 이 공봉 위 봉교 수찬 위 대교 직관 위 검열

奉敎以下 皆兼春秋館記事官. 殿中寺爲宗簿寺 內府寺爲內資寺
봉교 이하 개겸 춘추관 기사관 전중시 위 종부시 내부시 위 내자시

司農寺爲典農寺 料物庫爲供正庫 成均祭酒爲司成 樂正爲司藝
사농시 위 전농시 요물시 위 공정고 성균 좨주 위 사성 악정 위 사예

典簿爲注簿 降爲正六品. 司憲中丞爲執義 侍史爲掌令 雜端爲
전부 위 주부 강 위 정육품 사헌 중승 위 집의 시사 위 장령 잡단 위

持平 都承旨爲承樞府知申事 承旨爲代言 承宣房爲代言司置
지평 도승지 위 승추부 지신사 승지 위 대언 승선방 위 대언사 치

印信 奉常博士爲注簿. 改校書監爲校書館 革少監以上官 置
인신 봉상 박사 위 주부 개 교서감 위 교서관 혁 소감 이상 관 치

校理一從五品 副校理一從六品 參外依舊.
교리 일 종오품 부교리 일 종육품 참외 의구

以河崙爲領司平府事 李舒領議政府事 金士衡左政丞 李茂
이 하륜 위 영 사평부 사 이서 영 의정부 사 김사형 좌정승 이무

右政丞 趙英茂判承樞府事 李原大司憲柳觀承寧府尹.
우정승 조영무 판 승추부 사 이원 대사헌 유관 승녕부 윤

癸卯 命自今衙朝平明而始 日出而罷.
계묘 명 자금 아조 평명 이시 일출 이파

司諫院上疏請本院儀式 竝視司憲府之例 從之. 疏略曰:
사간원 상소 청 본원 의식 병시 사헌부 지례 종지 소 약왈

'本院之職 專掌諫爭得失 侍從贊相. 凡社稷大計 人物賢否 與
본원 지직 전장 간쟁 득실 시종 찬상 범 사직 대계 인물 현부 여

人主相可否者 宰相; 與人主爭是非者 諫臣也. 入則人主斂用
인주 상 가부 자 재상 여 인주 쟁 시비 자 간신 야 입즉 인주 염용

出則百官屛氣 姦回側視 不敢爲非者 畏諫官言之也. 是以歷代
출즉 백관 병기 간 회 측시 불감 위비 자 외 간관 언지 야 시이 역대

設官 皆重其權 非重諫臣 所以尊朝廷也. 今降本院秩爲三品 然
설관 개 중 기권 비중 간신 소이 존 조정 야 금강 본원 질 위 삼품 연

諫臣旣在左右 常居禁中 豈可以三品常員竝論也? 凡諸儀式 一
간신 기재 좌우 상거 금중 기가 이 삼품 상원 병론 야 범제 의식 일

遵舊制 移文體式 吏典去官 竝依憲司.'
준 구제 이문 체식 이전 거관 병의 헌사

甲辰 下大護軍權希達于巡軍獄. 繕工直長輸太上殿造成材木
갑진 하 대호군 권희달 우 순군 옥 선공 직장 수 태상 전 조성 재목

于東江 路逢希達 希達以爲犯馬而抶之. 太上王怒 囚希達家奴
우 동강 노 봉 희달 희달 이위 범마 이 질지 태상왕 노 수 희달 가노

六名. 上知之 囚希達于獄 乃朝太上殿 太上王語主上曰: "希達
육명 상 지지 수 희달 우옥 내조 태상 전 태상왕 어 주상 왈 희달

左右王者也 不可無. 毋以此事論罪." 上釋之.
좌우 왕자 야 불가 무 무이 차사 논죄 상 석지

乙巳 初置登聞鼓. 安城學長尹愭 前佐郎朴甸等上言:'宋太祖

置登聞鼓 以達下情 至今稱美之. 願依故事置之.'

丙午 大雨大風 木拔屋頹.

命改營宮室. 初 上欲改營楸洞時坐宮 驪興府院君閔霽 買王興

家進之 其旁近人家 上皆賜價買之. 上以宮庭卑隘 不宜受朝 命

摠制辛克禮及承樞府經歷朴淳 破本宮及無逸殿改營之.

戊申 上將軍朴淳罷. 淳犯奔競於李茂家 憲府劾罷之 上卽召淳

仍監宮闕造成. 造成軍每道各僧人一百五十名 木手石手各十名

遣議政府知印督之.

命除動駕時 各司輦前拜禮. 上命知申事朴錫命傳旨:"凡行幸之

日 宰臣以下各司 俱於輦前行再拜禮 似爲未便. 宜更詳定申聞."

禮曹議郞張子崇等上疏曰:

'臣等謹按古典 王者見三公大臣 在輿則下 御坐則起. 國初 因

前朝之舊 凡行幸之日 自一品以下 立於道左 俱於輦前行拜禮.

今蒙殿下出自宸衷 許令更定 是則古之王者 禮接大臣之美意也.

臣等竊伏參詳 每當行幸之日 各司於動駕前 俱就宮門外 通禮門

以次引班序立 上坐殿 各司行禮如常儀乃退 俱於道左序立 輦至

鞠身 過則平身 以次隨駕. 若經宿行幸 留都各司 送至門外 序立

乃退 及還駕 門外祗迎如上儀 則庶合禮矣.'

從之.

庚戌 下司諫院左司諫大夫尹思修等于巡軍獄 復令就職. 諫院
경술 하 사간원 좌사간대부 윤사수 등우 순군 옥 부령 취직 간원

上疏請止土木之役 上曰: "宮室始毁之時 卿等無所言 今乃欲止
상소 청지 토목 지역 상왈 궁실 시훼 지시 경등 무 소언 금내 욕지

工役 卿等欲使予露宿歟? 予當還于漢都 其令書雲觀卜發日以聞."
공역 경등 욕사여 노숙 여 여당 환우 한도 기영 서운관 복 발일 이문

思修等又言:
사수 등우언

"殿下不以臣等爲庸鄙① 而置之左右者 欲聞讜言鯁論 以補
전하 불이 신등 위용비 이 치지 좌우 자 욕문 당언 경론 이보

闕漏耳. 苟有可言 臣等敢不罄竭所有 以報寵遇之恩乎? 臣等
궐루 이 구유 가언 신등 감불 경갈 소유 이보 총우 지은 호 신등

謹按歷代災異之見 上天所以驚懼人君 欲止其亂也. 是以古昔
근안 역대 재이 지현 상천 소이 경구 인군 욕지 기란 야 시이 고서

帝王 苟有天譴 飭躬引咎 避正殿 減常膳 停徭役 薄賦斂 以慰
제왕 구유 천견 칙궁 인구 피 정전 감 상선 정 요역 박 부렴 이위

人心 以消變異.② 不知自省 然後傷敗乃至 天人相與之祭 可
인심 이소 변이 부지 자성 연후 상패 내지 천인 상여 지제 가

不畏哉! 若漢文景之時 日食地震 山崩水漬 慧孛屢見 雨雪易時
불외 재 약 문경 지시 일식 지진 산붕 수지 혜패 누현 우설 역시

桃李冬華 宮闕數災 變怪之見 未易悉數 而文帝克承天心 恐懼
도리 동화 궁궐 삭재 변괴 지현 미이 실수 이 문제 극승 천심 공구

修省 在位二十餘年 宮室苑囿車馬服御 無所增益 身衣弋綈
수성 재위 이십 여년 궁실 원유 거마 복어 무 소증익 신 의 익제

宮人衣不曳地 帷帳無文繡 專務以德化民: 景帝嗣位 節儉愛民
궁인 의불 예지 유장 무 문수 전무 이덕 화민 경제 사위 절검 애민

克遵前業. 是以雖有變異 卒無其應 七十年間 海內安寧 家給人
극준 전업 시이 수유 변이 졸무 기응 칠십 년간 해내 안녕 가급 인

足 以臻富强之治. 所以致此者 固非高遠難行之事 只在節用愛民
족 이진 부강 지치 소이 치차자 고비 고원 난행 지사 지재 절용 애민

之一事耳.③
지 일사 이

臣等竊見 壽昌宮(在)災 東西兩界 蝗蟲爲害 江水中斷 鴨綠水
신등 절견 수창궁 재 재 동서 양계 황충 위해 강수 중단 압록 수

淺 雨炭石轉 霜雹失時 星月失度 非細故也. 殿下宜自省躬誠愼
천 우 탄석 전 상박 실시 성월 실도 비 세고 야 전하 의 자성 궁 계신

消去災變 猶恐其不及也. 今乃撤毁無逸殿以下數十餘楹 斥大
소거 재변 유공 기불급 야 금내 철훼 무일전 이하 수십 여영 척대

其基 以興工役 勞動畿內之民 轉輸材木 此非使民之時也.
기기 이흥 공역 노동 기내 지민 전수 재목 차비 사민 지시 야

往者宮闕築城之役 民困極矣. 殿下卽位以來 父老揩目 徯其
왕자 궁궐 축성 지역 민곤 극의 전하 즉위 이래 부로 개목 혜기

蘇息 乃何重困殿下之赤子乎? 且此地僻近城南 湫隘卑陋 不
소식 내하 중곤 전하 지적자호 차 차지 벽근 성남 추애 비루 부

足以建法宮而垂萬世也. 前者所建宮室 亦足以朝百官而待賓客
족이 건 법궁 이수 만세 야 전자 소건 궁실 역족이 조 백관 이대 빈객

臣等恨不及未毀之時而言之 以至於此. 願殿下但令營建小殿 以
신등 한 불급 미훼 지시이 언지 이 지어 차 원전하 단영 영건 소전 이

備一時御幸離宮 毋使大興工役 以勞民力. 昔漢文帝惜十家之
비 일시 어행 이궁 무사 대흥 공역 이로 민력 석한 문제 석십 가지

産 不作露臺. 今所經費 豈止十家之産乎? 況今國無三年之蓄
산 부작 노대 금 소경비 기지 십가지산호 황금 국무 삼년 지축

而德壽宮仁德宮營繕未畢 殿下又起土功 非所以恐懼修省節用
이 덕수궁 인덕궁 영선 미필 전하 우기 토공 비 소이 공구 수성 절용

愛民之道也. 願殿下體文景敬天勤民之政 以弭災變 以召和氣."
애민 지도야 원 전하 체 문경 경천 근민 지정 이미 재변 이소 화기

政丞金士衡等詣闕 上不許入曰: "待向漢邑之日 乃會面." 士衡
정승 김사형 등 예궐 상 불허 입왈 대향 한읍 지일 내 회면 사형

等惶懼而退. 翌日 領司平河崙 判承樞趙英茂 參贊門下李稷等
등 황구 이퇴 익일 영사평 하륜 판승추 조영무 참찬 문하 이직 등

欲解上怒 早朝會于代言司 令知申事朴錫命 請停漢陽移御 營此
욕초 상노 조조 회우 대언사 영 지신사 박석명 청정 한양 이어 영차

宮闕 上大怒曰: "領司平及議政府來伺予意 予意已定 宜卽出去."
궁궐 상 대노 왈 영사평 급 의정부 내사 여의 여의 이정 의 즉 출거

崙等不出 立庭良久 上召錫命 命巡軍萬戶李稷曰: "驟囚郞舍等."
륜 등 불출 입정 양구 상소 석명 명 순군 만호 이직 왈 취수 낭사 등

崙乃曰: "上何以務求勝人爲哉? 人君之德 廣大包容 斯爲至矣."
륜 내왈 상 하이 무 구승 인위재 인군 지덕 광대 포용 사위 지의

目趙英茂等 謂閔無疾曰: "公輩難於匡救乎? 宜卽入告." 無疾曰:
목 조영무 등 위 민무질 왈 공배 난어 광구호 의즉 입고 무질 왈

"有守門者 豈可得入?" 崙慨然曰: "古之人 有排闥直入者." 無疾
유 수문 자 기가 득입 륜 개연 왈 고지인 유 배달 직입 자 무질

乃入 上罵之曰: "汝胡爲來哉?" 以汝之才德 將欲敎我乎?" 叱
내입 상 매지왈 여호위래재 이여지 재덕 장욕 교아호 질

閽寺曰: "何以入此人乎?" 俄而左政丞金士衡 右政丞李茂等至
혼시 왈 하이 입차인호 아이 좌정승 김사형 우정승 이무 등지

聞諫官被囚 茂嘆曰: "主上何以至此乎?" 後世謂今日如何?" 崙
문 간관 피수 무 탄왈 주상 하이 지차호 후세 위 금일 여하 륜

曰: "今諫臣皆直 上之怒 何哉?" 崙與茂再令錫命請曰: "囚諫官
왈 금 간신 개직 상지노 하재 륜여무 재령 석명 청왈 수 간관

非古道也. 願易以他人."

稷啓:"府官李叔蕃得疾 金承霍值忌日 臣獨在府 願加定府官."

上曰:"予豈欲加刑鞠問哉?"但令取其招辭耳 卿可獨治之."又令

錫命命崙與茂曰:"卿等之言 不可從."又命稷曰:

"諫官狀內曰:'鴨江水淺.' 大抵江水或淺或深 其江之水 今乃

淺乎? 又謂:'圻內之民 勞動甚矣.' 今日所役 皆僧軍也. 何郡之

民 因此役而勞動乎?" 又謂:'斥大宮基.' 郎舍等聽何人之言 而

知予欲大宮殿之志乎? 又:'屢有天變地怪.' 天變地怪 非始於營

宮室之時矣. 以此數條鞠問 必有首唱者 必有執筆草疏者 窮推

以聞."

稷曰:"不刑而問 何以得情乎? 請加刑." 茂曰:"上與臣等同盟

以爲功臣. 今乃不聽臣等之言如此則無諫官矣. 無諫官 則國非

其國矣." 卽涕泣. 崙曰:"上卽位以來 殆無一失 今乃失德若此."

士衡 英茂 稷及錫命皆泣. 崙與茂復謂錫命曰:"此事臣等不能

止之 後有大事 誰能正之哉? 以臣等之言 更白於上可也."

錫命曰:"上怒甚矣 難以更聞."崙與茂更請入白 錫命出曰:"以

泣涕之事具陳 上笑曰:'郎舍等 其罪雖深 功臣等如此極言 予何

不聽!'"崙茂等皆喜. 俄而上復召錫命曰:"今宰相皆有家 予則無

家. 郎舍此言 似乎有無君之心 予欲推其罪 今大臣功臣盡言 冀

予聽從 予敢不聽? 是以從之. 郎舍之罪 卿等決之."

尋出中旨 左司諫尹思修流慶尙道 右司諫金瞻流全羅道
심 출 중지 　 좌사간 　 윤사수 유 　 경상도 　 　 우사간 　 김첨 유 전라도

知司諫成發道 左獻納權壎 右獻納韓承顏 各流本鄕. 崙與茂
지사간 　 성발도 　 좌헌납 권훈 　 우헌납 한승안 　 각유 본향 　 륜여무

以爲‘還任其職 上也 各歸其第 次也.’復令錫命以請 上曰:“予
이위 　 환임 기직 상야 각귀 기제 차야 　 부령 석명 이청 상왈 　 여

之欲還漢陽 所以責諫官也. 太上王已來此都 予何獨愛漢京而還
지욕환 한양 소이 책 간관 야 　 태상왕 이래 차도 여하 독애 한경 이환

乎?”笑曰:“予怒 乃兒戲耳. 予亦知予怒之非也 但予本欲小營
호 　 소왈 　 여노 내 아희 이 　 여역 지 여노 지비 야 단여 본욕 소영

宮室 諫官以予爲大建殿宇 予乃命罷. 卿等前日寂然無言 故予
궁실 　 간관 이여위 대건 전우 여내 명파 　 경등 전일 적연 무언 고여

小有怒 欲流思修 金瞻於嶺表 久而不召也.”錫命啓曰:“議政府
소 유노 욕류 사수 김첨 어 영표 구이 불소 야 　 석명 계왈 　 의정부

前日合坐 議宮闕造成之事 恐上怒 未得上達.”上怒稍解 乃曰:
전일 합좌 의 궁궐 조성 지사 공상노 미득 상달 　 상노 초초 내왈

“功臣等如此懇請 予當宥之.”使錫命召思修 瞻等 說其罪 皆
공신 등 여차 간청 여당 유지 　 사 석명 소 사수 첨등 설 기죄 개

宥之. 上曰:“營造之事 以公論爲之.”士衡 茂等卽令造成官員
유지 　 상왈 　 영조 지사 이 공론 위지 　 사형 무등 즉령 조성 관원

率徒赴役. 俄而呼爺之聲 徹于闕內 士衡等乃退.
솔도 부역 　 아이 호야 지성 철우 궐내 사형 등내퇴

以領司平府事河崙爲胎室證考使. 上餞之于淸和亭 賜崙馬二匹
이영 사평부 사 하륜 위 태실 증고사 　 상 전지 우 청화정 　 사륜 마 이필

鞍一部 衣一襲 仍賜相地人尹莘達馬一匹 衣一襲.
안 일부 의 일습 잉사 상지인 윤신달 마 일필 의 일습

汰永興府土官. 政府上疏以爲:
태 영흥부 토관 　 정부 상소 이위

‘永興府東西班元數五百七十六名. 其府地窄無事 且以遠處
영흥부 　 동서반 원수 오백 칠십 육명 　 기부 지착 무사 차 이 원처

軍人俾差其任 其弊亦多. 其東西班內三百八十八名 誠宜汰去.’
군인 비차 기임 기폐 역다 기 동서반 내 삼백 팔십 팔명 성의 태거

從之.
종지

議政府上疏 區處東西兩界事宜. 疏曰:
의정부 상소 구처 동서 양계 사의 소왈

‘一 東西兩界之地 前朝之季 狃於姑息 不曾量田收租. 以故
일 동서 양계 지지 전조 지계 뉴어 고식 부증 양전 수조 　 이고

或有軍旅之事 或値水旱之災 無以供億 無以賑濟 每令窮民轉
혹유 군려 지사 혹치 수한 지재 무이 공억 무이 진제 매령 궁민 전

乎溝壑. 今也公衙祿田 站夫立馬之田 竝皆打量折給 其餘田地
호 구학 금야 공아 녹전 참부 입마 지전 병개 타량 절급 기여 전지

收租 或以日耕 或以煙戶 田制不一 其中廣占土地 稱爲祖業之
수조 혹이 일경 혹이 연호 전제 불일 기중 광점 토지 칭위 조업 지

田 擅自與奪於窮民. 願自今依他道 以土地肥瘠 分揀量田 以
전 천자 여탈 어궁민 원자금 의타도 이 토지 비척 분간 양전 이

定租稅 以充國用 以備兇荒.鹽鐵亦依他道例 置場燔鹽鍊鐵 以
정 조세 이충 국용 이비 흉황 염철 역의 타도 예 치장 번염 연철 이

裕國用. 一 平壤之城 周圍大廣 每年修補 民不堪勞 雖値危急
유 국용 일 평양 지성 주위 대광 매년 수보 민 불감 로 수치 위급

守城亦難 宜更定廣狹 庶幾便益. 一 外方所出財物 皆爲國用也.
수성 역난 의경정 광협 서기 편익 일 외방 소출 재물 개위 국용 야

各道監司與守令所收神稅布 豈可擅用? 宜自壬午年計給官用
각도 감사 여 수령 소수 신세포 기가 천용 의자 임오 년 계급 관용

餘納戶曹. 一 外方守令將民家栽種菓木 枚數其實 及其熟成
여 납 호조 일 외방 수령 장 민가 재종 매수 기실 급 기 숙성

必取盈焉 民甚苦之 或燒或斫 靡有存者. 然則有怨於民 無益
필취 영언 민심 고지 혹소 혹작 미유 존자 연즉 유원 어민 무익

於國. 願自今秋 下令各官 以民家果實收十分之一 如有盡收奪
어국 원자 금추 하령 각관 이 민가 과실 수십 분지일 여유 진 수탈

者 以贓論.'
자 이장 논

　皆兪允.
　개 유윤

甲寅 命攸司量沿海州郡之田 上護軍沈龜齡 礪良監務鄭芬等
갑인 명 유사 양 연해 주군 지전 상호군 심구령 여량 감무 정분 등

陳言曰:
진언 왈

　'沿海州郡 自庚寅以後 田地荒廢 近年以來 倭寇寢息 人物
　연해 주군 자 경인 이후 전지 황폐 근년 이래 왜구 침식 인물

聚集 田野開墾. 宜加打量 以定貢賦如六典所載.'
취집 전야 개간 의가 타량 이정 공부 여 육전 소재

　從之.
　종지

賤口聚良女所生 屬司水監. 身良役賤故也. 醴泉府院君權仲和
천구 취 양녀 소생 속 사수감 신양 역천 고야 예천 부원군 권중화

上疏曰:
상소 왈

　'本朝奴婢所生 從母從父之法尙矣. 兇暴賤口 多聚良女所生
　본조 노비 소생 종모 종부 지법 상의 흉포 천구 다취 양녀 소생

盡爲私賤 以此賤口日增 良民日減 供國役者大減. 願自今 勿令
<small>진 위 사천　이차 천구 일증　양민 일감　공 국역 자 대감　원 자금　물령</small>

賤口交通良人 其有良女已爲賤口妻者 亦令離異 或有違令 罪及
<small>천구 교통 양인　기유 양녀 이위 천구 처자　역영 이이　혹유 위령　죄급</small>

奴主.'
<small>노주</small>

俞允.
<small>유윤</small>

| 원문 읽기를 위한 도움말 |

① 殿下不以臣等爲庸鄙. 不以~爲~라는 구문인데 以~爲~의 부정문이다.
<small>전하 불이 신 등 위 용비　불이　이　위</small>
즉 '~를 ~라고 여기지 않다'라는 뜻이다.

② 以慰人心 以消變異. 두 차례 以가 나오는데 이는 병렬관계가 아니라 이
<small>이 위 인심　이 소 변이　이</small>
유나 원인 관계로 풀어야 한다. 즉 앞에 언급한 것들을 통해[以] 인심을
<small>이</small>
위로함으로써[以] 변이를 사라지게 해야 한다는 말이다. 종종 보게 되는
<small>이</small>
표현법이다.

③ 固非高遠難行之事 只在節用愛民之事耳. 非~只~, 즉 '~가 아니라 ~이다'
<small>고 비 고원 난행 지사　지재 절용 애민 지사 이　비　지</small>
를 강조하는 표현법으로 固와 耳가 추가됐다. 固非~只~耳의 구문이다.
<small>고　이　고비　지 이</small>

태종 1년 신사년
8월

八月

정사일(丁巳日-1일) 초하루에 고할 데가 없는 백성[無告之民]으로
원통하고 억울한 일[冤抑]을 품은 자는 나아와 등문고(登聞鼓)를 치
도록 명했다. 의정부에서 소를 올려 말했다.

'도성과 지방의 고할 데가 없는 백성들이 원통하고 억울한 일을 소
재지의 관사(官司)에 고해도 (관사에서) 이를 다스려주지 않을 때는
나아와 등문고를 치도록 허락했다. 등문(登聞)한 일은 헌사(憲司)로
하여금 추궁해 밝혀서 아뢰고 처결하여 원통하고 억울한 일을 바로
펴게 하고, 그중에 사사로움을 끼고 원망을 품어서 감히 무고(誣告)
를 행하는 자는 반좌율(反坐律)[1]을 적용함으로써 참소하고 간사한
짓을 하는 것[讒佞]은 막도록 해야 합니다.'

그것을 따랐다. 등문고(의 이름)를 고쳐 신문고(申聞鼓)라 했다.

무오일(戊午日-2일)에 영을 내려 남쪽 지방[南界]의 부세(賦稅)를
모두 수운(水運)하도록 했다. 검교 한성윤(檢校漢城尹) 박돈지(朴惇
之)가 소를 올려 말했다.

'공부(貢賦)의 수송은 삼한(三韓) 이래로 모두 바닷길[海道]로 하

---

1 무고한 자에게 같은 벌을 받게 하는 것으로, 예를 들어 남을 사형에 해당되는 죄로 무고
   하면 그를 사형에 처하는 것이다.

여 남쪽 백성들이 배[舟楫]에 익어서 폐단을 몰랐습니다.[2] 왜구의 난(亂)이 있은 때부터 마침내 육지로 운반하는 방책[陸轉之策]을 정했는데 사람과 짐승이 지고 싣느라 지쳐 길에서 죽는 일이 자못 많으니 그 폐단이 심히 큽니다. 개국한 이후에 왜구가 조금씩 잠잠해져 다시 바닷길로 수송하게 하니 공부가 들어오는 것이 배나 됐습니다. 기묘년(己卯年-1399년) 가을에 여러 차례 풍파를 만나 인명이 많이 피해를 보자 불편하다고 의견을 내는 사람이 있어 남쪽 지방의 공부를 다시 육로로 운반하게 했는데 두어 해가 못 돼 그 폐단이 수운보다 심합니다. 엎드려 바라옵건대 수로로 운반하자[漕轉=水轉]는 의견을 다시 검토해야 합니다.'

(이 소를) 의정부에 내렸다[下]. 삼부(三府)가 의견을 함께해 소를 올렸다.

'조운(漕運)은 예나 지금이나 이익이 된다고 하니 진언(陳言)이 실로 마땅합니다. 하물며 금년의 공부(貢賦)는 쌀로 거둬들이니 육전(陸轉)은 더욱 불편합니다. 경상도 상도(上道)의 주현(州縣)들이 전부터 육전하던 것 외에는 모두 영을 내려 해운(海運)해야 합니다. 그에 필요한 배는 각각 해당 관(官)에서 만들게 하고 사공(沙工)과 격인(格人-노꾼)은 바닷길에 익숙한 사람을 불러 모아 사선(私船)의 예(例)에 의해 세가(稅價)를 주어 실어 보내게 하고 각 도의 병선(兵船)으로 호송하게 해야 합니다.'

그대로 윤허했다.

---

2 폐단이 없었다는 말이다.

기미일(己未日-3일)에 상이 태상전에 조알하고 장수를 빌었다. 태상왕의 말이 무인년(戊寅年)의 일에 미치자[及] 얼굴에 좋지 않은 빛[不豫=不悅]을 보였다. 상이 눈물을 흘리면서 부드러운 소리로 대답했다. 태상왕이 기뻐하여 일어나 춤추기를 두 번이나 하고서 이어 영선(營繕)하는 감독관과 공장(工匠) 역도(役徒)들을 위로했다.[3]

신유일(辛酉日-5일)에 대사헌 이원(李原) 등이 검교(檢校)라는 직을 없앨 것을 청했으나 윤허하지 않았다. 소는 이러했다.

'전하께서 새로이 천자의 명을 받으시고 가장 먼저 관제를 바로잡아 힘써 쓸데없는 관직을 폐지해[汰冗=汰去冗官] 자손 억만세의 아름다운 법도로 삼으셨는데 오직 이 검교(檢校)만은 마땅히 폐지해야 하는데도 그러지 않았습니다. 신 등이 명기(名器-관직)의 무거움을 생각해볼 때 가벼이 다른 사람에게 주어서는 안 될 것입니다. 검교는 수가 많아 단지 책임은 없이 늠록(廩祿)만 소모할 뿐 아니라 용렬한 의원(醫員)과 이마(理馬)[4]의 무리들까지도 (기존의 관리들과) 뒤섞이게 됩니다. 바라건대 전하께서는 내시부(內侍府)의 윤번 시위(輪番侍衛)를 제외하고서는 검교를 모두 다 없애야 합니다. 이제 맹인(盲人) 유담(柳湛)[5]도 내시부의 직(職)을 받았으니 이는 명기를 무겁게 여기는 바가 아닙니다. 만일 상을 줄 것이 있다면 물건으로 상 주소서.'

---

3 문장상으로는 위로의 주체가 태상왕으로 돼 있지만 문맥상으로는 주상으로 보아야 할 듯하다.
4 사복시(司僕寺)의 정6품 벼슬이다.
5 훗날 검교 호조전서에도 오르게 되는데 점을 잘 쳤기 때문에 태종이 아꼈다.

상이 삼부(三府)로 하여금 함께 토의하게 하니 하나같이 헌부의 청과 같았다.

갑자일(甲子日-8일)에 공신(功臣)의 아버지의 검교 녹과(檢校祿科)[6]를 정했다. 검교 정승(檢校政丞)은 종2품과(科), 참찬은 정3품과(科), 한성윤(漢城尹)은 종3품과(科)에 준하도록 했다. 정부(政府)의 의견[議]을 따른 것이었다.
의
○ 성균관 공역에 동원된 무리들에게 술을 내려주었다.

병인일(丙寅日-10일)에 조박(趙璞)을 한성부 판사로 삼았다.

무진일(戊辰日-12일)에 의정부 참찬사 조온(趙溫)을 보내 경사(京師)에 가게 했다. 성절(聖節)을 하례하기 위함이었다.[7] 상이 면복(冕服) 차림으로 여러 신하들을 거느리고 태평관(太平館)에서 표문(表文)에 절하고 선의문(宣義門)[8]까지 전송했다.
○ 사윤(司尹)[9] 공부(孔俯, 1352~1416년)[10]를 서장관(書狀官)으로 삼

---

6 녹과란 늠록을 지급하기 위해 구분한 품등이다. 녹제(祿制)라고도 한다.

7 조선시대 중국의 황제, 황후의 생일을 축하하기 위해 파견하던 사신이다. 임시 사행이 아니고 해마다 세 번씩 정기적으로 하는 정조사(正朝使), 동지사(冬至使)와 함께 삼절사(三節使) 중의 하나다.

8 개경의 서대문이다.

9 조선시대 경흥부(敬興府) 혹은 경승부(敬承府)에 두었던 정3품 벼슬이다.

10 어려서부터 정몽주(鄭夢周), 이색(李穡) 등과 사귀었다. 1376년(고려 우왕 2년) 문과에 급제했고 1408년 이후 서장관(書狀官)으로 6번이나 중국에 다녀왔다. 소격전 제조(昭格殿提調)를 겸직하던 당시 태종의 명에 따라 중국에서 도교 의식을 배워 왔다. 1413년(태종 13년) 검교

왔다. 애초에 부(俯)가 진헌마(進獻馬)를 (평안도) 의주(義州)에서 점검하는데, 풍해도(豊海道-황해도) 사람이 둔한 말[駑馬]로 좋은 말[良馬]을 바꾸려 하니 부는 차익[餘價]을 이롭게 여기어 이를 허락했다. 제(帝)가 연왕(燕王)[11]과 싸워 이기지 못하고 싸우던 군사들이 쫓겨 달아나는데 보병(步兵)이 앞서고 기병(騎兵)이 뒤처졌으니 이는 헌납한 말들[獻馬]이 둔하고 질이 낮았기[駑下] 때문이다. 제(帝)가 지휘(指揮)에게 명해 둔한 말 60여 필을 골라 돌려보냈는데 모두 다 부가 바꿔치기한 것들이었다. 헌사(憲司)에서 부의 반인(伴人)을 가두고 아전을 보내어 부의 집을 지키고 그 죄를 물으려 하니 임금이 부의 죄를 벗겨주고자 하여 서장관으로 채워 넣어[充] 그를 보냈다.

기사일(己巳日-13일)에 상이 백관을 거느리고 몸소 인소전(仁昭殿)에 제사를 지냈다.

○ 검교 의정부 참찬사 조호(趙瑚, ?~1410년)[12]를 평주(平州)[13]로 유

한성부윤(檢校漢城府尹)을 지냈으며 천추사(千秋使)로 임명돼 명(明)나라에 갔다가 객사했다.

11 훗날 황제에 오르게 되는 영락제다.

12 1383년(고려 우왕 9년)에 판사로 있을 때 전토(田土) 때문에 환자(宦者)와 싸운 죄로 수안군에 장류(杖流)됐고 1389년(고려 공양왕 1년)에 밀직사로 복직됐지만 또다시 김저(金佇)의 옥사에 연루돼 유배됐다. 그 뒤 곧 복직됐으나 1392년(태조 1년) 강회백(姜淮伯)과 이숭인(李崇仁) 등 고려 구신들과 결당을 모의한 혐의로 직첩을 빼앗기고 먼 곳으로 유배됐다. 1401년(태종 1년) 예문관 태학사가 된 뒤 곧 검교 참찬의정부사(檢校參贊議政府事)가 됐으나 이때 사헌부를 모독한 죄로 탄핵을 받아 평주(平州)에 유배됐다가 이듬해 복직됐다. 1405년 소를 사취(詐取)해 나라에 바친 뒤 그 값을 돌려주지 않았다는 죄로 다시 평주에 유배됐다가 곧 풀려나서 적몰(籍沒)된 녹봉을 되돌려받기도 했다. 그러나 1409년 왕실에 대한 불충한 일을 도모하다가 승니(僧尼) 묘음(妙音)의 고발로 다시 수금돼 이듬해 4월에 옥사했다.

13 황해도 평산의 옛 지명이다.

배 보냈다. 애초에 호가 금주지사(錦州知事)[14] 안속(安束)과 헌부(憲府)에서 장획(臧獲)[15]을 다퉜다. 헌부에서는 속을 옳다고 여겼다. 호가 노하여 헌부를 힐난하고 욕했다. 대사헌 이원 등이 피혐(避嫌)하고 자리에 나오지 않았다. 사간원이 소를 올려 말했다.

'조호는 성질이 본래 음흉한데 주상의 은혜를 지나치게 입어 지위가 재보(宰輔-재상 바로 아래)에 이르렀으나 속으로 의롭지 못한 짓을 하면서 안속의 노비를 빼앗았습니다. 속이 북을 쳐서[擊鼓] 거듭 아뢰었으므로[申聞] 헌사에 내려 바르게 결단했는데[決正] 호가 망령되이 오결(誤決)이라 말하며 헌사를 능욕했습니다. 바라건대 직첩을 거두고 그 죄를 국문해야 합니다.'

상은 다만 그를 유배만 보내도록 했다.

경오일(庚午日-14일)에 총제 임정(林整, 1356~1413년)[16]을 충청·경상·전라도 조운체찰사(漕運體察使)로 삼았다.

신미일(辛未日-15일)에 상이 제릉(齊陵)[17]에 참배했다.

---

14 충청도와 전라도 경계의 금산(錦山)의 옛 지명이다.

15 장(臧)은 노(奴), 획(獲)은 비(婢)를 말한다.

16 1403년 동북면 도순문사 겸 병마도절제사가 됐고 이듬해 중군도총제로 명나라에 가서 백성을 본국에 돌려준 데 대해 사례를 했다. 1407년 형조판서를 거쳐 동북면 도순문찰리사 겸 영흥부윤이 됐다가 1410년 다시 형조판서가 돼 명나라에 하정사(賀正使)로 다녀왔다. 이듬해 서북면 순문사가 됐으나 1413년 평양부에서 종기가 나 4일 만에 죽었다. 사람됨이 근실하고 중후했으며 가는 곳마다 치적이 뛰어나 백성들이 기꺼이 복종했다는 사관의 평을 받았다.

17 태조비 신의왕후(神懿王后) 한씨(韓氏)의 능(陵)으로 개성직할시(開城直轄市) 판문군(板門郡) 상도리(上道里)에 있다.

○ 상이 태상전에 조알하고서 장수를 빌려 했다[獻壽]. 태상왕이 신덕왕후(神德王后)의 휘월(諱月-기피하는 달)이라 하여 그것을 그치게 했다.

임신일(壬申日-16일)에 예조에 명해 나라에서 행하는 초제(醮祭) 가운데에 폐기할 만한 것은 없애고[汰] 다만 소재지의 관사(官司)로 하여금 행하게 하되, 그 제문(祭文)의 규식(規式)과 전물(奠物-올리는 예물)의 품수(品數)는 『홍무예제(洪武禮制)』에 의거하게 했다.

계유일(癸酉日-17일)에 표범이 삼현(三峴)[18]에 들어와 군사들을 시켜 그것을 잡았다.

○ 의정부(관리들)가 성균관에 모여 공역에 동원된 무리들[役徒]에게 식사를 대접했다.

○ 병조전서 고거정(高居正)을 보내 (함경도) 경원부(慶源府)에 성을 쌓게 했다.

을해일(乙亥日-19일)에 사간원에서 원중(院中)의 모든 일을 한결같이 문하부(門下府)였을 때의 예(例)에 의거하기를 청하자 그대로 윤허했다. 상이 말했다.

"사간원은 나의 과실을 꺼리지 않고 다 말을 하니 다른 사(司)와 비할 바 아니다. 마땅히 우대해야 한다."

---

18 개경 도성 안 동남쪽이다.

병자일(丙子日-20일)에 사간원에서 소를 올려 상왕이 (대궐을) 들고 날 때는 마땅히 공식 경호[儀衛]를 갖추기를 청했다. 소는 대략 이러했다.

'『춘추전(春秋傳)』에 이르기를 "거둥[擧動]은 임금의 큰 절차[大節]이니 삼가지 않을 수 없다"고 했습니다. 이 때문에 임금이 들고 날 때는 구차해서는 안 되는 것입니다. 만일 갈 데가 있으면 반드시 유사(有司)에 명해 공식 경호를 갖춰 행하는 것은 거둥을 중하게 하고 불의의 사태[不虞]를 경계하기 위함입니다. 신 등이 가만히 보건대 상왕 전하께서는 단기(單騎)로 미행(微行)[19]하시어 새벽에 나갔다가 밤에 들어오시고 교외(郊外)에서 이틀 밤을 유숙하시기도 하니[信宿][20] 이는 거둥을 신중히 하시는 것이 아닙니다. 바라건대 전하께서는 상왕께 아뢰어 지성(至誠)으로 감동시켜 미행을 끊음으로써 존엄(尊嚴)을 보이신다면, (왕실의) 예(禮)를 지킴에 있어 크게 다행일 것입니다.'

정축일(丁丑日-21일)에 서리가 내렸다.

○ 태상왕이 금강산(金剛山)에 행차했다가 마침내 동북면(東北面)까지 가려고 했는데 결국 그렇게 하지 못했다. 상이 지신사 박석명을 시켜 아뢰었다.

---

19 평범한 옷[微服]차림으로 나간다고 해서 미행이라 부른다. 한나라 때 성제(成帝)가 미행이 잦았다.

20 하루 묵는 것이 숙(宿), 이틀 묵는 것이 신(信)인데 나흘 숙박은 신신(信信), 나흘 이상의 유숙은 신차(信次)라 한다.

"명나라 조정 사신들이 근일 중에 도성에 들어올 것이니 의리상으로 마땅히 상견(相見)하셔야 하니 청컨대 이번 행차를 정지하소서."

태상왕이 그대로 따랐다.

○ 순군(巡軍)과 궁고 관원(宮庫官員)의 시산 교차법(時散交差法)[21]을 세웠다. 좌사간 윤사수(尹思修) 등이 소를 올려 말했다.

'관사(官司)를 두고 직책을 나눈 것은 각각 맡은 바 일에 부지런히 하여 폐기되거나 빠트리는 것이 없도록 하기 위함입니다. 지금 순군(巡軍)과 궁고(宮庫)의 임무를 간혹 현임(現任)으로 겸하게 하는데 일의 형편상 겸할 수 없을 뿐 아니라 서로가 연고를 청탁해 양쪽이 다 공직(供職-근무)하지 않는 자가 혹 있습니다. 바라건대 한량(閑良) 중에서 쓸 만한 자를 골라 그 임무에 채워 넣고 그중에 성과가 있는 자는 뽑아서 벼슬을 시키면 사람 쓰는 도리[用人之道]가 넓어지고 일도 폐기되거나 빠트림이 없을 것입니다.'

의정부에 내려보내 토의케 했다. 정부에서 아뢰었다.

"일이 간단한 각사(各司)와 전직 관리[前銜]로 하여금 교대 근무하게 해야 합니다."

무인일(戊寅日-22일)에 의정부에 명해 원자(元子)의 학당(學堂)을 지을 터를 성균관에다 살펴보게 했다. 이때 원자의 나이가 8세라 상이 중에게 배우게 하려고 하니 지신사 박석명 등이 계(啓)하여 말했다.

"전조(前朝)의 쇠퇴한 말년에 학교가 무너져내려 사대부의 자식들

---

21 현직과 전직 관리가 교대로 근무하는 것을 말한다.

이 대거 산승(山僧)에게 배웠는데 이는 옛 제도가 아닙니다. 산승이 아는 것이라고는 사장 구두(詞章句讀)의 말단 기예[末技]에 지나지 못하니 배움에 도움이 안 됩니다. 마땅히 성균관에 들어가 날마다 학관(學官) 및 제생(諸生)들과 더불어 강론하여 갈고닦아[切磋] 다음과 성품[德性]을 길러야 합니다."

상이 그것을 아름답게 받아들여 마침내 정부와 석명에게 명해 성균관에 가보도록 한 것이다. 그리고 (상이) 말했다.

"사치스럽게 크게 짓지 말고 다만 잘 수 있는 방만 마련하면 될 것이다. 사부(師傅)는 그대로 성균관원이 있고, 시학(侍學)은 생원(生員)이면 괜찮다. 의복과 음식은 모두 통상적인 관례대로 하라."

정승 김사형 등이 전조(前朝)의 사기(史記)[22]를 가져다가 예왕(睿王)[23]이 원자였을 때의 입학례(入學禮)를 상고하고자 하니 상이 말했다.

"예왕의 일을 어찌 본받을 수 있겠는가? 『문헌통고(文獻通考)』[24]를 상고하는 것이 좋겠다."

○ 사헌부 대사헌 이원(李原) 등이 상언(上言)하여 세자를 세우고 [立東宮] 또 사부(師傅)를 둘 것을 청했다. 소(疏)는 대략 이러했다.

'(『대대례기(大戴禮記)』) 「보부(保傅)」편에 이르기를 "주나라 성왕(成王)이 어리니 소공(召公)은 태보(太保)가 되고, 주공(周公)은 태부(太

---

22 고려의 역사를 가리킨다.

23 고려 예종(睿宗)을 가리킨다.

24 남송의 유학자 마단림(馬端臨)이 고대로부터 송대까지의 제도를 논한 책으로 모두 348권으로 돼 있다. 마단림은 사마광(司馬光)의 『자치통감(資治通鑑)』이 고대로부터 오대시대까지의 정치의 변동에 관해서는 상술했으나 제도에 관해서는 간략하다고 여겨 두우(杜佑)의 『통전(通典)』을 확충해 남송까지의 제도와 문물을 논했다.

傅)가 되고, 태공(太公)은 태사(太師)가 됐다.[25] 보(保)는 그 몸을 보전하는 것이요, 부(傅)는 다움과 의로움[德義]으로 돕는 것이요, 사(師)는 가르침과 일깨움[教訓]으로 이끄는 것이니 이것이 삼공(三公)의 직책이다. 또 삼소(三少)를 두었는데 모두 상대부(上大夫)로 소보(少保), 소부(少傅), 소사(少師)라고 하니 이는 태자(太子)와 더불어 평소 생활하는[宴] 사람이다. 그래서 두세 살[孩提] 때 지각[識]이 생겨난 이래로 삼공(三公)과 삼소(三少)가 진실로 효(孝), 인(仁), 예(禮), 의(義)에 밝아 그것으로 인도하고 습득시켜 간사한 자들을 내쫓아버려 안 좋은 행실들은 보지 못하게 하는 것이다"라고 했습니다. 또 전(傳)에 이르기를 "사람이 나서 8세가 되면 왕공(王公) 이하 서인(庶人)의 자제에 이르기까지 모두 소학(小學)에 들여보내 가르친다"[26]라고 했습니다. 가만히 생각건대[竊惟] 원자(元子)의 나이가 이미 8세인데 아직 보부(保傅)의 가르침이 없으니 예전 빼어난 임금들의 가르치고 길러주는 법도[教養之法]에 어긋남이 있습니다. 당(唐) 태종(太宗)이 말하기를 "옛날부터 제왕의 아들들은 깊은 궁중에서 태어나서 성인이 되기에 이르면 교만하고 방종하지[驕逸] 않음이 없다"라고 했습니다. 이는 더욱 염려하지 않을 수 없는 것입니다. 만일 좌우 전후에서 바른 사람[正人]으로 하여금 항상 더불어 보익(輔翊)하게 한다면 행동이나 마음가짐[動靜], 말을 할 때와 침묵할 때[語黙] 일상에서 쓰는 사이에 귀에 젖고 눈에 물들어 다움과 성품을 잘 도야하여[薰陶] 억

---

25 이들은 모두 성왕의 아버지 무왕의 형제들이다.
26 『대학장구(大學章句)』 서문에 나오는 말이다.

지로 그렇게 만들려고 기약하지 않아도 저절로 그와 같이 되는 것입니다. 바라건대 전하께서는 주나라의 아름다운 법도[令典]를 본받으시고 당 태종의 훌륭한 말[嘉言]을 생각하시어 동궁(東宮-세자)을 세워 나라의 근본[國本]을 정하시고, 덕행이 있는 노성(老成)한 신하와 충직(忠直)하고 도리가 있는 선비를 뽑아 사부(師傅)와 시학(侍學)으로 삼아 항상 더불어 익위(翊衛)하게 하여 부모에게 효도하고 형제에게 우애하는 방도와 잠자리에 문안하고 수라상을 살피는 절차를 가르치게 함으로써 교만과 방일(放逸)에 이르지 않게 하신다면 국가에 크게 다행일 것입니다.'

기묘일(己卯日-23일)에 상이 의원을 보내어 중로(中路)에서 사신 육옹(陸顒)의 병을 물었다. 처음에 육옹이 사명(使命)을 받들고 나라에 왔을 때 비밀리에 기생 위생(韋生)과 약속하기를 사명을 받들고 다시 오겠다고 했다. (당시) 돌아갔을 때 제(帝)가 물었다.

"예전에 들으니 조선(朝鮮)이 원(元)나라를 섬길 때 여악(女樂)으로 사신을 혹하게 했다는데 지금도 있느냐?"

그가 대답했다.

"없습니다. 지금 조선의 예악(禮樂)은 중국[中朝]과 다름이 없습니다."

이어 아뢰었다[奏].

"조선은 말이 나는 나라이니 만일 기(綺)나 견(絹)²⁷으로 좋은 말

___
27 둘 다 비단의 일종이다.

을 사면 전쟁[戎事]에 대비할 수 있을 것입니다."
_{융사}

제가 크게 기뻐하여 태복시 좌소경(太僕寺左少卿) 축맹헌(祝孟獻)과 육옹을 보내 (그들이) 기견(綺絹)을 싸 가지고 발해(渤海)에 이르렀을 때 장근(章謹)과 단목례(端木禮)를 만났다. 근(謹)이 옹(顒)을 꾸짖어 말했다.

"조선에는 여악이 있는데 네가 없다고 대답한 까닭은 무엇인가? 내가 장차 위에 아뢸 것이다."

맹헌이 근에게 눈을 부라리며[目] 말했다.
_목

"사신(使臣)이 뛰어난지의 여부는 외국이 논할 일이다. 너나 깨끗한 절의[淸節]를 지키면 그만이지 어째서 옹을 꾸짖는가?"
_{청절}

옹이 두려워하다가 마침내 마음의 병[心疾]을 얻었다.
_{심질}

사간원에서 사람의 나이 25세가 돼야 바야흐로[方] 벼슬길에 들어서는 것[入仕]을 허락해줄 것을 청하는 글을 올렸다. 소는 대략 이
_방
_{입사}
러했다.

'옛날에 40세에야 비로소 벼슬을 했던 것은 도리가 밝고 다움이 서서 더불어[與] 정치에 참여할[從政] 만했기 때문입니다. 원(元)나
_여
_{종정}
라의 제도가 있어 비록 그것이 옛날(의 도리)에 미치지는 못하나 오히려 사람의 나이 25세가 된 연후에야 바야흐로 벼슬길에 들어서는 것을 허락했으니 이는 참으로 (그 정도는 돼야) 그 자리에 나아가[莅=臨] 그 일을 행할 수 있었기 때문입니다. 지금 국가에서 사람을 쓰는
_리
_임
것이 나이[年紀]의 많고 적음을 가리지 않고 직책을 주기 때문에 간
_{연기}
혹 입에서 겨우 젖을 떼자마자 공문(公門)에 들어가서 조반(朝班)에 참여하는 일이 있어 명나라 사신의 기롱을 당하기까지 하니 관직을

헛되이 차지하여 녹을 낭비하는 것[曠官尸祿]이 이보다 더 심할 수
없습니다. 신 등은 남몰래 국가를 위해 이를 애통하게 여깁니다. 바
라건대 유사(攸司)로 하여금 그 나이가 25세에 미치지 못한 자는 전
주(銓注-인사 심사)하지 말게 하고 이미 관직에 있는 자도 또한 그 실
상을 상고하고 핵실(覈實)하여 아울러 그 직에서 내쫓아야 합니다.'

경진일(庚辰日-24일)에 상이 태상전에 조알했다.

원문

丁巳朔 命無告之民衝冤抑者 進擊登聞鼓. 議政府上疏曰:
정사 삭 명 무고지민 함 원억 자 진격 등문고 의정부 상소 왈

'京外無告之民 以其冤抑 告所在官司 所在官司 不受治者 則
경외 무고지민 이기 원억 고 소재 관사 소재 관사 불 수치 자 즉

許令進擊登聞鼓. 其所登聞之事 令憲司推明 申聞決折 以伸冤抑
허 영 진격 등문고 기 소등문 지사 영 헌사 추명 신문 결절 이 신 원억

其中挾私懷怨 敢行誣告者反坐 以杜讒佞'
기중 협사 회원 감행 무고 자 반좌 이두 참녕

從之. 改登聞鼓爲申聞鼓.
종지 개 등문고 위 신문고

戊午 命南界之賦 皆令水運. 檢校漢城尹朴惇之上疏曰:
무오 명 남계 지부 개령 수운 검교 한성윤 박돈지 상소 왈

'貢賦之輸 自三韓以來 皆由海道 南民便習舟楫 不知其弊.
공부 지수 자 삼한 이래 개유 해도 남민 편습 주즙 부지 기폐

自倭寇之亂 乃定陸轉之策 人畜疲於負載 道死頗多 其弊甚鉅.
자 왜구 지난 내정 육전 지책 인축 피어 부재 도사 파다 기폐 심거

開國以後 倭寇稍息 復令海運 貢賦之入倍焉. 己卯秋 有議屢値
개국 이후 왜구 초식 부령 해운 공부 지입 배언 기묘 추 유의 누치

風波 人多殞命爲不便 南界之賦 復爲陸轉 不數年間 其弊有甚
풍파 인다 운명 위 불편 남계 지부 부위 육전 불 수년 간 기폐 유심

於水運. 伏望復擧漕運之議'
어 수운 복망 부거 조운 지의

下議政府. 三府同議上疏曰:
하 의정부 삼부 동의 상소 왈

'漕運 古今通謂之利也 陳言實當. 況今年貢賦 以米收納 陸轉
조운 고금 통 위지 리야 진언 실당 황 금년 공부 이미 수납 육전

尤爲未便. 慶尙道上道州縣 在前陸轉外 皆令海運. 其舟楫 各令
우 위 미편 경상도 상도 주현 재전 육전 외 개령 해운 기 주즙 각령

其官造作 沙工格人 召募海路慣習之人 以私船例給稅價載送 以
기관 조작 사공 격인 소모 해로 관습 지인 이 사선 예급 세가 재송 이

各道兵船護送'
각도 병선 호송

俞允.
유윤

己未 上朝太上殿獻壽. 太上王語及戊寅年事 有不豫色 上涕泣
기미 상조 태상 전 헌수 태상왕 어 급 무인 년 사 유 불예 색 상 체읍

柔聲以對. 太上王悅 起舞至再 仍勞營繕監督官及工匠役徒.
유성 이대 태상왕 열 기무 지재 잉로 영선 감독관 급 공장 역도

辛酉 大司憲 李原等 請罷檢校之職 不允. 疏曰:
신유 대사헌 이원 등 청파 검교 지직 불윤 소왈

'殿下新承天子之命 首正官制而務汰冗 以爲子孫億萬世之
전하 신승 천자 지명 수정 관제 이무 태용 이위 자손 억만세 지

令典 獨此檢校 當汰而未汰. 臣等以爲名器之重 不可輕以與人
여전 독차 검교 당태 이미태 신등 이위 명기 지중 불가 경이 여인

檢校數多 非特無責任而耗廩祿 以至庸醫理馬之徒 亦得混雜. 願
검교 수다 비특 무책임 이모 늠록 이지 용의 이마 지도 역득 혼잡 원

殿下除內侍府輪番侍衛外 悉罷檢校. 今盲人柳湛 亦受內侍府之
전하 제 내시부 윤번 시위 외 실파 검교 금 맹인 유담 역수 내시부 지

職 非所以重名器也. 如有可賞 則賞之以物' 上令三府同議 一如
직 비소이 중 명기 야 여유 가상 즉 상지 이물 상영 삼부 동의 일여

憲府之請.
헌부 지청

甲子 定功臣之父檢校祿科. 檢校政丞依從二品科 參贊正三品
갑자 정 공신 지부 검교 녹과 검교 정승 의 종이품 과 참찬 정삼품

科 漢城尹從三品科. 從政府之議也.
과 한성윤 종삼품 과 종 정부 지의 야

賜酒于成均館役徒.
사주 우 성균관 역도

丙寅 以趙璞判漢城府事.
병인 이 조박 판 한성부 사

戊辰 遣參贊議政府事趙溫如京師. 賀聖節也. 上以冕服 率
무진 견 참찬 의정부 사 조온 여 경사 하 성절 야 상 이 면복 솔

群臣拜表于太平館 送至宣義門.
군신 배표 우 태평관 송 지 선의문

以司尹孔俯爲書狀官. 初 俯點進獻馬於義州 豊海道人 以駑馬
이 사윤 공부 위 서장관 초 부점 진헌마 어 의주 풍해도 인 이 노마

欲易良馬 俯利其餘價 許之. 帝與燕王戰不勝 戰士奔北 步先騎
욕역 양마 부 이기 여가 허지 제 여 연왕 전 불승 전사 분배 보선기

後 以所獻馬駑下故也. 帝命指揮 擇駑下者六十餘匹而還之 皆
후 이 소헌마 노하 고야 제명 지휘 택 노하 자 육십 여필 이 환지 개

俯所換也. 憲司囚俯伴人 遣吏守俯家 欲問其罪 上欲脫俯罪 充
부 소환 야 헌사 수 부 반인 견리 수 부가 욕문 기죄 상 욕탈 부죄 충

書狀官而遣之.
서장관 이 견지

己巳 上率百官 親祭于仁昭殿.
기사 상 솔 백관 친제 우 인소전

流檢校參贊議政府事趙瑚于平州. 初 瑚與知錦州事安束 爭
유 검교 참찬 의정부 사 조호 우 평주 초 호 여지 금주 사 안속 쟁

臧獲于憲府. 憲府直束 瑚怒 詰辱憲府 大司憲李原等避嫌不仕.
장획 우 헌부 헌부 직 속 호노 힐욕 헌부 대사헌 이원 등 피혐 불사

司諫院上疏曰:
사간원 상소 왈

'趙瑚性本陰凶 過蒙上恩 位至宰輔 陰爲不義 奪安束奴婢. 束
조호 성 본 음흉 과몽 상은 위지 재보 음위 불의 탈 안속 노비 속

擊鼓申聞 下憲司決正 瑚妄稱誤決 凌辱憲司. 願收職牒 鞫問
격고 신문 하 헌사 결정 호 망칭 오결 능욕 헌사 원 수 직첩 국문

其罪.
기죄

上只令流之.
상 지 령 유지

庚午 以摠制林整 爲忠淸慶尙全羅道漕運體察使.
경오 이 총제 임정 위 충청 경상 전라도 조운 체찰사

辛未 上拜齊陵.
신미 상 배 제릉

上朝太上殿 欲獻壽也. 太上王以神德王后諱月止之.
상 조 태상 전 욕 헌수 야 태상왕 이 신덕왕후 휘월 지지

壬申 命禮曹汰國行醮祭內可廢者 但令所在官司行之 其祭文
임신 명 예조 태 국행 초제 내 가폐 자 단 영 소재 관사 행지 기 제문

規式及奠物品數 依洪武禮制.
규식 급 전물 품수 의 홍무예제

癸酉 豹入三峴 令軍士捕之.
계유 표 입 삼현 영 군사 포지

議政府會于成均館 饗役徒.
의정부 회 우 성균관 향 역도

遣兵曹典書高居正 城慶源府.
견 병조 전서 고거정 성 경원부

乙亥 司諫院上請院中諸事一依門下府時例 兪允. 上曰:
을해 사간원 상청 원중 제사 일 의 문하부 시례 유윤 상왈

"司諫院 予之過失 盡言不諱 非他司之比也. 宜優待之."
사간원 여 지 과실 진언 불휘 비 타사 지 비야 의 우대지

丙子 司諫院上疏請上王出入 宜備儀衛. 疏略曰:
병자 사간원 상소 청 상왕 출입 의 비 이위 소 약왈

‘春秋傳曰:“擧動 人君之大節 不可不謹也.”是以人君出入
춘추 전왈　거동　인군 지 대절　불가 불근 야　시이 인군 출입

不可以苟. 苟有所之 必命有司 備儀衛以行者 所以重擧動而戒
불가 이구　구유 소지　필명 유사　비 의위 이행자　소이 중 거동 이계

不虞也. 臣等竊見上王殿下 單騎微行 曉出夜入 以至信宿郊外
불우 야　신등 절견 상왕 전하　단기 미행　효출 야입　이지 신숙 교외

非所以愼擧動也. 願殿下聞于上王 感以至誠 以絶微行 以示尊嚴
비 소이 신 거동 야　원 전하 문우 상왕　감이 지성　이절 미행　이시 존엄

於禮幸甚.’
어예 행심

丁丑 隕霜.
정축　운상

太上王欲幸金剛山 遂至東北面 不果. 上令知申事朴錫命啓曰:
태상왕 욕행 금강산　수지 동북면　불과　상령 지신사 박석명 계왈

“朝廷使臣 近日入京 義當相見 請停此行.”太上王從之.
조정 사신　근일 입경　의당 상견　청정 차행　　태상왕 종지

立巡軍及宮庫官員時散交差之法. 左司諫尹思修等上疏曰:
입 순군 급 궁고 관원 시산 교차 지법　좌사간 윤사수 등 상소 왈

‘設官分職 所以各勤乃事 無有廢墜也. 今巡軍與宮庫之務 或
설관 분직　소이 각근 내사　무유 폐추 야　금 순군 여 궁고 지무　혹

以見任者兼之 非惟勢不能兼 或有互相托故 兩不供職者. 願擇
이 현임 자 겸지　비유 세 불능 겸　혹유 호상 탁고　양 불 공직 자　원택

閑良可用者 以充其任 其有成效者 擢而官之 則用人之道廣而事
한량 가용 자　이충 기임　기유 성효 자　탁이 관지　즉 용인 지도 광이 사

無廢墜矣.’
무 폐추 의

下議政府議之. 政府啓:“事簡各司 與前銜交差.”
하 의정부 의지　정부 계　사간 각사　여 전함 교차

戊寅 命議政府 相構元子學堂之地于成均館. 時 元子年八
무인　명 의정부　상구 원자 학당 지지 우 성균관　시　원자 년 팔

世 上欲令受學於僧 知申事朴錫命等啓曰:“前朝衰季 學校陵夷
세　상 욕령 수학 어승　지신사 박석명 등 계왈　전조 쇠계　학교 능이

士大夫之子 率皆學於山僧 非古制也. 山僧所知 不過詞章句讀
사대부 지자　솔개 학 어 산승　비 고제 야　산승 소지　불과 사장 구두

之末 無益於學也. 宜入成均館 日與學官及諸生 講論切磋以養
지말　무익 어학 야　의입 성균관　일여 학관 급 제생　강론 절차 이양

德性.”上嘉納之 遂命政府及錫命 往成均館焉. 且曰:“無令侈大
덕성　상 가납 지　수명 정부 급 석명　왕 성균관 언　차왈　무령 치대

但成寢宿之室可矣. 師傅則自有成均官員 侍學則生員可矣. 衣服
단 성 침숙 지실 가의　사부 즉 자유 성균 관원　시학 즉 생원 가의　의복

330

飲食 皆如常例." 政丞金士衡等 欲取前朝史 以考睿王爲元子時
入學之禮 上曰:"睿王之事 何可法乎?"考諸文獻通考可也."

司憲府大司憲李原等 上言請立東宮 且置師傅. 疏略曰:

'保傅篇曰:"周成王幼 召公爲太保 周公爲太傅 太公爲太師.

保 保其身體; 傅 傅之德義; 師 道之敎訓 此三公之職也. 又置

三少 皆上大夫也. 曰少保 少傅 少師 是與太子宴者也. 故自孩提

有識 三公三少 固明孝仁禮義以導習之 逐去邪人 不使見惡行."

且傳曰:"人生八歲 則王公以下 至於庶人之子弟 皆入小學而

敎之."竊惟元子年已八歲矣 未有保傅之訓 有違古昔聖王敎養之

法. 唐太宗曰:"古來帝子 生於深宮 及其成人 無不驕逸."此尤

不可不慮者也. 若使左右前後 罔非正人 常與輔翊 則動靜語黙

日用之間 耳濡目染 薰陶德性 有不期然而然者矣. 願殿下法周家

之令典 念太宗之嘉言 命立東宮 以定國本 擇有德行老成之臣 與

夫忠直有道之士 以爲師傅 以爲侍學 使之常與翊衛 而敎之以孝

親友弟之方 問寢視膳之節 毋致驕逸 國家幸甚.'

己卯 上遣醫問使臣陸顒疾于中路. 初顒奉使到國 密與妓委生

爲奉使復來之約. 及還 帝問:"舊聞朝鮮之事元也 以女樂惑

使臣 今亦有乎?"對曰:"無之. 今朝鮮禮樂 與中朝無異."因奏

"朝鮮産馬之邦也. 若以綺絹市良馬 可備戎事."帝大悅 遣太僕寺

左少卿祝孟獻 與顒齎綺絹至渤海 遇章謹 端木禮. 謹詰顒曰:

"朝鮮有女樂 汝以無對 何也? 予將上奏." 孟獻目謹曰: "使臣之
조선 유 여악 여 이 무 대 하야   여 장 상주   맹헌 목 근왈   사신 지

賢否 外國論之. 汝守淸節 何責顯爲!" 顯懼 遂得心疾.
현부 외국 논지 여 수 청절 하책 옹위   옹 구 수득 심질

司諫院上請人年二十五 方許入仕. 疏略曰.
사간원 상청 인년 이십오 방 허 입사 소 약왈

'古者四十始仕者 以其道明德立 可與從政也. 有元之制 雖
고자 사십 시 사자 이 기도 명덕립 가여 종정 야 유 원지제 수

不及古 尙以人年二十五 然後方許入仕 亦足以莅其位而行其事
불급 고 상 이 인년 이십오 연후 방 허 입사 역 족이 리 기위 이행 기사

也. 今國家用人 不問年紀多少 而授之以職 故間有口方脫乳 便
야 금 국가 용인 불문 연기 다소 이 수지 이직 고간 유구 방 탈유 편

入公門 綴于朝班 至被朝廷使臣之譏. 其曠官尸祿 莫此爲甚
입 공문 철우 조반 지 피 조정 사신 지기 기 광관 시록 막 차 위심

臣等竊爲國家惜之. 願令攸司 其年未及二十五者 不許銓注 而已
신등 절 위 국가 석지 원 령 유사 기년 미급 이십오 자 불허 전주 이이

在官者 亦令考覈 竝罷其職.'
재관 자 역 령 고핵 병파 기직

庚辰 上朝太上殿.
경진 상조 태상 전

태종 1년 신사년
9월

九月

정해일(丁亥日-1일) 초하루에 조정(朝廷-명나라 조정) 사신 태복시 소경 축맹헌과 예부주사(禮部主事) 육옹이 칙서(勅書)를 받들고 왔다. 맹헌 등이 수의사[獸醫] 왕명(王明)과 주계(周繼)를 거느리고 이르니 산붕(山棚)과 결채(結綵)를 베풀고 나례(儺禮)와 백희(百戲)를 갖추고 상이 면복(冕服) 차림으로 여러 신하들을 거느리고 서교(西郊)에서 맞이해 의정부에 이르러 칙서를 선포했다[宣勅]. 황제의 수조(手詔)[1]는 아래와 같다.

'조선 국왕에게 말하노라[勅]. 지난번 사자(使者)가 돌아왔을 때 왕(王-조선 임금)이 중국에서 군사를 일으켰는데 말[馬]이 부족하다 하여 특별히 3,000필을 바쳤고 이에 다시 사람을 보내 좋은 말과 명약(名藥), 섬포(纖布) 등 여러 가지 물자를 바쳤으니 예(禮)를 받드는 뜻이 공순(恭順)하여 짐(朕)은 매우 아름답게 여겼다. 옛날 주(周)나라의 성시(盛時-한창때)에 관숙(管叔)과 채숙(蔡叔)의 난(亂)[2]이 있었는

---

1 황제의 친필 조서(詔書)다. 그만큼 간절한 내용을 담았다는 뜻이다.
2 주나라 무왕(武王)이 상나라를 멸한 후 상나라의 마지막 임금 제신의 아들 무경 녹보(祿父)에게 상나라의 유민들을 맡겨 상나라 왕실에 대한 제사를 계속 드리게 했다. 또 녹보와 상나라 유민이 주나라에 완전히 복속되지 않았다고 여겨 동복 아우인 관숙 선과 채숙 도를 각각 관(管)나라와 채나라에 봉하고 녹보의 보좌 및 감시를 맡겼다. 그런데 무왕이 8년 만에 죽고 서주 성왕이 어린 나이에 즉위해 숙부 주공 단이 섭정하자 관숙과 채숙은 주공의 전횡을 꺼려 무경과 함께 반란을 일으켰다. 이 반란에는 회이와 서융(徐戎)도 가담했다. 반란을 일으키기 전에 관숙은 여러 동생들과 함께 "주공이 성왕을 죽이고

데 월상씨(越裳氏)[3]가 만리(萬里) 밖에서 들어와 공물을 바치니 성왕(成王)과 주공(周公)이 기뻐해 그 일이 전기(傳記)에 드러났고 월상씨의 이름은 지금까지도 영예가 빛난다. 짐의 황제다움[德]이 옛날에 못 미치지만[不逮=不及] 조선의 나라됨[爲國]은 월상씨보다 크고 입공(入貢)의 예(禮)는 그보다 더함이 있으니 이제 특별히 태복시 소경 축맹헌, 예부주사 육옹을 보내 왕과 왕의 부형, 친척, 배신(陪臣)들에게 무늬가 아름다운 기견(綺絹)을 내려주되 각각 등급이 있게 하여 아름답게 여기고 위로하는 마음을 펴는 것이니 그것이 이르거든 잘 받도록 하라. 무릇 도리를 지키는 자에게는 복이 따르고 도를 어기는 자에게 앙화(殃禍)가 모이는 것은 하늘의 명이다. 짐이 하늘을 받들어 (정사를) 행하여 우내(宇內)와 더불어 즐기고 함께 다스림에 이르고자 하니 더욱 힘써서 많은 복을 받으라. 국왕에게 무늬가 아름다운 기견(綺絹) 각각 6필, 약재(藥材) 목향(木香) 20근(斤), 정향(丁香) 30근, 유향(乳香) 10근, 진사(辰砂) 5근, 전왕(前王) 이(李)【태상왕 휘】에게 무늬가 아름다운 기견 각각 5필, 전 권지국사(權知國事) 이(李)【상왕 휘】에게 무늬가 아름다운 기견 각각 5필을 나눠 주고[頒賜] 별도로 칙(勅)하여 국왕의 친척 이화(李和), 이방의(李芳毅) 등 13원(員)에게 매원(每員)마다 무늬

천자의 자리를 대신하려 한다"라고 소문을 퍼트렸다. 또 엄(奄)나라의 임금 박고(薄姑)가 녹보에게 무왕이 이미 죽고 소공이 어리며 주공은 의심을 받고 있다는 점을 들어 주나라에 대항할 것을 권유했다. 주공은 관숙 등이 자신을 모함하자 태공과 소공 석과 협력했고, 또 자신의 임지에 아들 노나라 백금을 파견해 다스리게 했다. 반란이 일어나자 주공 단은 성왕의 명령을 받들고 반란군과 싸워 무경은 목을 베고 관숙은 죽이고 채숙은 추방했다. 주공은 3년을 소모하여 난을 철저하게 토벌했다.

3   베트남 일대에 있던 나라다.

가 아름다운 기견 각각 4필, 배신 조준(趙浚)·이거이(李居易) 등 24원에게 매원마다 무늬가 아름다운 기견 각각 3필을 나눠 준다.”

사신에게 잔치를 베풀고 나서 상이 태평관에 이르러 위로하고 접대한 다음[慰接] (궁으로) 돌아왔다.
위접

○ (명나라) 병부(兵部)의 자문(咨文-요청서)은 이러했다.

‘건문(建文) 3년 6월 12일에 태복관(太僕官)이 문무백관과 함께 봉천문(奉天門)에 일찍부터 조회하고 성지(聖旨)를 받들었습니다. 성지에 이르기를 “조선국에는 마필(馬匹)이 많이 나 지난번에 국왕이 좋은 뜻과 생각으로 말 3,000필을 바쳤는데 이미 요동도사(遼東都司)에게 명해 관군에게 주어 그것을 타도록 했다. 지금 다시 전쟁에서 싸울 수 있는 약간의[些] 말을 쓰려고 하여 사람을 시켜 단필(段匹), 포초(布綃-포와 비단), 약재(藥材)를 운반하고 태복시 소경 축맹
사
헌과 예부주사 육옹을 시켜 좋은 말 1만 필과 바꾸게 했다. 너희 병부(兵部)는 문서를 보내 국왕의 관사관(管事官-담당 관리)에게 일러서 늘 관민(官民)들 중에서 말 있는 집에 알리게 해 그곳의 시가(時價)에 따라 바꿔 오되 저들에게 결손이 없게 하라”고 하셨습니다. 그리하여 본부(本部)에서 이제 성지의 사의(事意)대로 갖춰 일러 보내고 이치에 맞도록 이자(移咨-자문을 보내는 일)하여 알리는 바이니 삼가 잘 받들어 시행하소서. 말 1만 필을 바꾸기 위한 단필(段匹) 등의 물건과 각종 저사(苧絲-모시와 명주), 생초(生綃-생사), 면포(綿布-솜)와 약재(藥材)인 목향(木香), 유향(乳香), 정향(丁香),[4] 황련(黃蓮), 단사(丹

---

4 꽃봉오리가 못처럼 생겼고 향이 있으므로 정향(丁香)이라고 하는데 영어 이름 클로브

砂), 담반(澹礬), 천궁(川芎), 축사(縮砂), 육두구(肉豆蔲), 양강(良薑), 백화사(白花蛇)⁵를 실어 보냅니다.'

무자일(戊子日-2일)에 상이 태평관에 가서 잔치를 베풀었다. 옹(顒)이 먼저 나와 상에게 아뢰었다.

"저는 글 읽은 선비[讀書生]입니다. 지금 중상 모략꾼[讒人] 장근(章謹)을 만났으니 청컨대 왕께서 저의 박명(薄命)을 구해주십시오."

상이 말했다.

"그럽시다. 나보고 신의가 없다고나 하지 마시오."

이튿날 사신이 궐에 이르니 상이 청화정(淸和亭)으로 맞아들여 잔치를 베풀었다. 술이 취하자[酒酣] 축맹헌이 부시(賦詩)를 지어 상에게 바쳤다. 옹은 스스로 심질(心疾)을 느껴 술과 음식에 손을 대지 않았고 움직일 때나 그냥 있을 때나[動靜] 절도가 없었으며 가끔씩 미친 소리를 했다[發狂言].

경인일(庚寅日-4일)에 태백성이 낮에 보였다.

신묘일(辛卯日-5일)에 태상왕이 덕수궁⁶에서 사신들에게 잔치를 베풀었다. 태상왕이 태평관에 가서 사신들을 청하니 사신들이 이에 태상전에 이르렀다. 이튿날 태상왕이 태평관에 가서 사례했다.

임진일(壬辰日-6일)에 유성(流星)의 크기가 말[斗]만 했는데 헌원
(軒轅)[7]에서 나와서 태미(太微)[8]로 들어갔다.

○ 왜(倭)의 사신이 와서 조회했다.

갑오일(甲午日-8일)에 청화정에서 여성군(驪城君) 민무질(閔無疾)과
사평부 판사 우인렬(禹仁烈)에게 잔치를 베풀었다. 인렬(仁烈)이 사행
을 마치고 돌아온 것을 위로하고 또 무질(無疾)이 사행을 떠나는 것
[發行]을 전별하기 위함이었다.

을미일(乙未日-9일)에 봉상시(奉常寺)[9] 판사 김한로(金漢老, 1367~?)[10]

7　별자리 이름으로 현재의 사자자리, 게자리 등에 걸쳐 있다.

8　별자리 이름으로 고대 중국에서는 북극성을 중심으로 천체(天體)를 크게 자미원(紫微
　垣), 태미원(太微垣), 천시원(天市垣)의 세 구역으로 나누었는데 그중 하나다.

9　제사(祭祀)와 시호(諡號)에 관(關)한 사무(事務)를 맡아보던 관청이다.

10　1383년(우왕 9년) 문과에 장원급제하고 예의사좌랑(禮儀司佐郞)을 지냈으며 태종과는 문
　과에 함께 급제한 동방(同榜)으로 조선 개국 뒤 태종의 우대를 받았다. 1404년(태종 4년)
　이조전서(吏曹典書)가 되어 이듬해 성절사(聖節使)로 명나라에 다녀왔으나 명나라에 있
　는 동안 행상을 거느리고 가서 사리사욕을 채운 사건이 탄로나 파직됐다. 1407년 딸이 양
　녕대군과 혼인해 좌군 동지총제(左軍同知摠制)가 되고 1408년 한성부 판사로 사은사(謝
　恩使)가 돼 명나라에 다녀왔다. 1409년 예조판서에 올라 광산군(光山君)에 봉해지고, 이
　어 대사헌(大司憲)·의정부 참찬사·예문관 대제학 겸 의용순금사 판사(義勇巡禁司判事)·
　의정부 찬성 등을 역임했다. 1418년 세자궁에 여자를 출입시켜 세자를 오도했다는 대간
　(臺諫)의 탄핵을 받고 의금부에 하옥돼 직첩이 몰수되고 죽산(竹山)으로 부처(付處-유배)
　된 뒤 세자와의 인연이 끊겼다. 1425년에는 보관하던 사초(史草)를 불태워 자손금고(子孫
　禁錮)의 처분이 가중되는 등 자손들의 벼슬길도 막혔다.

가 파직됐다. 한로는 이때에 의순고(義順庫)[11] 별좌(別坐)로 있었는데 태상왕이 사신에게 잔치를 베풀 때를 맞아 사람을 시켜 길에서 역리(驛吏)의 말을 빼앗아 그것으로 요리를 하려 하자[宰][12] 역리가 아뢰었다.

"이 말은 자질이 있어서 탈 만한 데다가 이 가난한 아전이 가산(家産)을 다 털어서 샀으니 제발 잡지 마소서. 만일 이 말을 잡는다면 저는 어떻게 이 역(役)을 맡아서 할 수 있겠습니까?"

한로가 들어주지 않았기에 헌사에서 소를 올려 죄주기를 청했던 것이다.

○ 전 사복시 판사(司僕寺判事) 권방위(權邦緯)를 먼 지방[遐方=遠方]으로 유배 보냈다[竄]. 방위(邦緯)가 태상전에서 쓸 기와를 훔쳤기에 헌부에서 죄주기를 청했기 때문이다.

○ 사헌부 대사헌 이원(李原) 등이 소를 올렸다. 소는 이러했다.

'대소 인원(大小人員) 가릴 것 없이 노비 소송을 하는 자는 만 가지 단서를 꾸며대 서로 골육을 해쳐가며 화기(和氣)를 상하게 합니다. 신 등이 가만히 말씀드리건대 지난[去] 정축년에 변정도감(辨定都監)에다가 오결(誤決)이라는 진정서[所志]를 낸 자를 헤아려 밝혀내[推明] 판결하지 않는다면 원통함과 억울함을 펼 수 없기 때문에 상왕께서 본부(本府)에 영을 내려 날짜를 정해 결단하여 끊어내

11 대궐에서 쓰는 물자를 조달하는 관아다.
12 재(宰)는 어느 한 가지가 아니라 여러 가지를 동시에 맡아서 처리한다는 뜻으로 원래 임금의 요리를 한다는 뜻에서 이런 복합적 의미가 나왔다.

도록[決絶] 하셨습니다. (그리고) 송사에서 뜻을 이루지 못한 자가 또 오결(誤決)이라고 글을 올리면 도관(都官-해당 기관 최고책임자)으로 하여금 그것을 결단하게 했습니다. 지난 경진년(庚辰年-1400년)에 변정을 맡은 각사에서 뜻을 이루지 못한 자도 또한 본부에 글을 올리고 있습니다. 간사하고 못된 무리들이 구차하게라도 이기는 것[苟得]만을 얻으려 하여 관사를 속이고 기롱하는 것이 한도가 없으니 아마 전하께서 유신(惟新)[13]의 다스림을 이룩하려 하신다 한들 어찌 되겠습니까? 도성과 지방의 담당 관리[主掌官]가 소장을 접수한 노비(의 안건) 및 양민이냐 노비냐를 최종적으로 결정한 일 등을 건문(建文) 3년(1401년) 8월 28일 이전의 것은 그 당시 판결을 받은 자에게 주도록 하고, 양쪽에서 아직 결정이 이뤄지지 못한 것은 미루어 밝혀 최종적으로 결단해야 합니다. 또 위에서 보시는 단자(單子)[14] 중에 이미 올린 후에도 입안되지 못한 것은 담당 관리가 마쳐서 시행토록 해야 합니다. 또 8월 초하루에 재결이 내려진[判下][15] 양인과 천인이 서로 간통하는 것을 엄격히 금지한[痛禁=嚴禁] 내용의 경우 그 판하 뒤에 낳은 아이는 사수감(司水監)에 소속시키기로 한 것과 이미 여러 해가 된 부부의 경우 이혼토록 한다는 등의 일은 (시행하기에) 곤란합니다[未便]. 그 전에 낳은 경우는 천인(賤人)이 되고 그 후에 낳은 경우는 양인(良人)이 된다면 뒤에 가서 반드시 소송으로 다투게

---

13 혁신 혹은 대대적인 개혁의 정치를 말한다.

14 대개 사대부(士大夫)가 친히 관사(官司)에 올리는 소장(訴狀)이나 청원서(請願書)다.

15 판하(判下)란 신하가 상주(上奏)한 안건에 대해 임금이 검토해 그 가부를 재가(裁可)하는 것을 말한다.

될 것입니다. 이미 일찍이 서로 간통한 것은 제외하고, 8월 초하루를 기점으로 그 이후에 양천(良賤)이 서로 간통하는 것은 엄격히 금지하도록 하고서 만일 영(令)을 어기는 자가 있다면, 죄가 본래 주인[本主]에게도 미치도록 하고 그 소생(所生)은 사수감에 속하게 해야 합니다. 또 노비를 결절(決絶)하는 법은 각자 소견대로 수판(受判)하기[16] 때문에 해당 관리가 준수하기가 어렵습니다. 바라건대 정축년(丁丑年-1397년)에 태상왕께서 입법하신 조항들[條畫]을 지금부터(라도) 준수하여 영구히 항식(恒式-일정한 법식)으로 만들고 (앞으로) 어지러이 수판하는 것은 일절 금지해야 합니다.'

상이 그대로 윤허하고, 다만 양인·천인에 관한 일은 예전의 판지(判旨)에 의거하게 했다. 헌부에서 또 소를 올려 말했다.

'태상왕께서 도감(都監)을 세워 노비의 송사를 변정(辨定)해왔는데 승소하지 못한 자가 오결이라 칭하니 상왕께서 그 일을 담당하는 도관(都官)에게 명해 그것을 고치도록 했고 또 오결이라고 말하는 자가 있으니 전하께서 다시 한 번 담당 관리를 증원하거나 바꿔 그것을 고치게 했는데 또다시 오결이라고 제소하는 자가 100여 명이나 되니 송사가 끝이 없습니다. 바라건대 지금부터 미결인 것은 바른 법을 따라 판결하고 오결이라고 칭하는 것 자체를 모두 금지해야 합니다. 그리고 노비를 미루어 판결하는[推決] 조항들이 너무 많으니, 바라건대 이것도 태상왕 때에 입법한 것을 따라야 합니다.'

---

16 중요한 일을 임금에게 상신하여 임금의 판단을 얻던 일 또는 그 교지(教旨)를 가리킨다. 판하(判下)의 판(判)과 같은 뜻이다.

상이 허락했다. 오결이라고 제소한 100여 명을 헌부에서 잡아 가두니 송사하는 자들이 저절로 흩어졌다.

병신일(丙申日-10일)에 우레와 번개가 쳤다.

무술일(戊戌日-12일)에 상이 태평관에 가서 사신에게 잔치를 베풀었다. 임금이 장차 돌아오려고 하는데 옹(顒)이 기생 위생(委生)을 만나고 싶다고 청했다. 상이 나오고 위생이 들어가니 옹이 위생의 손을 쥐고 울면서 말했다.

"다시 만나보지 못한 채 죽겠구나 생각했다."

아주 오랫동안 눈물을 흘렸다. 옹의 병이 심해져[劇=甚] 밤에 스스로 목을 매달려[自縊] 하니 좌우에서 말렸고 영접관은 사람을 두어 지키기를 조금도 게을리할 수가 없었다. 그 뒤에 옹의 병이 (다시) 도지자 야밤을 틈타 도망쳐 나갔는데 4경(更)에 순관(巡官)이 붙잡아 관(館)으로 돌아왔다.

기해일(己亥日-13일)에 여성군 민무질을 보내 경사(京師)에 가게 했다. 사은(謝恩)을 위해서였다. 상이 면복 차림으로 백관을 거느리고 의정부에서 표문(表文)에 절한 다음 태평관에 이르러 맹헌, 옹과 더불어 모두 영빈관(迎賓館) 서교(西郊)에 이르러 무질을 전송했다. 환궁하려 하는데 옹이 상에게 말했다.

"(이곳은) 산이 험해 숨을 만한 곳[藏處]이 있으니 바라건대 전하께서는 저를 숨겨주소서."

그러고는 말을 타지 않았다. 상과 맹헌이 먼저 말에 오르니 좌우에서 옹을 부축해 또한 말에 오르게 했다.

경자일(庚子日-14일)에 태백성이 7일 동안이나 낮에 보였다.

○ 상이 태상전에 조알했다. 태상왕이 궁실(宮室)을 짓고[營] 누(樓) 북쪽에 못을 파고 또 전(殿) 서쪽에 별궁을 짓고 궁 서쪽 봉우리의 허리에 작은 불당을 지었다[構].

신축일(辛丑日-15일)에 명나라 조정의 국자감생(國子監生) 송호(宋鎬), 상안(相安), 왕함(王咸), 유경(劉敬) 등 네 사람이 말값[馬價]을 싸 가지고 왔다. 무늬 있는 기견(綺絹)과 면포(緜布) 9만여 필과 약재였는데 수레 150량과 소와 말 300필을 써서 도성에 실어들이니[馱入] 상이 태평관에 행차해 위로연을 베풀었다. 감생(監生) 네 사람의 자리는 사신의 아래 조금 뒤에다 베풀었고 수의(獸醫) 두 사람은 서편에 서게 해 북향(北向)하게 하고서 단지 탁자만 놓았다. 상이 잔을 잡고 (수의) 왕명(王明)을 부르니 명이 말했다.

"저 네 사람도 우리와 일반(一般)인데 어째서 우리들에게만 앉는 것을 허락지 않습니까?"

사양하고 나갔다. 상이 앉도록 허락하고자 하여 맹헌에게 물으니 맹헌이 말했다.

"이자들은 천인(賤人)이니 앉는 것을 허락하지 마소서."

상이 사신들과 더불어 극진히 즐기고 날이 저물고야 끝마쳤다. 여러 날 뒤에 임금이 또 태평관에 이르러 사신에게 잔치를 베풀었는데 수의 왕명(王明)과 주계(周繼) 두 사람이 병을 핑계로 나오지 않았다. 통사(通事)가 그 까닭을 물었더니 왕명이 말했다.

"우리들도 감생(監生)과 일반인데 마침내 어찌하여 감생의 경우에는 앉는 것을 허락하고 우리들은 앉는 것을 허락하지 않으며 반찬 담는 그릇들[饌具] 또한 같지 않은 것인가?"

통사가 전날 맹헌이 했던 말을 일러주자 왕명이 말했다.
_{친구}

"우리들이 원망하는 사람은 국왕이 아니라 바로 축소경(祝少卿)이오."

을사일(乙巳日-19일)에 예조에서 동북면(東北面)에 있는 여덟 능(陵)의 전물(奠物)[17]을 다시 정했다. 상의 뜻을 받든 것이다.

정미일(丁未日-21일)에 유성이 태미(太微)에 들어갔다. 우레가 쳤다.

○ 신도(新都)의 소격전(昭格殿)에서 진병초(鎭兵醮)[18]를 베풀었다.

○ 의정부가 태평관에서 감생(監生)에게 잔치를 베풀었다. 애초에 맹헌(孟獻)이 반인(伴人) 둘을 돌려보내고 또 조봉배(朝奉杯)를 받지 않았으니 폐단을 덜기 위함이었다. 감생들이 이르러서 우리 국가에서 박대한다고 여겨 마음속으로 불평했다. 상이 이를 보고받고 경력(經歷) 황희(黃喜)에게 명하여 말했다.

---

17 제전(祭奠)에 쓰이는 제기(祭器)나 음식물 일체를 말한다.
18 나라에 전쟁이 일어나지 않게 해달라고 일월성신(日月星辰)에게 지내는 도교의 초제(醮祭)다.

"우리나라 사람이 입조(入朝)하면 제(帝)께서 이에 두터이 대접한다. 하물며 왕인(王人)[19]이겠는가? 조봉배(朝奉杯)와 모든 일을 행함에 있어 전과 같이 예(禮)를 갖추라."

○ 대사헌 이원을 파직했다. 원(原)이 밤을 어겨[犯夜][20] 집으로 돌아가는데 순관(巡官)인 호군(護軍) 윤종(尹琮)이 원의 근수(根隨)[21]를 잡았다가 도로 놓아주었다. 다음 날 원이 본부에 말해 부(府)에서 종(琮)을 탄핵하고 원은 집에서 여러 날 동안 출근하지 않았다[不仕]. 상이 명으로 불러[命召] 출근하게 하니 원이 말했다.

"전날에 신이 초경(初更) 3점(點)[22] 전에 집으로 돌아가는데 윤종이 (신이) 범순(犯巡)했다 하여 신의 근수를 붙잡았습니다. 종이 만일 초경 3점 전에 순찰을 돌았다고 한다면 종이 죄가 있는 것이고, 신이 만일 3점 후에 범순했다고 한다면 신이 죄가 있는 것입니다. 이 일이 분명히 가려지기 전에는 공무를 행하기[行公]가 어렵습니다."

상이 말했다.

---

19 왕과 가까운 사람들을 가리킨다. 즉 감생을 말한다.

20 법으로 규정되어 있는 야행(夜行)의 금지를 범하는 것이다.

21 따라다니는 하인을 가리킨다. 당상관이나 사헌부(司憲府), 사간원(司諫院)의 관원이 군율 등을 어겼을 때 이들 관원 대신 수감되기도 했다. 근수노자(根隨奴子) 혹은 근수노(根隨奴)의 준말이며 구종(驅從), 근수(跟隨), 별배(別陪) 등도 비슷한 말이다.

22 옛날에는 일반적으로는 십이지를 활용해 2시간 단위로 끊어서 시간을 표시했다. 이를 정시법(定時法)이라 한다. 그러나 옛날에는 낮과 밤을 각각 세분했는데, 이렇게 되면 시간의 단위 길이가 계절에 따라 변동한다. 이러한 시법을 부정시법(不定時法)이라 하며, 중국·이집트 등을 비롯하여 많은 곳에서 사용되었다. 중국의 경우 해뜨기 전과 해진 후 하늘이 잠시 희미하게 밝은 때를 제외한 밤 시간을 5경(更)으로 나누고, 각 경을 다시 5점(點)으로 세분했다. 이것이 바로 경점법(更點法)이다. 경점법에서는 경과 점이 겨울에는 길고 여름에는 짧아진다. 이러한 부정시법은 한국과 일본에도 전해졌다.

"나는 경이 출근하였으면 한다. 다만 경의 말이 이치에 합당하나 일의 득실(得失-실상)은 내가 알 수가 없다."

원은 드디어 나오지 않았다. 이튿날 사간원에서 소를 올려 말했다.

"가만히 살펴볼 때 대사헌 이원은 직책이 풍기(風紀)의 우두머리에 있으므로 출입 동정을 구차스럽게 해서는 안 됩니다. 이번 달 16일에 밤을 어기고 길을 가다가 순관 윤종에게 욕을 당하기에 이르렀습니다. 호군 윤종은 순관으로서 이미 범야한 사람을 보았으니 그 사례는 마땅히 가두어놓고 계문(啓聞)했어야 할 터인데 단지 근수들만 잡았다가 이내 놓아주었으니 이는 사(私)를 따르고 법을 무너트린 것입니다[徇私毁法]. 바라건대 두 신하를 파직하여 삼가지 못한 바 [不恪]를 징계하소서."

그것을 윤허했다.

경술일(庚戌日-24일)에 청화정에서 사신에게 잔치를 베풀었다.

○ 여흥부원군 민제를 안태사(安胎使)[23]로 삼았다.

임자일(壬子日-26일)에 이문화(李文和)를 사평 우사(司平右使)로 삼고, 이지(李至)를 의정부 문학(文學) 겸 사헌부 대사헌으로 삼았다.

○ 수녕부 사윤(壽寧府司尹)[24] 최함(崔咸)을 (전라도) 담양(潭陽)으

---

23 안태사란 왕실 사람들의 태(胎)를 태실(胎室)에 묻는 일을 위임받은 관리를 말한다.

24 원래 수녕부란 고려시대 인종의 장인인 임원후(任元厚)의 바라지를 맡았던 관아를 말했다. 그 후 왕실의 외척을 지원하는 관아의 통칭으로 자리 잡았다.

로 유배 보냈다[流]. 함(咸)의 누이동생이 판삼사(判三司) 설장수(偰
長壽)의 아내다. 장수가 죽자 전처[先妻]의 아들 내(耐)가 아비의 밭
을 물려받고자[遞受] 하여 제 어미가 적처(嫡妻)라고 했다. 최씨(崔
氏) 역시 남편의 밭을 물려받고자 하여 헌사에 소송을 냈다. 함이
말했다.

"너의 어미는 보국사(輔國寺)의 여종[婢]이었다."

헌사에서 그것을 따지자[詰] 함이 분명하게 말하지 못했기 때문
이다.

○ 명을 내려 사평부(司平府) 낭청(郎廳)도 문하부의 예(例)에 따라
조예(皂隷)[25]를 거느릴 수 있게 했다. 상정도감(詳定都監)의 아룀을
따른 것이다.

계축일(癸丑日-27일)에 태상왕이 (황해도) 평주(平州-평산) 온정(溫
井-온천)에 행차하니 상이 금교(金郊) 서천변(西川邊)의 악차(幄次-장
막)에 이르러 잔치를 베풀고 받들어 전송했다[奉餞]. 우도 안렴사 김
단(金端)에게 명해 말했다.

"공판(供辦)[26]하는 여러 일들에서 혹시라도 빠짐이 없도록 하라."

---

25 조선시대 각 관서에 배속된 하례(下隸)로 병조(兵曹) 소속의 경아전(京衙前-서울 아전)
   이다.
26 나라의 큰 행사나 의식(儀式)이 있을 때 해당 관아에서 그 준비를 하던 일을 가리킨다.

갑인일(甲寅日-28일)에 의정부 참찬사 최유경(崔有慶, 1343~1413년)²⁷을 보내 경사(京師)에 가게 했다. 정삭(正朔)을 하례(賀禮)하기 위함[賀正]이었다. 상이 면복 차림으로 백관을 거느리고 표문(表文)에 절하고 (전송을 위해) 선의문(宣義門) 밖에까지 갔다.

을묘일(乙卯日-29일)에 일본국 임시[權] 대마도 태수 종정무(宗貞茂)가 사자(使者)를 보내 말 6필을 바쳤고 대마주수(對馬州守-대마도 수령) 사미영감(沙彌靈鑑)이 사자를 보내 말 4필을 바쳤으며 (규슈) 박다(博多-하카다)의 자운주지(慈雲住持) 천진(天眞)이 석고(石膏) 5근과 백반(白礬) 30근을 바쳤다.

27 1388년(우왕 14년) 요동정벌 때 서북면 전운사 겸 찰방으로서 이성계의 위화도회군 사실을 신속히 보고하고, 최영(崔瑩)이 실각되자 밀직부사(密直副使)에 올랐다. 1392년 조선 개국 후에 회군 고변 사실을 들어 반대하는 사람이 있었으나 이성계가 충의(忠義)에서 나온 행동이라 하여 개국원종공신에 책록됐다. 이때 정조사(正朝使)로 명나라에 다녀왔고 1404년 한성부 판사(漢城府判事)에 이르러 치사(致仕)했다. 태종 때 청백리에 녹선(錄選)됐다.

丁亥朔　朝廷使臣太僕寺少卿祝孟獻　禮部主事陸顒奉勑書來.
_{정해 삭 조정 사신 태복시 소경 축맹헌 예부 주사 육옹 봉 칙서 래}

孟獻等率獸醫王明　周繼至　設山棚結綵　備儺禮百戱　上以冕服率
_{맹헌 등 솔 수의 왕명 주계 지 설 산붕 결채 비 나례 백희 상 이 면복 솔}

群臣　迎于西郊　至議政府宣勑. 皇帝手詔曰:
_{군신 영 우 서교 지 의정부 선칙 황제 수조 왈}

‘勑朝鮮國王. 前使者還　王以中國軍興乏馬　特貢三千匹　玆
_{칙 조선 국왕 전 사자 환 왕 이 중국 군흥 핍마 특 공 삼천 필 자}

復遣人貢良馬名藥纖布諸物　禮意恭順　朕甚嘉焉. 昔周盛時　內
_{부 견인 공 양마 명약 섬포 제물 예의 공순 짐 심 가언 석 주 성시 내}

有管蔡之亂　而越裳氏萬里入貢　成王周公喜之　其事著于傳記
_{유 관채 지 란 이 월상씨 만리 입공 성왕 주공 희지 기사 저 우 전기}

越裳氏之名　榮華至今. 朕德不逮古　而朝鮮爲國　視①越裳爲大
_{월상씨 지명 영화 지금 짐 덕 불체 고 이 조선 위국 시 월상 위대}

入貢之禮有加　今特遣太僕寺少卿祝孟獻　禮部主事陸顒　賜王及
_{입공 지례 유가 금 특견 태복시 소경 축맹헌 예부 주사 육옹 사 왕급}

父兄親戚陪臣文綺絹　各有數　以致嘉勞之懷　至可領也. 夫守道
_{부형 친척 배신 문 기견 각 유수 이치 가로 지회 지 가령 야 부 수도}

者　福之所隨　違道者　殃之所集　天之命也. 朕奉天而行　樂與宇內
_{자 복지 소수 위도 자 앙지 소집 천지명 야 짐 봉천 이행 낙 여 우내}

同臻于治　尙其勖之　以綏多福. 頒賜國王文綺絹各六匹　藥材木香
_{동진 우천 상 기 욱지 이수 다복 반사 국왕 문 기견 각 육필 약재 목향}

二十斤　丁香三十斤　乳香一十斤　辰砂五斤; 前王李【太上王諱】
_{이십 근 정향 삼십 근 유향 일십 근 진사 오근 전왕 이 태상왕 휘}

文綺絹各五匹　前權知國事李【上王諱】文綺絹各五匹. 別勑頒賜
_{문 기견 각 오필 전 권지국사 이 상왕 휘 문 기견 각 오필 별칙 반사}

國王親戚李和李芳毅等一十三員　每員文綺絹各四匹; 陪臣趙浚
_{국왕 친척 이화 이방의 등 일십 삼원 매원 문 기견 각 사필 배신 조준}

李居易等二十四員　每員文綺絹各三匹.’ 宴使臣訖　上至太平館
_{이거이 등 이십 사원 매원 문 기견 각 삼필 연 사신 흘 상 지 태평관}

慰接而還.
_{위접 이 환}

兵部咨曰: '建文三年六月十二日 太僕官同文武百官 早朝於

奉天門 欽奉聖旨: "朝鮮國多産馬匹 前日國王好意思 進馬三千

匹 已命遼東都司 給與官軍騎坐了. 如今再用些堪戰的馬 差人運

著段匹布絹藥材 就教太僕寺少卿祝孟獻 禮部主事陸顒去 易換

好馬一萬匹. 恁兵部行文書 教國王管事的官 每知道於官民有馬

之家 照依那裏時價易換 將來不要虧著他." 欽此. 本府令將聖旨

事意 備云前去 理合移咨知會 欽遵施行. 易馬一萬匹 運去段匹

等物 各色苧絲 生綃 緜布 藥材 木香 乳香 丁香 黃蓮 丹砂

膽礬 川芎 縮砂 肉荳蔲 良姜 白花蛇.'

戊子 上如太平館設宴. 顒先出告于上曰: "予 讀書生也. 今

遇讒人章謹 請王救我薄命." 上曰: "諾. 毋謂我爲不信也." 翌日

使臣至闕 上迎入淸和亭設宴. 酒酣 祝孟獻賦詩獻上: 顒自感心

疾 不進酒食 動靜無節 或發狂言.

庚寅 太白晝見.

辛卯 太上王宴使臣于德壽宮. 太上王如太平館請使臣 使臣乃

至太上殿. 翌日 太上王至館以謝.

壬辰 流星大如斗 出軒轅入于太微.

倭使來朝.

甲午 宴 驪城君閔無疾及判司平府事禹仁烈于淸和亭. 慰仁烈

之還 且餞無疾之行也.

乙未 判奉常寺事金漢老罷. 漢老時爲義順庫別坐 當太上王
올미 판 봉상시 사 김한로 파 한로 시위 의순고 별좌 당 태상왕

宴使臣之時 使人路奪驛吏馬 欲宰之 吏告曰: "此馬有材可騎
연 사신 지시 사인 로탈 역리 마 욕 재지 이고왈 차마 유재 가기

貧吏盡家産而買之 請勿宰. 苟宰此馬 吾何能當役乎?"漢老不聽
빈리 진 가산 이 매지 청 물재 구자 차마 오 하능당 역호 한로 불청

憲司上疏請罪.
헌사 상소 청죄

竄前判司僕寺事權邦緯于遐方. 邦緯竊太上殿所需之瓦 憲府
찬 전판 사복시 사 권방위 우 하방 방위 절 태상 전 소수 지와 헌부

請罪故也.
청죄 고야

司憲府大司憲李原等上疏. 疏曰:
사헌부 대사헌 이원 등 상소 소왈

'大小人員訟奴婢者 修飾萬端 相殘骨肉 以傷和氣. 臣等竊謂
대소인원 송 노비 자 수식 만단 상잔 골육 이상 화기 신등 절위

去丁丑年辨定都監呈誤決所志者 若不推決 則冤抑莫伸 故上王
거 정축년 변정도감 정 오결 소지 자 약불 추결 즉 원억 막신 고 상왕

令本府限日決絶; 不得者又呈誤決 令都官決之; 去庚辰年辨定
영 본부 한일 결절 부득 자 우정 오결 영 도관 결지 거 경진년 변정

各司不得者 亦呈本府. 奸惡之徒 苟得爲要 冒弄官司 無有紀極
각사 부득 자 역정 본부 간악 지도 구득 위요 모롱 관사 무유 기극

其於殿下惟新之治 何如? 京外主掌官接狀奴婢及良賤決絶等事
기어 전하 유신 지치 하여 경외 주장관 접장 노비 급 양천 결절 등사

自建文三年八月二十八日已前 給於時得決者 兩邊未決者 推明
자 건문 삼년 팔월 이십팔일 이전 급어시 득결 자 양변 미결 자 추명

決絶; 上監單子已進後 立案未成者 主掌官畢成給. 且八月初
결절 상감 단자 이진 후 입안 미성 자 주장관 필 성급 차 팔월 초

一日判下良賤相奸痛禁之內 判後所生屬司水監與累年夫妻離異
일일 판하 양천 상간 통금 지내 판후 소생 속 사수감 여 누년 부처 이이

等事未便. 其前日所生爲賤 後日所生爲良 則後日爭訟必矣. 除已
등사 미편 기 전일 소생 위천 후일 소생 위량 즉 후일 쟁송 필의 제이

曾相奸外 自八月初一日以後良賤相奸痛禁 如有違令 罪及本主
증 상간 외 자 팔월 초 일일 이후 양천 상간 통금 여유 위령 죄급 본주

所生屬司水監. 又奴婢決絶之法 各以所見受判 故當該官吏 難於
소생 속 사수감 우 노비 결절 지법 각이 소견 수판 고 당해 관리 난어

遵守. 願以丁丑年太上王立法條畫 自今遵守 永爲恒式 其亂雜
준수 원이 정축년 태상왕 입법 조획 자금 준수 영위 항식 기 난잡

受判 一皆禁斷.'
수판 일개 금단

上兪允 獨良賤事 依前判. 憲府又上疏曰:

'太上王立都監 辨定奴婢之訟 其不得者稱誤決 上王命主掌

都官改正之 又有以爲誤決者 殿下又添差官吏 令改正之 又訴

誤決者百餘人 爭訟無窮. 願自今未決者從正決之 稱誤決者 一皆

禁斷. 其推決奴婢 條畫甚多 願且從太上王時立法.'

上許之. 其訴誤決百餘人 憲府執而囚之 訟者自散.

丙申 雷電.

戊戌 上如太平館宴使臣. 上將還 顒請見妓委生 上出委生入見

顒執委生手泣曰: "嘗意不得復見而死也." 垂涕良久. 顒病劇 夜

欲自縊 左右止之 迎接官委人以守 不得少懈. 厥後 顒病狂 因夜

逃出 四更 巡官執而還館.

己亥 遣驪城君閔無疾如京師. 謝恩也. 上以冕服率百官 拜表

于議政府 至太平館 與孟獻 顒偕至迎賓館西郊 餞無疾. 臨還 顒

謂上曰: "山險有可藏處 願殿下匿我." 不騎馬. 上與孟獻先上馬

左右扶顒 亦上馬.

庚子 太白晝見七日.

上朝太上殿. 太上王營宮室 樓北鑿池 又殿西營別宮 宮西峰腰

構小佛堂.

辛丑 朝廷國子監生宋鎬 相安 王威 劉敬等四人齎馬價來. 文

綺絹縣布九萬餘匹及藥材 用車一百五十兩 牛馬三百駄入京 上

幸太平館慰宴. 設監生四人坐於使臣之下差後 獸醫二人位於
西偏北向 但設卓. 上執盃召王明 明曰：“彼四人與吾一般 何獨於
吾等不許坐乎？” 辭而出. 上欲許坐 問於孟獻 孟獻曰：“此賤人也
毋許坐.” 上與使臣極歡暮罷. 後數日 上又詣太平館宴使臣 獸醫
王明 周繼二人稱病不出. 通事問其故 王明曰：“吾等與監生一般
乃何監生則許坐 吾等不許坐 饌具又不似歟？” 通事以前日孟獻
之言告之 王明曰：“吾等所怨 非國王 乃祝少卿也.”

乙巳 禮曹更定東北面八陵尊物. 承上旨也.

丁未 流星入太微. 雷.

設鎭兵醮于新都昭格殿.

議政府宴監生于太平館. 初 孟獻遣還其伴人二 又不受朝奉杯
以除弊也. 監生至 意國家薄待 心不平. 上聞之 命經歷黃喜曰：
“我國人入朝 帝乃厚待. 況王人乎？ 朝奉杯及凡事 依舊備禮.”

罷大司憲李原職. 原犯夜還家 巡官護軍尹琮 執其根隨而還放.
明日原言於本府 府劾琮 原在家不仕數日. 上 命召原出仕 原曰：
“前日臣於初更三點前還家 尹琮以犯巡 執臣根隨. 琮若初更三點
前行巡 則琮有罪 臣若三點後犯巡 則臣有罪. 此事未決 行公
難矣.” 上曰：“予欲卿出仕 卿言合理 事之得失 予未知矣.” 原遂
不出. 翼日 司諫院上疏曰：‘竊見大司憲李原 職在風紀之首 出入
動靜 不可以苟. 乃於今月十六日 冒夜而行 至爲巡官尹琮所辱.

護軍尹琮以巡官 旣見犯夜之人 例當囚禁啓聞 但執根隨之人 尋
即放之 徇私毀法. 願罷二臣職 以懲不恪.' 允之.

庚戌 宴使臣于淸和亭.

以驪興府院君閔霽爲安胎使.

壬子 以李文和爲司平右使 李至議政府文學兼司憲府大司憲.

流壽寧府司尹崔咸于潭陽. 咸之妹 判三司偰長壽之妻也. 長壽

卒 先妻之子耏 欲遞受父田 謂其母爲嫡. 崔氏亦欲遞受夫田 訟

于憲司. 咸曰：“耏之母 輔國寺之婢也.”憲司詰之 咸不得辨.

命司平府郞廳 以門下府例率皂隷. 從詳定都監之啓也.

癸丑 太上王幸平州溫井 上至金郊西川邊幄次 設宴奉饌. 命

右道按廉使金端曰：“供辦諸事 毋或有闕.”

甲寅 遣參贊議政府事崔有慶如京師. 賀正也. 上以冕服率百官

拜表 至宣義門外.

乙卯 日本國權對馬島太守宗貞茂 遣使獻馬六匹； 對馬州守

沙彌靈鑑 遣使獻馬四匹； 博多慈雲住持天眞 獻石膏五斤 白礬

三十斤.

| 원문 읽기를 위한 도움말 |

① 視. 여기서는 '견주어보다'라는 뜻이다. 즉 조선의 나라 됨이 월상씨와
견주어볼 때 더 크다는 것이다. 결국은 '~보다'라는 뜻의 於와 같다. 즉
이렇게 되면 조선의 나라 됨이 월상씨보다 더 크다고 옮기게 된다.

태종 1년 신사년
10월

十月

병진일(丙辰日-1일) 초하루에 대마도 태수 종정무 및 일기도 수호 (一岐島守護) 지종(志宗)의 사인(使人)¹이 돌아갔다. 정무에게 호피 (虎皮)와 표피(豹皮) 각각 2령(領), 돗자리[席子] 20장, 쌀과 콩 각각 20석을 하사하고, 지종에게 호피와 표피 각각 1령, 돗자리 10장, 백 저포(白苧布)와 흑마포(黑麻布) 각각 10필을 내려주었는데 모두 그 사인(使人)에게 주어 보냈다.

정사일(丁巳日-2일)에 (강원도) 대산(臺山-오대산) 상원사(上元寺)에 서 수륙재(水陸齋)²를 베풀었다. 천재(天災)를 없애기 위해 빈 것[禳] 이다.

무오일(戊午日-3일)에 상이 태평관에 가서 사신과 감생 동섬(董暹)

---

1 일본에서 오는 사자에게는 사신이라는 표현을 거의 쓰지 않았다. 한 단계 낮춰 본 때문 이다.

2 수륙재(水陸齋)의 본래 명칭은 천지명양수륙무차평등대재(天地冥陽水陸無遮平等大齋)다. 줄여서 수륙회(水陸會), 무차대회(無遮大會)라고도 한다. 온 천지와 수륙에 존재하는 모 든 고혼(孤魂)의 천도를 위해 지내는 의례로 개인 천도의 성격을 띤 영산재에 비해 공익 성이 두드러지는 불교 의식이다. 우리나라에서 처음으로 수륙재가 봉행된 것은 고려 태 조 23년(940년) 12월이다. 조선시대에 들어 태조 이성계는 조선 건국 과정에서 자신에 의해 억울하게 희생된 고려 공양왕 부부와 왕실 왕족들을 위해 4년(1395년)에 관음굴, 견암사, 삼화사에서 매년 봄, 가을에 수륙재를 설행하도록 했다.

에게 잔치를 베풀었다. 섬(暹)이 말값을 담아 가지고 왔기 때문에 의정부(관리들)에서 문밖까지 나가 맞이했다. 상이 관에 나아가니[就] 육옹(陸顒)이 상에게 청하여 말했다.

"바라건대 전하께서 이 옹이 이미 죽었다고 제(帝)께 아뢰어주소서."

애걸하고 간청하는 바가 심히 지극하여 절했다가 무릎 꿇었다가 하기[拜跪]를 수도 없이 하고 술과 음식에는 손도 대지 않았다. 다음 날 대언 이응(李膺)을 시켜 태평관에 문안하니 맹헌(孟獻)이 사례하여 말했다.

"어제 몹시 취해 전하를 절하여 보내드리지[拜送] 못했습니다. 감생 한 사람은 지금까지도 일어나지 못했습니다."

상이 사람을 시켜 답했다.

"나는 천사(天使)께서 크게 한 번 취하는 것[一醉]을 대단히 기뻐하는데 어찌 배웅하지 않았다 하여 서운해[憾=慍]하겠소?"

○ 의정부에서 (중국 물건과) 바꿀 말값을 정했다. 큰 말[大馬] 상등 값[上等價]은 상오승포(常五升布) 500필, 중등 값은 450필, 하등 값은 400필이고, 중간 말[中馬] 상등 값은 300필, 중등 값은 250필, 하등 값은 200필로 했다. 명나라 말값의 단자(段子) 상품(上品) 1필은 상오승포 90필, 중품 1필은 80필, 하품 1필은 70필로 했다. 관견(官絹) 1필은 상오승포 30필에, 중견(中絹) 1필은 25필에, 면포(綿布) 1필은 20필에 준(準)하도록 했다. 또 여러 가지 약재(藥材)도 아울러 거기에 포함시켜 주게 했다. 상이 승추부 판사 조영무에게 명해 진헌할 마필(馬匹)을 고르게 했다. 위로 여러 군(君)으로부터 아래로 9품에 이르기까지 품계에 따라 말을 내놓게 하여 (그것들을) 태평관에 보냈다. 감생이

말의 털빛을 기록하고 수의 두 사람이 말(의 키) 4척(尺) 이상을 뽑아서 중마(中馬)로 간주하고, 3척 이하는 받지 않았다.

기미일(己未日-4일)에 환관 김완(金完)을 보내 온천에 문안하니 태상왕이 말했다.

"나는 이미 목욕을 하여 병이 날로 나으니 자주 사람을 시켜 문안하지 말라. 근처 백성들을 심히 걱정하게 만들어 번거로울 뿐이다."

상이 시독 김과에게 일러 말했다.

"태상왕께서 온천에 행차하신 지 지금 여러 날이 됐고 또 11일은 마침 탄신일(誕辰日)이다. 내가 가서 뵈어야겠다."

과가 대답했다.

"예(禮)로 보자면 그러하오나 다만 사냥[田獵]은 상께서 평소 좋아하는 것이라 가고 오는 중에 사냥하실까 봐[田] 신 등이 두려워합니다."

상이 말했다.

"장차 초례(醮禮)를 행해야 하기 때문에 재계를 하고 가는데 어찌 맘대로[縱] 사냥을 하겠는가?"

○ 사평 우사 이문화가 파직됐다. 문화가 서북면(西北面)으로부터 와서 정승의 집에 분경(奔競)(하는 죄)을 범했기 때문에 헌사에서 탄핵해 파직시켰다.[3]

---

3 정승의 이름을 밝히지는 않았지만 과거의 사례 등을 참조할 때 이무를 가리키는 것으로 보인다.

경신일(庚申日-5일)에 상이 태평관에 가서 감생 왕함(王咸)을 전송했다. 함(咸)이 첫 번째 운반 말[初運馬] 1,000필을 몰고서 명나라 조정으로 돌아가기[還朝] 때문이었다.

임술일(壬戌日-7일)에 우레가 치고 땅이 흔들렸다.

계해일(癸亥日-8일)에 우레가 쳤다.

○ 상이 평주온천에 이르렀다[詣=至].

○ 경산부(京山府-경상도 성주) 조곡산(祖谷山)에 태(胎)를 봉안했다. 민제(閔霽)가 함주(咸州-함흥)에 가서 태함(胎函)을 받들고 경산부에 이르렀다. 태실(胎室) 시위 품관(侍衛品官) 4인과 수호인(守護人) 10호(戶)를 정했다.[4]

갑자일(甲子日-9일)에 태실(太室)[5]의 지붕 우는 소리가 우레와 같고 혹은 대나무 꺾는 소리와 같았다. 한성부 판사 조박(趙璞)이 보고하니 상은 그것을 의심해 이에 내시 한 사람을 보내 그것을 듣게 했는데 과연 그러했고 모두 7일 만에야 그쳤다. 상이 말했다.

"일단은 마땅히 조심하고 행동을 삼갈 뿐이다."

그리고 대언 등에게 말했다.

"백성들이 진심으로 복종[悅服]하기를 바란다면 반드시 큰 폐단

---

4 풍수설에 따라 태종의 태를 함주에서 경산부로 옮긴 것이다.

5 종묘에서 신주를 모시는 방을 가리킨다.

[巨弊]을 제거해야만 될 것이다."

그러고는[仍] 조선(造船)의 일을 논하며 말했다.

"이는 일의 성격상 폐지할 수가 없으니 그 (건조하는) 척수(隻數)를 줄인다면 백성들에게 다행할 것이다. 염철(鹽鐵)의 법[6]은 내가 없애고자 하니 만일 배 타는[騎船] 일의 경우에 어떻게 하면 편리하게 만들어 백성들로 하여금 원망하지 않을 수 있게 하겠는가? 안노생(安魯生)이 경상도를 안렴할 때 주현(州縣)으로 하여금 곡식 창고[囷廩] 짓는 일을 너무 독촉하는 바람에 백성들[生民]을 떠들썩하게 만들었다[騷擾]. 지금부터 각 도의 이와 같은 역사는 하나같이 모두 금지하라."

의정부에 명해 백성들을 힘들게 하는 모든 폐단을 갖추어 살펴 이를 보고하게 했다. (이에) 동서요(東西窯)의 역사를 정지시켰다.

을축일(乙丑日-10일)에 활과 화살을 차고 미륵당(彌勒堂) 서천(西川)가에서 사냥을 했다.

○ 상이 온천에 이르러 태상왕을 뵙고 의대(衣襨-왕실 의복)를 드리고 장수를 기원했는데 밤이 깊어서야 마쳤다.

○ 사헌부에서 형조지사(刑曹知事) 권진(權軫)을 탄핵했다. 애초에 참찬문하(參贊門下-문하부 참찬사) 나세(羅世, 1320~1397년)[7]의 딸이

---

6 소금과 철의 생산 및 판매를 국가가 전담하는 제도를 가리킨다.
7 이때 나세는 이미 세상을 떠났기 때문에 참찬문하를 지낸 고(故) 나세라고 해야 한다. 원나라에서 온 귀화인이다. 1363년(공민왕 12년) 홍건적을 격퇴해 2등공신이 됐다. 1374년에는 제주도의 목호(牧胡-말을 기르던 몽골인)들이 말의 공출을 거부하자 밀직사동지사

행 사직(行司直) 송렴(宋廉)과 간통했는데[私=私通] 세(世)가 이를 알

지 못한 채 생원 윤임(尹任)에게 시집보냈으나[嫁] 렴(廉)이 계속 정

을 통했다[通=通情]. 헌사에서 나씨를 가두고 국문하니 렴은 도망

쳤다. 안천군(安川君) 한일(韓釰)이 (돌아와) 상에게 아뢰었다[復].

"헌사에서 신의 첩을 가뒀습니다."

상이 (사헌부) 장령(掌令) 박고(朴翺)[8]를 불러 물었다.

"한일은 (나의) 외척(外戚)이다. 그의 첩 나씨(羅氏)를 가둔 것은 어

째서인가?"

고(翺)가 대답했다.

"나씨는 곧 윤임의 아내이지 일의 첩이 아닙니다. 송렴과 간음했기

[淫] 때문에 그녀를 가뒀습니다."

상이 말했다.

"내가 그 까닭을 알지 못하지만 그 행실이 이와 같다면 설사 일의

본부인이라 하더라도 어찌 용서할 수 있겠는가?"

또 고에게 물었다.

"예전에도 이 같은 여자가 있었는데 어째서 그때는 국문하지 않고

(이번에) 나씨만 추문(推問)하는가?"

고가 대답했다.

로서 부원수가 돼 최영(崔瑩) 등과 함께 제주도를 평정했다. 조선이 개국한 뒤 참찬문하
(參贊門下)로 치사(致仕)했으나 1393년(태조 2년) 다시 연해등처병선 조전절제사(沿海等處
兵船助戰節制使)가 되고 1397년에는 경기풍해도서북면등처 도추포사(京畿豊海道西北面等
處都追捕使)가 돼 왜구를 방어했다.

8 본인은 병조참의에 오르는 데 그쳤지만 훗날 아들 박원형(朴元亨)은 영의정에까지 오르
게 된다.

"그때는 남편 이강달(李剛達)이 질질 끌면서[淹延] 증인을 세우지 않았기 때문에 국문을 못 한 것입니다."

헌사에서 나씨가 렴과 통정한 까닭을 국문하니 나씨가 말했다.

"렴의 누이인 진(軫)의 처가 소개를 해준[作媒] 때문입니다."

헌사에서 진이 집안을 제대로 다스리지 못했다[不能齊家]고 탄핵했던 것이다.

병인일(丙寅日-11일)에 도성과 지방의 이죄(二罪)[9] 이하의 죄수는 풀어주었다. 태상왕의 탄신일이었기 때문이다. 나씨(羅氏)의 언니[兄] 만호(萬戶) 임영무(林永茂)의 아내가 나씨를 구하려고 노와 비 각 1구(口)씩을 옷을 잘 입혀 우정승 이무에게 (뇌물로) 바치니[餌][10] 무가 기뻐하며 그것을 받고서는 이때에 이르러 그녀 또한 풀어주었다.

○ 사평 우윤(司平右尹) 노한(盧閈, 1376~1443년)[11]을 충청·전라·경상도 문민질고사(問民疾苦使-백성들의 고통을 파악하는 사자)로 삼았다. 상이 말했다.

"힘든 부역[力役]을 없애고, 배의 척수를 줄이고, 백성들 사이의 힘든 고통을 다 물어 직접 해결해주라[蠲]. 금년 겨울은 크게 추우니

---

9 사형을 제외한 유형(流刑) 이하의 죄를 일컫는 것이다. 일죄, 이죄의 구분은 대개 국가에서 사면(赦免)을 할 때 적용되는 기준이다.

10 부당한 방법으로 주거나 얻는 것을 이(餌)라 한다.

11 태종의 동서다. 1409년 처남 민무구(閔無咎) 형제의 사건에 연루돼 파직당해 14년간 양주(楊州)에 은거했다. 1422년(세종 4년) 무죄가 밝혀져 한성부윤에 복직돼 형조판서 참찬(參贊), 한성부 판사, 찬성사(贊成事) 겸 대사헌을 거쳐 1435년 우의정에 이르렀고 1437년에 사직했다.

죄수를 마땅히 불쌍히 여겨 옥(獄)을 잘 수리해 그들이 얼어 죽지 않게 해야 할 것이다."

조운체찰사(漕運體察使) 임정(林整, 1356~1413년)[12]이 바로 이때 조운선(漕運船) 500척을 만들고 있었기 때문에 척수를 감하라는 명령이 있었던 것이다.

정묘일(丁卯日-12일)에 사헌장령 박고에게 명해 집으로 돌아가게 했다가 이윽고[旣而] 그를 불렀다. 풍해도 안렴사 김분(金汾, ?~1419년)[13] 이 술과 고기 그리고 말꼴[芻蕘]을 많이 준비하여 대가(大駕)를 따르는 권신[權要=權臣]을 아첨하여 섬겼다[媚事]. (이때) 어떤 사람이 차사원(差使員)[14]이 싣고 가던 말꼴을 빼앗으니 의정부에서 이를 보고받고 헌부에 관문(關文)[15]을 보냈다[移關=移文]. 장령 박

---

12 고려 말 향리로 입신해 공조판서에까지 올랐고 이해에 경상·전라·충청도 체찰사 겸 수군도절제사 조운염철사(漕運鹽鐵使)가 돼 3도의 주민을 동원해 조선(漕船)을 건조했는데 경상도에서 111척, 전라도에서 80척, 충청도에서 60척을 각각 만들었다. 사람됨이 근실하고 중후했으며 가는 곳마다 치적이 뛰어나 백성들이 기꺼이 복종했다는 사관의 평을 받았다. 성종조에 청백리에 뽑혔다.

13 태조 때부터 세종조까지 4왕대를 모셨고 함길도 관찰사로 있다가 생을 마쳤다. 조준의 측근이었다. 1398년(태조 7년) 감찰(監察) 김부(金扶)가 새 감찰 김중성(金仲誠)의 집에서 술을 마시고 조준의 집을 지나면서 "비록 큰 집을 지었으나 어찌 오래 거처하겠는가? 후일에 다른 사람의 소유가 될 것이다"라고 했는데 이 말을 전해 들은 김분이 조준에게 말하고 다시 조준이 임금에게 아뢰어 결국 김부는 사형을 당하는 일이 있었다. 여기서 대가를 따르는 권신이란 조준을 염두에 둔 우회적 표현이다.

14 중요한 임무를 지워 파견하는 임시 관원이다. 조선 초기에는 오직 관찰사(觀察使)만이 수령(守令)을 차사원(差使員)으로 정하여 파견할 수 있었으나 차츰 병마절도사(兵馬節度使), 수군절도사(水軍節度使)도 임의로 차사원을 차정(差定-차출하여 지정하다)하는 경우가 있었다.

15 관서와 관서 상호 간에 주고받는 관용 문서다.

고가 분(汾)에게 이문(移文)하여 빼앗은 자의 성과 이름을 물었는데 분이 통보하지 않자 고가 분의 배리(陪吏)[16]를 잡아 추문(推問)했다.

상이 이를 보고받고 화가 나서 고를 불러 명했다.

"어제는 태상왕의 탄신일이라 비록 죄수라 해도 모두 풀어주었는데 너는 무슨 까닭으로 김분의 아전을 국문했느냐?"

고가 대답했다.

"이 지역은 명나라 사신의 왕래가 끊이지 않아 백성들이 물자를 대는 고통[民物之苦]이 다른 도에 비해 두 배나 되고 지금은 또 무역하는 마필을 기르고 먹이는 역사로 힘들어하고 있습니다. (그런데) 분은 이를 불쌍히 여기지 않고 두텁게 거둬들여 폐단을 지어가며 작폐(作弊) 권신(權臣)을 섬겼습니다. 의정부의 관문을 받고서 말꼴을 빼앗은 자의 성과 이름을 물었더니 이번에도 권신에 아첨하느라 통보하지 않았기에 그래서 그 배리(陪吏)를 잡아 문초한 것일 뿐입니다."

상이 말했다.

"지난번에[向者] 범순(犯巡)한 자가 있었는데 이를 범한 자는 죄주지 않고 도리어 순관을 탄핵했다. (그런데 그 후) 범순한 자가 그 죄로 인해 파직되기에 이르렀으니 너는 마땅히 대죄(待罪)하고 공직에 나오지[仕進] 않아야 할 터인데 버젓이 행공(行公)하여 조금도 부끄러워하지 않고 있다. 지금 태상왕의 탄신일을 맞아 죄수도 석방하는

---

16 원래는 조선시대 왕세자를 모시던 나이 어린 아전을 가리키는 말로 세자시강원(世子侍講院)에 처음에는 4명이 있었으나 후에 15명으로 그 수를 늘렸다. 그런데 여기서는 그냥 윗사람을 모시고 따라다니는 수행 관리를 뜻한다.

때에 마침내 어째서 가혹하고 사납기가 이와 같은가? 당장[驟] 네

취

집으로 돌아가라."

지신사 박석명이 두 번 세 번 간언했으나 들어주지 않으니 좌우에서 감히 말하는 자가 없었다. (심지어) 좌부대언(左副代言) 이응(李膺)은 "상의 가르침이 옳은데 어떻게 간쟁할 수 있겠는가?"라고 했다. 사관(史官) 홍여방(洪汝方, 1381~1438년)[17]과 노이(盧異)가 장전(帳殿) 앞에 이르러 석명에게 아뢰었다.

"분이 한 짓은 해악이 백성에게 미치고, 고가 한 말은 충성스러움이 국가에 있습니다. 전하께서 또 고의 지난날의 죄를 끌어서 그를 꾸짖으셨습니다. 전하께서는 그때 이미 용서하여 법가(法駕-어가)를 따르게 하여 규찰(糾察)의 임무에 있게 하셨는데 지금의 이 일로 인해 이미 지나간 잘못을 좇아 허물한다면 신 등은 이것이야말로 노여움을 (다른 데로) 옮기는 것[遷怒][18]인 듯하여 두렵습니다. 신 등이 비

천노

록 간쟁의 임무를 맡고 있는 것은 아니지만 옛날에는 간관(諫官)이 따로 없었고 모든 사람이 다 말할 수 있었기 때문에 전하를 위해 죽음을 무릅쓰고[昧死] 말씀 올리는 것입니다."

매사

---

17 형조지사(刑曹知事)로서 노비 소송에 판결을 잘못해 한때 파직되었다가 강원도 도관찰사가 됐다. 대사헌이 되었으나 설화(舌禍)로 유배되었다 다시 풀려나와 평안도 도관찰사, 경상도 도관찰사, 좌군총제(左軍摠制) 등을 지냈다.

18 노여움을 옮긴다는 말은 『논어(論語)』 「옹야(雍也)」편에서 공자가 애공(哀公)과 대화를 하던 중에 안회를 칭찬하며 하는 말이다. 애공이 물었다. "제자들 중에서 누가 배우는 것을 좋아하는가?" 공자는 말했다. "안회라는 자가 있어 배우기를 좋아하여 노여움을 다른데로 옮기지 않았고[不遷怒] (같은) 잘못을 두 번 다시 반복하지 않았는데 불행하게도 명

불천노

이 짧아 죽었습니다. 지금은 그가 가고 없으니 아직 배우기를 좋아하는 자를 들어보지 못했습니다." 이는 공자가 사실상 애공이 노여움을 다른 데로 옮기는 것을 비판하는 내용으로 볼 수 있다. 그래서 민감할 수밖에 없는 표현이다.

368

석명이 갖추어 아뢰니 상이 말했다.

"너희들도 글을 읽은 사람이라 어찌 일 처리의 마땅한 바를 알지 못하겠느냐? 영(令)을 내린 뒤에 어기는 자는 죄주는 것이 옳지마는 영을 내리지 않고 그 사람을 처벌하는 것이 가능하겠는가? 게다가 이번 일은 국문까지 해야 할 죄가 아니다. (그래서) 내가 보고를 받고서 심히 화가 났던 것이다. (그런데) 그대들은 미자(微子)와 같은 사람[微者]이다. 미자의 말이라 따르지 않을 수가 없다."[19]

곧 명하여 고를 불렀다. 안성군 이숙번에게 말했다.

"여방 등은 진실로 임금을 사랑하는 자들이다. 모년 모월(某年某月)에 수가(隨駕)하는 장령 박고를 내쫓았다고 써서 역사 기록[史囊]에 감춰둔다면 누가 안 된다고 하겠는가? (그런데) 지금 마침내 감히 말하기를 이와 같이 했으니 아마도[其] 임금을 사랑하는 자가 아니겠는가?"

여방 등에게 술과 고기를 내려주었다.

무술일(戊戌日-13일)에 궁으로 돌아왔다. 대가(大駕)가 금교(金郊) 북쪽 들판에 이르렀을 때 여러 군(君)들에게 잔치를 베풀고 서원부

---

19 기존의 실록 번역은 미자(微者)를 그냥 직위가 낮은 한미한 사람으로 옮겼다. 그러면 이어지는 뒷 문장과 연결이 되지 않는다. 미자(微者)는 『논어(論語)』 「미자(微子)」편에 나오는 미자(微子)다. 미자는 은나라 마지막 임금 주(紂)의 이복형이다. 간언을 올렸으나 들어주지 않자 나라를 떠나버린 인물이다. 공자는 미자를 높이 평가했다. 즉 태종은 홍여방과 노이가 『논어(論語)』의 불천노(不遷怒)를 끌어들여 비판하자 마찬가지로 『논어(論語)』의 미자를 들어 멋지게 대응한 것이다. 그래서 그 말을 따르지 않을 수 없다는 태종의 말이 이해가 된다.

원군 이거이에게 말 1필을 내려주었다. 서보통(西普通)에 이르러 길에서 말에 채어 부상당한 사람이 있는 것을 보고는 어가를 멈춰 전의소감(典醫少監) 평원해(平原海)[20]를 시켜 살펴보게 하고 청심원(淸心圓)을 내려주었다.

경오일(庚午日-15일)에 우레와 번개가 치고 큰 비가 내렸다.

신미일(辛未日-16일)에 감생 유경(劉敬)이 두 번째 운반 말[二運馬]_{이운마} 1,000필을 몰고서[押]_압 돌아갔다. 경(敬)이 시권(詩卷)을 의정부에 청구하니 의정부에서 (상에게) 보고해 예문관(藝文館) 응봉사(應奉司)가 시산(時散-현직 전직) 문신에게 시(詩) 사운(四韻) 혹은 장편(長篇)을 짓게 해 축(軸)을 만들어주었다. 경이 또 전별연(餞別宴) 자리에서 상에게 여쭈어 말했다.

"기생으로 하여금 나를 따라 금교(金郊)까지만이라도 같이 가게 했다가 돌아오게 해주신다면 뼈가 가루가 된들 어찌 잊겠습니까!"

상이 웃으면서 그대로 좇았다. 애초에 축맹헌이 접반사(接伴使)[21]에게 말했다.

"이 나라 형세를 보니 갑자기 1만 필을 준비하기가 어려우니 내가 마땅히 제(帝)께 보고하겠다."

이에 그 말을 사뢰자[白]_백 상이 대답했다.

---

20 일본에서 귀화한 조선 태조(太祖)부터 태종(太宗) 때의 의원이다.
21 외국 사신을 접대하는 일을 맡은 임시 관리다.

"우리나라는 본래 말이 많이 나지 않고 또 삼면(三面)이 바다와 접해 있어 왜구가 오고 가므로 반드시 기병(騎兵)으로 하여금 수어(守禦)하기 때문에 1만 필을 준비하기는 어렵고 근근이 5,000필 정도 마련할 수 있을 뿐이다."

유사(有司)에 명해 이런 뜻을 자문(咨文)에 갖추어 기록하게 하고서 맹헌에게 주었다.

○ 진관사(津寬寺)에서 수륙재를 베풀었다.

○ 상정도감(詳定都監)에 명해 의성(義成)과 덕천(德泉) 두 창고와 직조색(織造色)에 바치는 정오승포(正五升布)를 전례(前例)에 의거해 상납하게 했다.

○ 비로소 말값을 지급했다. 상등 말은 단자(段子)일 경우 4필, 견(絹)일 경우 10필이고, 중등 말은 견일 경우 8필, 면포(綿布)일 경우 12필이며 백화사(白花蛇), 목향(木香), 유향(乳香) 등 여러 가지 약재를 아울러 주었다.

임신일(壬申日-17일)에 태상왕이 평주에서 돌아왔다.

계유일(癸酉日-18일)에 다시 권진을 형조지사로 삼았다.

을해일(乙亥日-20일)에 홍준덕(洪俊德) 등 세 사람을 지방으로 유배 보냈다. 준덕 등 10여 인이 대가(大駕) 앞에서 아뢰어[申呈] 말했다.
신정
"지난번에 헌부의 소장(疏狀)으로 인해 이제부터는 오결한 노비를 다시 판결할 수 없게 됐으므로 사람마다 실망하여 원통함과 억울함

을 펼 수가 없습니다. 근래에[間者] 때 아닌 우레와 번개가 바로 이
때문입니다."

상이 말했다.

"천변(天變)과 지괴(地怪)가 이것과 무슨 관련이 있는가? 이들 무리
가 (윗 사람을) 비방하고 욕하는 바[謗訕]가 작지 않다."

이에 그들을 유배 보냈다.

병자일(丙子日-21일)에 사헌부에서 소를 올려 사섬서(司贍署)를 없
앨 것을 청했으나 윤허하지 않았다. 소는 대략 이러했다.

'우리 동방(東方)은 옛날부터 저화(楮貨)를 쓰지 않고 포화(布貨)를
익숙하게 써왔기 때문에 사람마다 저화를 싫어합니다. 바라건대 저화
만드는 역사(役事)를 정지하고 사섬(司贍)의 관직을 없애야 합니다.'

대사헌 이지(李至)와 장령 박고(朴翱)를 불러 명하여 말했다.

"경들이 백성들을 이롭게 하는 일[利民之事]로 말을 올렸으니 나
는 진실로 기뻐한다. 저화가 쓰기에 가볍고 편리해 내가 시행하고자
하는데 경들은 상국(上國-명나라)에 알릴 수 없다는 것을 이유로 말
했다. 그러나 저화는 다만 우리나라 안에서 행하는 것이니 상국이
설사 안다고 한들 무슨 죄가 있겠는가?"

고가 대답했다.

"신들이 어찌 감히 백성들에게 이롭지 못한 일로써 말하겠습니까?
백성들이 중하게 여기는 것은 쌀과 포(布)뿐입니다. 전하께서 저화의
법을 행하고자 하시어 5승포(五升布)의 사용을 금하시고 또 경상·전
라 두 도에서 바치는 포를 모두 쌀로 바꾸시니 백성들의 폐단이 이

보다 더 클 수 없습니다. 신들은 알지 못하거니와 저화로 재물을 만들어내는[生財] 문을 삼은 연후에야 국가의 재용(財用)이 어찌 넉넉하겠습니까?"

상이 말했다.

"경들의 말이 옳다. 비록 그렇더라도 그것을 오래 지속하면 저화의 법이 행해질 것이다. 만일 저화의 법을 시행해 백성들에게 폐단이 있다면 내가 (신하들의) 말을 기다리지 않고[不待言] 그것을 고칠 것이다."

지신사 박석명에게 명해 지와 고에게 음식을 대접하도록 했다[饋].

○ (함경도) 경원성(慶源城)이 완성됐다고 아뢰었다.

정축일(丁丑日-22일)에 상이 태상전에 이르러 헌수(獻壽)하려 했으나 태상왕은 재계(齋戒) 중이라며 받지 않았다.

○ 사신 축맹헌 등이 문묘(文廟)[22]에 배알하고 이튿날 운암사(雲巖寺)[23]에서 놀며 구경했다[遊觀].

경진일(庚辰日-25일)에 상이 태평관에 가서 사신과 감생에게 잔치를 베풀었다. 감생 송호(宋鎬)가 장차 돌아가기 때문이었다. 축맹헌이 전송하는 시[餞詩]를 지어 호(鎬)에게 주고 이어 말했다.

"동방은 문헌(文獻)의 나라이니 운(韻)을 이어서[賡=續] 호를 전송

---

22 공자를 모신 사당이다.

23 공민왕릉 앞에 있던 절로 원래는 노국공주의 원혼을 빌던 원찰이다.

하기를 청합니다."

상이 듣고서 허락하니 문신들을 모아 시를 지어 축(軸)을 만들어 주었다.

○ 전 전서(典書) 윤전(尹琠)을 불러 돌아오게 했다. 전(琠)이 안동 채방사(安東採訪使)[24]가 돼 춘양현(春陽縣)[25]에서 은(銀)을 캐는데 상이 날이 추워[天寒] 일을 할 수 없다며 불러올린 것이다. 전이 은 10정(錠)을 바쳤는데 1정은 16냥(兩)이다.

신사일(辛巳日-26일)에 형조에서 이양수(李陽修)가 관물(官物)을 도둑질한 죄로 재산을 몰수했다[籍=籍沒]. 사간원에서 소를 올렸는데 대략 이러했다.

'전 통주지사(通州知事) 이양수는 일찍이 풍저창(豊儲倉)[26] 부사(副使)로 있을 때 종이 수십 권을 도둑질했습니다. 바라건대 죄안(罪案)대로 시행하여 후인(後人)들을 경계하게 해야 합니다.'

그것을 따랐다.

임오일(壬午日-27일)에 사간원에서 사평부(司平府) 낭청(郎廳)[27]이

---

24 채방사란 중앙에서 파견된 임시 관직으로 금은, 광산 등 특산물 산지에 대한 탐사 임무를 띠고 전국 각지에 파견된 관직이다. 공조(工曹)의 추천을 받아 왕명으로 파견된 정부의 정식 관원이다.

25 1895년 지금의 경상북도 봉화군에 통합됐다.

26 대궐 안에서 쓰는 쌀, 콩, 자리, 종이 등에 관한 일을 맡아보던 관아다.

27 낭관(郎官)과 같은 의미로 각 관서의 당하관을 가리킨다.

조정 반열[朝班]에 시립(侍立)할 때 조례(皂隷)²⁸를 분열(分列)시키지
말도록 청하니 그것을 따랐다. 소는 대략 이러했다.

'신 등이 가만히 생각건대 조정의 의례와 제도[儀制]는 가볍게 고
쳐서는 안 됩니다. 만일 한때의 견해로 갑자기 의견이 분분해져서 고
친다면 후세에 모범을 드리울 수가 없습니다. 예전에 사평 수령관(司
平首領官)이 조정 반열에서 조례들에게 지팡이[杖]를 가지고 앞에 나
누어 서게 하고 망령되게 전례(前例)라 일컬어 의례와 제도를 어지럽
히자 헌사에서 이미 마땅히[將=當] (사평부) 좌윤(左尹) 정절(鄭節)
에 대해 파직을 신청하니 공론이 그것을 옳게 여겼습니다[韙之]. 지
금 예조에서 토의하여 결론을 내기를 "사평부의 작질[秩]을 1품(品)
으로 하고 그 낭청의 조례를 문하부 낭사의 예에 의거한다"고 했습
니다. 신 등이 보건대 대간(臺諫)은 풍기를 맡은 관사이고 형조(刑曹)
는 법을 집행하는 관청입니다. 조정에서 사령(使令)을 분열하게 하는
것은 대개 비위(非違)를 규찰하고 요란한 것을 꾸짖어 금하여 조정
반열을 엄숙히 하고 맑게 하자는 것이라 그 법은 오래됐습니다. 사
평부 수령은 단지 전곡(錢穀-돈과 곡식) 한 가지 일만 맡고 있습니다.
수반(隨班-따라 다님)할 때에는 회계(會計)나 수지(收支)에 대한 일이
없는데 조례의 분열은 장차 어디에 쓰겠습니까? 만일 1품 아문(衙門)
이라서 그것을 본뜬 것이라면[擬之] 의정부나 승추부(承樞府-중추
부의 전신)의 수령도 조례를 앞에 늘어세우지 못합니다. 예조에서 상
정한 것은 아무런 뜻도 없으니 조정의 규범[朝章]을 가벼이 고치는

---

28 관청에서 부리는 노비를 가리킨다.

것이 이보다 심할 수 없습니다. 만일 법을 이처럼 함부로 고치는 것
[矯法]을 금하지 않는다면 진실로 훗날에 각기 의견을 가지고서 서
로 다투어 이미 만들어진 법[成憲]을 훼손해 결국 능히 금하지 못하
는 지경에 이르게 될까 참으로 두려우니 작은 일이 아닙니다. 바라건
대 전하께서 사평 수령에게 명하시어 의정부와 승추부 수령의 예에
준하여 조정 반열에서 사령을 분열시키지 못하게 함으로써 이미 만
들어진 법을 준수하고 그리하여 조정을 엄숙하게 해야 합니다.'

○ 부흥군(復興君) 조반(趙胖, 1341~1401년)이 졸(卒)했다. 반(胖)은
풍해도(豊海道-황해도) (해주 인근) 배주(白州) 사람으로 증참찬(贈參
贊) 세경(世卿)의 아들이다. 12세 때 세경(世卿)을 따라 연도(燕都)[29]
에 가서 사촌누나의 남편인 단평장(段平章)의 집에 머물면서 드디어
한문을 배웠고 더불어 몽골의 글과 말에 통달했다. 승상 탈탈(脫脫,
1314~1355년)[30]이 한 번 보고서 기이하게 여겨 아뢰어서 중서성(中書
省) 역사(譯史)로 불러서 썼다.

무신년(戊申年-1368년)에 어버이가 늙어 귀국했고[東歸] 을축년(乙
丑年-1385년)에 전리판서(典理判書)로 경사(京師)에 가서 경효왕(敬孝
王)[31]의 시호(諡號)와 승습(承襲)을 청했다. 마치고 돌아오자 밀직부

---

29 연나라 수도로 북경을 가리킨다.
30 원나라 몽골 사람으로 어릴 때 백부(伯父) 백안(伯顔)에게 길러졌다. 순제(順帝) 지원(至
元) 원년(1335년) 백안이 권신 당기세(唐其勢)를 잡아 죽일 때 그 잔당들을 습격해 패퇴
시키고 모두 사로잡아 바쳤다. 4년(1338년) 어사대부(御史大夫)에 올랐다. 6년(1340년) 백
안이 교만해져 정권을 천단하자 그가 사냥 나간 틈을 타 내쫓았다.
31 공민왕을 가리킨다.

사(密直副使)에 제배됐다. 이때 임견미(林堅味, ?~1388년),[32] 염흥방(廉興邦)[33] 등이 오랫동안 정권의 칼자루[政柄]를 쥐고 탐하여 욕심부리는 바[貪饕]가 끝이 없어 배주(白州) 사람의 밭 수백 경(頃)을 빼앗아 자신들의 종[蒼頭] 이광(李光)을 장주(庄主)로 삼았고, 또 여러 사람들의 밭을 빼앗아 1년에 수조(收租)하기를 두 번, 세 번까지 하니 백성들이 아주 괴롭게 여겼다. 반이 시중(侍中) 최영(崔瑩)에게 편지를 보냈는데 대략 이러했다.

'임(林), 염(廉)의 당(黨)을 서둘러 제거하지 않으면 안 됩니다. 먼저 이광을 없애 그 실마리를 열고자 하니 바라건대 미리 상의 귀 밝음[聰]에 이르게 해주소서.'

영은 즉각 왕에게 아뢰었고 반은 이에 칼을 끌고 100여 명을 거느리고 가서 광의 목을 베었다. 임, 염은 반이 반란을 꾀했다고 왕에게 고하여 그를 해치려고 순군옥(巡軍獄)에 가두고 참혹하게 몽둥이찜질[棒掠]을 가해 거의 죽게 됐다. 옥사(獄辭)를 보고받자 왕은 마침내 임, 염과 그 당여(黨與)를 잡아들여 모조리 주살했다.

기사년(己巳年-1389년)에 공양군(恭讓君)이 즉위하자 종지도본(宗

---

32 고려의 무신으로 많은 무공을 세웠고 1380년 경복흥(慶復興)과 그 일당을 숙청하고 1384년 문하시중이 돼 전횡을 일삼다가 1388년 최영(崔瑩)과 이성계(李成桂)에게 살해됐다.

33 고려 말 염제신(廉悌臣)의 아들로 태어났으며 공민왕 때 문과에 장원급제했다. 우왕 때 권신 이인임(李仁任)을 비판하다 유배되었으나 뒤에 서성군(瑞城君)에 봉해지고 삼사좌사(三司左使)가 되었다. 하지만 이인임의 심복이었던 임견미(林堅味)와 사돈지간이 되면서 청렴한 문신을 많이 몰아내고 매관매직을 자행하며 토지와 노비를 강탈, 양민을 괴롭히고 국유지까지 강점했다. 점차 그 행패가 도를 넘어가자 우왕이 권문세족들에 대한 숙청을 단행했으며 최영, 이성계 등에 의해 그 일당이 모두 처형됐다.

支圖本)과 실봉(實封)을 싸 가지고[齎] 경사(京師)에 갔다. 마침 윤이
(尹彝)와 이초(李初)라는 자가 고려(高麗)의 재상이라고 사칭하면서[34]
우리 태조(太祖)를 옭아 넣으려고 친왕(親王)이 천하의 군사를 움직
일 것을 청했다. 반이 이를 반박하여 밝게 가려내니 제(帝)의 의심이
마침내 풀렸다.

임신년(壬申年-1392년)에 나라 사람들이 태상왕을 추대하자 반이
백관의 장문(狀文)을 받들고 경사(京師)에 갔다가 석 달 만에 돌아오
니 나라 사람들이 모두 그의 신속함에 놀랐다. 태조께서 그를 맞이
하여 위로하기[迎慰]를 한결같이 중국 조정 사신을 맞는 절차와 같
이 하고 개국공신(開國功臣)의 호(號)를 내려주었다.

계유년(癸酉年-1393년)에 중추원 지사(中樞院知事) 부흥군(復興君)
으로 승진하고, 이해에 우리 전하를 따라 경사(京師)에 갔고 을해년
(乙亥年-1395년)에 중추원 판사에 제배됐으며 여러 번 승진해 문하
부 참찬사에 이르렀다가 이때에 이르러 졸하니 나이 61세였다. 부음
(訃音)이 올라오자 조회를 정지하고[輟朝] 이어 제(祭)와 부의(賻儀)
를 내리고서 시호(諡號)를 숙위(肅魏)라 했다. 반은 귀 밝고 지혜로우
며 활달하고 정직하고 옳지 못한 일에 의분을 느끼는[聰慧豁達正直
亢慨] 사람으로 부모를 섬기는 것이나 임금을 섬기는 것이 한결같이

---

34 고려 공양왕 2년(1390년)에 이성계 일파가 실권을 장악하자 파평군(坡平君) 윤이(尹彝)와
중랑장(中郎將) 이초(李初)가 명나라에 몰래 들어가 이성계가 장차 명나라를 치려 한다
고 밀고한 사건이다. 이는 명나라의 세력을 끌어들여 이성계 일파를 제거하려던 음모
였다. 이색(李穡), 우현보(禹玄寶), 권근(權近) 등 많은 유신(儒臣)이 이 사건에 관계됐다고
하여 청주(淸州)에 유배당했다.

열렬한 마음[誠=誠心]에서 나와 그 (마음속에서) 지키고자 하는 바
를 빼앗을 수 없었다[不可奪]. 젊어서부터 선법(禪法)에 마음을 두어
베푸는 것을 좋아하고 좋은 일을 쌓았다[喜施積善]. 아들이 셋이니
서로(瑞老), 서강(瑞康), 서안(瑞安)이다.

계미일(癸未日-28일)에 안개가 꼈다.

○ 감생 송호(宋鎬)가 세 번째 운반 말[三運馬] 1,000필을 몰고서
돌아갔다.

갑신일(甲申日-29일)에 신궁(新宮)에 나아갔다.

丙辰朔 對馬島太守宗貞茂 一岐島守護志宗使人還. 賜貞茂
병진 삭 대마도 태수 종정무 일기도 수호 지종 사인 환 사 정무

虎豹皮各二領 席子二十張 米豆各二十石 志宗虎豹皮各一領
호표 피각이령 석자 이십 장 미두 각 이십 석 지종 호표 피각일령

席子十張 白苧黑麻布各十匹 皆授其使而送之.
석자 십장 백저 흑마 포각십필 개수 기사 이송지

丁巳 設水陸齋于臺山上元寺. 禳天災也.
정사 설 수륙재 우 대산 상원사 양 천재 야

戊午 上如太平館 宴使臣及監生董遑. 遑齎馬價而來 議政府
무오 상 여 태평관 연 사신 급 감생 동섬 섬제 마가 이래 의정부

迎于門外. 上就館 陸顒請于上曰: "願殿下奏帝顒已死矣." 哀懇
영우 문외 상 취관 육옹 청우상왈 원 전하 주 제옹 이사의 애간

甚至 拜跪無算 不進酒食. 翼日 使代言李膺問安于太平館 孟獻
심지 배궤 무산 부진 주식 익일 사 대언 이응 문안 우 태평관 맹헌

謝曰: "前日醉甚 未能拜送殿下. 監生一人 今尙未起." 上使人
사왈 전일 취심 미능 배송 전하 감생 일인 금상 미기 상 사인

答曰: "予甚喜天使之一醉 豈以不送爲憾乎?"
답왈 여 심희 천사 지 일취 기이 불송 위감 호

議政府定易換馬價. 大馬上等價常五升布五百匹 中等價
의정부 정 역환 마가 대마 상등 가 상오승포 오백 필 중등 가

四百五十匹 下等價四百匹. 中馬上等價三百匹 中等價二百五十
사백 오십 필 하등 가 사백 필 중마 상등 가 삼백 필 중등 가 이백 오십

匹 下等價二百匹. 朝廷馬價段子: 上品一匹準常五升布九十匹
필 하등 가 이백 필 조정 마가 단자 상품 일필 준 상오승포 구십 필

中品八十匹 下品七十匹. 官絹一匹準常五升布三十匹 中絹(一匹
중품 팔십 필 하품 칠십 필 관견 일필 준 상오승포 삼십 필 중견 일필

準)二十五匹 緜布一匹準二十匹. 且以諸般藥材幷給之. 上命判
준 이십오 필 면포 일필 준 이십 필 차 이 제반 약재 병 급지 상 명판

承樞府事趙英茂 擇進獻馬匹. 上自諸君 下至九品 隨品出馬 送
승추부 사 조영무 택 진헌 마필 상자 제군 하지 구품 수품 출마 송

太平館. 監生等書其毛色 獸醫二人 選馬四尺以上爲中馬 三尺
태평관 감생 등 서 기 모색 수의 이인 선 마 사척 이상 위 중마 삼척

以下不納.
이하 불납

己未 遣宦官金完 問安于溫泉 太上王曰: "予旣沐浴 病日愈
기미 견 환관 김완 문안 우온천 태상왕 왈 여기 목욕 병일유

矣 毋數使問. 深慮近地人民厭煩耳." 上謂侍讀金科曰: "太上王
의 무삭 사문 심려 근지 인민 염번 이 상위 시독 김과 왈 태상왕

幸溫泉 于今有日 且十一日 乃誕晨也. 予欲往謁." 科對曰: "禮則
행 온천 우금 유일 차 십일일 내 탄신 야 여 욕왕 알 과 대왈 예즉

然矣 但田獵 上之所素好也. 因往還而田 臣等之所恐也." 上曰:
연의 단 전렵 상지 소소호 야 인 왕환 이전 신등 지 소공 야 상왈

"將行醮禮 故致齋而行 豈縱獵乎?"
장행 초례 고 치재 이행 기 종렵 호

司平右使李文和罷. 文和自西北面而來 犯奔競于政丞之第
사평 우사 이문화 파 문화 자 서북면 이래 범 분경 우 정승 지제

憲司劾罷之.
헌사 핵 파지

庚申 上如太平館 餞監生王咸. 以咸領初運馬一千匹還朝也.
경신 상여 태평관 전 감생 왕함 이함 영 초운마 일천필 환조 야

壬戌 雷 地震.
임술 뢰 지진

癸亥 雷.
계해 뢰

上詣平州溫泉.
상예 평주 온천

安胎于京山府祖谷山. 閔霽詣咸州 奉胎函以至京山府. 定胎室
안태 우 경산부 조곡산 민제 예 함주 봉 태함 이지 경산부 정 태실

侍衛品官四員及守護人十戶.
시위 품관 사원 급 수호인 십 호

甲子 太室屋鳴如雷 或如折竹. 判漢城府事趙璞以聞 上疑之
갑자 태실 옥명 여뢰 혹 여 절죽 판 한성부 사 조박 이문 상 의지

乃遣內侍一人聽之 果然 凡七日而止. 上曰: "但當操心愼行耳."
내 견 내시 일인 청지 과연 범 칠일 이지 상왈 단 당 조심 신행 이

乃語代言等曰: "如欲使民悅服 必除巨弊乃可." 仍論造船事以爲:
내 어 대언 등왈 여 욕사민 열복 필제 거폐 내가 잉 논 조선 사 이위

"是則事之不可闕者 減其隻數 則於民幸矣. 鹽鐵之法 予欲革之
시즉 사지 불가 궐자 감 기 척수 즉 어민 행의 염철 지법 여욕 혁지

若騎船之事 何以得其便而使民無怨歟? 安魯生按廉慶尙道 督令
약 기선 지사 하이 득 기편 이 사민 무원 여 안노생 안렴 경상도 독령

州縣作囷廩 騷擾生民. 自今各道如此之役 一皆禁之." 命議政府
주현 작 균름 소요 생민 자금 각도 여차 지역 일개 금지 명 의정부

凡民之弊 備察以聞. 停東西窯役.
범 민지폐 비찰 이문 정 동서 요역

乙丑 佩弓矢田于彌勒堂 西川邊.
을축 패 궁시 전 우 미륵당 서천 변

上至溫泉 見于太上王 進衣襨獻壽 夜深乃罷.
상 지 온천 현 우 태상왕 진 의대 헌수 야심 내 파

司憲府劾知刑曹事權軫. 初 參贊門下羅世女子 私于行司直
사헌부 핵 지형조사 권진 초 참찬 문하 나세 여자 사 우 행사직

宋廉 世不知 嫁于生員尹任 廉又通焉. 憲司囚羅氏鞫問 廉
송렴 세 부지 가 우 생원 윤임 렴 우 통 언 헌사 수 나씨 국문 렴

逃. 安川君韓釰復于上曰: "憲司囚臣之妾." 上召掌令朴翶問曰:
도 안천군 한일 복 우 상 왈 헌사 수 신지첩 상 소 장령 박고 문왈

"韓釰 外戚也. 囚其妾羅氏 何也?" 翶對曰: "羅氏 乃尹任之妻
한일 외척 야 수 기첩 나씨 하야 고 대왈 나씨 내 윤임 지처

非釰妾也. 淫于宋廉 故囚之." 上曰: "予未知其故 其行如此則 雖
비 일첩 야 음 우 송렴 고 수지 상왈 여 미지 기고 기행 여차 즉 수

釰之妻 何可宥乎?" 又問翶曰: "前日有如此之女 何不鞫問 而獨
일 지처 하 가유 호 우 문고왈 전일 유 여차 지녀 하 불 국문 이 독

推羅氏耶?" 翶對曰: "其夫李剛達 淹延不納證人 故不得鞫問."
추 나씨 야 고 대왈 기부 이강달 엄연 불납 증인 고 부득 국문

憲司鞫羅氏通廉之故 羅氏言: "廉之妹 軫之妻 作媒故也." 憲司
헌사 국 나씨 통렴 지고 나씨 언 렴 지매 진지처 작매 고야 헌사

劾軫不能齊家.
핵 진 불능 제가

丙寅 釋中外二罪以下囚. 以太上王誕晨也.
병인 석 중외 이죄 이하 수 이 태상왕 탄신 야

羅氏之兄萬戶林永茂妻 欲救之 以奴婢各一口盛服飾 餌于
나씨 지형 만호 임영무 처 욕 구지 이 노비 각 일구 성 복식 이 우

右政丞李茂 茂喜受之 至是亦免.
우정승 이무 무 희 수지 지시 역 면

以司平右尹盧閈爲忠淸全羅慶尙道問民疾苦使. 上曰: "除力役
이 사평 우윤 노한 위 충청 전라 경상도 문민질고사 상왈 제 역역

減船數 悉訪民間疾苦 直蠲之. 今冬大寒 罪囚當恤 修其犴獄
감 선수 실 방 민간 질고 직 견지 금동 대한 죄수 당 휼 수 기 안옥

毋致凍死." 漕運體察使林整 方造漕運船五百 故有減數之命.
무치 동사 조운 체찰사 임정 방 조 조운선 오백 고 유 감수 지명

丁卯 命司憲掌令朴翶還家 旣而召之. 豐海道按廉使金汾 多備
정묘 명 사헌 장령 박고 환가 기이 소지 풍해도 안렴사 김분 다비

酒肉芻蒿 媚事隨駕權要 有人奪差使員所載芻蒿. 議政府聞之
주육 추호 미사 수가 권요 유인 탈 차사원 소재 추호 의정부 문지

移關憲府 掌令朴翺 移文於汾 問奪者姓名 汾不報 翺執汾陪吏
이관 헌부 장령 박고 이문 어분 문탈자 성명 분 불보 고집분 배리

推之. 上聞之怒 召翺命之曰:"前日乃太上誕日 雖罪囚皆釋之.
추지 상 문지 노 소고 명지왈 전일 내 태상 탄일 수 죄수 개 석지

汝何故鞫問金汾之吏乎?" 翺對曰:"此界 朝廷使臣來往不絶
여 하고 국문 김분 지리호 고 대왈 차계 조정 사신 내왕 부절

民物之苦 倍於他道 今又困於易換馬匹養飼之役. 汾不之恤 厚斂
민물 지고 배어 타도 금우 곤어 역환 마필 양사 지역 분 부지휼 후렴

作弊 以事權要. 因議政府關 問奪蒿者姓名 又阿附權要不報
작폐 이사 권요 인 의정부 관 문 탈호자 성명 우 아부 권요 불보

故執其陪吏問之耳." 上曰:"向者有犯巡者 不罪犯者 反劾巡官
고 집기 배리 문지 이 상왈 향자 유 범순 자 부죄 범자 반핵 순관

至於犯巡者 以罪罷職. 爾宜待罪不仕 任然行公 曾不愧恥. 今
지어 범순 자 이죄 파직 이 의 대죄 불사 임연 행공 증불 괴치 금

當太上誕日放囚之辰 乃何苛虐如此? 驟還爾家." 知申事朴錫命
당 태상 탄일 방수 지진 내하 가학 여차 취환 이가 지신사 박석명

諍之再三 不聽 左右無敢言者. 左副代言李膺曰:"上敎是矣 何
쟁지 재삼 불청 좌우 무감 언자 좌부대언 이응왈 상교 시의 하

可諍耶?" 史官洪汝方 盧異詣帳殿前 告錫命曰:"汾之所爲 害
가쟁 야 사관 홍여방 노이 예 장전 전 고 석명왈 분지 소위 해

及百姓 翺之所言 忠在國家 殿下又引翺前日之罪責之. 殿下其時
급 백성 고지 소언 충재 국가 전하 우인 고 전일 지죄 책지 전하 기시

旣已宥之 俾隨法駕 令在糾察之任 今因此事 追咎旣往之非 則
기이 유지 비수 법가 영재 규찰 지임 금인 차사 추구 기왕 지비 즉

臣等恐是遷怒也. 臣等雖非諫爭之任 古者諫無官 庶人皆得言之
신등 공시 천노 야 신등 수비 간쟁 지임 고자 간 무관 서인 개 득 언지

故爲殿下昧死以聞." 錫命具以啓 上曰:"爾等亦讀書人也 豈不知
고 위 전하 매사 이문 석명 구이계 상왈 이등 역 독서인 야 기 부지

處事之宜乎? 令出而違者罪之 是也 不令而刑其人 可乎? 且此
처사 지의호 영출 이위자 죄지 시야 불령 이형 기인 가호 차차

非鞫問之罪也. 予聞而甚怒. 爾等微者也. 微者之言 不可不從."
비 국문 지죄야 여 문이 심노 이등 미자 야 미자 지언 불가 부종

卽命召翺. 語安城君李叔蕃曰:"汝方等 誠愛君者也. 書曰某年
즉 명소 고 어 안성군 이숙번 왈 여방 등 성 애군 자야 서왈 모년

月日 斥隨駕掌令朴翺 藏諸史囊 誰曰不可? 今乃敢言如此 其非
월일 척 수가 장령 박고 장제 사낭 수왈 불가 금 내 감언 여차 기비

愛君者乎?" 賜汝方等酒肉.
애군 자호 사 여방 등 주육

戊辰 還宮. 駕至金郊北原 宴諸君 賜西原府院君李居易馬
무진 환궁 가지 금교 북원 연 제군 사 서원 부원군 이거이 마

一匹. 至西普通 見路有蹄傷人駐駕 使典醫少監平原海視之 賜
清心圓.

庚午 雷電大雨.

辛未 監生劉敬 押二運馬一千匹還. 敬求詩卷於議政府 政府
以聞 藝文館應奉司 令時散文臣 作詩四韻或長篇 成軸以贈. 敬
又當餞宴 復于上曰: "使妓隨我 雖至金郊而還 粉骨何忘!" 上笑
而從之. 初 祝孟獻謂接伴使曰: "觀此國之勢 倉卒難備萬匹 吾
當聞于帝." 乃白于上 上答曰: "我國本非多産馬匹. 且三面濱海
倭寇來往 必使騎兵守禦 故難備萬匹 僅可辦五千匹耳." 命有司
具此意爲咨 以授孟獻.

設水陸齋于津寬寺.

命詳定都監 令義成 德泉兩庫及織造色所納正五升布 依前例
上納.

始給馬價. 上等馬 段子則四匹 絹則十匹; 中等馬 絹則八匹
緜布則十二匹 以白花蛇木香乳香等諸般藥材幷給之.

壬申 太上王至自平州.

癸酉 復以權軫知刑曹事.

乙亥 流洪俊德等三人于外方. 俊德等十餘人 駕前申呈言:
"向者因憲府之狀 自今誤決奴婢 毋得更決 人人缺望 冤抑未伸.
間者非時雷電 職此故也." 上曰: "天變地怪 何關於此? 此輩

384

謗訕不小." 乃流之.
방산 불소 내 유지

丙子 司憲府上疏 請罷司贍署 不允. 疏略曰:
병자 사헌부 상소 청파 사섬서 불윤 소 약왈

'吾東方自古不用楮貨 而習用布貨 人人惡楮貨. 願停造楮貨之
오 동방 자고 불용 저화 이 습용 포화 인인 오 저화 원 정조 저화 지

役 罷司贍之官.
역 파 사섬 지 관

召大司憲李至 掌令朴翺命曰:"卿等以利民之事上言 予固
소 대사헌 이지 장령 박고 명왈 경등 이 리민 지사 상언 여 고

悅之. 楮貨用之輕便 予欲行之 卿等以不可聞於上國言之. 然
열지 저화 용지 경편 여욕 행지 경등 이 불가 문어 상국 언지 연

楮貨但行境內 上國雖知 何罪之有!" 翺對曰:"臣等安敢以不利
저화 단행 경내 상국 수지 하죄 지유 고 대왈 신등 안감 이 불리

於民之事言之? 人民所重 米布而已. 殿下欲行楮貨之法 禁用
어민 지사 언지 인민 소중 미포 이이 전하 욕행 저화 지법 금용

五升布 又慶尙 全羅兩道所貢之布 皆易以米 民之弊莫大於此.
오승포 우 경상 전라 양도 소공 지포 개역 이미 민지폐 막대 어차

臣等不知以楮貨爲生財之門 然後國家之財用足乎?"上曰:"卿等
신등 부지 이 저화 위 생재 지문 연후 국가 지 재용 족호 상왈 경등

之言然矣. 雖然持之悠久 楮貨之法行矣. 若楮貨之法行 而有弊於
지 언 연의 수연 지지 유구 저화 지법 행의 약 저화 지법행 이 유폐 어

民 則予不待言而改之."命知申事朴錫命 饋至與翺.
민 즉여 부대 언이 개지 명 지신사 박석명 궤지 여고

慶源城告成.
경원성 고성

丁丑 上詣太上殿 欲獻壽也. 太上王以齋戒不受.
정축 상 예 태상 전 욕 헌수 야 태상왕 이 재계 불수

使臣祝孟獻等謁文廟 翌日 遊觀于雲巖寺.
사신 축맹헌 등 알 문묘 익일 유관 우 운암사

庚辰 上如太平館 宴使臣及監生. 以監生宋鎬將還也. 祝孟獻
경진 상 여 태평관 연 사신 급 감생 이 감생 송호 장환 야 축맹헌

作餞詩贈鎬 因曰:"東方 文獻之邦 淸賡韻以餞鎬."上聞而許之
작 전시 증호 인왈 동방 문헌 지방 청 갱운 이 전호 상 문이 허지

集文臣作詩 成軸以贈.
집 문신 작시 성축 이증

召前典書尹琠還. 琠爲安東採訪使 採銀于春陽縣 上以天寒
소 전 전서 윤전 환 전 위 안동 채방사 채은 우 춘양현 상 이 천한

未克事召之. 琠納銀十錠 錠十六兩.
미극 사 소지 전 납 은 십정 정 십육 양

辛巳 刑曹籍李陽修盜官物之罪. 司諫院上疏 略曰 '前知通州
신사 형조 적 이양수 도 관물 지죄 사간원 상소 약왈 전지통주

事李陽修 曾爲豊儲倉副使 盜紙數十卷. 願罪案施行 以戒後人.
사 이양수 증 위 풍저창 부사 도 지 수십 권 원 죄안 시행 이 계 후인

從之.
종지

壬午 司諫院請司平府郎廳於侍立朝班 毋得分列皁隷 從之. 疏
임오 사간원 청 사평부 낭청 어 시립 조반 무득 분열 조례 종지 소

略曰:
약왈

'臣等竊惟 朝廷儀制 不可輕改. 苟以一時之見 遽議紛更 無以
신등 절유 조정 의제 불가 경개 구 이 일시지견 거 의 분경 무이

垂法後世. 前者 司平首領官 在於朝班 令皁隷等 執杖分立於前
수법 후세 전자 사평 수령관 재 어 조반 영 조례 등 집장 분립 어 전

妄稱前例 以亂儀制 而憲司已將左尹鄭節 申請罷職 公論韙之.
망칭 전례 이 난 의제 이 헌사 이 장 좌윤 정절 신청 파직 공론 위지

今禮曹議得:"司平府秩爲一品 其郎廳皁隷 依門下府郎舍例."
금 예조 의득 사평부 질 위 일품 기 낭청 조례 의 문하부 낭사 예

臣等以爲臺諫 風紀之司 刑曹 執法之官. 其在朝廷 分列使令者
신등 이위 대간 풍기 지사 형조 집법 지관 기 재 조정 분열 사령 자

蓋欲糾擧非違 呵禁擾亂 肅清朝班也. 其法尙矣. 司平府首領 但
개 욕 규거 비위 가금 요란 숙청 조반 야 기법 상의 사평부 수령 단

掌錢穀一事. 隨班之際 無所事於會計收支 其分列皁隷 將何用
장 전곡 일사 수반 지제 무 소사 어 회계 수지 기 분열 조례 장 하용

哉? 若以一品衙門擬之 則議政府承樞府首領 亦不得列皁隷於
재 약 이 일품 아문 의지 즉 의정부 승추부 수령 역 부득 열 조례 어

前也. 禮曹詳定 殊無意謂 其輕改朝章 莫此爲甚. 若不禁其矯法
전 야 예조 상정 수 무의 위 기 경개 조장 막차 위심 약 불금 기 교법

誠恐後日各以意見 競毀成憲 至不能禁 非細故也. 願殿下命司平
성공 후일 각 이 의견 경훼 성헌 지 불능 금 비 세고 야 원 전하 명 사평

首領 依議政府承樞府首領之例 毋得於朝班分列使令 以遵成憲
수령 의 의정부 승추부 수령 지례 무득 어 조반 분열 사령 이 준 성헌

以肅朝廷.'
이 숙 조정

復興君趙胖卒. 胖豊海道白州人 贈參贊世卿之子. 年十二 從
부흥군 조반 졸 반 풍해도 백주 인 증 참찬 세경 지자 연 십이 종

世卿赴燕都 主從姊夫段平章家 逐學漢文 兼通蒙古書語. 丞相
세경 부 연도 주 종자 부 단평장 가 수 학 한문 겸 통 몽고 서어 승상

脫脫一見奇之 奏辟中書省譯史. 戊申 以親老東歸 乙丑 以
탈탈 일견 기지 주 벽 중서성 역사 무신 이 친로 동귀 을축 이

386

典理判書如京師 以請敬孝王諡及承襲也. 旣還 拜密直副使. 時
전리 판서 여경사 이청 경효왕 시급 승습 야 기환 배 밀직부사 시

林堅味 廉興邦等 久執政柄 貪饕無厭 奪白州人田數百頃 以其
임견미 염흥방 등 구집 정병 탐독 무염 탈 백주 인 전 수백 경 이기

蒼頭李光爲庄主 又奪諸人之田 一年收租 至再至三 民甚苦之.
창두 이광 위 장주 우탈 제인 지전 일년 수조 지재 지삼 민심 고지

胖致書侍中崔瑩 略曰:'林廉之黨 不可不亟除. 欲先去李光 以
반 치서 시중 최영 약왈 임염지당 불가 불극제 욕선거 이광 이

開其端 願預達上聰.'瑩卽以啓王 胖於是 提劍帥百餘人斬光. 林
개 기단 원예달 상총 영즉이계왕 반 어시 제검 솔 백여인 참광 임

廉以謀亂告王 欲害之 囚巡軍獄 慘施棒掠 濱於死. 及獄辭聞 王
염이 모란 고왕 욕해지 수순군 옥 참시 봉략 빈어사 급옥사문 왕

乃收林廉及黨與 皆誅之. 己巳 恭讓君卽位 齊宗支圖本幷實封
내수 임염 급 당여 개 주지 기사 공양군 즉위 재 종지도본 병 실봉

赴京. 適有名尹彝 李初者 詐稱高麗宰相 構我太祖 請親王動
부경 적유명 윤이 이초 자 사칭 고려 재상 구아 태조 청친왕동

天下兵. 胖抗言明辨 帝疑乃釋. 壬申 國人推戴太上王 胖奉百官
천하병 반 한언 명변 제의내석 임신 국인 추대 태상왕 반봉 백관

狀如京師 三月而還 國人皆驚其速. 太祖迎慰 一如迎中朝使臣儀
장여경사 삼월 이환 국인개경 기속 태조 영위 일여영 중조 사신 의

賜開國功臣之號. 癸酉 陞知中樞院事復興君. 是歲 從我殿下如
사 개국공신 지호 계유 승지 중추원 사 부흥군 시세 종아 전하 여

京師 乙亥 拜判中樞院事 累遷參贊門下府事 至是卒 年六十一.
경사 을해 배판 중추원사 누천 참찬 문하부 사 지시졸 연 육십 일

訃聞 輟朝 仍賜祭與賻 諡肅魏. 胖聰慧豁達正直亢慨 事親事君
부문 철조 잉 사제 여부 시 숙위 반 총혜 활달 정직 항개 사친 사군

一出於誠 所操不可奪. 自少留心禪法 喜施積善. 子三人 瑞老
일 출어 성 소조 불가탈 자소 유심 선법 희시 적선 자 삼인 서로

瑞康 瑞安.
서강 서안

癸未 霧.
계미 무

監生宋鎬 押 三運馬一千匹還.
감생 송호 압 삼운마 일천 필환

甲申 御新宮.
갑신 어 신궁

태종 1년 신사년
11월

十一月

을유일(乙酉日-1일) 초하루에 왜(倭)가 경상도 고성현(固城縣) 지역을 도적질했다[寇].

정해일(丁亥日-3일)에 응봉사 녹사(應奉司錄事) 윤회(尹淮, 1380~1436년)[1]를 순군옥에 가두었다. 애초에 회(淮)가 사신관(使臣館)에 뽑혀 들어가 무역으로 바꾸는 말의 장적(帳籍-기록)을 쓰는데 하루는

---

1 소종(紹宗)의 아들로 10세에 주희의 『자치통감강목』을 읽고 성장함에 따라 읽지 않은 책이 거의 없었으며 한 번 본 것은 끝내 잊지 않았다. 태조 초기에 진사(進士)가 되고 1401년(태종 1년) 문과(文科)에 급제해 1409년 이조정랑 겸 춘추관 기사관(吏曹正郞兼春秋館記事官)이 되고 1414년(태종 14년) 공사 노비(公私奴婢)의 쟁송(爭訟)이 복잡해 여러 해 동안 처결하지 못했으므로 민원(民怨)이 높자 조정에서 전민변정도감(田民辨正都監)을 두고 이를 처리할 때 제10방(房)의 담당자로 신속 공정하게 판결했다. 세종 때 집현전에 있으면서 불교를 배척하고 1432년(세종 14년) 맹사성(孟思誠) 등과 같이 『팔도지리지(八道地理志)』를 편찬, 이듬해 예문관 제학이 되고 이어 중추원사 겸 성균관 대사성을 지내면서 대제학 정초(鄭招)와 같이 사대문서(事大文書)를 관장해 1434년 『자치통감훈의(資治通鑑訓義)』의 편찬을 끝내고 대제학이 됐다. 일찍이 태종이 수렵을 갔을 때 세종이 문무백관을 거느리고 녹양평(綠楊坪)에서 맞아들이는 자리에서 태종은 친히 윤회에게 술을 권하고 고금에 드문 재사라고 칭찬했으며, 남수문(南秀文)과 같이 당대 문장의 최고봉으로 이름을 떨쳤을 뿐 아니라 같이 술을 잘 마셔 과음할 때가 많아 이름이 알려졌다. 그들의 재질을 아낀 세종이 술을 석 잔 이상 못 마시게 제한한 뒤로는 연회 때마다 큰 그릇으로 석 잔씩 마시자 세종은 술을 금하는 것이 도리어 권하는 셈이 됐다고 웃었다. 어느 때 술에 만취되어 좌우의 부축을 받고 왕 앞에 불리어 나가 선제(宣制)를 기초(起草)하라는 명령을 받자 붓대가 나는 듯이 움직이자 세종은 참으로 천재라고 탄복했다. 태종과 세종의 지극한 사랑을 받고 벼슬은 병조판서를 거쳐 예문관 대제학에 이르렀다.

술에 취해 뻗어서 일어나지 못하니 관반(館伴)² 유용생(柳龍生)이 갖추어 아뢰었기 때문이다.

기축일(己丑日-5일)에 상이 면복(冕服) 차림으로 백관을 거느리고 축맹헌 등과 함께 전정(殿庭)에서 성절(聖節)을 멀리서나마 하례하고 [遙賀] 이어 맹헌 등에게 무일전에서 잔치를 베풀었다. 상은 서쪽에 앉고 맹헌과 육옹은 동쪽에 앉고 감생(監生) 상안(相安)은 그보다 조금 뒤에 앉았으며 수의(獸醫) 왕명(王明)과 주계(周繼)는 북면(北面)하고 섰는데³ 극히 즐기다가 날이 저물 때 마쳤다.

경인일(庚寅日-6일)에 축맹헌이 자기 말을 (명나라) 조정에서 산 좋은 말과 바꿨다. 수의(獸醫) 왕명이 상이 내려준 말을 (명나라) 조정에서 산 말 중에서 스스로 골라 바꾸고는 맹헌이 알까 부끄러운 마음에 맹헌을 꾀어 말했다.

"어르신의 말은 콧병[鼻病]이 있으니 산 말 중에서 바꾸는 것이 좋을 것입니다."

맹헌이 그렇게 하자 명이 전라도에서 난 좋은 말과 바꿨다.

---

2   외국 사신(使臣)의 영접과 접대 임무를 관장하는 영접도감(迎接都監)의 주무관(主務官)으로 관반사(館伴使)라고도 한다.

3   이는 중국 사신을 자신보다 더 높였다는 뜻이다. 조선에서도 문신은 동쪽에서 서쪽을 보았고 무신은 서쪽에서 동쪽을 보았다. 남면(南面)한다는 것은 임금으로서 남쪽을 본다는 것이고 북면(北面)한다는 것은 신하로서 북쪽을 본다는 것이다.

신묘일(辛卯日-7일)에 고려 문하시중 정몽주(鄭夢周)에게 의정부 영사, 광산군(光山君) 김약항(金若恒)에게 의정부 찬성사를 추증했다. 의정부 참찬사 권근의 말을 따른 것이다.

○ 다시 관찰사를 여러 도(道)에 보냈다. 사간원에서 소를 올렸는데 대략 이러했다.

'여러 도의 순문사(巡問使) 절제사(節制使)⁴ 등의 자리에 모두 대신을 보내고 주부(州府)의 사(使)는 대개[率] 가선(嘉善) 이상의 관원을 쓰고 있습니다. 안렴사는 군인과 백성의 정사를 통할하고 상벌의 권한을 쥐고 있어 그 책임이 무거운데도 지위는 도리어 밑에 있어 절제사의 명에 이리 뛰고 저리 뛰고 주목(州牧)에게 보고하거나 참알(參謁)해야 하니 그 낮고 미약함이 심하여 조금도 공경하거나 두려워할 바가 없는데도 장수(將帥)의 교만하고 거만함[驕傲], 수령(守令)의 탐욕스럽고 잔학함[貪殘]을 규찰하고자 하니 이는 가벼움과 무거움[輕重]이 뒤집어져 형세상으로 반드시 실행하지 못하는 꼴이라 이른바 꼬리가 커서 흔들 수가 없다[尾大不掉]는 것입니다.⁵ 신 등이 엎드려 보건대 안렴을 둔 이래로 변진(邊鎮-변방 군지)에는 헌첩(獻捷)의 공(功)⁶이 없고 주현(州縣)에는 상최(上最)⁷의 상(賞)이 없고 수비가 엄하지 못해 도적의 엄습(掩襲)을 당한 자도 감히 처결(處決)하지 못

---

4 오늘날로 치면 순문사는 지방 경찰청장, 절제사는 지역 군사령관에 해당한다.
5 다소 길기는 하지만 원문의 마침표에 준하여 원래의 느낌을 살리기 위해 원문대로 옮겼다.
6 전쟁에 이기고 돌아와서 포로를 바쳐 조상의 영묘(靈廟)에 성공을 고하는 것이다.
7 인사평가에서 최고점을 가리킨다.

하고 어루만지며 사랑[撫字=撫慈]하는 것이 방도에 어그러져서 백성
들이 생업을 잃게 만든 자도 안험(按驗)했다는 말을 듣지 못했으니
예전의 상투(常套)적인 제도를 그냥 따르고 부서(簿書-문서)를 그저
때가 되면 형식적으로만 점검해 세월을 구차스럽게 연장하는 데에
불과할 따름입니다.[8] (사정이 이렇다 보니) 혹시라도[其] 이익이 되는
것은 일으키고 해악이 되는 것은 제거해[興除利害] 백성들의 삶을 편
안하게 하려고 한들 무슨 성과가 있겠습니까? 관찰사는 재보(宰輔-
재상급)의 존엄함으로써 왕명(王命)을 받들어 절월(節鉞)을 가지고
나아가 한 도(道)를 진무하니 군민(軍民)과 관리들이 우러러 사모하
고 두려워하여[望風屛氣] 호령(號令)을 받들어 행함에 있어 오로지
거기에 미치지 못할까[不及]만 걱정합니다. 비록 교만한 장수와 거만
한 관리[驕將傲吏]라 할지라도 어찌 감히 업신여기고 무시하여[陵侮]
그 직책을 무력화[廢]하겠습니까?

　이른바 팔뚝으로 손가락을 부리는 격입니다. 바라건대 전하께서는
이 안렴을 없애고 다시 관찰사를 두되 그 수령관(首領官)은 5품 이
하 한 사람을 써서 도사(都事)로 삼고 모두 일정한 기간[一期]을 임
기로 정함으로써 성과[成效]에 대한 책임을 지운다면 이는 진실로 오
래갈 수 있는 방도[經久之道]입니다. 신 등은 또 말씀드리건대 백성
은 나라의 근본이요, 수령은 백성을 가까이에서 접하는 관리[近民之
官]이니 더욱 잘 가려서 뽑지 않으면 안 될 것입니다. (그런데) 지금
수령을 뽑아 쓰는 것[選用]을 보면 위로는 여러 군(君)으로부터 아래

8　임기가 없기 때문에 그저 형식적으로만 돌아보고서 시간만 채우고 돌아온다는 말이다.

로는 각사(各司)에 이르기까지 모두가 천거할 수 있다 보니 그 선발
하는 폭이 넓습니다. (그래서) 간혹 과갈(瓜葛)[9]을 인연으로 삼아 여
러 사람들이 추천하지 않는 자가 의지하는 세력을 믿고서 법을 깔보
고 사익을 행해 백성들에게 해독을 퍼트리는[流毒] 자가 있으니, 이
른바 성(城)의 여우와 사(社-사직)의 쥐와 같아서[城狐社鼠][10] 사람
들이 감히 꼼짝도 못 합니다. 이는 다름 아니라[無他] 뽑아 쓰는 것
이 정교하지 못한 때문입니다. 바라건대 이제부터는 사람의 천거를
단지 삼부(三府),[11] 대간(臺諫),[12] 정조(政曹)[13]에만 허락하고 이미 드러
난 행적을 기록해 실봉(實封)해서 아뢰게 하여 일찍이 현질(顯秩-두
드러진 벼슬)을 지내고 이미 명망과 소문이 있는 자를 제외한 그 밖
의 신진 선비들은 반드시 몸소 친히 불러 만나보시고[引見] 백성들

---

9 일가친척을 가리킨다.

10 직호사서(稷狐社鼠)라고도 한다. 산동(山東) 지방의 명문세가 출신인 왕돈(王敦)은 동진
(東晉)의 원제(元帝) 때 대장군이 됐다. 그의 조부인 왕람(王覽)은 조정의 대신을 지냈고
사촌형인 왕도(王導)는 승상 자리에 있었으며, 그의 아내는 서진(西晉) 무제(武帝)의 딸이
었다. 그래서 그 무렵의 사람들은 왕씨와 사마씨가 천하를 차지했다고 말했다. 왕돈의 세
력이 점점 커져서 양자강 상류 지역을 장악하기에 이르자 원제는 유외와 대연을 진북장
군(鎭北將軍)에 임명하여 그를 견제했다. 왕돈은 원제의 의중을 간파하고 반란을 일으킬
뜻을 품었다. 그는 군대를 일으킬 구실을 찾기 위해 참모인 사곤(謝鯤)을 불러 "유외는
아주 간악한 자여서 나라에 해를 끼치고 있다. 내 이자를 황제 곁에서 제거하여 나라에
보답하고 싶은데, 어떻게 생각하는가?"라고 물었다. 사곤은 "유외는 화를 불러올 자이기
는 하지만 성곽에 사는 여우나 토지사당에 사는 쥐와 같습니다"라고 대답했다. 이 말은
성곽 틈에 굴을 만들어 살고 있는 여우를 잡으려고 여우굴을 뒤지려다 성곽을 무너뜨리
게 될 것이 염려되고 토지묘에 사는 쥐를 불에 태워 죽이거나 물에 빠뜨려 죽이려다 묘
당을 훼손시킬 것이 염려되므로 제거하기 어렵다는 뜻으로 황제를 성곽과 사직에 비유한
것이다. 왕돈은 이 말을 듣지 않고 나중에 결국 반란을 일으켰다.

11 의정부, 사평부, 승추부를 가리킨다.

12 사헌부와 사간원을 가리킨다.

13 이조와 병조를 가리킨다.

을 편안하게 할 방법이 있는지를 물어 쓸 만한 사람인지 여부를 살펴 다음에 임명하시면 거의 속이며 나아오는[冒進]¹⁴ 폐단이 사라질 것입니다. 그리고 조사(朝辭)¹⁵하는 날에는 반드시 직접 얼굴을 보고서 일깨워주되[面諭] 총애를 특별하게 하시어 그 직책을 권면함으로써 그 기운을 북돋아주시고 더불어 관찰사로 하여금 오사(五事)¹⁶로써 전최(殿最)¹⁷를 살피게 하여 출척(黜陟)을 밝게 하시면 수령 자리에 모두 적합한 자를 얻게 돼 백성들이 (편안히) 살 수 있을 것입니다. 수령과 대소 사신(大小使臣)이 복명(復命)하는 날에는 반드시 친히 민간의 좋은 일과 병폐[利病], 군정(軍政)의 장단점을 물으시어 곧 좋은 것은 일으키고 해악은 없애신다면 (전하의) 귀 밝음과 눈 밝음[聰明]이 날로 넓어져 치평(治平)을 기약할 수 있을 것입니다.'

상이 윤허했다. 만일 안렴을 없애고 다시 관찰사를 둘 경우 경제육전(經濟六典)에 의거해 서로 번갈아 교대로 보내게 했다[更相迭遣].

임진일(壬辰日-8일)에 상이 태상전에 좋은 말을 바쳤다.

---

14 직역하면 '무릅쓰고 나아온다'는 말이다. 즉 그럴 능력이 없거나 문제가 많음에도 불구하고 그것을 속이고서 무릅쓰고 나아온다는 말이다.

15 수령으로 임명된 자가 임지로 떠나기 전에 임금께 하직 인사를 드리는 것을 뜻한다.

16 관찰사가 점검해야 할 다섯 가지 사항 혹은 사람을 살피는 다섯 가지 단서로 모(貌), 언(言), 시(視), 청(聽), 사(思)를 뜻한다.

17 관원의 근무 성적을 심사하여 우열을 매기던 일이다. 상(上)을 최(最), 하(下)를 전(殿)이라 한다. 조선에서는 감사(監司)가 관하 각 고을 수령의 치적을 심사하여 1년에 두 번, 즉 6월 15일과 12월 15일에 이를 중앙에 보고했다.

계사일(癸巳日-9일)에 상이 면복 차림으로 백관을 거느리고 축맹헌 등과 함께 전정(殿庭)에서 하례(賀禮)를 행했다. 동지(冬至)였기 때문이다. 이어 사신에게 잔치를 베풀었다.

을미일(乙未日-11일)에 우레와 번개가 쳤다.

○ 감생 상안(相安)이 네 번째 운반 말[四運馬] 1,000필을 몰고서
사운마
돌아갔다. 안이 상이 내려준 말을 받지 않고 신행시(贐行詩)[18]를 요구했기에 하륜, 권근 등이 문사(文士)가 지은 시 사운(四韻) 혹은 장편을 모아서 축(軸)을 만들어 선물로 주었다.

경자일(庚子日-16일)에 사평부 영사 하륜 등에게 명을 내려 들어와 자문에 응하라고[入對] 했다. 륜과 우정승 이무, 승추부 판사 조영무
입대
등이 (당에 오르는) 계단에 올라 읍(揖)한 뒤에 나아가니 임금이 가만히[從容] 말했다.
종용
"계단 위와 계단 아래에서 읍하는 것은 어느 때의 예인고? 그냥 나아오고 그냥 물러간들 괜찮지 않겠는가? 이는 분명 원나라의 예법일 것이다."[19]
륜이 대답했다.

---

18 송별시다. 신(贐)은 전(餞)과 같은 뜻이다.

19 이와 관련해 『논어(論語)』 「자한(子罕)」편에 나오는 공자의 말을 참고해야 한다. "신하가 군주와 예를 행할 적에 당(堂) 아래에서 절하는 것이 옛 예법이다. 그런데 지금 사람들은 당 위에서 (나란히 서서) 절을 하니 교만하다. 설사 사람들의 습속에 어긋나더라도 나는 당 아래에서 절하는 것을 따르겠다." 물론 태종도 이 구절을 알고 있었음이 분명하다.

"원나라의 예법은 절하고 꿇어앉는 것뿐입니다. 이는 다름 아닌 당(唐)과 송(宋)나라의 예입니다."

상이 또 물었다.

"전조(前朝-고려)의 태조(太祖-왕건)가 일어난 것은 중국의 어느 대(代)에 해당하는가[值]?"

류이 말했다.

"전조의 태조는 진(晉)나라에서 고명(誥命)을 받았으니 중국의 오대(五代) 때입니다."

상이 또 물었다.

"신라는 중국의 어느 시대에 개국했는가?"

류이 말했다.

"신라는 한(漢)나라 선제(宣帝) 오봉(五鳳) 원년(元年-기원전 57년)에 개국하였습니다."

이때 신문고(申聞鼓)가 마침 이루어져 무가 말했다.

"신문고를 설치한 것이 아름답기는 한데 무고(誣告)로 치는 자도 간혹 있을 것입니다."

류이 말했다.

"신문고를 치도록 한 법은 사실이면 들어주고 허위이면 죄를 주고 월소(越訴)[20]로 치는 자도 또한 이같이 하면 됩니다. 만일 외방 사람이 수령에게 호소하여 수령이 밝게 결단하지 못하면 관찰사에게 호소하고 또 헌부(憲府)에 호소하며 헌부에서 또 밝게 결단하지 못한

---

20 소송의 절차를 밟지 않고 직접 상관에게 호소하는 것을 가리킨다.

연후에 치는 것입니다. 그러므로 관리가 백성들의 송사를 결단함에 있어 상총(上聰)에 아뢸까 두려워하여 마음을 다해 정밀하게 살필 것[精察]이기 때문에 백성들이 그 복을 받게 될 것이니 실로 자손 만세의 좋은 법입니다. 바라건대 유사(有司)에 명해 시행하소서."

상이 "그리 하라"고 하고서 또 물었다.

"등문고(登聞鼓)는 어느 시대에 시작되었는가?"

류이 말했다.

"송나라 때에 시작되었습니다."

상이 말했다.

"송나라 이전에도 있었는가?"

류이 말했다.

"이것은 곧 삼대(三代-하, 은, 주)의 법입니다."

상이 말했다.

"그렇다. 좋은 말을 진언하는 깃발[進善之旌][21]도 이와 같은 취지라 하겠다."

○ 사간원에서 당시의 급선무[時務] 몇 조목을 올렸다. 소는 이러했다.

'신 등이 지난 세상[前世]에서 재이(災異)가 일어난 것을 차례로 살펴보건대[歷觀] 공연히 생겨난 것은 거의[殆] 없었습니다. 임금이 진실로 몸을 되살피고 정사를 잘 닦으면[省躬修政] 재앙을 바꿔 상서

---

21 요임금 때에 큰 길에 기(旗)를 세워놓고 좋은 말을 올릴 자가 있으면 그 기 아래에 서게 했다는 고사를 가리킨다.

로움이 될 수 있으니 하늘과 사람의 서로 호응함[天人之應]²²이 그림자나 메아리[影響]보다 빠릅니다[捷=敏捷=速]. 이미 그러했던 자취들은 간책(簡策)²³에 분명하게 드러나 있어 전하께서는 늘 경연에서 익히 강구하시어 그 뜻을 깊이 얻으셨습니다. 이리하여 하늘의 꾸지람[天譴=天災]을 만날 때마다 허물을 이끌어 좋은 말을 구하셨고 [引咎求言] 사신들을 보내어 백성들의 실상을 묻고 몸을 삼가시어 [飭躬] 다스림을 바라는 마음[願治之心]이 열렬하고 간절하시다[誠且切]고 말할 수 있을 것입니다.

그렇지만 재앙과 변고가 그치지 않고 또 동짓달에 하늘에서 크게 우레가 치고 비가 내려 음양(陰陽)이 어긋나고 어그러지니[乖戾] 재앙이 이보다 더 심할 수는 없습니다. 신들이 남몰래 생각건대 전하께서는 비록 홀로 위에서 경계하고 근신함으로써 하늘을 공경하고 백성에게 부지런한[敬天勤民] 정사를 위해 노력하고 계시지만 하늘과

---

22 이는 한나라 동중서(董仲舒, 기원전 179~104년) 이래 유학이 일관되게 견지하는 천인감응설(天人感應說)이다. 동중서는 천을 최고의 주재자로 삼고 인간을 천(天)과 동등한 수준에서 설정할 수 있다고 함으로써 인간을 천하에서 가장 귀한 존재로 본다. 그러면 동류의 존재는 어떻게 상동하고 상응하는가? 그것은 기(氣)가 같기 때문이다. 천과 인을 관통하여 작용하는 기는 원기(元氣)다. 원기는 천과 동질, 동위(同位)의 것이다. 원기는 우주 만물을 화생하고, 또 우주 만물에 유포되어 있다. 원기의 유포가 조화를 이루면 풍우를 순조롭게 할 수 있고, 원기의 유포가 화순(和順)하지 않으면 곧 위배(違背)가 나타난다. 이 원기는 음양, 사시(四時), 오행(五行)으로 전개된다. "천지의 기가 합하여 하나가 되고, 나누어지면 음양이 되고, 판별하면 사시가 되고, 펼쳐놓으면 오행이 된다." 원기가 근본이 되어 존재하는 모든 존재들은 서로 상감(相感) · 상동(相動)하며, 동류인 천과 사람도 당연히 상감 · 상동한다. 동중서의 천인감응설에 의하면 인간은 지고 무상의 의지적 주재자인 천과 객관적으로 동질의 존재가 된다. 그런데 동중서가 이 천인감응설을 현실에 적용한 것이 그의 정치설이고 그것은 재이설(災異說)로 집약된다. 재이설은 재이(災異)로 드러난 하늘의 뜻을 살펴서 왕 스스로 반성할 것을 요구하는 것이다.

23 역사서를 가리킨다.

도 같은 지위[天位]를 함께하고 하늘과도 같은 직무[天職][24]를 닦는
자들이 대부분 적임자가 아니어서 관(官)을 비우고 직무를 폐기하여
백성들은 아래에서 원망하고 신명(神明)은 위에서 분노하여 두 가지
기운[二氣=陰陽]의 조화됨을 해치고 있습니다. 하늘이 꾸지람을 내
린 것은 대개 이 때문입니다. 또 사람의 재주와 능력은 각각 쓰임에
맞도록 돼 있어 서로 통할 수가 없는 것입니다. 이 때문에 유자(儒者)
는 군사의 일[軍旅]에 통하지 못하고 무인(武人)은 조두(俎豆)[25]에 익
숙하지 못한 것입니다. (그런데) 만일 그 임무를 바꾸게 되면 반드시
그 일은 실패하게 됩니다. 신들이 그 대강을 말씀드릴 것을 청하옵
니다.

예조와 봉상시(奉常寺) 등의 관사(官司)는 하는 일이 예악(禮樂)을
맡고 있어 신령과 사람[神人]을 다스려 위와 아래를 조화시키는 것이
니 그 임무가 무겁습니다. 만일 고금에 두루 통하고 예악에 밝은 자
가 아니면 허투루 제수해서는 안 됩니다. (그런데) 지금 예조전서 이
화영(李和英, ?~1424년)[26]·이현(李玄), 의랑(議郎) 허형(許衡), 봉상판

---

24 공직의 중요성을 강조해 천위(天位), 천직(天職)이라 말한 것이다.

25 유자들이 맡고 있는 제사를 가리킨다.

26 원래는 여진 사람으로 아버지가 태조 배향공신(配享功臣)이며 개국공신 1등 지란(之蘭)
   이다. 1392년 태조가 즉위하면서 동북면 유력자들을 대거 공신에 책봉할 때 사복시정
   에서 상장군에 올라 개국원종공신에 책봉되었으며, 1395년(태조 4년) 공신전 15결과 특
   전을 명문화한 녹권(錄券)을 받았다. 1398년 보공대장군(保功大將軍)을 거쳐 1400년 태
   종이 즉위해서도 아버지가 좌명공신(佐命功臣) 2등에 책봉되는 등 일족이 각별한 우대를
   받았다. 아버지의 시묘살이를 위해 함경도 북청에 기거하던 중 1402년(태종 2년) 이성계
   를 재옹립하려는 조사의(趙思義) 등 동북면 사람의 반란이 발생하자 탈출해 태종에게 귀
   부해 난을 조기에 종식시키는 데 공헌해 1403년 임오공신(壬午功臣-조사의 난 토평공신)
   2등의 예에 준하는 사전(賜田) 40결을 특사(特賜)받게 된다.

사(奉常判事) 신유정(辛有定, 1347~1426년)[27]·최윤우(崔允祐), 영(令)
박질(朴質) 등은 도무지[漫] 예악이 무슨 일인지를 알지 못하며 저
서운관(書雲觀)의 김천석(金天錫)·조신언(趙愼言), 전의감(典醫監)의
이사근(李思謹), 사역원(司譯院)의 김을우(金乙雨) 등은 모두 그 자리
에 적임자가 아닙니다.[28] 그 밖에 천록(天祿)을 허비하고 천공(天工)
을 폐기하는 자들은 일일이 열거할[枚擧] 수가 없습니다. 바라건대
상서사(尙瑞司)[29]에 명하시어 위로는 전서(典書)로부터 아래로는 참외
(參外)에 이르기까지 그 재주를 잘 가려서 능부(能否)를 헤아려 직임
을 바꿔 제수하게 하여 되도록 그 직책에 맞게 하고 어리고 약한 자,
파리하고 유연하여 능력이 없는 자, 직사에 게으른 자는 권귀(權貴)
의 자제를 묻지 말고 모조리 파직시키고, 삼부(三府)·대간(臺諫)·정
조(政曹)에 널리 물어 재주와 능력이 있는 자를 천거하게 하여 제수
하면 여러 관직에 적임자를 얻게 될 것입니다.

　그리고 사람을 천거하는 방법에 또 폐단이 있습니다. 옛날에는 조
정에 사람을 천거하면 (그 사실을) 남들이 알까 두려워했는데 이는
대개 그런 권세가 (임금이 아닌) 자기에게서 나오게 되는 것을 싫어

27　이성계(李成桂)의 휘하에서 무공을 세워 그의 이름이 널리 알려졌다. 공조, 예조, 형조의
　　전서(典書)를 역임했으며 1403년(태종 3년)에 강원도에 침입하여 약탈을 자행하는 왜구
　　를 크게 무찌른 공으로 강릉대도호부 판사(江陵大都護府判事) 겸 좌군 동지총제(左軍同
　　知摠制)가 됐다.
28　이들은 대부분 무신들로 문신의 자리에 있다가 지적을 받고 있다.
29　고려시대에는 상서사(尙瑞司)가 있었는데 정방(政房), 지인방(知印房), 차자방(箚子房) 등
　　으로 불렀다. 조선시대에 들어와서는 1392년(태조 1년) 고려의 제도를 따라 상서사를 설
　　치했다. 부인(符印)과 제수(除授) 등의 일을 관장했다. 그 뒤 1466년(세조 12년) 상서원으
　　로 개칭했다.

한 때문입니다. 당(唐)나라 누사덕(婁師德)이 적인걸(狄仁傑)에게 했던 것이 그 같은 유형입니다.[30] (그런데) 지금은 그렇지 아니하여 사람을 천거하면 남이 알아주지 않을까 염려하여 관안(官案)에 이름을 표(標)하기까지 하고도 조금도 부끄럽게 여기지 않으니 이는 대개 그 권세가 (임금이 아닌) 자기에게 있다는 것을 다행스럽게 여기기 때문입니다. 관안(官案)에 이름을 표한 자들은 인아(姻婭-인척)가 아니면 반드시 신세를 진 친구[舊恩]이니 이것이 어찌 임금의 신하된 자[人臣]가 뛰어난 사람을 나아오게 하는 도리[進賢之道]이겠습니까?

지금부터 다른 사람을 천거하는 자는 남들이 알지 못하게 해야 하고, 그의 행실과 능력을 기록해 실봉(實封)해서 아뢰게 하며 새로 진출한 선비가 있으면 반드시 불러 만나보아 쓸 만한 인물인지를 살핀 연후에 상서사에 내려 그를 쓰고, 천장(薦狀-추천장)은 아랫사람에게 누설하지 말아 사람을 씀에 있어 지극히 공정한 도리를 보여야 할 것입니다. 또 지금 하늘이 국가를 도와서 바야흐로 일어나는 운수[興運]를 열었으니 사람 쓰는 도리[用人之道]는 마땅하고 바른데[所當正] 있어야 합니다. 어째서 (사람을) 천거하는 것이 그 법도를 잃고, (사람을) 쓰는 것이 그 직임에 맞지 않아 인재가 효과를 내지 못하고 거의 공적이 나타나지 못해 상천(上天)의 꾸짖음과 경고

---

30 누사덕은 당나라의 명재상 적인걸을 추천했는데 어느 날 측천무후가 누사덕이 현명한지를 묻자 적인걸은 그와 일찍이 일해봤는데 누사덕은 총명한 적이 없었다고 대답했다. 하지만 측천무후는 누사덕이 예전에 적인걸을 몰래 추천해 적인걸이 높은 벼슬에 이르게 되었음을 알려주니 그제서야 적인걸은 부끄러워하며 자기의 잘못을 뉘우쳤다고 한다.

[譴告]를 불러오십니까? 남몰래 밝은 시대[昭代]를 위해 애석하게 여
깁니다.'

　신축일(辛丑日-17일)에 상이 태상전에 나아가 조알했다. 태상왕이
중사(中使-환관)를 보내 불렀기 때문이다. 태상은 잠저(潛邸) 때의 일
과 무진년에 회군하여 집안을 바꿔 나라를 만드는[化家爲國] 등의
일을 상세하게 설명했다. 날이 저물어서야 상이 궁으로 돌아왔다. 태
상왕이 장차 (경기도) 소요산(逍遙山)에 행차하려 했는데 사람들이
알아차리지 못하게 하려고 밤을 틈타 수레를 몰려고[動駕] 했지만
상이 이날 저녁에 다시 태상전에 나아가는 바람에 태상왕은 결국 출
발하지 못했다.[31]

　갑진일(甲辰日-20일)에 경연에 나아갔다[御]. 경연지사(經筵知事) 권
근(權近), 시독관 김첨(金瞻) 등이 『대학연의(大學衍義)』를 진강하고
끝나자 술과 과일을 내려주었다. 상이 근신(近臣)들에게 말했다.
　"불똥이 팔뚝에 튀면 어느 누가 재빨리[疾] 그것을 버리려고 하지
않겠는가? 무인년에 부왕(父王)의 병환이 위독할 때 여러 간신(奸臣)
들이 일을 마음대로 하면서[用事] 우리 형제를 꺼리어 재앙의 기틀
[禍機]의 발생이 호흡 사이에 있었다. 그 형세가 어찌 다만[啻] 불똥
이 팔뚝에 튀어 박힌 것같이 급할 뿐이었겠는가? 다행히 두어 명의

31　태상왕이 어떤 내용으로 설명했는지는 알 수 없지만 태종이 그날 저녁 다시 태상전을 찾
　　은 것으로 볼 때 심상찮은 내용이었음을 헤아려볼 수가 있다. 이는 개국을 둘러싼 두 사
　　람 간의 의견 충돌이었을 가능성이 크다.

동지와 더불어 만 번 죽을 계책[萬死計]을 내어 저들이 예상치 못할 때[不意] (우리 쪽이) 먼저 움직여 그들을 제어했는데 하룻밤 사이에 구름처럼 합하고 메아리처럼 응하여 여러 간신들이 베임을 당해[伏誅] 큰일[大事]이 정해질 수가 있었다. 그 처음에는 다만 살기를 구한 것뿐이지 어찌 감히 한 오라기[一毫]라도 (임금의 자리를) 바라는 마음[希冀之心]이 있었겠는가? 이로 인해 마침내 오늘에 이르렀는데 이는 나의 본심이 아니었다. 실로 하늘의 도움에 힘입은 것이니 어찌 사람의 힘이 미칠 바이겠는가? 지금 안으로는 부왕의 꾸짖음을 받고 밖으로는 여러 의견들이 시끌벅적 들끓으니[洶洶] 어찌할 바를 몰라 아침 일찍부터 밤늦도록 삼가고 두려워할[祗懼] 뿐이다.”

을사일(乙巳日-21일)에 상이 축맹헌에게 좋은 말[良馬]³²을 주니 맹헌이 받지 아니하고 “내가 말을 구하지 않은 것은 대개 말이 늙는 것을 싫어했기 때문입니다”라고 변명했다. 임금이 그 뜻을 알아차리고서 통사(通事) 이현(李玄)을 시켜 좋은 말을 주니 맹헌이 말했다.

“나는 말을 구하지 않기에 받지 않았는데 전하께서 또 이 말을 보낸 것은 무슨 까닭입니까?”

현(玄)이 말했다.

“이 말은 튼튼하고 또 훈련이 돼 있어 잘 걷기 때문에 주는[貺=賜] 것뿐입니다.”

---

32 문맥상 여기는 좋은 말이 아니라 그냥 말이라고 해야 한다. 그러나 원문에 ‘良馬’로 돼 있어 그대로 옮겼다.

맹헌이 마침내 받았다.

 정미일(丁未日-23일)에 사간원 관원을 파직했다. 사간원은 본원(本院-사간원)에서 일을 보았고[仕] 사헌부는 흥국사(興國寺)³³에 모여 있었다. 간원의 조례(皂隷)들이 마침 흥국사 문밖에 와서 이리저리 배회하니 헌부는 사간원이 장차 자기들을 탄핵할 것이라 의심해 이에 사간(司諫) 윤사수(尹思修)·김첨(金瞻), 지사간(知司諫) 성발도(成發道), 사인(舍人) 조서(趙敍), 헌납(獻納) 권훈(權壎), 정언(正言) 정안지(鄭安止)·한고(韓皐) 등을 탄핵해 소를 올려 말했다.

 '사간 윤사수 등은 간언을 맡은 신하[諫臣]로서 흑점(黑店) 미륵사(彌勒寺) 등지에 모여 창기를 불러 밤새도록 술판을 벌였으니, 마땅히 죄에 처해야 합니다.'

 헌납 한승안(韓承顔)은 마침 무슨 일이 있어 출근하지 않았다가 동료가 탄핵당했다는 말을 듣고서 급히 직려(直廬)³⁴에 들어가 조례를 시켜 문을 지키게 한 채 탄핵하는 글[劾書]을 받아들이지 않고 도리어 대사헌 이지(李至), 장령(掌令) 박고(朴翶)·이반(李蟠), 지평(持平) 김치(金峙)·송흥(宋興)을 탄핵했다. 지(至) 등이 말했다.

 "간원이 모두 탄핵을 당했는데 누가 우리들을 탄핵한단 말인가?"

 (탄핵하는 글을) 받지 않았다. 연리(掾吏)³⁵와 조례(皂隷) 등이 억지

---

33 개경에 있던 큰 사찰이다. 이성계가 개국을 결단한 흥국사 회의가 열린 곳으로 유명하다.
34 당직을 서는 작은 건물을 가리킨다.
35 하급 관리를 가리킨다.

로 집어넣었다. 이반, 김치, 송흥 등이 소유(所由)[36]를 시켜 간원의 연리와 조례를 붙잡아 형조옥(刑曹獄)에 가두었다. 승안(承顔)이 소를 올려 말했다.

'대사헌 이지는 일찍이 사평 우사로 있을 때 저화(楮貨)를 쓰자는 의견[議]에 참여하고서 또 그것을 쓰지 말자는 의논[論]에 참여해 소(疏)를 올려 청했습니다. 만일 쓸 수 없는 것을 알았다면 당초에 헌의(獻議)함이 마땅한데 어찌 국가에서 서(署)를 설치하고 간판(刊板)하기를 기다린 연후에 다시 쓰지 말자는 계책을 의견으로 낼 수 있습니까? 또 전 대사헌 이원(李原)이 범순(犯巡)하여 순관(巡官) 윤종(尹琮)에게 능욕을 당하였는데 이원은 탄핵하지 않고 도리어 윤종을 탄핵하였으니 이것이 어찌 헌부의 직임에 합당합니까?'

임금이 말하기를 "헌사가 죄가 있으면 곧장 탄핵하여 죄주기를 청하는 것이 옳은데 이제 와서 헌사의 탄핵을 당한 연후에 죄주기를 청하니 늦었다"라고 하였다.

윤허하지 않았다. 헌부에서 승안이 죄에 승복하지 않고 도리어 헌부를 탄핵했다고 소를 올려 죄주기를 청했기 때문에 그도 아울러 파직했다.

무신일(戊申日-24일)에 안개의 기운[霧氣]이 봄과 같았고 서리가 나무에 붙었다.

○ 감생 곽선(郭瑄), 유영(柳榮) 등이 말값으로 사(紗), 나(羅), 능

---

36 사헌부에 속한 형관(刑官)의 졸도(卒徒)로 죄인을 잡아들이는 일을 맡아보았다.

(綾), 단(段)을 싸 가지고 오니 상이 태평관에 가서 위로 잔치를 베풀었다.

○ 승추부에서 부병(府兵)과 수전패(受田牌)[37]를 구정(毬庭-격구장)에 모았다. 상의 명을 받아 노소와 강약을 나누려 함이었다.

기유일(己酉日-25일)에 날씨가 봄처럼 따뜻했다. 다음 날에도 역시 그러했다.

○ 의정·사평·승추 삼부와 이조, 병조, 사헌부, 사간원에 명하여 각기 뛰어난 인재[賢才]를 천거하도록 했다. 상이 간원의 소로 인해 좌대언 이승상(李升商)을 시켜 정부(政府-의정부)에 뜻을 전하여[傳旨] 말했다.

"인재를 뽑아 쓰는 것은 정치를 하는 요체[要]다. 지금 도목정(都目政)[38]을 (해야 하는 때를) 맞아 삼부와 대간 및 정조(政曹)는 각각 아는 사람[所知] 중에서 전 전서(典書) 이하 6품 이상으로 재주가 문무를 겸하였거나 백성에 임(臨)하고 바다의 적을 막을 줄 알아[臨民禦海] 한 가지 기예[藝]라도 직임(職任)을 맡을 만한 자가 있으면 천거하라."

경술일(庚戌日-26일)에 상이 태평관에 가 사신과 감생에게 잔치를

---

37 조선 초기 전지(田地)를 받고 번상(番上)하여 숙위(宿衛)하던 시위패(侍衛牌)다. 주로 한량 자제(閑良子弟) 출신으로 구성됐다.

38 관원의 성적을 고사(考查)하여 출척(黜陟)과 이동(移動)을 행하던 일이다. 고려 때에는 정기적으로 12월에 대정(大政), 6월에 권무정(權務政)이라 하여 관리의 출척 이동을 했는데 이 대정과 권무정을 도목정(都目政)이라 했다. 조선에서도 이를 계승해 매년 6월과 12월에 관리 적격자(適格者)의 선발, 임면, 전근, 승진 등을 심사했다.

베풀었다.

○ (사헌부) 장령 박고에게 명해 형조에서 함부로 갑사(甲士)[39]를 잡아들인 까닭을 알아보게 했다. 갑사 한 사람이 말을 타고 각사(各司)의 시립(侍立)한 곳을 지나가니 형조에서 그를 붙잡아 포박했다. 안성군 이숙번이 보고하자 상이 말했다.

"갑사는 비록 죄가 있더라도 유사(有司)가 함부로 잡아들일 수 없다. 지금 형조에서 청하지도 않고 갑사를 잡았으니 참으로 죄가 있다 하겠다. 내가 만일 직접 형조를 죄주면 사람들이 반드시 나더러 갑사를 무겁게 여기면서 법관(法官)을 가볍게 여긴다고 할 것이다."

이에 고를 불러 까닭을 알아보게 한 것이다. 사헌부에서 형조좌랑(刑曹佐郎) 김천(金闡)을 탄핵하고 아전을 보내어 수직(守直)하게 했다. 대성(臺省)과 형조에서 무거운 죄가 있는 사람을 탄핵할 경우 반드시 아전[吏卒]을 보내 그 집을 지키게 하여 출입하지 못하게 하고 이를 수직(守直)이라고 했는데 그 사람이 도망칠까 염려해서였다.

○ 한밤중에 태상왕이 소요산으로 갔다. 상이 문밖에서 전송하려고 했으나 미치지 못했다.

신해일(辛亥日-27일)에 문을 파수하는 금법[把門之禁]을 거듭 엄격

─────────

39 고려시대부터 정식으로 등장해 조선 초기에 들어 체계화된 특수 병종으로서 주로 국왕의 근접 경호를 맡아보았다.

하게 할 것을 명했다. 상이 조연(趙涓, 1374~1429년)[40]에게 말했다.

"문을 파수하는 것이 허술해진 지[虛疎]가 오래다. 부녀자들이 아무 때나[無時] 들고 나는 것은 심히 그래서는 안 된다. 예로부터 궁중의 난은 일찍이 환시(宦寺-환관)와 부녀자로부터 나오지 않은 것이 없다."

○ 대간(臺諫-사헌부와 사간원)의 관원들이 서로 보복하는 것을 금지시켰다. 의정부에서 소를 올렸는데 대략 이러했다.

'대간이 맡은 바는, 옳은 것은 취하고 그른 것은 버리며 비위를 규찰함으로써 공도(公道)를 행하고 조정을 바로잡는 것이니 그 때문에 제수할 때마다 반드시 그 선택을 무겁게 여기는 것입니다. 근년 이래로 대간의 관원이 혹 공죄(公罪)가 있어 그중 한 사람이 탄핵을 당하면 나머지 사람들이 반드시 (저쪽의) 하자(瑕疵)를 찾아내 도리어 핵문(劾問)을 가함으로써 보복을 하려고 하기 때문에 한 번만 과오가 있으면 경중(輕重)을 논하지 않고 아울러 탄핵을 가해 그것을 계책을 얻었다고 여깁니다. (이러니) 선비의 풍습[士習]이 아름답지 못할 뿐 아니라 이로 인해 직사(職事)를 폐기하게 되어[41] 그 맡은 바를 중하게 여기는[重任] 뜻을 저버리게 됩니다. 금후로는 대간의 관원과 아전[員吏]이 공죄를 범하면 해당되는 그 한 사람만 갖추어 물어 실

---

40 1386년(고려 우왕 12년)에 진사시에 합격하고 1392년(고려 공양왕 4년)에 봉상대부 공조정랑에 올랐다. 조선 태조 즉위 후 별운검이 되고, 1409년(태종 9년)에 길주도 안무찰리사 겸 길주목사가 되어 변방의 오랑캐를 소탕해 그 위세가 북방에 떨쳤다. 재화를 탐하지 않고 오로지 국정에 힘써 가사를 염려함이 없었으며 벼슬에 나아가 좌천된 일이 없었다. 문신이면서 지략이 뛰어나 변방 방어에 많은 공을 세웠다.

41 직책은 있으나 맡을 사람이 없어 그 직무가 내팽겨쳐진다는 말이다.

상을 가려서 신문(申聞)하기를 전과 같이 하고, 자기의 잘못은 돌아보지 않고 다투어 서로 보복하는 자는 죄과의 이름을 기록하여 종신토록 서용(敍用)하지 말아야 합니다.'

상이 윤허하고 이어 말했다.

"금후로 이 영(令)을 범하면 왕지(王旨)를 따르지 않는 것으로 논죄하라[論=論罪]."
　　　　　　　　　　논　　논죄

임자일(壬子日-28일)에 사신과 감생에게 무일전에서 잔치를 베풀었다. 축맹헌이 손수 족자(簇子) 두 쌍을, 그리고 또 모두가 시(詩)를 써서 바쳤다.

갑인일(甲寅日-30일)에 내고(內庫)[42]의 청대법(請臺法)[43]을 없앴다.

---

42 왕실 창고를 가리킨다.

43 각 관아(官衙)에서 섣달 그믐께 사무를 그치고 창고(倉庫)를 봉하여 잠글 때에 사헌부 감찰(司憲府監察)의 검사를 청하는 것을 말한다.

乙酉朔 倭寇慶尙道固城縣境.
을유 삭 왜구 경상도 고성현 경

丁亥 囚應奉司錄事尹淮于巡軍獄. 初 淮選入使臣館 書易換馬
정해 수 응봉사 녹사 윤회 우 순군 옥 초 회 선입 사신관 서 역환 마

籍 一日醉臥不起 館伴柳龍生具啓.
적 일일 취와 불기 관반 유용생 구계

己丑 上以冕服率百官 偕祝孟獻等 遙賀聖節于殿庭 仍宴孟獻
기축 상 이 면복 솔 백관 해 축맹헌 등 요하 성절 우 전정 잉연 맹헌

等于無逸殿. 上在西 孟獻陸顗在東 監生相安差次而坐 獸醫
등 우 무일전 상 재서 맹헌 육옹 재동 감생 상안 차차 이 좌 수의

王明 周繼北面立 極歡暮罷.
왕명 주계 북면 립 극환 모파

庚寅 祝孟獻以其馬 易朝廷所買良馬. 獸醫王明以上所賜馬
경인 축맹헌 이 기마 역 조정 소매 양마 수의 왕명 이 상 소사 마

自擇所買馬而易之 愧孟獻之知 誘孟獻曰: "君之馬有鼻病 可於
자택 소매 마 이 역지 괴 맹헌 지지 유 맹헌 왈 군 지 마 유 비병 가어

所買馬中易之." 孟獻然之 明以全羅道良馬易之.
소매 마 중 역지 맹헌 연지 명 이 전라도 양마 역지

辛卯 贈高麗門下侍中鄭夢周領議政府事 光山君金若恒
신묘 증 고려 문하시중 정몽주 영 의정부 사 광산군 김약항

議政府贊成事. 從參贊議政府事權近之言也.
의정부 찬성사 종 참찬 의정부 사 권근 지 언 야

復遣觀察使於諸道. 司諫院上疏 略曰:
부견 관찰사 어 제도 사간원 상소 약왈

'諸道巡問節制等使 皆遣大臣 而府州之使 率用嘉善已上
제도 순문 절제 등 사 개 견 대신 이 부주 지 사 솔 용 가선 이상

官. 按廉使 統軍民之政 操賞罰之權 其責重矣 位反居下 奔命
관 안렴사 통 군민 지 정 조 상벌 지 권 기책 중의 위 반 거하 분명

於節制 呈參於州牧 其卑微之甚 無可敬畏 而欲糾將帥之驕傲
어 절제 정 참 어 주목 기 비미 지 심 무가 경외 이 욕 규 장수 지 교오

守令之貪殘 輕重倒置 勢必不行 所謂尾大不掉者也. 臣等伏見
수령 지 탐잔 경중 도치 세 필 불행 소위 미대 부도 자야 신등 복견

自置按廉以來 邊鎭無獻捷之功 州縣無上最之賞 守備不嚴 爲

賊所掩者 不敢處決 撫字乖方 致民失業者 未聞按擧 不過遵用

故常 期會簿書 苟延日月而已. 欲其①興除利害 以安民生 何

可得也? 觀察使 以宰輔之尊 奉旨杖鉞 出鎭一道 而軍民官吏

望風屛氣 奉行號令 惟恐不及. 雖驕將傲吏 何敢加以陵侮 而

廢其職也? 所謂如臂使指者也. 願殿下罷其按廉 復置觀察使

其首領官 用五品已下一員爲都事 皆限以一期 以責成效 此誠

②經久之道也. 臣等又謂 民者國之本 守令爲近民之官 尤不可

不擇. 今之選用守令 上自諸君 下至各司 皆得薦擧 其選廣矣.

間或夤緣瓜葛 衆所不推者 恃其憑藉 慢法行私 流毒于民者有之

所謂城狐社鼠 人不敢動. 此無他 選用之不精也. 願自今薦人 只

許三府臺諫政曹 錄其已著之迹 實封以聞 除曾經顯秩已有名聞

者外 其新進之士 必躬親引見 問其所以安民之術 察其可用 然後

命之 則庶無冒進之弊矣. 其朝辭之日 必加面諭以寵異之 以勉

其職 以增其氣 仍令觀察使 以五事考其殿最 明其黜陟 則守令

皆得其人 而民遂其生矣. 其守令及大小使臣復命之日 必親問

民間利病 軍政得失 隨卽興利除害 則聰明日廣 而治平可期矣.

上允之. 若其罷按廉而復置觀察使 則依經濟六典 更相迭遣.

壬辰 上獻良馬于太上殿.

癸巳 上以冕服率百官 偕祝孟獻等 行賀禮于殿庭. 以至日也.

仍宴使臣.
잉 연 사신

乙未 雷電.
을미 뇌전

監生相安押四運馬一千匹還. 安不受上所贈馬 求贐行詩 河崙
감생 상안 압 사운마 일천 필환 안 불수 상 소증 마 구 신행시 하륜

權近等 集文士所作詩四韻或長篇 成軸以贈.
권근 등 집 문사 소작 시 사운 혹 장편 성축 이증

庚子 命令司平府事河崙等入對. 崙及右政丞李茂 判承樞府
경자 명영 사평부 사 하륜 등 입대 륜급 우정승 이무 판 승추부

事趙英茂等上階揖而後進 上從容言曰: "階上階下揖 何時之禮
사 조영무 등 상계 읍 이후 진 상종용 언왈 계상 계하 읍 하시 지례

歟?" 直進直退 無乃可乎? 此必元朝之禮也." 崙曰: "元朝之禮
여 직진 직퇴 무내 가호 차필 원조 지 례야 륜왈 원조 지례

拜與跪耳. 此乃唐宋之禮也." 上又問: "前朝太祖之興 値中國何代
배여 궤이 차내 당송 지례야 상 우문 전조 태조 지흥 치 중국 하대

乎?" 崙曰: "前朝太祖受命於晋 中國五代時也." 上又問: "新羅
호 륜왈 전조 태조 수명 어진 중국 오대 시야 상 우문 신라

當中國何代而開國乎?" 崙曰: "新羅當漢宣帝五鳳元年而開國."
당 중국 하대 이 개국 호 륜왈 신라 당 한 선제 오봉 원년 이 개국

時 申聞鼓適成 茂曰: "設申聞鼓美矣 誣擊者或有之." 崙曰: "擊
시 신문고 적성 무왈 설 신문고 미의 무격 자 혹 유지 륜왈 격

申聞鼓之法 實則聽之 虛則罪之 越訴而擊者 亦如之. 如外方之
신문고 지 법 실즉 청지 허즉 죄지 월소 이 격자 역 여지 여 외방 지

人 訴于守令 守令不明斷 則訴於觀察使 又訴於憲府 憲府又不
인 소우 수령 수령 불 명단 즉 소어 관찰사 우 소어 헌부 헌부 우불

明決而後擊之 故官吏決民之訟 恐聞于上聰 盡心精察 民受其福
명결 이후 격지 고 관리 결 민지송 공문 우 상총 진심 경찰 민 수 기복

實子孫萬世之良法也. 願命有司行之." 上曰: "可." 上又問曰:
실 자손 만세 지 양법 야 원명 유사 행지 상왈 가 상 우 문왈

"登聞鼓始於何代?" 崙曰: "始於宋朝." 上曰: "宋朝之前 亦有之
등문고 시어 하대 륜왈 시어 송조 상왈 송조 지전 역 유지

乎?" 崙曰: "此乃三代之法也." 上曰: "然. 進善之旌 亦類此矣."
호 륜왈 차내 삼대 지법야 상왈 연 진선 지정 역 유 차의

司諫院進時務數條. 疏曰:
사간원 진 시무 수조 소왈

'臣等歷觀前世 災異之興殆不許生. 人君苟能省躬修政 可以
신등 역관 전세 재이 지흥 태불 허생 인군 구능 성궁 수정 가이

轉災爲祥 天人之應 捷於影響. 其已然之迹 著在簡策 殿下常於
전재 위상 천인 지응 어 영향 기 이연 지적 저재 간책 전하 상어

經筵 熟講而深得其旨矣. 是以每遇天譴 引咎求言 遣使問民 其
<small>경연 숙강 이심득 기지 의 시이매우천견 인구 구언 견사 문민 기</small>

飭躬願治之心 可謂誠且切矣. 然而災變未已 又於仲冬之月 天
<small>칙궁 원치 지심 가위 성차절 의 연이 재변 미이 우 어 중동 지월 천</small>

大雷動以雨 陰陽乖戾 變莫甚焉. 臣等竊謂殿下雖獨戒愼於上 以
<small>대뢰 동이우 음양 괴려 변 막심 언 신등 절위 전하 수독 계신 어상 이</small>

修敬天勤民之政 其所與共天位治天職者 多不得其人 曠官廢職
<small>수 경천 근민 지정 기소여공 천위 치천직 자 다 부득 기인 광관 폐직</small>

民怨於下 神怒於上 以傷二氣之和. 天之降譴 蓋以是也. 且人之
<small>민원 어하 신노 어상 이상 이기 지화 천지 강견 개 이시 야 차인 지</small>

材能 各適其用而不能相通. 是以儒者不通於軍旅 武人不習於
<small>재능 각적 기용 이 불능 상통 시이 유자 불통 어 군려 무인 불습 어</small>

俎豆. 苟易其任 必敗其事. 臣等請言其略. 禮曹奉常等官 職掌
<small>조두 구 역 기임 필패 기사 신등 청언 기략 예조 봉상 등 관 직장</small>

禮樂而治神人和上下 其任重矣 苟非通古今明禮樂者 不可虛授.
<small>예악 이 치 신인 화 상하 기임 중의 구 비통 고금 명 예악 자 불가 허수</small>

今禮曹典書李和英 李玄 議郞許衡 奉常判事辛有定 崔允祐 令
<small>금 예조 전서 이화영 이현 의랑 허형 봉상 판사 신유정 최윤우 영</small>

朴質等 漫不知禮樂爲何事 至若書雲之金天錫 趙愼言 典醫之
<small>박질 등 만 부지 예악 위 하사 지약 서운 지 김천석 조신언 전의 지</small>

李思謹 司譯之金乙雨等 是皆不適其任者也. 其他苟天祿廢天工
<small>이사근 사역 지 김을우 등 시개 부적 기임 자야 기타 구 천록 폐 천공</small>

者 不可枚擧. 願勅尙瑞司 上自典書 下至參外 甄別其才 量能
<small>자 불가 매거 원칙 상서사 상자 전서 하지 참마 견별 기재 양능</small>

換授 務稱其職: 其幼弱者 罷軟無良者 怠於職事者 不問權貴
<small>환수 무 칭 기직 기 유약 자 파연 무량 자 태 어 직사 자 불문 권귀</small>

子弟 盡行罷去 廣詢三府臺諫政曹 薦其才能者授之 則庶官得
<small>자제 진행 파거 광순 삼부 대간 정조 천 기재능 자 수지 즉 서관 득</small>

其人. 而其薦人之道 又有弊焉. 古者薦人於朝 猶恐人知 蓋惡
<small>기인 이 기 천인 지도 우 유폐 언 고자 천인 어조 유공 인지 개오</small>

其權出於己也 若唐婁師德之於狄仁傑之類是也. 今也不然 薦人
<small>기권 출 어기 야 약 당 누사덕 지어 적인걸 지류 시야 금야 불연 천인</small>

則猶恐人之不知 至爲標名官案 恬不爲愧 蓋幸其權在於己也. 其
<small>즉 유공 인지 부지 지위 표명 관안 염 불위 괴 개행 기권 재 어기 야 기</small>

標名官案者 不爲姻婭 必其恩舊 此豈人臣進賢之道哉? 自今
<small>표명 관안 자 불위 인아 필 기 은구 차기 인신 진현 지도재 자금</small>

薦人者 毋使人知 錄其行能 實封以聞 其有新進之士 必引見察其
<small>천인 자 무사 인지 녹 기행능 실봉 이문 기유 신진 지사 필 인견 찰기</small>

可用 然後下尙瑞司用之 薦狀毋洩於下 以示用人至公之道. 且今
<small>가용 연후 하 상서사 용지 천장 무설 어하 이시 용인 지공 지도 차금</small>

天佑國家 方啓興運 用人之道 在所當正. 奈何薦之失其法 用之
_{천 우 국가 방계흥운 용인지도 재 소당정 내하 천지실기법 용지}

非其任 人材不效 庶績不擧 以致上天之譴告乎? 竊爲昭代惜之.'
_{비 기임 인재 불효 서적불거 이치 상천 지 견고 호 절위 소대 석지}

辛丑 上卽詣太上殿. 太上遣中使召之也. 太上詳說潛邸時事及
_{신축 상즉예 태상전 태상견중사소지야 태상 상설 잠저 시사급}

戊辰年回軍 化家爲國等事 日暮 上還宮. 太上王將幸逍遙山 欲
_{무진년 회군 화가위국 등사 일모 상환궁 태상왕 장행 소요산 욕}

不使人知 因夜動駕 上於是夕 又詣太上殿 太上王不果行.
_{불사인지 인야동가 상어시석 우예 태상전 태상왕 불과행}

甲辰 御經筵. 知經筵事權近 試讀官金瞻等 進講大學衍義罷
_{갑진 어경연 지경연사 권근 시독관 김첨 등 진강 대학연의 파}

賜酒果. 上與近臣言曰: "火焰點于臂 則孰不欲疾去之哉? 其在
_{사주과 상여근신언왈 화염점우비 즉숙불욕질거지재 기재}

戊寅年間父王病篤之時 群奸用事 忌我兄弟 禍機之發 在於呼吸
_{무인년간 부왕병독지시 군간용사 기아형제 화기지발 재어호흡}

之頃 其勢豈啻火焰點臂之急哉? 幸與二三同志 出萬死計 出其
_{지경 기세기시 화염점비지급재 행여이삼동지 출만사계 출기}

不意而先發制之 一夜之間 雲合響應 群奸伏誅 大事以定. 其初
_{불의이선발제지 일야지간 운합향응 군간복주 대사이정 기초}

但求生活 豈敢有一毫希冀之心哉? 緣此而遂至今日 非予本心.
_{단구생활 기감유일호희기지심재 연차이수지금일 비여본심}

實賴天之所佑 豈人力之所及哉? 今內受父王之責 外得群議之
_{실뢰 천지소우 기인력지소급재 금내수부왕지책 외득군의지}

洶洶 罔知所爲 夙夜祇懼耳."
_{흉흉 망지소위 숙야지구이}

乙巳 上贈祝孟獻良馬 孟獻不受 托言吾不求馬 蓋嫌馬之老也.
_{을사 상증 축맹헌 양마 맹헌불수 탁언 오불구마 개혐 마지로 야}

上知其意 使通事李玄贈良馬 孟獻曰: "吾不求馬 故不受 殿下又
_{상 지 기의 사통사 이현 증양마 맹헌왈 오불구마 고불수 전하우}

送此馬 何也?" 玄曰: "此馬 壯且調習善步 故爲貺耳." 孟獻乃受.
_{송차마 하야 현왈 차마 장차조습선보 고위황이 맹헌내수}

丁未 罷司諫院官職. 司諫院仕本院 司憲府會興國寺. 諫院
_{정미 파 사간원 관직 사간원 사본원 사헌부 회 흥국사 간원}

皁隷 適至興國寺門外彷徨 憲府疑其將劾己也 乃劾司諫尹思修
_{조례 적지 흥국사 문외 방황 헌부의기장핵기야 내핵 사간 윤사수}

金瞻 知司諫成發道 舍人趙叙 獻納權壎 正言鄭安止 韓皐等
_{김첨 지사간 성발도 사인 조서 헌납 권훈 정언 정안지 한고 등}

上疏以爲: '司諫尹思修等 以諫臣 會黑店 彌勒寺等處 呼倡妓
_{상소 이위 사간 윤사수 등 이간신 회 흑점 미륵사 등처 호 창기}

宴飮過夜 宜置於罪.' 獻納韓承顔 適有故不仕 聞同僚被劾 驟入

直廬 使皀隷把門 不納劾書 反劾大司憲李至 掌令朴翱 李蟠

持平金峙 宋興 至等曰:"諫院皆被劾 誰劾我等乎?"不受 掾吏

皀隷等强致之. 李蟠 金峙 宋興等 令所由執諫院吏隷 囚于

刑曹獄. 承顔上疏以爲:'大司憲李至 曾爲司平右使 參用楮貨

之議 又參勿用之論 上疏請之. 如知其不可用 則當初獻議可也

何必待國家置署刊板 然後更議勿用之策乎? 且前大司憲李原

犯巡 爲巡官尹琮凌辱 不劾李原反劾尹琮 是豈合居憲府之任

乎?'上曰:"憲府有罪 卽劾請罪可也. 今被憲府之劾 然後請罪

晩矣."不允. 憲府以承顔不服罪 反劾憲府上疏請罪 幷罷之.

戊申 霧氣如春 霜附木.

監生郭瑄 劉榮等 齎馬價紗羅綾段來 上如太平館 設慰宴.

承樞府聚府兵及受田牌于毬庭. 承命分老少强弱也.

己酉 氣暖如春. 明日亦如之.

命議政 司平 承樞三府及吏兵曹 司憲府司諫院 各擧賢才. 上

因諫院之疏 令左代言李升商 傳旨政府曰:"選用人才 爲治之要.

今當都目政 三府及臺諫政曹 各擧所知自前典書以下六品以上

才兼文武及臨民禦侮 有一藝可當職任者."

庚戌 上如太平館 宴使臣及監生.

命掌令朴翱 問刑曹擅執甲士之故. 甲士一人 騎馬過各司侍立

處 刑曹執而縛之. 安城君李叔蕃以聞 上曰: "甲士雖有罪 有司
처 형조 집 이 박지   안성군 이숙번 이 문 상왈   갑자 수 유죄 유사

不可擅執. 今刑曹不請而執之 固有罪矣. 予若直罪刑曹 人必謂
불가 천집   금 형조 불청 이 집지 고 유죄 의   여약 직죄 형조 인 필위

予重甲士 而輕法官也." 乃召翶使問之 司憲府乃劾刑曹佐郞金鬪
여중 갑자 이 경 법관 야   내 소 고 사 문지   사헌부 내 핵 형조 좌랑 김천

遣吏守直. 臺省刑曹 劾有重罪人 必遣吏卒守其家 使不得出入
견 리 수직   대성 형조 핵 유 중죄인 필 견 이졸 수 기가 사 부득 출입

名曰守直 恐其逃也.
명 왈 수직 공 기 도 야

中夜 太上王幸逍遙山. 上欲送于門外 不及.
중야 태상왕 행 소요산   상 욕송 우 문외 불급

辛亥 命申嚴把門之禁. 上語趙涓曰: "把門虛疎久矣. 婦女無時
신해 명 신엄 파문 지금   상 어 조연 왈   파문 허소 거의   부녀 무시

出入 甚不可也. 自古宮中之亂 未嘗不自宦侍與婦女出也."
출입 심 불가 야   자고 궁중 지란 미상 불자 환시 여 부녀 출야

禁臺諫員互相報復. 議政府上疏 略曰:
금 대간 원 호상 보복   의정부 상소 약왈

'臺諫之任 獻替糾察 以行公道 以正朝廷 故每當除授 必重
대간 지임 헌체 규찰 이행 공도 이정 조정 고 매당 제수 필중

其選. 近年以來 臺諫員或有公罪 其中一員被彈劾 則其餘員等
기선   근년 이래 대간 원 혹 유 공죄 기중 일원 피 탄핵 즉 기여 원등

必欲求疵 反加劾問 以行報復 故一有過誤則不論輕重 並加劾責
필 욕구 자 반가 핵문 이행 보복 고 일유 과오 즉 불론 경중 병가 핵책

以爲得計. 非惟士習不美 因此廢職 以負重任之意. 今後臺諫
이위 득계   비유 사습 불미 인차 폐직 이부 중임 지의   금후 대간

員吏犯公罪 當該一員問備劾實申聞如前 不顧己非 爭相報復者
원리 범 공죄 당해 일원 문비 핵실 신문 여전 불고 기비 쟁상 보복 자

標付過名 終身不敍.'
표 부 과명 종신 불서

上允 乃曰: "今後犯令 以不從王旨論."
상 윤 내왈   금후 범령 이 부종 왕지 논

壬子 宴使臣及監生于無逸殿. 祝孟獻手畵簇子二雙 且皆著詩
임자 연 사신 급 감생 우 무일전   축맹헌 수 화 족자 이쌍 차 개 저시

以獻.
이 헌

甲寅 罷內庫請臺法
갑인 파 내고 청대법

| 원문 읽기를 위한 도움말 |

① 其는 한문의 뉘앙스 번역에서 대단히 중요하다. 일단 추측이나 의문문
기
에 其가 있을 때는 십중팔구 '아마도'라는 뜻이다. '그'라고 옮겨서는 안
기
된다. 그래서 여기서도 좀 더 그 뜻을 강하게 해서 '혹시라도'라고 옮
겼다. 문장 끝에 어조사 歟나 與가 있을 경우 동사 앞에 있는 其는 거의
여   여   기
100퍼센트 '아마도'의 뜻이라고 보면 된다.

② 誠은 주로 '진실로', '참으로'의 뜻으로 쓰이는데 固나 苟도 같은 뜻으로
성   고   구
쓰이는 경우가 많다. 亦도 종종 같은 뜻으로 사용된다.
역

태종 1년 신사년
12월

十二月

을묘일(乙卯日-1일) 초하루에 조회가 끝나자 (상이) 사평부 영사 하륜, 좌정승 김사형, 우정승 이무를 불러 함께 식사를 했다[侍食].
시식

○ 사헌부에서 소를 올려 경상도 안렴사 안노생(安魯生), 허주(許周)가 공면(貢緜-공물로 올리는 솜)을 제때에 바치지 않은[失時] 죄를
실시
청했으나 윤허하지 않았다. 상이 말했다.

"노생은 면공(緜貢)을 이미 정하고서 서울로 돌아왔고, 허주는 외방(外方-지방)의 중임(重任)을 받았으니 모두 논죄하지 말라."

정사일(丁巳日-3일)에 태백성이 낮에 보였는데 7일 동안 이어졌다.

무오일(戊午日-4일)에 날이 저물 무렵 동쪽에 붉은 기운[赤氣]이 있
적기
었는데 하늘을 가로질렀다[橫天].
횡천

기미일(己未日-5일)에 사헌부 대사헌 이지 등이 소를 올려 몇 가지 조목을 진술했는데 소는 이러했다.

'하나, 집안 사당[家廟]의 법식은 엄격하지 않을 수 없습니다. 옛날
가묘
에 부모를 섬기는 자는 살아 계실 때는 그 효를 다하고 돌아가시면 마땅히 살아서 봉양하던 것보다 두텁게 하여 부모 섬기기를 살아 계실 때 하던 것처럼 하되 죽을 때까지 게을리하지 않았으니 이는 그

부모를 돌아가시지 않은 것으로 여기는 뜻입니다. 부도(浮屠)¹의 속화설(速化說)²이 퍼지면서부터 사람의 자식된 자가 간사한 말에 혹하여 부모가 돌아가시면 부처에게 부모를 천거해 천당(天堂)에서 살 수 있다고 여겨 상을 끝마친[除喪] 뒤에는 공허(空虛)한 것으로 치부해 더 이상 사당을 세워 섬기지 않으니 그 때문에 국가에서 풍속이 날로 각박해지는 것을 염려해 매번 명령을 내려[下旨] 반드시 집안 사당을 설치하라는 영(令)을 앞세워 백성의 백성다움이 두터운 데로 돌아가게 하려고[民德之歸厚]³ 한 지가 이미 1년이 됐습니다. 그러나 그것을 즐겨 행하는 자가 없으니 이는 대개 이단의 사설(邪說)이 굳어져 깰 수가 없고 또한 간혹 사당을 베풀고 설치하는 방법을 아직 모르기 때문입니다. 신 등이 가만히 말씀드리건대 왕성(王城-도성)은 풍속 교화[風化]의 원천이요, 다스림을 내는[出治] 근본이니 (도성 안) 사대부의 집으로 하여금 먼저 그것을 행하게 한 다음에 그 나머지에 이르게 한다면 어찌 행해지지 않는 바가 있겠습니까? 또 도성(都城) 안은 집이 비좁아 사당을 두기가 어려우니 따로 궤(櫃) 하나를 만들어 신주(神主)를 넣어서 깨끗한 방[淨室]에다 두게 해 간편함을 따르게 하고 지방의 경우에는 각각 주(州), 부(府), 군(郡), 현(縣)의 공아(公衙-관청) 동쪽에 임시로 사당(祠堂)을 설치해 명(命)을 받

---

1 여기서는 그냥 불교라는 뜻이다.

2 사람이 죽으면 속세와는 인연이 곧장 끊어진다는 불교의 설이다.

3 이는 『논어(論語)』 「학이(學而)」편에서 증자가 한 말이다. 증자는 말했다. "부모님의 상을 삼가서 치르고 먼 조상까지도 잊지 않고 추모하면 백성의 백성다움이 두터운 데로 돌아갈 것이다[愼終追遠 民德歸厚矣]." 원래 이는 임금이 그렇게 한다면 백성들도 보고 배워서 더욱 백성으로서의 도리를 두텁게 할 것이라는 말이다.

고 나가는 수령이 적장자(嫡長子)라면 신주(神主)를 받들고서 부임하게 하고, 적장자가 아니면 또한 주현의 사당에서 지방(紙榜)을 써서 행례(行禮)하게 해야 합니다. 조정에 있든지 지방에 있든지 사당의 제사를 주관하는 자는 매일 새벽에 일어나 분향재배(焚香再拜)하고, 나가고 들어올 때에는 반드시 고(告)하게 해야 합니다. 모든 제의(祭儀)를 한결같이 『문공가례(文公家禮)』[4]에 의거해 아랫사람들에게 보인다면 억지로 권면함을 기다리지 않고서도 자연스럽게 교화가 백성들에게까지 미칠 것입니다. (그렇게 한다면) 비록 평소에 사당을 세우지 않은 자라도 반드시 이로부터 그런 뜻을 불러일으킬 것입니다. 서울에서는 내년 정월부터, 지방에서는 2월부터 시작해 이를 거행하게 하고 그것을 따르지 않는 자는 헌사에서 규찰하고 다스려[糾理] (면저) 파직하고서 그다음에 계문(啓聞-보고)하게 해야 합니다.

하나, 사면[赦=宥]이란 것은 소인에게는 다행이요 군자는 불행하게 여기는 것입니다. 그래서 사면령이 없는 나라는 그 정사가 반드시 공평하여 다스리는 도리는 선한 것을 권하고 악한 것을 징계하며 뛰어난 사람을 쓰고 그릇된 사람을 버리는 데에 있습니다. 공손히 생각건대 전하께서 천조(踐祚)하신[5] 이래로 예제(禮制)가 닦아져 밝아

---

4   중국 송나라 주희가 유가(儒家)의 예법의장(禮法儀章)에 관해 상술한 책이다. 관(冠), 혼(婚), 상(喪), 제(祭) 사례(四禮)에 관한 예제(禮制)로서 『주자가례(朱子家禮)』라고도 하는데 그것은 조선시대에 이르러 주자학이 국가 정교(政敎)의 기본 강령으로 확립되면서 그 준행(遵行)이 강요돼 처음에는 왕가와 조정 중신에서부터 사대부(士大夫)의 집안으로, 다시 일반 서민에까지 보편화되기에 이르렀다. 그러나 송대(宋代)에 이루어진 이 가례가 조선의 현실과 맞지 않아 많은 예송(禮訟)을 야기시키는 원인이 됐으며 주자학과 함께 조선이 세계 문물에 뒤지는 낙후성(落後性)을 조장하기도 했다.
5   임금 자리에 오른다는 뜻이다.

지고 형벌과 상이 공평함을 얻어 지극한 다스림의 성대함[致治之盛]이 예전만 못함이 없습니다. 그러나 경절(慶節-경사로운 날)을 당하거나 재이(災異)를 만날 때마다 반드시 사면령[赦宥]을 내리시니 어진 은택[仁恩]이 미치는 바가 (너무나도) 넓습니다. 대저 보통 사람의 정(情)은 처음 만나고 두 번 만나면 그 마음이 변하지만 세 번 만나게 되면 그 마음이 평상시와 같아집니다. 그래서 나쁜 짓을 하는 마음이 고쳐지지 않을[不悛] 뿐만 아니라 혹은 사면령이 가까운 날을 기다려서 또 그 나쁜 짓을 마구 행하면 간사하고 속이는 풍속이 어디로부터 없어지겠습니까? 이에 마침내 선한 자는 게을러지고 악한 자는 방자해져서 거듭 하늘과도 같은 마음[天心]을 잃게 될 것이니 불가함이 크다고 할 것입니다. (또) 재앙을 그치게 하는 도[弭災之道]에 있어서는 어떠합니까? 대개 어짊과 은혜[仁恩]가 너무 지나쳐 형사(刑事)와 정사(政事)가 닦아지지 않는다면 결코 작은 연유[細故]가 아닙니다. 바라건대 자주 사면령을 내려 소인을 다행하게 해서는 안 될 것입니다.

하나, 곁에서 모시고[陪奉] 행차하실 때 각사에서 시위하는 반열을 보면 시신(侍臣)이 대가(大駕)에 가장 가깝고, 의정부와 육조 각품(品) 및 참외(參外)가 차례대로 따르고 감찰 두 사람이 뒤를 따라 검찰하기 때문에 그 반차(班次)6에 있어 고과(考課)하는 바가 없어 행렬이 들쑥날쑥하고 앞뒤가 차서(次序)를 잃어 불경스러움이 큽니다. 바라건대 지금부터 수반(隨班)의 고과는 형조가 비록 탄핵의

---

6 품계나 신분, 등급의 차례를 가리킨다.

직임은 아니나 법을 집행하는[執法] 관사로서 각 품 속에 있으니 행렬을 잃고 차서를 떠나는 것을 살피게 하고 심히 불경스러운 자는 영사(令史)를 보내 곧장 헌사에 달려가 아뢰어 헌사에서 불법을 규찰 처리하게 하면, 조반이 엄숙한 질서[肅穆]를 지킬 것입니다.

하나, 서북면(西北面-평안도)은 나라의 울타리이자 병풍[藩屛]이니 다른 도들에 비할 바가 아닙니다. 지난해 백성들이 농업에 실패해 기근(飢饉)이 거듭[洊] 이르고 올해는 사신 왕래의 빈번함이 다른 때의 배나 되며 재백(財帛)의 운송과 마필의 공헌(貢獻)[7]이 전후로 끊이질 않아 그 송영(送迎)하고 공억(供億-접대)할 때 수령의 분주함과 아전의 곤궁함은 이루 다 말할 수가 없습니다. 만일 이들을 진휼하고 포상하지 않는다면 (그곳) 선비와 백성들이 실망할 것입니다. 바라건대 미리[預] 명년에 진휼하고 꾸어줄 의견을 내리시어 백성들의 생명을 살리시고 해당 관(官)에 있는 자는 개월(箇月)의 상례(常例)에 구애치 마시고 능하고 능하지 못한 것을 포폄의 차례로 하여 어떤 자는 경관(京官-내직)에 뽑아 쓰시고 어떤 자는 작질을 높여 그대로 지키게 하여 수령들의 마음을 진작시켜야 할 것입니다.'

의정부에 내려 토의한 다음에 보고토록 했다. 정부가 사평부, 승추부와 함께 의견을 모았다.

"집안 사당(가묘)의 제도는 예전(禮典)을 상고해보면 수령 및 명을 받고 사자로 나가는 자가 신주를 받들고 부임하는 예가 없습니다. 한

---

7   재백은 중국이 말값으로 싣고 오는 것이고 마필은 조선이 보내는 말을 끌고 가는 것이다.

결같이 『경제육전(經濟六典)』에 의거해 장신(狀申) 안에 정한 시기대로 서울과 지방에서 거행하게 해야 합니다. 또 자주 사면령을 내리지 말자는 것은 마땅히 장신의 뜻대로 해야 합니다. 모시고 수반할 때에 비위(非違)가 있는 자는 형조로 하여금 직접 고찰하게 하고 헌사에 달려와 아뢰지[馳告] 않도록 해야 합니다. 서북면에 진제(賑濟)
하자는 것은 지난 9월 어느 날에 사간원의 장신으로 인해 삼부가 함께 토의해 수판(受判)한 내용대로 한결같이 시행하면 됩니다. 수령을 개월에 구애하지 말고 탁용하자는 일도 또한 『경제육전(經濟六典)』에 의거하는 것이 곧 편리할 것입니다."

그대로 윤허했다.

○사평부 영사 하륜, 좌정승 김사형, 우정승 이무, 승추부 판사 조영무, 한평군(漢平君) 조연 등이 (상을) 모시고 식사를 했다. 륜이 아뢰어 말했다.

"예전의 유생은 도학(道學)을 중하게 여겼는데 지금의 유자(儒者)는 겨우 의의(疑義)[8]와 책문(策問)[9]으로 시험에만 합격하여 출세할 길을 삼고 다시는 힘써 배우지 않으니 이름은 유생이건만 실제로는 아는 것이 없습니다. 또 본조(本朝)는 대대로 중국을 섬겨서 문학(文學)[10]

---

8 경서(經書)의 구절을 해석하고 일정한 논리를 세우는 시험 형식의 하나다. 『경국대전(經國大典)』 「예전(禮典)」에 따르면 시험 과목 가운데 의(疑)와 의(義)가 있는데, 의(疑)는 사서의(四書疑)로 사서(四書) 중에서 출제했으며, 의(義)는 오경의(五經義)로 오경(五經) 중에서 출제됐다. 그러나 의제(疑題)와 의제(義題) 두 가지는 혼용돼 의의(疑義)로 쓰이는 경우도 많았다.

9 문과(文科) 시문(試問)의 한 가지로 곧 시무책(時務策)을 묻는 시험이었다.

10 현대적 의미의 문학이 아니라 유학을 가리키는 말이다.

으로 이름이 났으니 학술을 중하게 여기지 않을 수 없습니다. 바라건대 급제한 문신들을 친히 시험하시어 그 고하(高下)의 차례를 매겨 후세 사람들을 장려하셔야 합니다."

상이 말했다.

"경의 말이 옳다. 내 장차 직접 그들을 시험하겠다."

계해일(癸亥日-9일)에 안개가 끼고 서리가 나무에 붙었다.

○ 의정부 영사 이서(李舒), 총제 안원(安瑗) 등이 경사(京師)에서 돌아왔다. 서(舒) 등이 『대학연의(大學衍義)』, 『통감집람(通鑑集覽)』,[11] 『사림광기(事林廣記)』[12] 각 1부(部), 각궁(角弓) 2장(張), 색사(色絲) 2근(斤)을 올렸다. 또 아뢰어 말했다.

"『황명예제(皇明禮制)』[13]를 예부에 청했더니 답하기를 '중국의 예제는 번국(藩國)에서 행할 수 없다'고 했고 면복을 청했더니 '주문(奏聞)하면 마땅히 만들어 보내겠다'고 했으며 관제를 고치기를 청했더니 '주문하면 허락하겠다'고 했습니다. 신이 경사에 있으면서 황제가 군사를 친히 점검하는 것[親點]을 보았습니다. 사람들이 말하기를 장차 연왕(燕王-훗날의 영락제)을 치려는 것이라고 했습니다."

○ 이직(李稷)을 의정부 찬성사로, 권근(權近)·최유경(崔有慶)을 의정부 참찬사로, 이지(李至)를 의정부 지사 겸 대사헌으로, 이문화(李

---

11 주희의 『통감강목』을 풀이한 왕유학(王幼學)의 『통감강목집람(通鑑綱目集覽)』을 가리킨다.

12 12세기 무렵 중국에서 간행된 일종의 백과사전이다.

13 명나라의 공식 예서다.

文和)를 예문관 대제학으로, 윤저(尹柢)를 사평 우사로, 임정(林整)을 경상·전라·충청도 도체찰사 겸 수군도절제사·조운염철사(漕運鹽鐵使)로, 진의귀(陳義貴)·김이음(金爾音)을 좌우 사간(左右司諫)으로, 노한(盧閈)을 사간원 지사로 삼고, 환자(宦者-환관) 안거(安居)를 가정(嘉靖)[14] 내시부 판사(內侍府判事)로, 이용(李龍)을 가선(嘉善)[15] 내시부 동판사(同判事)로 삼았다.

○ 의정부 문학(文學)을 고쳐 지사(知事)로 하고 이때부터 문무관을 교대로 임명했다.

○ 상이 태평관에 가서 사신과 감생 등에게 잔치를 베풀었다. 감생 유영(柳榮)이 장차 돌아가기 때문에 전별(餞別)한 것이다. 축맹헌이 시 두 수를 지어 상에게 올렸다. 시는 이러했다.

빈관(賓館)에 머무른 지 10순(旬)이 지났는데
번부(藩府)에서 자주 취하는 것 어쩌리.
돌아가는 흥취는 이미 평양 길 앞질렀고
떠나는 정은 깊이가 한강의 물결 같아라.
담비 갖옷[貂裘]은 족히 심한 추위의 위력을 막을 수 있고
초구
용마(龍馬)는 능히 무비(武備)를 도와주도다.
또 어느 날에 말술로 마음을 논하리요
머리 돌려 높은 노래 생각하는 것 감당할 수 있으리오.

---

14 종2품 대부 명칭이다.

15 종2품 대부 명칭이다.

또 하나는 이러했다.

　　맑은 가을 여관에서 또 봄을 만났는데
　　경화(京華-도읍)로 머리를 돌리니 자주 꿈에 들어온다.
　　칼과 창이 문(門)에 깊으니 번부(藩府)가 고요하고
　　피리와 노래소리 드높으니 비단자리 새롭다.
　　의관은 모두 중국 제도이고
　　풍속은 아직도 상고의 순박함이 남아 있도다.
　　옥백(玉帛)을 가지고 왕정(王庭)¹⁶에 올 날이 꼭 있으리라.
　　맑은 하늘에 손을 끌며 정(情)이 더욱 깊어지리라.

(같은 날 다른 자리에서) 맹헌이 말했다.

"황제께서 칙하여[勅] 말값으로 보내신 것이 많은데 말을 바꾼 것
[換馬＝易馬]은 크게 적으니 내가 장차 어떻게 대답을 해야 합니까?"

상이 이를 보고받고 지신사 박석명에게 명해 맹헌에게 이렇게 전
하도록 했다.

"바꾼 말이 적다 하니 우리나라에서 다시 200필을 갖춰 바칠 수
있도록 천사(天使)께서는 조금 더 머물러 기다리시오."

맹헌이 말했다.

"국왕께서 내 말을 전해 들으시고 이런 말씀이 있은 모양인데 이처

16　원래는 중국에서 흉노의 왕궁을 가리키는 말이다. 여기서는 번국의 왕궁, 즉 조선의 왕
　　궁을 가리킨다.

럼 하면 마치 말을 구걸해서 돌아가는 것이오. 내 어찌 감히 그러겠습니까?"

을축일(乙丑日-11일)에 우레가 쳤다. 나무에 서리가 눈처럼 내려앉았다. 짙은 안개[沈霧]¹⁷가 종일 계속됐다.
<small>침무</small>

○ 의정부에 명해 경상도 안렴사에게 이문(移文)해서 합주지사(陜州知事) 윤목(尹穆)의 죄를 살피게 했다[按]. 애초에 합주의 몽계사(夢溪寺) 중이 백종법석(百種法席)¹⁸을 베풀기 위해 매우 잘 준비했다. 목(穆)이 이를 듣고 사람을 보내 때려치우고 그 절에서 비축한 곡식 300여 석을 가져다 모자라는 잡공(雜貢)을 보충하고 그 나머지는 향교(鄕校)에 주었다. 태상왕이 신암사(新菴寺)에 행차했다가 중의 무리가 옆방에서 이야기하는 말을 벽 사이로 듣고 노하여 상에게 사람을 보내 전했으므로 상이 정부로 하여금 그것을 알아보게[問] 했다.
<small>문</small>

○ 승추부 판사 조영무가 전(殿)에 올라 일을 아뢰니[啓事] 상이 물었다.
<small>계사</small>

"조정(朝廷-중국)에서 바꾼 말을 운(運)을 나누어 들여보낼 때 잘 먹이지 못해 지쳐서 죽게 되므로 이미 서북면(西北面)에 영을 내려 제대로 걷지 못하는 말들은 머물러두고 먹이게 했는데 그 수가 몇 필이나 되는가?"

---

17 지척을 분간할 수 없을 경우를 침무라 했다. 조선시대에는 흑무(黑霧), 침무(沈霧), 연무(煙霧), 황무(黃霧), 운무(雲霧) 등으로 구별했다.

18 음력 7월 15일, 곧 백중(百中)에 설법(說法), 강경(講經), 독경(讀經) 등을 열었던 불교 행사를 말한다.

영무가 제조(提調-책임자)이면서 제대로 대답하지 못했다.

병인일(丙寅日-12일)에 상이 태평관에 가서 사신에게 잔치를 베풀었다.

○ 의정부 참찬사 권근에게 명해 맹헌(孟獻)의 시운(詩韻)을 잇게 했다[賡=賡載].[19] 시는 이러했다.

　　　갱　　갱재

성사(星使)[20]가 멀리서 옥절(玉節)을 지니고 오니

(우리 같은) 작은 나라에서 기쁘고 감사한 뜻이 어떠하리오.

(폐하의) 다움[德]은 아득히 높고도 넓어[巍蕩] 하늘같이 크고

　　　　덕　　　　　　　　　　　　　　　외탕

다스림은 옹희(雍熙)[21]에 젖었으니 바다에는 물결도 일지 않도다.

조서(詔書)가 실처럼 (하늘에서) 내려와 기리고 장려함[襃奬]이 지극하고

　　　　　　　　　　　　　　　　　　　　　　　　　포장

옷감은 상자에 있으니 은총이 많도다.

구차스러운 관(館)의 대접이 부끄럽고 또 박했던 것 같으니

장차 떠나는 손님들 향한 나의 노래 들어보소.

---

19 갱재(賡載)란 원래 중국 고대의 임금인 순(舜)과 그 신하인 고요(皐陶)가 노래를 주고받음을 말한다. 갱(賡)은 잇는다는 것이고 재(載)는 짓는다는 것으로 이어서 노래를 짓는다는 뜻이다. 궁중의 연회나 시회(詩會) 등에서 시와 노래를 부를 때 다른 사람의 시가(詩歌)에 이어서 그 운율에 맞춰서 화답하는 것을 말한다. 속운(續韻)이라고도 한다.

20 황제의 사신(使臣)에 대한 존칭으로 칙사(勅使)라고도 한다. 이 말은 중국 후한(後漢)의 화제(和帝)가 익주(益州)에 두 명의 사신을 파견했는데 하늘의 모습[天象]도 이에 응해 두 별[星]이 익주 방면에 나타났다는 고사에서 유래됐다.

21 천하가 조화롭고 밝게 태평성대를 이룬다는 말이다.

또 이러했다.

> 필력이 능히 조화(造化)를 빚어내는 봄을 돌이켜
>
> 아름다운 글과 신묘한 그림을 자주 보내왔도다.
>
> 풍운이 손에 들었으니 흐르는 형상이 기묘하고,
>
> 성두(星斗)가 가슴속에 벌려 있으니 뜻을 명(命)하는 것이 새롭도다.
>
> 언동은 정(情)이 친밀한 것을 볼 수 있고,
>
> 의용(儀容) 또한 기운이 맑고 도타움을 깨닫겠네.
>
> 남쪽을 도모하여 한 번에 날라 하늘과 못이 넓으니
>
> 멀리 붕새의 길 바라만 볼 뿐 친근히 할 수는 없구나.

영사평(領司平) 하륜과 권근이 여러 문신들의 시를 모아 축(軸)을 만들어 맹헌에게 선물로 주었다.

○ 순군지사(巡軍知事) 곽종(郭悰)과 제공(提控)²² 김권(金縬)을 순군(옥)에 내렸다. 말값 나누기를 고르게 하지 못했기 때문이다.

무진일(戊辰日-14일)에 상이 경덕궁(敬德宮)²³에서 축맹헌 등에게 잔

---

22 조선 초기 수창궁 제거사(壽昌宮提擧司), 경복궁 제거사(景福宮提擧司), 경덕궁 제거사(敬德宮提擧司)에 속한 종7품 벼슬이다.

23 조선 경기도 개성시 남계방(南溪坊-속칭 楸洞)에 있었던 태조 이성계(李成桂)의 잠저다. 조선이 수립된 이후, 태조는 자신의 집을 증축하여 경덕궁이라 이름하고 신하들로부터 조회를 받았다. 1차 왕자의 난으로 도읍을 한때 개성으로 옮겼을 때 태종 또한 이곳에서 거주했다. 태종이 한양으로 환도한 뒤에도 이후의 왕들이 개성에 들르거나 제릉, 후릉을 참배할 때에는 이곳에서 묵었다. 한때 한명회가 이곳의 궁지기였던 적이 있다.

치를 베풀었다. 맹헌 등이 대궐에 나와 돌아갈 것을 고하니 상이 잔치를 베풀어 그들을 위로한 것이다. 영사평 하륜, 좌정승 김사형, 우정승 이무, 승추부 판사 조영무 등이 아뢰어 말했다.

"바꾸는 말은 400필을 더 바치면 됩니다. 그 400필은 뒤따라 들여보내는 것이 편할 것입니다."

상이 말했다.

"그리하라. 이 뜻을 맹헌에게 말하라."

맹헌이 말했다.

"그렇다면 지금 가지고 온 말값은 단지 6,480필의 값뿐이다. 우리들이 요동(遼東)으로 돌아가서 주문(奏聞)하여 말값을 더 보내겠습니다."

맹헌이 떠나기를 재촉하자 상이 하루 더 머물기를 청했으나 듣지 않았다. 상이 관마색(官馬色) 관원을 불러 말값의 액수를 물으니 대답했다.

"7,000필은 살 수 있습니다."

물러가 계산하여 다시 말했다.

"오직 6,480필의 값입니다."

상이 그 계산이 틀린 것에 대해 노했으나 실제로 죄를 주지는 않았다.

○ 요동지휘(遼東指揮) 하대인(河大人)이 축맹헌에게 편지를 보내[致書] 말했다.

'그대가 바꾼 말은 모두 늙고 여위고 약해 쓸 수가 없으니 무슨 까닭으로 이와 같은가?'

맹헌이 보고 화가 나서 그 편지를 상에게 바쳤다[呈]. 상이 펴 보고서 지신사 박석명을 시켜 회답해 말했다.

"말을 바꾸는 일은 우리 조정이 마음과 힘을 다해 한 것이니 천사께서도 아는 바다. 우리 조정이 좋은 말을 골라 등수(等數)를 정하고 천사가 허락한 연후에 운(運)을 지어 들여보냈다. 만일 본래부터 정말로 늙고 약했다면 천사께서 어찌 기꺼이[肯] 들여보냈겠는가? 내가 사신의 왕래로 인해 얻어 들었는데 '풀이 마를 때 요동의 관부(館夫)가 갈대[蘆草]를 거칠게 썰어서[麤] 먹이고 요동 사람들이 굶주려[飢餓] 말의 사료를 훔쳐 먹었기 때문에 살진 말도 날로 야위어 세도(帝都-제국의 수도)에 도착하는 것은 3분의 2밖에 안 된다'고 했다. (이러니) 우리 조정에서 진력(盡力)한 마음이 어디 있겠는가?"

맹헌이 말했다.

"나도 그것을 들었습니다. 우리들이 경사(京師)로 돌아가는 것은 마땅히 내일이 될 것입니다."

경오일(庚午日-16일)에 태복소경 축맹헌, 예부주사 육옹 등이 돌아가니 상이 백관을 거느리고 서교에서 전별했다. 맹헌 등이 장차 돌아가려 해 흑마포(黑麻布)·백저포(白紵布)로 노자(路資)를 주고[贐], 태상왕과 상왕도 흑마포·백저포를 주었다. 맹헌이 말했다.

"의복을 모두 국왕께서 주시어 은혜가 이미 두텁습니다. 또 무얼 이와 같이 하십니까? 요동 사람들이 알면 저더러 뇌물을 받아 말 바꾸는 데에 공평하지 못했다고 할 것이오니 누(累)가 국왕께 미칠 것입니다."

436

옹도 받지 않았다. 감생 곽선, 유영 동섬이 말했다.

"누구는 받고, 누구는 받지 않고 하면 안 됩니다."

그들도 받지 않았다. 맹헌이 수의 왕명 주계 등에게 말했다.

"너희들은 받아도 괜찮다."

두 사람은 마침내 받았다.

○ 맹헌이 처음 도착했을 때 상이 금장식 속향 대(束香帶)를 주니 이를 받아 대를 띠었다가 돌아갈 때 되돌려 보냈고 오직 놋쇠 수저[鍮匕鍮筯] 각각 10개와 은으로 된 탕관(湯罐)²⁴ 1개만 사 가지고 돌아갔다.

○ 윤곤(尹坤), 이현(李玄), 안윤시(安允時) 등을 순군옥에 내려보냈다[下]. 애초에 윤곤 등이 명나라 조정에서 말값의 수(數)를 논했는데 (이제 와서) 맹헌이 말하기를 말값은 많은데 말은 적다고 말했다.

또 육옹이 말했다.

"이직(李稷), 우사(右使)가 우리 조정에 있을 때에 말값을 논하기를 '상등 말은 단자(段子) 4필이고 중등 말은 견(絹) 10필이다'라고 했는데 지금 말값이 어찌 이토록 비싼 것이오?"

이현이 말했다.

"우사가 결코 그런 말을 한 적이 없습니다."

옹이 말했다.

---

24 물이나 약을 끓이는 작은 그릇이다.

"홍려시(鴻臚寺)²⁵에 들어가서 이 숫자로 썼고 그 문서가 있습니다."

상이 이를 보고받고서 총제 이숙번, 지신사 박석명, 대사헌 이지, 좌사간 진의귀(陳義貴), 형조전서 신호(申浩)에게 명해 잡치(雜治)²⁶하게 하니 곤(坤)과 현(玄)이 모두 불복했다. 윤시(允時)가 말했다.

"직(稷)과 곤(坤)이 홍려시에서 말값을 논하기를 '상등 말은 단자(段子) 4필이고, (중등 말은) 견(絹)으로 10필이다'라고 했고 사신이 그대로 썼습니다."

곤이 말했다.

"그렇습니다. 신 등이 잊었습니다."

○ 순군에 명해 찬성사 이직을 (경상도) 성주(星州)에서 붙잡아 서울로 오게 했다. 직이 휴가를 얻어 그의 고향 성주로 돌아갔기 때문에 이런 명이 있었다.

신미일(辛未日-17일)에 짙은 안개가 꼈다.

○ 승녕부 판사(承寧府判事) 정용수(鄭龍壽), 승녕부윤(承寧府尹) 유창(劉敞) 등이 소요산의 태상왕 행재소에 나아갔다. 용수(龍壽) 등이 문안하고 마침내 돌아와 아뢰어 말했다.

"신 등이 오래 머물면서 영선(營繕)하는 폐단을 갖추어 진달했더니 태상왕께서 말씀하시기를 '그렇지만 장차 나의 후사(後事)를 준비하려는 것이다.²⁷ 경들은 돌아가도 좋다. 내가 지금 재계를 올려야 한다. 경들의 주상(主上)은 설 뒤에 와서 보는 것이 좋겠다'고 하셨습니다."

상은 소요산에 가려 하다가 이 말을 듣고서 마침내 정지하고 설 뒤를 기다리기로 했다. (그에 앞서) 태상왕은 소요산에 이르러 근처의 본궁(本宮) 노예와 좌도(左道-경기좌도)·강원도·충청도의 가까운 고을 사람들을 징발했는데 날씨는 차갑고 얼음이 얼어 섶을 불 피워 가며 땅을 파서 터를 다지고 전(殿)을 지어 연말에 이르니 백성들이 그것을 몹시 힘들어했다.

임신일(壬申日-18일)에 이직(李稷)을 괴주(槐州)²⁸에, 윤곤(尹坤)을 (경기도) 파평(坡平)에 안치(安置)했다. 애초에 삼성(三省)²⁹이 순군에 합좌(合坐-합동회의)하여 이직과 윤곤 등의 죄를 물어 보고하니 상이 말했다.

"직과 곤은 모두 공신이다. 다른 일은 그만두고 파직만 하라. 이현 (李玄)과 안윤시(安允時)는 국가의 명을 받아가지고 겨우 돌아왔으니 [繳還] 그들의 자원(自願)에 따라 부처(付處)하라."
　　재환

현(玄)은 배주(白州)에, 윤시(允時)는 평주(平州)³⁰에 안치했다. 대간 (臺諫)이 연명(連名)으로 글을 올려[交章] 다시 직 등의 죄를 청하니 　　　　　　　　　　　　　　　　　교장
상이 말했다.

---

27 태상왕이 말하는 후사, 즉 뒷일이란 무엇인지 앞으로 눈여겨봐야 할 언급이다.
28 충청북도 괴산이다. 태종 13년부터 괴산으로 바뀌었다.
29 형조, 사헌부, 사간원을 말한다.
30 황해도 평산이다. 배주도 황해도다.

"직과 곤은 본향(本鄕-고향)에 안치하고, 현과 윤시도 또한 다른 일은 그만두고 지방에 유배 보내라[竄]."

현은 해주(海州)에, 윤시는 봉주(鳳州)에 안치했다.[31]
찬

○ 삼도(三道) 체찰사(體察使) 임정(林整)을 다시 보냈다. 애초에 상이 사평부 영사 하륜이 올린 의견을 써서 도총제(都摠制) 박자안(朴子安)을 경상도 도절제사로 삼고 임정을 삼도 도체찰사로 삼아 충청·전라·경상도의 백성들을 징발해 조선(漕船-조운선) 500척을 지으니 겨울 추위로 인해 백성들이 그것을 몹시 힘들어했다. 상이 민생(民生)의 어려움을 염려해 대호군(大護軍) 노한(盧閈)을 보내 삼도(三道) 문민질고사(問民疾苦使)로 삼아 체찰사를 소환하고 배 만드는 역사를 없앴다. 이때에 이르러 다시 정(整)에게 명하여 말했다.

"조운(漕運)하는 일을 마땅히 때에 맞게 하는 것이 어떠한가?"

정(整)이 말하기를 "지방 사람들이 사명(使命-사신의 명)을 두려워하지 않기 때문에 예전에 배를 만들다가 다 마치지 못했습니다. 바라건대 왕지(王旨)와 부월(斧鉞)을 주소서"라고 하였다. 상이 그것을 내려주었다.

계유일(癸酉日-19일)에 달이 귀성(鬼星) 남쪽 반 자[尺] 거리에 있었다.[32]
척

---

31 여기서 치(置), 안치(安置), 부처(付處), 찬(竄) 등은 모두 유배형 혹은 귀양을 뜻한다. 해주와 봉주도 황해도이고 봉주는 봉산으로 이름이 바뀌게 된다.

32 원문상으로는 '달이 귀성 남쪽에 있었는데 반 자쯤 됐다'고 옮길 수도 있다. 둘 다 관측 기구상의 거리로 보인다. 귀성은 28수 가운데 스물셋째 별자리의 별들로 대한(大寒) 때

갑술일(甲戌日-20일)에 노한(盧閈)이 복명(復命)했다.[33] 한(閈)이 아뢰어 말했다.

"충청·경상·전라도는 수재(水災)와 한재(旱災) 그리고 이른 서리[早霜]로 인해 백성들의 굶주림이 심합니다. 경상도 안렴사 안노생(安魯生)이 중국의 창고[困廩] 제도를 본떠 주(州), 부(府), 군(郡), 현(縣)으로 하여금 모두 이를 짓도록 독촉했습니다. 그 창고 제도는 반드시 나무의 굴곡(屈曲)과 장단(長短)이 같은 것으로 하기 때문에 역역(力役)이 번거롭고 무거워서 가을이 되면 밀과 보리도 파종하지 못하고 상수리 열매[橡實]도 주울 수 없어 민생의 어려움이 더욱[又] 심합니다. 또 국가에서 예전에 포(布)를 바치던 백성들에게 모두 미곡(米穀)을 바치게 하니 백성들이 10결(結)의 땅을 경작했으나 결손이 8결에 이른 자가 많습니다. 비록 손전(損田)에서 조세를 거두지 않기는 하지만 실전(實田) 2결의 소출을 가지고 근근이 납세에 충당해야 할 뿐이니 어찌 먹을 곡식이 있겠습니까?

또 국가에서 하도(下道)의 쌀을 육지로 운송하기 어렵기 때문에 바다로 수운(輸運)하고자 하여 임정을 도체찰사로 삼아 배 만드는 것을 감독하면서 굶주린 백성들이 그를 두려워하기를 호랑이같이 하여 혹은 상수리 열매로 양식을 삼고 10월에 역사(役事)에 나가 물에서 나무를 운반해 몸에는 전혀 살이 붙어 있지 않습니다. 어떤 군

해가 뜨고 질 때는 정남쪽에 나타난다.

33 명령을 받고 일을 처리한 사람이 그 결과를 보고하는 것을 복명이라 한다. 반명(反命) 혹은 반명(返命)이라고도 한다.

인 한 사람이 오랫동안 물 가운데 서 있었기 때문에 허리 아래가 다 얼어 강변에 얼마 동안[移時] 누워 있었으나 거의 죽게 됐습니다. 어떤 중이 이를 보고 불쌍히 여겨 쌀미음[米湯]을 주니 그 사람이 말하기를 '내가 이 물을 마시고 연명(連命)하여 다시 이 역사를 하란 말이냐?' 하고 땅바닥에 버리고 곧 물에 빠져 죽었다 합니다.

신이 그 사람이 죽었다는 말을 듣고 그 이름을 알려고 했으나 알아내지는 못했습니다. 백성들의 곤경과 고통[困苦]이 이런 지경에 이르렀으니 신은 삼가 예전의 법을 지켜 민생(民生)을 편하게 하는 것만 같지 못할까 합니다."

상이 말했다.

"좋은 법[良法]을 세우려고 했는데 백성들의 원망과 탄식[怨咨]이 이와 같으니 이것이 무슨 법이냐? 내가 그것들을 다 없애고자 한다."

상이 또 탄식하여 말했다.

"만일 그렇다면 내가 걸(桀)이나 주(紂)³⁴가 되겠구나!"

또 물어 말했다.

"지금 백성으로 하여금 포공(布貢)을 바치게 하면 백성들이 모두 기뻐하겠는가? 또한 제때에[及時] 바칠 수 있겠는가?"

한(閒)이 아뢰어 말했다.

"백성들이 포공을 바치기를 바라는 것은 대한(大旱)에 비를 바라는 것과 같습니다. 날짜를 정해 바치게 한다면 백성들이 모두 기뻐

---

34 중국 하(夏)나라의 걸왕(桀王)과 은(殷)나라의 주왕(紂王)을 가리키는 말로 나라를 망하게 한 장본인들이며 옛날에는 포악무도(暴惡無道)의 대명사로 쓰였다.

서 따를 것입니다."

상이 지신사 박석명을 시켜 의정부에 뜻을 전했다[傳旨].

"완전히 실농(失農)한 군현(郡縣)의 백성들은 배 만드는 역사에 이바지하지 말게 하고 창고를 열어서 진휼(賑恤)하여 굶어 죽지 않게 하라."

○ 사헌부에서 소를 올렸다.

'믿음[信]이라는 것은 오상(五常)[35]의 근원이요, 임금의 큰 다움[大德]이기 때문에 (옛말에) 이르기를 "나라는 백성에서 보전되고 백성은 믿음에서 보전된다[國保於民 民保於信]"[36]고 했습니다. 지난번에[頃者] 전하께서 특별히 신(臣) 노한을 보내 삼도(三道)의 민간 질고(民間疾苦)를 캐묻도록[咨訪] 하고서 그에게 명하시기를 "폐단에는 크고 작음이 없으니 즉시 그것들을 없애 백성들을 위로하라"고 하셨습니다. 그 위임(委任)의 무거움이 이와 같았고 또 상께서 백성들을 걱정하심이 지극히 깊고 간절했습니다. 사신이 가자 삼도 백성들이 기대하는 바는 구름과 무지개를 보듯이 했고 경상도에 이르러 공부(貢賦)를 다시 정한 폐단을 갖추어 진술하고 계본(啓本)으로 잘 정리해 아래의 실상[下情]을 위에 알리자 경상도 백성들은 집집마다 서로를 축하하며 말하기를 "우리 임금께서 백성들에게 실상을 물으시

---

35 인의예지신(仁義禮智信) 다섯 가지 큰 벼리를 말한다.

36 원래 이 말은 사마광(司馬光)이 『자치통감(資治通鑑)』에서 한 말이다. "무릇 믿음이라는 것은 임금의 큰 보배[大寶]다. 나라는 백성에서 보전되고 백성은 믿음에서 보전되는 것이니 믿음이 없으면 백성을 부릴 수 없고[無以使民] 백성이 없으면 나라를 지킬 수 없다[無以守國]." 약간의 차이가 있기는 하다.

니 거의 질고(疾苦)에서 벗어날 수 있을 것이다"라고 했습니다. 그러나 그 계문(啓聞)이 윤허의 내림[允下]을 받지 못하자 백성들끼리 서로 경하했던 것이 도리어 원망이 되니 이와 같다면 묻지 않았던 것만 못합니다. 백성들에게 믿음을 잃는 것[失信]은 심히 옳지 못하기 때문에 신들은 깊이 전하를 위해 그것을 애석하게 여깁니다. 옛날에는 나무를 옮기는 상[徙木之賞]³⁷을 폐하지 않은 것만으로도 백성들에게 믿음을 얻었습니다. 엎드려 바라옵건대 전하께서는 노한이 아뢴 바를 허심탄회에게 받아들이시어 새롭게 정한 공부(貢賦)의 영(令)을 폐기하시고 예전(前)과 같이 공물을 거두신다면 전하께서 백성들에게 믿음을 보임[示信]이 더욱 나타나고[益著] 백성들이 전하를 우러러 믿는 것[仰信]이 더욱 깊어질 것[益深]입니다.'

을해일(乙亥日-21일)에 예조(禮曹)에서 적전(籍田)³⁸을 가는 법을 다시 정했다. 예조전서 김첨(金瞻) 등이 소를 올려 말했다.

'신 등이 가만히 살펴보니 적전을 가는[耕籍] 예법은 신명(神明)을 공경하고 농업을 중하게 여기는 것입니다. 「제통(祭統)」³⁹에 이르기를 "천자(天子), 제후(諸侯)로서 밭을 갈지 않는 경우는 없다"고 했고

---

37 약속을 지킴으로써 위정자(爲政者)가 백성들의 신뢰를 얻는 것을 말한다. 진(秦)나라 상앙(商鞅)이 정령(政令)을 내리기에 앞서 백성들의 신뢰를 얻기 위한 방책으로 나무를 옮기는 자에게 포상금을 걸었던 고사에서 비롯됐다. 당시 상앙은 국도(國都) 남문(南門)에 세 길이나 되는 나무를 세우고 이를 북문(北門)으로 옮긴 자에게 내건 포상 약속을 지킴으로써 백성의 신뢰를 얻었다.

38 조선시대 권농책으로 국왕이 농경의 시범을 보이기 위해 의례용(儀禮用)으로 설정한 토지다.

39 『예기(禮記)』의 편이름이다.

『국어(國語)』에 이르기를 "백성의 큰일은 농사에 있다"고 했습니다. 이 때문에 한 무제(漢武帝-서한 혹은 전한)는 3월에 거정(鉅定)에서 갈았고 한 명제(漢明帝-동한 혹은 후한)는 2월에 하비(下邳)에서 갈았으며 당(唐)나라 개원례(開元禮)[40]와 송(宋)나라 인종(仁宗)도 모두 2월에 적전을 갈았습니다. 『예서(禮書)』에 이르기를 "후세(後世)에서 간혹 맹춘(孟春)[41]을 쓰는 것은 대개 진(秦)나라 예(禮)다"라고 했습니다. 무릇 일찍 따뜻해지는 중국 땅에서도 오히려 경칩(驚蟄)이 지난 뒤에야 (이 예법을) 썼는데 하물며 우리 동방은 맹춘이면 몹시 추워서 농사가 시작되지 않는 때가 아니겠습니까? 전조(前朝-고려)의 예관(禮官)이 진나라 사람 여불위(呂不韋, ?~기원전 235년)[42]의 월령(月令)의 설(說)에 혹하여 적전 갈이를 반드시 맹춘의 달을 사용했기

---

40 중국 당(唐)나라 현종(玄宗) 개원(開元) 연간에 제정된 전례(典禮)다.

41 초봄을 뜻하는 말인데 1월을 부르는 다른 말이기도 하다. 이 밖에도 1월의 이칭으로는 원월(元月), 월정(月正), 단월(端月), 태월(泰月), 추월(陬月), 맹추(孟陬) 등이 있다.

42 전국시대 말기 위(衛)나라 복양(濮陽) 사람으로 원래는 양적(陽翟)의 대상이었는데 우연히 조(趙)나라에 인질로 잡혀와 있던 진공자(秦公子) 이인(異人-자초(子楚))이 가난하게 지내는 것을 보고는 많은 돈을 투자해 그의 환심을 샀다. 또한 진(秦)나라의 태자인 안국군(安國君)과 자식이 없는 안국군의 부인인 화양부인(華陽夫人)을 설득해 서자인 자초를 양자로 삼게 했다. 그 뒤 임신한 애첩을 자초에게 바쳐 아내로 삼게 한 다음 자초가 장양왕(莊襄王)이 되자 막후 권력자로 진나라의 정치를 좌우했다. 진나라의 재상이 되어 문신후(文信侯)에 봉해졌다. 동주(東周)를 공격해 멸망시키고 삼천군(三川郡)을 세웠으며 또한 한(韓)나라와 위(魏)나라의 상당군(上黨郡)을 점령하고 북쪽으로 조나라 땅을 공략해 태원군(太原郡)을 세웠다. 진시황(秦始皇) 영정(嬴政)이 즉위하자 상국(相國)을 지내면서 중부(仲父)로 존중되었다. 다시 한나라와 위나라를 공격해 동군(東郡)을 세웠다. 집안에 식객이 3,000명에 이르렀고 가동(家僮)만 1만여 명에 달했다. 진왕 10년 진시황이 친정을 시작한 뒤 면직돼 촉(蜀)으로 쫓겨났는데 후환이 두려워 자살했다. 일찍이 빈객(賓客)을 모아 『여씨춘추(呂氏春秋)』를 편찬했다.

때문에 그 폐단이 많은 법을 그냥 이어받아[因循] 한갓 허문(虛文)[43]
만을 숭상했습니다. 또 월령에 보리를 천신(薦新)하는 것은 맹하(孟
夏)[44]에 있지만 본국(本國)에서는 중하(仲夏)[45]를 쓰는데 이는 기후가
조금 늦어서 미처 제대로 여물지 못하기 때문입니다. 오직 적전을 가
는 예(禮)만 반드시 불위의 설을 좇는 것은 무슨 까닭입니까? 엎드
려 바라옵건대 전하께서는 내년 정월 4일에 적전을 가는 법을 없애
시고 마땅히 경칩이 지난 뒤에 전농시(典農寺)에 명해 그 땅이 기름
지고 갈 만한지 상태를 살펴서 본조(本曹)에 보고하게 하고 서운관
(書雲觀)으로 하여금 날을 고르게 해 계문(啓聞)하도록 해서 제사를
지내고 백묘(百畝)를 재어서 깊이 갈고 씨를 뿌리면 거의 선왕(先王)
의 전례(典禮)에 부합하고 전하의 삼가고 조심하시는 마음에 맞을
것입니다.'

또 (소에서) 말했다.

'바야흐로 지금 물건을 갖추고 예문(禮文)을 다하는 때에 적전(籍
田)과 선잠(先蠶)의 두 제사에만 악장(樂章)이 없으니 심히 잘못된
것입니다. 바라건대 유사(攸司)로 하여금 그것을 짓도록 하소서.'

상이 모두 윤허했다.

○좌정승 김사형을 소요산에 보냈다. 태상왕의 안부를 묻기 위함
이었다.

---

43 실상이 없는 법제(法制)를 가리킨다. 이때 문(文)은 법률문장을 말한다.
44 초여름 혹은 음력 4월을 가리킨다.
45 음력 5월을 가리킨다.

○총제 박경(朴經, 1350~1414년)⁴⁶을 보내 경사(京師)에 가게 했다. 바꾼 말의 수를 아뢰기 위함이었다.

병자일(丙子日-22일)에 상이 『대학연의(大學衍義)』를 강(講)하여 다 마쳤다. 경연관 이첨(李詹) 등이 대궐에 나아가서 축하를 올리고자 [陳賀] 하니 상이 김과를 불러 말했다.
진하
"이 책을 다 읽고 나니 마침내 배우고 묻는[學問] 공(功)을 알겠다."
학문
과가 대답했다.

"경연관 모두 축하를 올리고자 하여 이미 대궐에 이르렀습니다."

상이 말했다.

"내가 충분히 읽고 능히 행하기[熟讀能行]를 기다린 연후에 그때
숙독 능행
가서 축하하라. 한 번 다 읽었다[畢讀]고 하여 축하할 것은 못 된다."
필독
○소맥(小麥-밀) 조세(租稅)의 수를 줄이게 했고 또 그것을 농사짓
는 틈[農隙-농한기]에 바치도록 명했다.
농극

정축일(丁丑日-23일)에 우레가 쳤다.

---

46 시중 감(瑊)의 후손이다. 처음 음보(蔭補)로 벼슬에 나가 밀직부사를 역임하고 1395년(태조 4년) 대사헌으로서 가선대부 이하 4품 이상으로 첨직을 받은 자는 모두 그 전직을 기록하게 해 벼슬의 위람(僞濫)을 방지하도록 했다. 1398년 경기우도 도관찰사(京畿右道都觀察使)로 기선군역(騎船軍役)의 고통과 폐단을 상주했다. 1402년(태종 2년) 총제(摠制)로 있을 때 사신을 영접하지 않은 죄로 사헌부의 탄핵을 받아 통진(通津)으로 유배됐다. 1405년 개성유후사(開城留後司)의 부유후로 다시 등용됐고 1411년 대사헌으로 토목 역사의 중지를 간청했다.

무인일(戊寅日-24일)에 태일신(太一神)에게 초례(醮禮)를 행했다. 소한(小寒)과 대한(大寒)에 짙은 안개[沈霧]가 끼었기 때문에 기도하고 푸닥거리를 한 것이다.

기묘일(己卯日-25일)에 상왕이 몸소 제릉(齊陵)에 제사를 지냈다.

경진일(庚辰日-26일)에 상이 여러 신하들을 거느리고 상왕전에 나아가 장수를 빌고 더없이 즐겼다.

군기감(軍器監)에 영을 내려 대궐 뜰에 불놀이[火戲]를 베풀게 하고서 그것을 구경했다.

乙卯朔 朝罷 召領司平府事河崙 左政丞金士衡 右政丞李茂
侍食.

司憲府上疏 請慶尙道按廉使安魯生 許周貢縣失時之罪 不允.
上曰: "魯生縣貢已定而還京 許周受外方重任 皆勿論."

丁巳 太白晝見七日.

戊午 暮 東有赤氣橫天.

己未 司憲府大司憲李至等 疏陳數條. 疏曰:

'一 家廟之法 不可不嚴也. 古之事親者 生則致其孝 歿則當厚
於生養 事之如存 終身不怠 此不死其親之義也. 自浮屠速化之
說行 而爲人子者惑於邪說 親歿則薦之於佛 以爲得生天堂 除喪
之後 付之空虛 不復廟而事之 故國家慮風俗之日薄 每下旨必先
家廟之令 欲民德之歸厚 旣有年矣. 然未有樂而行之者 蓋異端之
邪說 堅不可破 亦或未知施設之方也. 臣等竊謂 王城風化之源
出治之本也. 令士大夫家先行之 而後及其餘 則何所不行乎? 此
都城之內 室宇逼側 難以置廟 別爲一樻 以藏神主 置於淨室 以
從簡便. 外方則各於州府郡縣公衙之東 假設祠堂 受命出守者 爲

嫡長則奉神主以之任 非嫡長則亦於州縣祠堂 用紙牌行禮. 其
적장 즉 봉 신주 이지임 비 적장 즉 역어 주현 사당 용 지패 행례 기

在朝在外主祠堂之祭者 每日晨起 焚香再拜 出入必告;凡祭儀 一
재조 재외 주 사당 지제자 매일 신기 분향 재배 출입 필고 범제의 일

依文公家禮 以示於下 則不待勸勉 而自然化及於民矣. 雖素不立
의 문공가례 이시어하 즉 부대 권면 이 자연 화급어민의 수소 불립

廟者 必自此而興起矣. 京中則明年正月 外方則二月爲始 使之
묘자 필 자차 이 흥기의 경중 즉 명년 정월 외방 즉 이월 위시 사지

擧行 其不從者 憲司糾理罷職 然後啓聞.
거행 기 부종자 헌사 규리 파직 연후 계문

一 赦者 小人之幸 君子之所不幸 故無赦之國 其政必平 則
일 사자 소인 지행 군자 지 소불행 고 무사 지국 기정 필평 즉

爲治之道 在於勸善而懲惡 用賢而去奸也. 恭惟殿下踐祚以來
위치 지도 재어 권선 이 징악 용현 이 거간 야 공유 전하 천조 이래

禮制修明 刑賞得平 致治之盛 無讓於古矣 然每當慶節及遇災異
예제 수명 형상 득평 치치 지성 무양 어고의 연 매당 경절 급 우 재이

必降赦宥 仁恩之所及者廣矣. 大抵常人之情 初遇再遇之 則其心
필강 사유 인은 지 소급 자광의 대저 상인 지정 초우 재우 지 즉 기심

變焉 而三遇之 則其心如常 故不待爲惡之心不悛 或待其近赦
변언 이 삼우 지 즉 기심 여상 고 부대 위악 지심 부전 혹 대 기근

之日 又縱其惡 則奸僞之風 何自而息乎? 斯乃善者以怠 惡者以
지일 우 종 기악 즉 간위 지풍 하자 이식 호 사내 선자 이태 악자 이

肆 重失天心而不可之大者也. 其於弭災之道如何? 蓋仁恩太過而
사 중실 천심 이 불가 지대자 야 기어 미재 지도 여하 개 인은 태과 이

刑政不修 則非細故也. 願毋數赦 以幸小人.
형정 불수 즉 비 세고 야 원 무 삭사 이행 소인

一 陪奉行幸時 各司侍衛之班 侍臣最近於大駕 議政府六曹
일 배봉 행행시 각사 시위 지반 시신 최근 어 대가 의정부 육조

各品及參外 以次隨之 監察二人 隨後檢察 故其於班次 無
각품 급 참외 이차 수지 감찰 이인 수후 검찰 고 기어 반차 무

所告課 行列參差 先後失序 其爲不敬大矣. 願自今隨班考課 則
소고과 행렬 참차 선후 실서 기위 불경 대의 원 자금 수반 고과 즉

刑曹雖非彈劾之任 以執法之司 居各品之中 使之察其失行離次
형조 수비 탄핵 지임 이 집법 지사 거 각품 지중 사지 찰 기 실행 이차

而甚至不敬者 遣令史馳告憲司 而憲司糾理不法 則朝班肅穆矣.
이 심지 불경 자 견 영사 치고 헌사 이 헌사 규리 불법 즉 조반 숙목 의

一 西北面 國之藩屛 非他道之比也. 往年民失農業 飢饉荐至
일 서북면 국지 번병 비 타도 지비야 왕년 민실 농업 기근 천지

而今年則使臣往來之煩 倍於他日 轉輸財帛 貢獻馬匹 絡繹前後
이 금년 즉 사신 왕래 지번 배어 타일 전수 재백 공헌 마필 낙역 전후

而其送迎供億之際 守令奔走 吏之困窮 不可盡言. 若不賑恤褒賞
이 기 송영 공억 지제 수령 분주 이지 곤궁 불가 진언 약불 진휼 포상

則士民之望缺矣. 願預下明年賑貸之議 以活生民之命. 其在當官
즉 사민 지망결의 원예하 명년 진대 지의 이활 생민 지명 기재 당관

者則不拘箇月之常調 以褒貶能否之次第 或擢用京官 或增秩仍
자 즉 불구 개월 지상조 이 포폄 능부 지차제 혹 탁용 경관 혹 증질 잉

守 以勸守令之心.'
수 이권 수령 지심

　　下議政府擬議以聞. 政府與司平府承樞府同議: "家廟之制 考
　　하 의정부 의의 이문 정부 여 사평부 승추부 동의 가묘 지제 고

於禮典 則守令及受命出使者 無奉神主之任之例. 一依經濟六典
어 예전 즉 수령 급 수명 출사 자 무봉 신주 지임 지례 일의 경제육전

以狀申內定時 京外擧行; 若其母數赦 則宜行狀申之意; 至於
이 장신 내 정시 경외 거행 약기 무 삭사 즉 의행 장신 지의 지어

陪奉隨班非違者 則使刑曹直行考察 毋令馳告憲司; 西北面賑濟
배봉 수반 비위 자 즉 사 형조 직행 고찰 무령 치고 헌사 서북면 진제

則去九月日 以司諫院狀申 三府同議受判內 一依施行; 其守令
즉 거 구월 일 이 사간원 장신 삼부 동의 수판 내 일의 시행 기 수령

不拘箇月擢用之事 又依經濟六典乃便."
불구 개월 탁용 지사 우의 경제육전 내편

　　允之.
　　윤지

　　領司平府事河崙 左政丞金士衡 右政丞李茂 判承樞府事
　　영 사평부 사 하륜 좌정승 김사형 우정승 이무 판 승추부 사

趙英茂 漢平君趙涓等侍食. 崙啓曰: "古之儒生 以道學爲重 今
조영무 한평군 조연 등 시식 륜 계왈 고 지 유생 이 도학 위중 금

之儒者 僅以疑義策問中試 爲出身之路 更不力學 號爲儒生 實無
지 유자 근 이 의의 책문 중시 위 출신 지로 갱불 역학 호위 유생 실무

所知. 又本朝世事中國 以文學名 學術不可不重. 願以及第文臣
소지 우 본조 세사 중국 이 문학 명 학술 불가 부중 원 이 급제 문신

親試 第其高下 以勵後人." 上曰: "卿言是矣. 予將試之."
친시 제기 고하 이려 후인 상왈 경언 시의 여장 시지

　　癸亥 霧霜附木.
　　계해 무 상부목

　　領議政府事李舒 摠制安瑗等 回自京師. 舒等進大學衍義
　　영 의정부 사 이서 총제 안원 등 회자 경사 서 등 진 대학연의

通鑑集覽 事林廣記 各一部 角弓二張 色絲二斤 且啓曰: "請
통감집람 사림광기 각 일부 각궁 이장 색사 이근 차 계왈 청

皇明禮制於禮部 答曰: '中國禮制 不可行於藩國.' 請冕服 曰:
황명예제 어 예부 답왈 중국 예제 불가 행어 번국 청 면복 왈

‘奏聞則當製送.’請改官制 曰:‘奏聞則許之.’臣在京師 見帝親點
주문 즉 당 제송 청개 관제 왈 주문 즉 허지 신재 경사 견제 친점

軍士. 人言將以伐燕也.”
군사 인언장이벌연야

以李稷爲議政府贊成事 權近 崔有慶參贊議政府事 李至知
이 이직 위 의정부 찬성사 권근 최유경 참찬 의정부 사 이지 지

議政府事兼大司憲 李文和藝文館大提學 尹柢司平右使 林整
의정부 사 겸 대사헌 이문화 예문관 대제학 윤저 사평 우사 임정

慶尙全羅忠淸道都體察使兼水軍都節制使 漕運鹽鐵使 陳義貴
경상 전라 충청도 도체찰사 겸 수군도절제사 조운 염철사 진의귀

金爾音左右死諫 盧閈知司諫院事 宦者安居爲嘉靖判內侍府事
김이음 좌우 사간 노한 지 사간원 사 환자 안거 위 가정 판 내시부 사

李龍嘉善同判內侍府事.
이용 가선 동판 내시부 사

改議政府文學爲知府事. 自是文武交差.
개 의정부 문학 위 지부사 자시 문무 교차

上如太平館 宴使臣及監生等. 監生劉榮將還 故餞之也.
상 여 태평관 연 사신 급 감생 등 감생 유영 장환 고 전지 야

祝孟獻作詩二首獻上. 詩曰:
축맹헌 작시 이수 헌상 시왈

‘淹留賓館十旬過 藩部頻頻乃醉何
엄류 빈관 십순 과 번부 빈빈 내 취하

歸興已先平壤路 離情深似漢江波
귀흥 이선 평양 로 이정 심사 한강 파

貂裘足禦寒威重 龍馬能資武備多
초구 족어 한위 중 용마 능자 무비 다

樽酒論心又何日 可堪回首憶高歌.’
준주 논심 우 하일 가감 회수 억 고가

又曰:
우 왈

‘淸秋旅館又逢春 回首京華入夢頻
청추 여관 우 봉춘 회수 경화 입몽 빈

劍戟門深藩府靜 笙歌鼎沸綺筵新
검극 문심 번부 정 생가 정비 기연 신

衣冠摠是中朝制 風俗猶存上古淳
의관 총시 중조 제 풍속 유존 상고 순

玉帛來庭應有日 淸宵攜手轉情親.’
옥백 내정 응 유일 청소 휴수 전 정친

孟獻曰:“皇帝勅送馬價多 而換馬甚少 吾將何以爲對乎?”上
맹헌 왈 황제 칙송 마가 다 이 환마 심소 오장 하이 위대 호 상

452

聞之 命知申事朴錫命言於孟獻曰:“易馬少 我國更備二百匹以獻
請天使小留待之.”孟獻曰:“國王聞吾之言而有是語 如此則是乞
馬而歸也. 吾何敢爾耶?”

乙丑 雷. 木稼. 沈霧終日.

命議政府移文慶尙道按廉使 按知陜州事尹穆罪. 初 陜州
夢溪寺僧 設百種法席極備. 穆聞之 遣人擊撤之 取其寺所儲穀
三百餘石 以補雜貢之乏 餘給鄕校. 太上王幸新菴寺 有僧輩隔壁
以言 太上聞之怒 使傳于上 上使政府問之.

判承樞府事趙英茂 升殿啓事 上問曰:“朝廷易換馬分運入送
時 不能善養 以致困死 故已令西北面 留養其不能行者 其數
幾匹乎?”英茂以提調不能對.

丙寅 上如太平館 宴使臣.

命參贊議政府事權近 賡孟獻詩韻. 詩曰:

‘星使遙持玉節過 小邦欣感意如何?

德齊巍蕩天爲大 治洽雍熙海不波

詔降如綸襃獎極 衣分在笥寵恩多

區區館待慙殊薄 且向離亭聽我歌.’

又曰:

‘筆力能回造化春 佳章神畫惠來頻

風雲入手流形妙 星斗羅胸命意新

言動可觀情繾綣 儀容又覺氣淸淳
언동 가관 정 견권 의용 우각 기 청순

圖南一擧天池闊 遙望鵬程不可親.'
도 남 일거 천지활 요망 붕정 불가 진

領司平河崙及權近 集諸文臣詩 成軸以贈孟獻.
영 사평 하륜 급 권근 집제 문신 시 성축 이 증 맹헌

下巡軍知事郭悰 提控金繾等于巡軍. 以分馬價不均故也.
하 순군 지사 곽종 제공 긴권 등 우 순군 이분 마가 불균 고야

戊辰 上宴祝孟獻等于敬德宮. 孟獻等就闕告還 上設宴
무진 상연 축맹헌 등 우 경덕궁 맹헌 등 취궐 고환 상 설연

慰之. 領司平河崙 左政丞金士衡 右政丞李茂 判承樞府事
위지 영 사평 하륜 좌정승 김사형 우정승 이무 판 승추부 사

趙英茂等啓曰: "易換馬加獻四百匹則可矣 其四百匹 隨後入送
조영무 등 계왈 역환 마 가헌 사백 필즉 가의 기 사백 필 수후 입송

爲便." 上曰: "可. 以此意言於孟獻." 孟獻曰: "然則今來馬價 惟
위편 상왈 가 이 차의 언어 맹헌 맹헌 왈 연즉 금래 마가 유

六千四百八十匹之價矣. 吾等歸遼東奏聞 加送馬價矣." 孟獻促行
육천 사백 팔십 필 지가 의 오등 귀 요동 주문 가송 마가 의 맹헌 촉행

上請留一日 不聽. 上召官馬色官員 問馬價之數 對曰: "可買七千
상 청유 일일 불청 상 소 관마색 관원 문 마가 지수 대왈 가매 칠천

匹." 退而計之 乃復曰: "唯六千四百八十匹價也." 上怒其失於
필 퇴이 계지 내부왈 유 육천 사백 팔십 필 가야 상 노 기실 어

算計 亦不加罪.
산계 역 불 가죄

遼東指揮河大人致書孟獻曰: '君之易換馬 皆年老瘦弱不用
요동 지휘 하대인 치서 맹헌 왈 군 지 역환 마 개 연로 수약 불용

何故如此?' 孟獻見而怒 以其書轉呈于上. 上披閱 令知申事
하고 여차 맹헌 견이 노 이 기서 전정 우상 상 피열 영 지신사

朴錫命回答曰: "換馬事 我朝盡心力而爲之 天使所知也. 我朝
박석명 회답 왈 환마 사 아조 진 심력 이 위지 천사 소지 야 아조

擇良馬 次其等第 天使許之 然後作運入送. 若本固老弱 則天使
택 양마 차 기 등제 천사 허지 연후 작운 입송 약 본고 노약 즉 천사

豈肯入送乎? 予因使臣來往 得聞之 草枯時 遼東館夫麤切蘆草
기 긍 입송 호 여인 사신 내왕 득 문지 초고 시 요동 관부 추절 노초

飼之. 遼東人飢餓 偸食馬料 故肥馬日瘦 能至帝都者 三分之
사지 요동 인 기아 투식 마료 고 비마 일수 능지 제도 자 삼분지

二 我朝盡力之心安在?" 孟獻曰: "吾亦聞之矣. 吾等還京 當在
이 아조 진력 지심 안재 맹헌 왈 오 역 문지 의 오등 환경 당재

明日."
명일

庚午 太僕少卿祝孟獻 禮部主事陸顒等還 上率百官餞于西郊.

孟獻等之將還也 以黑麻布白紵布爲贐 太上王及上王 亦以黑麻

白紵布贈之 孟獻曰: "衣服皆國王所賜 恩已厚矣. 又何如此乎?

遼東人知之 則謂我受贈 不公於易馬 則累及國王矣." 顒亦不受.

監生郭瑄 柳榮 董暹曰: "或受或不受 則不可也." 亦不受. 孟獻謂

獸醫王明 周繼等曰: "汝輩受之可也." 二人乃受.

孟獻之始至也 上贈裝金束香帶 受而帶之 及歸還之 唯求買

鍮匕鍮筯各十 銀湯罐一而歸.

下尹坤 李玄 安允時等于巡軍獄. 初 坤等在朝廷論馬價之數

及孟獻以價多馬少爲言. 且陸顒曰: "李稷右使在朝廷時 論馬價

曰: '上等馬段子四匹 中等馬絹十匹.' 今馬價 何其高也?" 李玄

曰: "右使固無此言." 顒曰: "入鴻臚寺 以此數書之 其書在矣." 上

聞之 命摠制李叔蕃 知申事朴錫命 大司憲李至 左司諫陳義貴

刑曹典書申浩 雜治之 坤 玄皆不服. 允時曰: "稷與坤在鴻臚寺

論馬價曰: '上等馬段子四匹 絹則十匹.' 使臣書之." 坤曰: "然.

臣等忘之矣."

命巡軍執贊成事李稷于星州至京. 稷乞暇 歸其鄕星州 故有

是命.

辛未 沈霧.

判承寧府事鄭龍壽 承寧府尹劉敞等 詣逍遙山太上王行在所.

龍壽等問安乃還 啓曰:"臣等具陳久留營繕之弊 太上王曰:'然.
용수 등 문안 내환　계왈　신등 구진 구류 영선 지폐　태상왕 왈　연

將以修吾後事也. 卿等可還 予乃致齋. 卿之主上 歲後來見可矣."
장 이수 오 후사 야　경등 가환　여 내 치재　경 지 주상　세후 내견 가의

上欲詣逍遙山 聞此言乃止 以待歲後. 太上王至逍遙山 發近處
상 욕예 소요산　문 차언 내지　이대 세후　태상왕 지 소요산　발 근처

本宮奴隷及左道江原道忠淸道近郡之人 天寒氷凍 爇薪掘地
본궁 노예 급 좌도 강원도　충청도 근군 지인　천한 빙동　설신 굴지

築基營殿 以至歲暮 民甚苦之.
축기 영전　이지 세모　민 심 고지

　壬申 置李稷于槐州 尹坤于坡平. 初 三省交坐巡軍 問李稷
　임신　치 이직 우 괴주　윤곤 우 파평　초　삼성 교좌 순군　문 이직

尹坤等罪以聞 上曰:"稷與坤 皆功臣也. 除他事罷職. 玄與允時
윤곤 등죄 이문 상왈　직 여곤　개 공신 야　제 타사 파직　현 여 윤시

受國家之命纔還 從其自願付處"置玄於白州 允時於平州. 臺諫
수 국가 지명 재환　종 기 자원 부처　치 현 어 배주　윤시 어 평주　대간

交章復請稷等罪 上曰:"稷與坤 本鄕安置; 玄與允時 亦除他事
교장 부청 직 등죄 상왈　직 여곤　본향 안치　현 여 윤시　역 제 타사

竄于外方"置玄海州 允時鳳州.
찬 우 외방　치 현 해주　윤시 봉주

　復遣三道體察使林整. 初 上用領司平府事河崙獻議 以都摠制
　부견 삼도　체찰사 임정　초　상 용 영 사평부 사 하륜 헌의　이 도총제

朴子安爲慶尙道都節制使 林整爲三道都體察使 發忠淸 全羅
박자안 위 경상도　도절제사　임정 위 삼도　도체찰사　발 충청　전라

慶尙之民 造漕船五百艘 冬寒民甚苦之. 上慮民生之艱難 遣
경상 지민　조 조선 오백 소　동한 민 심 고지　상 려 민생 지 간난　견

大護軍盧閈 爲三道問民疾苦使 召體察使還 罷造船役. 至是 上
대호군 노한　위 삼도 문민질고사　소 체찰사 환　파 조선 역　지시　상

復命整曰:"漕運事 須及時如何?"整曰:"外方人不畏使命 故
부명 정왈　조운 사 수 급시 여하　정왈　외방 인 불외 사명　고

前日造船未畢. 願賜王旨鉞斧"上賜之.
전일 조선 미필　원사 왕지 월부　상 사지

　癸酉 月在鬼星南半尺.
　계유　월 재 귀성 남 반척

　甲戌 盧閈復命. 閈啓曰:"忠淸 慶尙 全羅道 因水旱早霜 民
　갑술　노한 복명　한 계왈　충청　경상　전라도　인 수한 조상　민

飢甚矣. 慶尙道按廉安魯生依中國囷廩之制 督令州府郡縣皆造
기 심의　경상도 안렴 안노생 의 중국 균름 지제　독령 주부군현 개조

焉. 囷廩之制 必以木之屈曲長短同者爲之 而力役煩重 故當秋月
언　균름 지제 필 이목 지 굴곡 장단 동자 위지　이 역역 번중　고 당 추월

不得種麰麥拾橡實 民生之艱又甚矣. 且國家令前日貢布之民 皆
納米穀 民耕十結而損至八結者多矣. 雖不收租於損田 然實田二
結之出 僅足以納稅而已 安有所食之穀乎？ 又國家因下道之米
陸轉之難 欲令海運 以林整爲都體察使 監督造船 飢民畏之如虎
或以橡實爲糧 十月赴役 水運其木 身無完膚. 有一軍人 久立
水中 腰下皆凍 臥江邊移時 濱於死. 有一僧見而憐之 給以米湯
其人曰：'吾飮此水連命 復爲此役乎！'擲地不飮 卽入水而死. 臣
聞其死而求其名不得. 民之困苦 至於若是 臣以爲莫若謹守古法
以安民生."上曰："欲立良法 而民之怨咨若此 是何法耶！予欲盡
罷之."上又嘆曰："若然則予爲桀紂也."又問曰："今令民納布貢
則民皆喜乎？亦可得及時而納之乎？"閔啓曰："民之欲納布貢 若
大旱之望雨也. 使定日納之 民皆悅而從之矣."上令知申事朴錫命
傳旨議政府曰："全失農郡縣之民 毋使供造船之役 發倉以賑
勿令飢死."

司憲府上疏曰：

'信者 五常之源 而人君之大德 故曰國保於民 民保於信. 頃者
殿下特遣臣盧閈 咨訪三道民間疾苦 命之曰："弊無大小 隨卽
除之 以慰民生."其委任之重如此 而上之軫念黎元也 至深切
矣. 使臣之往也 三道之民 望若雲霓 及至慶尙 具陳貢賦更定之
弊 啓本申呈 以達下情 而慶尙之民 室家相慶曰："吾王之問民也

庶幾得免疾苦歟?" 然其啓聞 未蒙允下 民之相慶者 反以爲怨.
서기 득면 질고 여　연기 계문 미몽 윤하　민지 상경 자　반 이 위원

如是則不若不問之爲愈. 其失信於民 甚爲未便 故臣等深爲殿下
여시 즉 불약 불문 지 위유　기 실신 어민 심 위 미편 고 신등 심 위 전하

惜之. 古者不廢徙木之賞 而取信於民. 伏望殿下虛心採納盧開
석지　고자 불폐 사목 지상 이 취신 어민　복망 전하 허심 채납 노한

所申 除新定貢賦之令 依舊收貢 則殿下示信於民也益著 而民之
소신　제 신정 공부 지령 의구 수공　즉 전하 시신 어민 야 익저　이 민지

仰信於殿下也益深矣.'
앙신 어 전하 야 익심 의

　乙亥 禮曹更定耕籍田之法. 禮曹典書金瞻等上疏曰:
을해 예조 경정 경적전 지법　예조 전서 김첨 등 상소 왈

　'臣等竊詳耕籍之禮 所以敬神明而重農業也. 祭統曰: "天子
신등 절상 경적 지례 소이 경 신명 이 중 농업 야　제통 왈　천자

諸侯 莫非耕也." 國語曰: "民之大事在農." 是以漢武帝三月耕于
제후 막비 경야　국어 왈　민지 대사 재농　시이 한 무제 삼월 경우

鉅定 明帝二月耕于下邳 唐開元禮及宋仁宗俱以二月耕籍. 禮書
거정 명제 이월 경우 하비 당 개원례 급 송 인종 구 이 이월 경적　예서

曰: "後世或用孟春者 蓋秦禮也." 夫以中國早暖之地 尙用驚蟄之
왈　후세 혹 용 맹춘 자 개 진례 야　부 이 중국 조난 지지 상 용 경칩 지

後. 況吾東方 孟春沍寒 東作未興之時乎? 前朝禮官 惑於秦人
후　황 오 동방 맹춘 호한 동작 미흥 지시 호　전조 예관 혹 어 진인

呂不韋月令之說 耕籍必用孟春之月 因循弊法 徒尙虛文. 且月令
여불위 월령 지설 경적 필용 맹춘 지월 인순 폐법 도 상 허문　차 월령

薦麥在孟夏 而本國用仲夏 以其天氣較遲 不及成熟也. 獨於耕籍
천맥 재 맹하 이 본국 용 중하 이 기 천기 교지 불급 성숙 야　독 어 경적

之禮 必從不韋之說者 何哉? 伏望殿下 罷來歲正月四日籍田
지례 필종 불위 지설 자 하재　복망 전하 파 내세 정월 사 일 적전

之法 宜於驚蟄之後 命典農寺 視其土膏可耕之候 以報本曹 令
지법 의 어 경칩 지후 명 전농시 시 기토 고 가경 지후 이보 본조 영

書雲觀擇日啓聞行祭 度其百畝 深耕播種 則庶合先王之典禮 而
서운관 택일 계문 행제 도 기 백무 심경 파종 즉 서합 선왕 지 전례 이

可以副殿下敬謹之心矣.'
가이 부 전하 경근 지심 의

　又曰:
우 왈

　'方今備物盡文之時 籍田先蠶兩祭無樂章 甚不可也. 願令攸司
방금 비물 진문 지시 적전 선잠 양제 무 악장 심 불가 야　원 령 유사

製作.'
제작

458

上皆允之.
_{상 개 윤지}

遣左政丞金士衡于逍遙山. 問安于太上王也.
_{견 좌정승 김사형 우 소요산   문안 우 태상왕 야}

遣摠制朴經如京師. 奏易換馬數也.
_{견 총제 박경 여 경사   주 역환 마수 야}

丙子 上講大學衍義畢 經筵官李詹等詣闕欲陳賀 上召金科
_{병자 상강 대학연의 필 경연관 이첨 등 예궐 욕 진하 상소 김과}

語曰: "讀了此書 乃知學問之功." 科對曰: "經筵官皆欲陳賀 已
_{어왈 독료 차서 내지 학문지공   과 대왈 경연관 개욕 진하 이}

詣闕矣." 上曰: "待予熟讀能行 然後乃賀. 不可以畢讀爲足賀也."
_{예궐 의 상왈 대여 숙독 능행 연후 내하 불가 이 필독 위족 하야}

減小麥租稅之數 且命納以農隙.
_{감 소맥 조세 지수 차명 납 이 농극}

丁丑 雷.
_{정축 뇌}

戊寅 行太一醮. 以小寒大寒沈霧 故祈禳也.
_{무인 행 태일초 이 소한 대한 침무 고 기양 야}

己卯 上王親祭于齊陵.
_{기묘 상왕 친제 우 제릉}

庚辰 上率群臣詣上王殿 獻壽盡歡.
_{경진 상솔 군신 예 상왕전 헌수 진환}

令軍器監張火戲于殿庭 觀之.
_{영 군기감 장 화희 우 전정   관지}

KI신서 7055

이한우의 태종실록 재위 1년

1판 1쇄 인쇄 2017년 7월 5일
1판 1쇄 발행 2017년 7월 17일

옮긴이 이한우
펴낸이 김영곤
펴낸곳 (주)북이십일 21세기북스

인문기획팀장 정지은 **책임편집** 윤홍 **교정교열** 주태진
디자인 표지 씨디자인: 조혁준 함지은 김하얀 이수빈 **본문** 제이알컴 이수정
출판사업본부장 신승철 **영업본부장** 신우섭
출판영업팀 이경희 이은혜 권오권 홍태형
출판마케팅팀 김홍선 배상현 신혜진 박수미
프로모션팀 김한성 심재진 최성환 김주희 김선영 정지은
홍보기획팀 이혜연 최수아 박혜림 문소라 전효은 백세희 김솔이
제휴마케팅팀 류승은
제작팀 이영민

출판등록 2000년 5월 6일 제406-2003-061호
주소 (10881) 경기도 파주시 회동길 201(문발동)
대표전화 031-955-2100 **팩스** 031-955-2151 **이메일** book21@book21.co.kr
페이스북 facebook.com/21cbooks **블로그** b.book21.com
인스타그램 instagram.com/21cbooks **홈페이지** www.book21.com

ⓒ 이한우, 2017

ISBN 978-89-509-7100-7 04900
     978-89-509-7105-2 (세트)